MEIJIE PIPING

媒介批评

第十三辑

张柠 柳珊 主编

王鑫 魏宝涛 副主编

GUANGXI NORMAL UNIVERSITY PRESS

广西师范大学出版社

· 桂林 ·

图书在版编目（CIP）数据

媒介批评. 第十三辑 / 张柠，柳珊主编. --桂林：
广西师范大学出版社，2022.9
ISBN 978-7-5598-5411-7

Ⅰ. ①媒… Ⅱ. ①张… ②柳… Ⅲ. ①传播媒介—
研究 Ⅳ. ①G206.2

中国版本图书馆 CIP 数据核字（2022）第 173348 号

广西师范大学出版社出版发行

（广西桂林市五里店路 9 号　邮政编码：541004）
网址：http://www.bbtpress.com
出版人：黄轩庄
全国新华书店经销
广西民族印刷包装集团有限公司印刷
（南宁市高新区高新三路 1 号　邮政编码：530007）
开本：720 mm × 970 mm　1/16
印张：23　字数：370 千
2022 年 9 月第 1 版　　2022 年 9 月第 1 次印刷
定价：60.00 元

如发现印装质量问题，影响阅读，请与出版社发行部门联系调换。

目　录

上瘾与电子游戏的精神政治①

姜宇辉

摘要:电子游戏真的让人上瘾吗？此种上瘾背后有明确的因果机制和行为动机模式吗？这些模式又到底对玩家的精神状态施加着何种正面或负面的作用？面对这些根本的追问，我们首先将从上瘾研究的三重基本进路入手，进而细致辨析游戏瘾到底是化学成瘾、行为成瘾，还是精神成瘾。然而实情却是，无论是大脑病变、强制行为还是意志薄弱，这些现有的"成因"似乎都不足以说明游戏瘾这个"怪诞"的症候。由此，晚近以来的精神政治的话语尝试将大脑、意志、精神、文化等差异性力量都关联在一起，对游戏瘾实施终极的客观主义的定位。在全文的最后，我们拟从大脑的根茎式网络、玩家的着魔式体验，以及媒介生态学的视角对此种立场进行质疑和批判，进而探寻让反思性的理论家对自身的理论建构进行反思的有效途径。

关键词:游戏瘾；化学瘾；行为瘾；精神政治；客观主义

---

① 本文系国家社科基金一般项目"当代法国哲学的审美维度研究"（项目号：17BZ015）的阶段性研究成果。

一、导言

玩游戏①真的会让人上瘾吗？如果是的话，那么游戏瘾背后的起因和机制又到底是什么？它对玩家的身心到底会有什么影响？乃至对整个社会又会起到怎样不良的作用？这些根本的问题及其所衍生的争论，似乎一直在游戏研究的文献之中不绝于耳，此起彼伏。晚近以来，伴随着"精神政治学（pschopolitics）"这个极具争议的理论流派的登场，以电子游戏为代表的大众化数字媒介再一次被推向了风口浪尖，成为理论家们新一轮口诛笔伐的对象。比如，斯蒂格勒（Bernard Stiegler）就在《关切年轻人与世世代代》（*Taking Care of Youth and the Generations*，2008）一书中明确指出，当下的现实格局已从生命权力（biopower）全面转向精神技术（psychotechnologies）。② 后者尤其体现出三个典型特征。首先，它不再满足于对身体进行规训，对生命进行治理，而是试图直接对人的大脑和精神进行控制。其次，由此所产生的一个恶果就是"注意力的缺失和紊乱（attention deficit disorder）"。在如今的数字媒介的时代，对象越来越多样、分散，乃至间断、跳跃，由此也就使得注意力的持续时间越来越短，集中强度越来越弱，甚至需要不断提升刺激的阈限才能够勉强维持。③ 最后，精神技术在整个社会范围内所形成的最深刻的负面影响正是公共领域的衰落和代际关系的错乱乃至消亡。在数字的网络和流量的汪洋中，个体可能难以真正反思和掌控自己，甚至可能难以真正经历一个从懵懂无知走向成熟负责的精神成长的过程，而只能是一遍遍重复着幼稚和愚笨（stupidity）。进而，家长难以真正"关切（taking care of）"孩子，引导他们一步步迈向成年；老师难以真正关切学生，将知识和智慧传递给他们；甚而，连孩子

---

① 本文所谈及的游戏皆指电子游戏，故大都就简称为"游戏"。

② Bernard Stiegler. *Taking Care of Youth and the Generations*. trans. Stephen Barker. Stanford：Stanford University Press，2010，p.13.

③ Bernard Stiegler. *Taking Care of Youth and the Generations*. trans. Stephen Barker. Stanford：Stanford University Press，2010，pp.79-80.

和学生们自己都难以去关切他们自己。

那么，面对技术操控、注意缺失、关切消亡等问题，斯蒂格勒又给出了怎样的疗治之道呢？说来也简单，无非正是回归康德式的"启蒙（Aufklärung）"的理想，通过阅读培养深度注意和独立思考的习惯，通过师生之间的代际交流进行传道授业解惑，通过个体的人格和精神的成长和成熟来重塑真正的社会场域。① 然而，暂且不论这一剂康德式猛药是否真的能够起到对症下药，甚至药到病除的疗效，但斯蒂格勒的气势撼人的理论排场却难掩其中的一个明显症结，那正是缺乏对当下现实的细致深入的观察和分析。另一位精神政治学的代表性学者韩炳哲就不无尖锐地指出："奇怪的是，斯蒂格勒几乎没有研究过互联网、社交媒体等与过去的大众传媒完全不同的媒体形式以及交际模式。"②然而同样令人遗憾的是，面对"连自由意志本身也被操控"③的困顿局面，韩炳哲自己除了回归仪式化的"再魅（re-enchantment）"④这一条令人生疑的思路之外，也并无任何建设性的推进了。在本文之中，我们不拟对这些纠结的理论立场进行烦琐辩证，而试图首先从"游戏瘾"这个具体的现象入手，进而剖析种种既有的理论话语之间的差异性张力，并最终试图澄清一个问题：面对电子游戏，我们到底应该持有一种怎样的精神政治学的态度和立场？

二、病理化？道德化？——上瘾的"怪诞"机制

电子游戏，正是斯蒂格勒在书中着力批判的引发年轻人的注意缺失症的重要病因。⑤ 他进而援引了很多看似触目惊心但确实"言之凿凿"的研究数据

---

① Bernard Stiegler. *Taking Care of Youth and the Generations*. trans. Stephen Barker. Stanford：Stanford University Press，2010，p.16.

② ［德］韩炳哲著，关玉红译：《精神政治学》，中信出版集团 2019 年，第 36 页。

③ ［德］韩炳哲著，关玉红译：《精神政治学》，中信出版集团 2019 年，第 16 页。

④ Byung-Chul Han. *The Disappearance of Rituals：A Topology of the Present*. trans. Daniel Steuer. Cambridge：Polity Press，2020，p.26.

⑤ Bernard Stiegler. *Taking Care of Youth and the Generations*. trans. Stephen Barker. Stanford：Stanford University Press，2010，p.35.

来证明,如电子游戏这样的数字媒介的兴起,正在对儿童的心理、人格乃至大脑发育造成严重的甚至不可逆的影响。[①] 相信很多人在读到这些激昂文字之时,都会心生同感。在如今的大多数成年人眼中,电子游戏即便不能说是洪水猛兽般可怕的精神瘟疫,至少它的那种诱使年轻人上瘾的毒性几乎是"有目共睹",甚至"不言自明"的。我们隔三差五就会在媒体上看到各种相关新闻和讯息:某个孩子因为玩游戏而耽误学业,某些学生因为玩游戏而心理失常,甚至有的打工族因为连续 72 小时不间断游戏而一命呜呼,等等。游戏,不仅正日益被等同于一种剧烈的精神毒品,而且其毒性似乎远超于人类迄今遭遇过的任何一种自然或人造的毒物。

很多专业的书籍也在渲染游戏的瘾性和毒性方面毫不含糊和手软。比如,在《在线成瘾》(*Online Addiction*)这样半科普半学术的出版物之中,就直接出现了"强迫性在线游戏和赌博到底是多严重的一个问题?"这样触目惊心的标题。其中列出了专家的观点,并添加了颇为详尽的数据、图表乃至年表加以佐证,甚至还给出了各种治疗的措施和机构。但细读文本,我们却发现,研究者们的论调远没有这个问句的标题那般充满底气。首先,不仅关于游戏瘾的专题研究少之又少[②],而且关于其症状和病因,学者们也是莫衷一是,甚至含糊其辞。确实,游戏玩家身上体现出很多"类似"上瘾的症状,但这些症状里面到底哪些能够真正被归属于"游戏瘾(video game addiction)"这一特殊的类别? 这些症状真的是由游戏本身引起的吗? 如果是,那么具体是由游戏之中的什么要素引起的? 这些所谓的"病因"和被它们破坏的身体及大脑之间到底存在着怎样可观察、可分析、可归纳的"因果机制(causal mechanisms)"[③]? 面对这些根本而迫切的问题,专家们的口径几乎是一致的:我们不确定,一切还有待深入研究和观察。比如,虽然有《大象》(*Elephant*,Gus Van Sant 导演,

---

[①]　Bernard Stiegler. *Taking Care of Youth and the Generations*. trans. Stephen Barker. Stanford: Stanford University Press,2010,p.56.

[②]　Peggy J. Parks. *Online Addiction*. San Diego: Reference Point Press,2013,p.53.

[③]　Jon Elster. *Strong Feelings*: *Emotion*,*Addiction*,*and Human Behavior*. London and Cambridge: The MIT Press,1999,p.11.

2003年上映）这样影响深远的影片直截了当地将游戏中的暴力和现实中的暴力画上等号，但其实至今也没有任何有说服力的科学证据能够证明二者之间确实存在着因果关系。

科学研究的话语和公共的媒体话语之间显然形成了鲜明的反差。一方面，科学研究者普遍承认，游戏瘾即使存在，它影响的人群数量也是极少的。[①] 在美国精神病学会（APA）于2012年公布的一部手册（DSM-5）之中，游戏瘾甚至只被归类为"失常（disorder）"[②]而不是"症状"。另一方面，则是媒体连篇累牍地对游戏的危害进行变本加厉的宣传，甚至将其与麻风、毒品乃至性病等肆虐人类历史和社会的公害相提并论。那么，这背后的话语—权力之场域的运作逻辑到底又是怎样的呢？以游戏瘾为突破口，又到底可以揭示出当下时代的怎样的精神状况呢？首先，游戏瘾既然被归类为一种"上瘾"的现象，那就理应从这个关键点入手展开讨论。然而，在这个起始之处，游戏瘾本身的"怪诞性"就已然彰显无疑，因为它几乎无从被归入迄今为止任何一种上瘾的现象或定义。当研究者们绞尽脑汁地想把游戏瘾跟人类所熟知的种种上瘾顽疾（毒瘾、性瘾、赌瘾等）相类比、相同化之际，却总是遭遇到最为顽强的抵抗。人人都知道游戏是一种瘾，但却没人知道游戏瘾到底是哪一种瘾，这正是怪诞所在。

其实，上瘾这个概念的澄清和界定就已经是一个难题了。[③] 研究情感哲学的著名学者乔恩·埃尔斯特（Jon Elster）建议从"神经生物学、文化和选择"[④]这三重视角入手来进行分析，这大致是普遍认同的一个范式。但我们将看到，当聚焦于游戏瘾这个现象之时，这三个维度之间所形成的恰恰不是凝聚

① Dabid A. Olle& Jean Riescher Westcott. *Video Game Addiction*. Boston：Mercury Learning and Information，2018，p.42.研究游戏瘾的权威 Mark Griffiths 甚至用了"很小一部分（a very small minority）"这样的表述：*Adolescent Addiction：Epidemiology，Assessment and Treatment*. ed. Cecilia A. Essau. London：Academic Press，2008，p.233.

② Dabid A. Olle& Jean Riescher Westcott. *Video Game Addiction*. Boston：Mercury Learning and Information，2018，pp.31-32.

③ Peggy J. Parks. *Online Addiction*. San Diego：Reference Point Press，2013，p.51.

④ Jon Elster. *Strong Feelings：Emotion，Addiction，and Human Behavior*. London and Cambridge：The MIT Press，1999，p.1.

与和谐,而更是暴露出深刻的、难以调和的张力乃至断裂。首先,上瘾这个概念具有广义和狭义的两个面向。从广义上来说,"上瘾发生于任何一种强烈的体验(any potent experience)之中"①。就此而言,上瘾不仅不是一种疾病,甚至理应被视作人类情感体验的一种普遍而基本的要素。它其实并不一定需要特定的诱因(毒品、色情、金钱等),只要心灵之中涌现出一种强烈、持久而专注的情感体验,那么就可以将其视作"上瘾"。美食会上瘾,音乐会上瘾,甚至学习、锻炼都会上瘾,这不仅无可厚非,甚至可以被当作是人身上所展现出来的独有的精神强度和境界。当然,所有的强度性的现象一旦逾越限度,都会造成程度不同的破坏,上瘾的体验自然也是如此。但这当然不是对上瘾进行批驳的有力理由。

不过,这个广义的理解对于本文的研究并无助益。我们不想只是泛泛地、"辩证地"说游戏瘾既是好的,也是坏的,而更想聚焦于一个问题:游戏瘾究竟如何被明确判定为"坏"的②。由此就有必要转向上瘾的狭义界定,即具体区分为"化学瘾(chemical addictions)"和"行为瘾(behavioral addictions)"这两类③。那么游戏瘾到底应该归属于哪一边呢? 首先肯定不可能是化学瘾,因为和毒瘾、性瘾等明显不同的是,游戏瘾的发作不需要任何一种明确的化学物质④,也几乎全然不存在可明确定位的生理机制和神经回路。当然,即便如此,总还是有科学家在进行着不懈的努力,想证明游戏瘾和其他的化学瘾"共享"着相似的大脑机制。⑤ 但退一万步说,即便在大脑这一边大家可以达成共识,那么诱因那一边呢? 我们真的能够在游戏本身之中找到一个如毒品、色情那般明确的"诱发物"吗? 或更进一步问,既然游戏本身就是一个融合交互的媒

---

① 转引自 Jon Elster. *Strong Feelings*: *Emotion*, *Addiction*, *and Human Behavior*. London and Cambridge: The MIT Press, 1999, p.57.

② "游戏者就是坏人(gamers are bad)",参见 Neils Clark& P. Shavaun Scott. *Game Addiction*: *The Experience and the Effects*. Jefferson: McFarland& Company, 2009, p.2。

③ Jon Elster. *Strong Feelings*: *Emotion*, *Addiction*, *and Human Behavior*. London and Cambridge: The MIT Press, 1999, p.58.

④ Dabid A. Olle& Jean Riescher Westcott. *Video Game Addiction*. Boston: Mercury Learning and Information, 2018, p.32.

⑤ Peggy J. Parks. *Online Addiction*. San Diego: Reference Point Press, 2013, p.63.

介,其中包含着丰富而多元的异质性要素,那么究竟其中哪一个要素真的能够作为触发上瘾现象的"罪魁祸首"呢?有学者(如安德鲁·多恩[Andrew Doan])想当然就认为是视觉图像:"当一个人在玩电子游戏的时候,他们的眼睛就会接收巨量的图像刺激。"①而正是这些巨量、吞噬性的视频流不断冲击着人的视网膜,进而对神经网络造成了一种类似化学瘾的实在影响。但这个解释至少存在着两个问题。首先,巨量、高速、不间断的视频流,这远不只是游戏之特长,实际上,电影、电视、网络,甚至如今生活的方方面面都充斥着这个现象,那又怎能将其归结为游戏瘾的特殊病因?难道我们不更应该由此入手来深入剖析"电影瘾""网络瘾"?② 其次,固然早已有哲学家研究过现时代特有的高速、巨量的视频流对人的意识和大脑所造成的病变式的影响③,但若照搬到游戏之中则南辕北辙。电影的观众是被动的接受者,他们几乎是全无防护地暴露在视频流的冲击之下,这当然很容易形成上瘾的效应。但游戏的玩家则正相反,面对屏幕上流变不已的图像流,他们至少拥有一个按下"pause"或"esc"键的能力和权利。玩家不是消极被动的观众,他的手里至少掌控着一个"玩还是不玩"的开关。

由此就涉及思索游戏瘾的一个最为关键的要点。游戏瘾,既不能被归结为病因这"客观"的一极,因为游戏的诸构成要素皆无法被有根据地确认为上瘾之诱因;同样也不能被归结为种种主观的心理体验,因为势必还需要在这些表面的效果之下去进一步挖掘深层的机制。说到底,游戏瘾就体现于一个非常明显,但又极令人困惑的现象之中:玩家明明可以选择停止,但他为什么就是没有意愿,甚至没有能力去按下那个"pause"键?针对这个根本问题,既然病理学的解释不能成立(因为找不到明确的诱因和因果机制),心理学的解释不够充分(因为仅停留于表面现象的描述),那看来就只剩一个选择了,那正是

---

① Dabid A. Olle & Jean Riescher Westcott. *Video Game Addiction*. Boston:Mercury Learning and Information,2018,p.64.

② 或许正是因此,很多关于游戏瘾的研究都并没有太过突出其特殊性,而最终将其归入"网瘾(online addiction,internet addiction)"这个大范畴之内。

③ 比如斯蒂格勒在《技术与时间》第 3 卷中所说的"意识犹如电影",以及维希利奥在《消失的美学》等书中所着力阐述的"速率癫痫(picnolepsie)"。

道德化。一句话，游戏瘾的真正根源并不是大脑的病变，而更是意志的薄弱：
"上瘾者所缺失的自由显然是意志的自由。"①由此，游戏瘾这个问题明确指向
了主体性这个根本维度，由此显现出其根本的哲学意义所在。

　　但若就此将游戏瘾回溯到柏拉图的灵魂三分和亚里士多德的"不能自制
（akrasia）"②，则又显得太过宽泛。或许理应首先将游戏瘾与行为瘾（最典型
的就是赌瘾）这第二种重要的上瘾类别进行比较，因为二者明显体现出两个相
似之处：从客观的方面看，皆缺乏明确的化学诱因；从主体的方面看，皆表现出
"意志薄弱"这个根本症结。但这表面的相似仍然难掩内在的差异。虽然在现
实之中，电子游戏和赌博之间存在着明显的交集，但诚如马克·格里菲斯
（Mark Griffiths）明确指出的，二者之间仍然存在着一个不可化约的差异：电
子游戏的本质是技巧（skill），而赌博的本质则是运气（chance）。③ 就此而言，
电子游戏显然更接近赫伊津哈所界定的游戏的前两个基本特征：自愿自发和
"乐在其中"④。首先，从自愿的角度说，玩游戏的人绝大多数时候都是出于纯
粹的喜欢才开始玩的，虽然不乏有人是被推荐而进入一个游戏的，但只要他能
够继续玩下去，就说明其中肯定有吸引他之处。而这样一种喜欢和吸引是纯
粹的，不大可能是出于强迫和被动的结果。一个人总有可能、总应该去找到他
真正喜欢的游戏，而完全没有必要强迫自己去玩一个根本引不起兴趣的游戏。
但对比之下，赌博就恰好相反。几乎没有几个人是纯粹出于喜欢而陷入其中
的，绝大多数赌徒都是因为或明或暗、或强或弱的诱惑乃至胁迫而走上歧途。
要么，是为"一夜暴富"的神话所诱惑，梦想着可以不用付出任何扎实艰辛的努
力就腰缠万贯；要么，是为现实的生活所胁迫，在走投无路之际只能跌进赌场
撞撞运气。

　　由此就涉及电子游戏和赌博的第二个根本差异。如果说赌博的初衷往往

---

　　①　*Addiction：Entries and Exits*. ed. Jon Elster. New York：Russell Sage Foundation，1999，p 30.
　　②　*Addiction：Entries and Exits*. ed. Jon Elster. New York：Russell Sage Foundation，1999，p.120.
　　③　*Adolescent Addiction：Epidemiology，Assessment and Treatment*. ed. Cecilia A. Essau.
London：Academic Press，2008，p.235.
　　④　［荷兰］约翰·赫伊津哈著，何道宽译：《游戏的人：文化中游戏成分的研究》，花城出版社 2007
年，第 9—10 页。

是被动和偶然的机缘,那么同样,赌徒所追求的快乐和"结果"也往往并不在于赌博的过程本身,而总是指向着这个过程所带来的最终的、现实的利益,即迅速累积的金钱。一句话,赌徒不大可能真正"乐在其中",而总是将快乐寄托在过程之外的、更与现实生活密切相关的利益。但电子游戏就正相反。玩家既然是出于纯粹的喜欢而开始游戏,那就说明能够吸引他不断玩下去的肯定是游戏"之中"(而非游戏"之外",生活之中)的某种利益,以及在追求、实现此种利益的过程中所获得的快乐和满足。那么,此种不能等同于,甚至无关于现实利益的游戏之中的"乐趣(fun)"①到底又是什么呢?赫伊津哈认为是高于现实生活的"美的形式"②,伽达默尔也持同样的立场,由此强调在向艺术进行转化和提升的过程之中,游戏才获得了它的真正的"理想性"③。

但仅就电子游戏而言,这样一种拔高和提升显然有些太过仓促了,理应首先回归游戏玩家的初始动机和基本状态。固然,在一些大型互动的网游之中,玩家往往会体会到"万众一心"的精神共同体的更高境界,但当他们一开始进入游戏中时,却往往单纯只是因为自己能在其中获得一种自我的满足、自我的实现,进而获得自我的增强和提升。与现实生活或需要在现实空间中进行的游戏相比,电子游戏"之中"能够培养、激发的玩家的能力无疑要丰富得多。④ 有的游戏需要你眼疾手快,有的游戏培养你运筹帷幄,有的游戏给你带来情感的慰藉,有的游戏丰富了你的历史知识,等等,不一而足⑤。不过,无论游戏之中的利益怎样的多元而相异,看似难以(也不需要)获得统一的界定,但正是不同的利益吸引着不同的玩家乐在其中,培养、施展着他们身上种种不同

---

① [荷兰]约翰·赫伊津哈著,何道宽译:《游戏的人:文化中游戏成分的研究》,花城出版社 2007 年,第 4—5 页。

② [荷兰]约翰·赫伊津哈著,何道宽译:《游戏的人:文化中游戏成分的研究》,花城出版社 2007 年,第 15 页。

③ [德]汉斯-格奥尔格·伽达默尔著,洪汉鼎译:《真理与方法》,商务印书馆 2010 年,第 163 页。

④ 这两个关键要点,不妨借用殿堂级游戏设计大师 Jesse Schell 的经典概括:首先,"游戏者是自愿进入游戏的(Games are entered willfully)";其次,"游戏能创造出自身的内在价值"(*The Art of Game Design: A Book of Lenses*. Burlington: Morgan Kaufmann Publishers. 2008, p.31, p.33)。

⑤ 关于电子游戏给玩家带来的"益处(benefits)",参见 Dabid A. Olle& Jean Riescher Westcott. *Video Game Addiction*. Boston: Mercury Learning and Information, 2018, pp.71-72。

的能力。由此我们有充分的理由来质疑伽达默尔的这个结论："游戏并不是在游戏者的意识和行为中具有其存在。"①电子游戏中的情形恰恰相反，因为它的每一步的推进，它所实现的每一个结果，每一种乐趣，都必然、必须落实于玩家的每一个具体的操作和行为之中，且伴随着明确的自我意识和反思②。电子游戏的本质恰恰不是赫伊津哈和伽达默尔所谓的那种"忘我"甚至"无我"之境，而恰恰是每时每刻都唤起最为强烈的自我关注和自我意识。"我玩这个游戏，是因为我喜欢玩，我愿意玩，而且我知道该怎么玩，也明白我在这个游戏里面到底想要什么。"③这才是电子游戏的基本原理。从这个意义上说，电子游戏不仅不同于赌博，甚至也全然不能被归类于"行为上瘾"这个类别之中。让游戏玩家上瘾的不仅是行为，或者说，不断重复的行为仅仅是表面现象，或至多只是作为手段和中介。玩家最终、持续、挥之不去的迷恋对象恰恰是他的自我。由此甚至可以说，电子游戏堪称是有史以来最具"自我中心"特征的游戏形式乃至人类活动形式。正是在这一个关键点上，它跟主体性这个哲学主题发生了、发生着鲜明而深刻的关联。

三、真实？虚假？——诱惑的精神机制

但也正是这个强烈的主体性特征让电子游戏不断成为这个时代最需要祛除和驯服的"怪诞"的"不正常"之物。在一个以平滑和透明为特征的时代，在一个连自由意志本身都变成数字模拟和操控对象的年代，竟然出现了电子游戏这样一种依托于纯粹的数字平台来激活主体性维度的大规模的集群现象（ensemblage），这既让人深感大惑不解，又同样让人惊呼大逆不道。而在我们看来，电子游戏不仅是一个有待被规范的反常，也不只是一个急需被疗治的症

① ［德］汉斯-格奥尔格·伽达默尔著，洪汉鼎译：《真理与方法》，商务印书馆2010年，第161页。
② 当然，此种自我意识和体验并非总是积极的、肯定的，它其实在很多时候都呈现出负面的形态，比如自欺、逃避、自弃、怀疑、沮丧、绝望等。但无论如何，这些负面的体验无疑仍然是自我意识，甚至带有更高的强度。
③ 游戏与"自主性体验（feeling of autonomy）"之间的本质关联，参见 Sangkyun Kim 等人合作编写的 *Gamification in Learning and Education*. Cham：Springer International Publishing. 2018，pp. 39-40。

状,而其实更是蕴积着颠覆性乃至解放性潜能的重构主体性和公共性的未来趋向。在《在群中》一书中,韩炳哲区分了"数字群和传统群体的差别所在",进而认为前者"极其仓促和不稳定",而后者则相反,展现出"意愿的决心和坚定,因此它有能力组成'我们',有能力实现共同行动"①。但我们恰恰发现,电子游戏的玩家群恰好是这两种群聚形式的完美结合。一方面,它确实鲜明体现出偶然和随机的特征。游戏的种类、平台、论坛、组织等都是五花八门,层出不穷,而且又往往彼此渗透、转化,不存在固定而明确的边界。但另一方面,即便如此,却不能由此就将玩家群等同于、简化为一种近乎盲目的布朗运动。哪怕群体本身是方生方死,随聚随散,但诚如上节所述,群体之中每一个个体,从他进入游戏之时起,从他成为玩家那一刻始,就始终具有一种鲜明的自我意识,一种同样强烈的"意愿"和"决定"。正是从这个起点出发,玩家们同样可以形成一种具有强大凝聚力的"我们",虽然这个"我们"或许不再具有传统群体那么普遍、一致的整体性的精神纽带,但无可否认的是,玩家群仍然在个体之间形成了有效的、紧密的联结,它绝非只是随机偶发的集聚,而更是展现出一种朝向未来的公共性潜能。

　　若果真如此,我们难道不理应正视电子游戏,进而推进其积极的、肯定的变革潜能吗?那为何斯蒂格勒至韩炳哲一线的精神政治却总是把它视作眼中钉肉中刺呢?斯蒂格勒会说电子游戏让孩子们患上脑病,甚至一步步脑残脑死,韩炳哲同样认为,游戏化对"人与人的沟通交流"②造成了最大程度的破坏。之所以如此,一个根本症结或许仍在于他们身上难以根治的"客观主义"之谬③。他们之所以会对电子游戏做出如此不切实际甚至意气用事的批驳,不是真的因为游戏有多"坏",玩家有多"堕落",说到底只是因为游戏作为一个怪诞

---

　　①　[德]韩炳哲著,程巍译:《在群中:数字媒体时代的大众心理学》,中信出版集团 2019 年,第19—20 页。

　　②　[德]韩炳哲著,关玉红译:《精神政治学》,中信出版集团 2019 年,第 68 页。

　　③　布尔迪厄早就深刻批判过此种"客观主义的立场":"只能消极地把握实践,最多只能用'学究'式的对实践的思考来替代行动者的立场,而这只不过是对分析者建构的模式的执行操作而已。"([法]布尔迪厄、[美]华康德著,李猛、李康译:《反思社会学导引》,商务印书馆 2015 年,第 7 页,着重号按原文标注。)

之物始终无法被有效适配进他们预先设定的批判理论的框架之中。玩家并非真的是傀儡,只是他们的理论需要玩家作为傀儡。玩家群并非真的是盲目的乌合之众,只是他们的理论需要将它们设定为这样一种本质状态。由此,当玩家反倒是时刻展现出鲜明的自我意识,当玩家群反而往往展现出更为灵活多变的凝聚力之时,这些理论家们的第一个反应不是对自己的位置进行反思,而是发明出更为强大有效的理论工具来施行捕获。精神政治正是这样一种晚近的发明。可以说,当脑病的科学话语和"*akrasia*"的道德话语在电子游戏面前先后遭遇挫败之后,精神政治这一套强力的哲学话语的发明几乎是势在必行。不妨再度借用埃尔斯特的三元区分,"上瘾全然是心灵之事。在某种程度上,一种物质或行为模式是否真的令人上瘾,这本无关紧要,只要人们相信它是就行了(as long as people believe it)"①。看起来,与疾病话语("化学上瘾")和道德话语("行为上瘾")相比,信念这个文化和社会的因素在界定、判定上瘾的过程之中向来起着更为决定性的作用。只不过,这下文之中,我们不拟普泛地展开文化人类学或社会学方面的考察,而仅关注晚近以来的精神政治话语,以及它如何与其他两种话语勾连在一起,形成一部对游戏瘾进行同化和驯化的强力机器。

上瘾作为一种社会的建构,这并不是什么新鲜的观点,而且,与疾病话语或道德话语的彼此勾连也是此种建构过程中的普遍现象。② 但若聚焦于游戏瘾这个独特的现象,仍呈现出相当错综复杂的细节。首先,对上瘾的神经机制,晚近以来的研究已经能够初步达成一致的结论,也即将其归因于大脑中的多巴胺通道及其在药物或行为刺激之下所形成的奖励机制(rewarding),它尤其体现出两个重要特征。一是阈限效应,也即"多巴胺的兴奋度越高,由此所需要的激发行动的刺激兴奋度也就相应越低"③。二是由此就进一步形成"强

① Jon Elster. *Strong Feelings*:*Emotion*,*Addiction*,*and Human Behavior*. London and Cambridge:The MIT Press,1999,p.134.

② Candice L. Shelby. *Addiction*:*A Philosophical Perspective*. Basingstoke: Palgrave Macmillan,2016,pp.82-83.

③ Dabid A. Olle& Jean Riescher Westcott. *Video Game Addiction*. Boston:Mercury Learning and Information,2018,p.57.

制循环"或"核心循环(core loop)"的效应[1]，药物或行为在大脑之中逐渐形成一条强制性的优先通道，全面接管了激发行为的动机系统(motivation)[2]，甚至得以清除如认知、反思、判断等高阶的思考能力的介入。药物或行为的刺激变成了引导行为、引发快感的虽非唯一但却主导的来源。在这些强烈的刺激面前，人并未失去行动的能力，相反，他某些方面的行动能力反而得到极度的增强，但在"越来越快乐""快乐原来如此简单"的奖励机制的作用之下，人的行为开始变得具有强迫性，也即越来越失去了丰富的开放的可能性，进而越来越被限定、束缚于某(几)种既定的、固定的模式之中。借用《知觉现象学》中的重要术语，恰可以说上瘾的身体不再具有灵活多变的"图式(schema)"，而越来越蜕变为一部僵化重复的机器。

同样，上瘾的大脑其实也并没有丧失反思、判断等认知的能力，只不过，这些高阶的能力在被药物和行为挟持的强制性脑回路面前，失去了任何的主动性和优先性，往往沦为附随的、被动的傀儡。药物上瘾的人，往往会伴随有强烈的焦虑、愧疚乃至负罪的体验："我本应该控制自己！"但问题恰恰在于，此种反思的意识从来都是事后才到来，很少能够在上瘾发作的初期进行遏制，遑论在上瘾过程之中进行干预。更令人痛苦的是，这种事后才姗姗来迟的反思意识非但起不到任何缓解、安慰乃至疗治的作用，反倒是进一步加深了瘾君子的自暴自弃，令他们越来越深、难以自拔地陷入强制性循环的陷阱之中。道理很简单，与其清醒的时候忍受自我意识的煎熬，还不如回到陷阱之中一次次任由强制性的快感来凌虐。

就电子游戏瘾而言，此种由强制循环所形成的动机接管的神经机制似乎具有更强的"解释力"。因为很显然，单纯基于多巴胺的奖励机制是无法真正对游戏瘾做出有效阐释的。正如上节所述，游戏瘾跟化学瘾或行为瘾不同，它既缺乏明确可辨认的刺激物，也尚且不存在可清晰定位的神经通道。但动机

---

[1]　Dabid A. Olle& Jean Riescher Westcott. *Video Game Addiction*. Boston：Mercury Learning and Information，2018，p.59.

[2]　*Addiction：Entries and Exits*. ed. Jon Elster. New York：Russell Sage Foundation，1999，p.124.

部件而已。在这里,根本没有,也不需要有任何在这个低阶循环之外、之上的高阶意识和判断。

此种以悬置自由意志的方式来给游戏瘾定位的做法,每每出现在相关研究专著的核心位置。克拉克与斯科特(Neils Clark & P. Shavaun Scott)合写的《游戏瘾》(*Game Addiction*)就是典型例证。这本书堪称游戏瘾研究领域中的翘楚,作者不仅将玩游戏的亲身"体验"与理论思辨结合在一起,更是重点援引了勒杜式的大脑模型来重思重度游戏玩家身上的那种"情愿相信(*willing suspension of disbelief*)"[①]的症候。"信念"这个文化建构的根本要素,在这里呈现出鲜明的精神政治学含义,因为它就是深入渗透到玩家的大脑之中的精神控制或自我操控的装置。那么,"情愿相信"到底是怎样一种精神症候呢?一句话概括,就是"本不应该相信,但最终却主动地相信了"。在这里,勒杜的大脑模型就展现出强大的解释力:"诚如很多神经科学家所言,不幸的是,对图像的思考是如此缓慢,以至于在我们有机会思考之前,其实就已经做出了反应。"[②]在正常人那里,信念的形成往往是感觉和思考协同作用的结果,或者说是经由高阶的反思为中介才得以作为感觉和行动的主导动机。但在上瘾的游戏玩家的"不正常"的大脑之中,高速运转的低阶通道占据了绝对的先机和优势,因此,我们在无暇思考、无力思考之际就已经快速甚至自动地形成了信念。在这里,"信以为真"最终就等同于"眼见为实(*Seeing Is Believing*)"[③]。这恰恰是对游戏的主体性的最沉重打击。上节我们拟达成这样一个结论:无论玩家看起来怎样沉浸在游戏之中,这都并不意味着他就如瘾君子和赌徒那般全然失去了自控;正相反,不断的自省、自控、自知才是游戏瘾的根本状态,才是玩家对自我所持的根本信念。"我知道这个游戏是假的,但我也知道,我自己在玩这件事是真的。"我玩故我在。

但克拉克与斯科特的解释则全然颠覆了这个结论。在他看来,"情愿相

---

① Neils Clark & P. Shavaun Scott. *Game Addiction*:*The Experience and the Effects*. Jefferson:McFarland & Company,2009,p.34.斜体字按原文标注,后文同。

② Neils Clark & P. Shavaun Scott. *Game Addiction*:*The Experience and the Effects*. Jefferson:McFarland & Company,2009,p.37.

③ Neils Clark & P. Shavaun Scott. *Game Addiction*:*The Experience and the Effects*. Jefferson:McFarland & Company,2009,p.35.

信"这个游戏瘾的典型症候之中至少存在着两重难以根除的幻觉。首先,玩家实际上根本无法、无暇来形成对于自我的反思性意识,遑论判断和信念,但他却"自觉"是主动的,是自由的,这是因为他最终将自身等同于屏幕上的那个avatar。将被操控的化身等同于主动实施的自由意志,这是第一重幻觉。其次,正因为高阶思考无暇介入,这就使得低阶的感觉经验在信念的形成和发动之中起到了唯一的主导作用。因而,面对屏幕上的虚拟世界,VR头盔之内的数字空间,玩家如果稍加反思,则必会拆穿其为虚假,但在视觉的自动机制的操控之下却执迷不返地沉浸其中。本不该相信的东西,明显虚假的东西,却令玩家如此坚信,甚至吞噬了他的生活和生命的绝大多数宝贵的时间,这就是第二重幻觉。可以说,自我意志的幻觉和虚拟世界的幻觉,"自以为是"和"弄假成真"这两个方面密切勾连在一起,建造起游戏瘾的强大捕获机器。

四、结语:反思性位置与媒介生态学

从病理化到道德化,从勒杜的二元性脑模型到情愿相信的大幻觉,似乎精神政治的理论话语最终实现了对于游戏瘾的终极捕获。游戏瘾,如今已经不仅仅是某一类玩家群体的局部症候,而更有可能升级为更多人的病入膏肓的精神状况的极致展现。但即便如此,在本文的结尾之处,我们仍欲再度进行一番布尔迪厄式的反思式探问:一方面,被诱惑的精神政治话语打上"游戏瘾"之烙印的玩家们,真的就如福柯笔下的那些现代精神病院中的患者们那般,陷入永久的失声和沉默之中了吗? 另一方面,在祭出"幻觉/幻象"这个终极法器之际,我们这些向来以反思和批判为己任的理论家们真的反思过"我们"自己所在的位置吗? 我们所能做的,难道就是想尽办法将玩家塞进各种客观主义的框架之中? 难道就不存在另外一条更具介入性和开放性的反思之途径? 以下我们试图大致给出三个可能的方向。

首先是对大脑的重新反思。韩炳哲之所以想在古老的仪式传统中寻求慰藉,那正是因为"在仪式化的、典礼化的符号中,人们或许能逃离自我、失去自我"①。但为何一定要逃离自我呢？无非因为数字生产和操控下的自我是捕获的终极陷阱，是幻觉的终极根源。但这个极端论断的前提，不正是勒杜式的大脑模型吗？然而将大脑仅仅视作有着固化边界、鲜明层次乃至稳定通道的立场本身就值得质疑。德勒兹（和迦塔利）在《什么是哲学？》中就明确揭示了大脑的两面性，即一面朝向有着明确中心和边界的树形结构，而另一面，则朝向"根茎式"的开放网络。② 简言之，大脑本身更应该被视作是一种内在性的平面，在其上才得以不断涌现出种种相对稳定的形式和彼此分化的功能。如果这个说法还是太过偏重思辨，缺乏神经科学的支持，那么随后马拉布（Catherine Malabou）所提出的"可塑性（plasticity）"，以及海尔斯（N. Katherine Hayles）所阐发的"非思（Unthought）"等晚近的前沿概念，则兼容了大胆的假设和小心的求证。她们不仅突出了大脑本身的那种隐现于可测量的尺度和层级（scales）③之下的不断自我转化（"self-transform …… own modification"④）的创生潜能，更是细致展现了新生的主体（"自我意识"）何以能够在看似高低层次有别、实则相互缠结共振的强度性聚合网络中涌现而出⑤。简言之，大脑可能并不需要一条单独的专享通道来进行高阶的反思和认知，正相反，主体性及其种种面向皆可以或理应在动态、开放、差异性的网络之中不断生成、自我转化和重组。就此而言，大脑作为思维和主体性创生的原初的内在性平面，或许本就不应该被局限地理解为人的身体的一个（即便是主导的）器官，而更应该拓展为一个贯穿物质、非意识认知及意识性自我的生态性系统。⑥

　　由此也就进一步引发我们对游戏瘾本身进行重新思索。如果大脑本就不

　　① ［德］韩炳哲著，吴琼译：《透明社会》，中信出版集团 2019 年，第 61 页。

　　② ［法］德勒兹、［法］迦塔利著，张祖建译：《什么是哲学？》，湖南文艺出版社 2007 年，第 519 页。

　　③ Catherine Malabou. *Morphing Intelligence*. trans. Carolyn Shread. New York：Columbia University Press，2019，p.41.

　　④ Catherine Malabou. *Morphing Intelligence*. trans. Carolyn Shread. New York：Columbia University Press，2019，p.86.

　　⑤ N. Katherine Hayles. *Unthought：The Power of the Cognitive Nonconscious*. Chicago and London：The University Press，2017，p.79.

　　⑥ N. Katherine Hayles. *Unthought：The Power of the Cognitive Nonconscious*. Chicago and London：The University Press，2017，p.75.

是一个高低层次分离的固化结构,如果主体本就无须一条单独的通道来进行介入,那么精神政治话语中对游戏瘾的根本界定则显然误入了歧途。主体性并非一个永远滞后的、附随性的意识和效应,而更是内在于人—机交互的生态性网络之中的涌现形态,它远非一个附加的维度,而更是一种内在性的强度。同样,玩家与游戏之间的交互也绝不能单纯等同、还原为机械式的重复,不断加速循环的自动机制,而是本身就充满着强度的涨落、生成与流变,乃至自我转化的潜能。我们看到,这个原初的强度性的平面同样,甚至更为鲜明生动地展现出了鲍德里亚所细致刻画的诱惑的种种特征:其中有开放的游戏,因为根茎式网络本来就不断清除着固定的中心和明确的边界;其中有含混的间隙,因为强度和流变本身就不能还原为连续、同质的测量系统,而是不断在微观之处敞开着差异性的"空隙、间隔和当空"①;其中亦有着从被动向主动的转化,因为在这个看似无序而混沌的原初平面之上,明确的结构得以形成,主体性的意识得以涌现。在精彩的《上瘾圈套》(*Addiction by Design*)一书中,Natasha Dow Schüll 结合了大量的一手调查资料,生动展示了人—机交互的上瘾系统如何有可能在人为设计的捕获圈套之中生成出种种主体性之可能。比如,在记述上瘾"体验"的第 2 章的开始,她就极具启示地提及了快和慢的时间差的现象,只不过,这里的差异不再位于高阶的慢速思考和低阶的快速反应之间,而更是在低阶的、原初的强度性网络之中不断生成出种种差异性节奏(rhythm)。创造出自身的特异性的强度节奏,这恰恰正是上瘾式主体的独特技艺(skill)。② 借用福柯在《不正常的人》中的那对著名范畴,恰可以说,看似机器在这里所发动的是单向度地发号施令的强制性"巫术",但它却同样、必然会在玩家身上激发出充满着微观强度和流变的"着魔"体验。③ 不妨说,在施行洗脑巫术的机器和体验着魔惊厥的玩家之间所展开的含混暧昧的"诱惑"游戏④,或许才是游戏瘾的真正本质。

---

① 　[法]德勒兹、[法]迦塔利著,张祖建译:《什么是哲学?》,湖南文艺出版社 2007 年,第 509 页。

② 　Natasha Dow Schüll. *Addiction by Design*. Princeton: Princeton University Press, 2012, p.54.

③ 　[法]米歇尔·福柯著,钱翰译:《不正常的人》,上海人民出版社 2003 年,第 236—237 页。

④ 　Jean Baudrillard. *Seduction*. trans. Brian Singer. Montréal: New World Perspectives. 1990, p.83, p.103.

　　由此我们最终得以回归作为反思者的我们自身的位置。上述的反思无疑将我们明确引向媒介生态学（Media Ecology）这个晚近的前沿视角。虽然这一派的代表性学者也每每落入精神政治学话语的陷阱（比如"Evil Media"这样的标题就是明证），但它确实总能提醒作为研究者和反思者的我们反思自身在生态网络"之中"而非"之外"的位置。我们不能再以客观主义式的观察者、批判者乃至立法者的角色自居，而更应该成为网络之中的一个分子、一个玩家、一个参与者和介入者。既然大脑不再分层，主体亦不再有独享通道，那么我们这些以激发主体性意识为己任的研究者又怎能以"旁观者清"的反思间距而沾沾自喜呢？但是进一步追问，重新以介入者身份从事研究的我们，又究竟具有何种特长呢？我们如何能够在新型的玩家群之中展开自己的理论"游戏"呢？媒介生态学大师马修·福勒（Matthew Fuller）在新近的《凄凉的快乐》（*Bleak Joys*，2019）一书中给出了明确的启示，那正是"机遇（chance）"这个说法或"做法"："机遇展现出、推动着多维度的复合体（multiscalar compositions），它们有着差异化的本体论权重及差异性的质地（textures）。"[1]简言之，我们以"理论玩家"的身份参与游戏的方式，正是在其中引入更多差异性的维度，制造快慢不居的特异性节奏，营造强度涨落的断裂性间隙，进而将诱惑的游戏保持于开放、暧昧、奥秘的境地之中。看起来，我们越来越放弃了那种对当下现实进行总体性控诉的精神政治学的立场，但却越来越酷似尼采笔下的那个掷骰子的人："——因为大地是群神的桌子，它因创造出的新名词和群神掷骰子而发抖。"（《查拉图斯特拉如是说》第三部"七个印"）[2]

（姜宇辉，华东师范大学哲学系教授，博士生导师）

---

　　[1]　Matthew Fuller & Olga Goriunova. *Bleak Joys：Aesthetics of Ecology & Impossibility*. Minneapolis：University of Minnesota Press，2019，p.77.
　　[2]　[德]尼采著，钱春绮译：《查拉图斯特拉如是说》，生活·读书·新知三联书店 2007 年，第 275—276 页。

Addiction and the Psychopolitics of Video Games

Jiang Yuhui

Abstract: Are video games really addictive? Are there clear causal mechanisms and behavioral motivational patterns behind this addiction? What positive or negative effects do these modes have on the player's state of mind? In the face of these fundamental questions, we will first start from the three basic approaches of addiction research, and then carefully distinguish whether game addiction is chemical addiction, behavioral addiction or mental addiction. The truth is, however, that none of the existing "causes" — whether brain lesions, compulsive behavior or weak will —seem to be sufficient to explain the "bizarre" syndrome of game addiction. Therefore, in recent years, the discourse of psychopolitics has tried to link the disparate forces of brain, will, spirit, culture and so on together, so as to achieve the ultimate objectivist positioning of game addiction. At the end of this paper, we will question and criticize these positions from the perspective of the brain's root-like network, the player's obsessive experience, and media ecology, and then explore an effective way for reflective theorists to reflect on their own theoretical construction.

Keywords: Game Addiction; Chemical Addiction; Behavior Addiction; Psychopolitics; Objectivism

游戏的自我实现

——元宇宙的游戏态与虚拟现实的叙事方式①

周志强

摘要：人类从来没有给予"玩"一种存在论的真正认定和社会合法性表达，直到元宇宙出现，游戏才能真正成为游戏。元宇宙作为一种"虚拟现实叙事空间"的确立，预示着人类只能在现实的大地上储备肉身经验的时代要结束了，在非现实的具身化情景中储备真实肉身经验的时代到来了。这是一种终极化的"游戏人生"，正在开拓"全托邦"(Omnitopia)的虚拟现实空间，并成为"游戏的自我实现空间"，从而彻底颠覆人类生命活动的内在逻辑。"游戏"(玩)作为一种享乐沉浸，有可能呈现"知识"形态，成为人类认识自我和世界的经验之源。元宇宙转换了人类生活的理念："玩"不是生活的剩余，而是生活本身。

关键词：元宇宙；虚拟现实；叙事；游戏；玩

"元宇宙热"正在兴起，元宇宙的思考和研究更是处在热闹的阶段。我在

---

① 本文系国家社科基金重大项目"虚拟现实媒介叙事研究"(项目号：21&ZD327)成果。

"知网"以"元宇宙"为主题词搜索,得到 1598 条结果。[①] 2022 年 3 月,华东师范大学举办了"认识元宇宙:文化、社会与人类的未来"研讨会,在哔哩哔哩直播间里,几十万人围观这一学术盛宴。一时之间,元宇宙仿佛已经成为我们生活的核心,恰如扎克伯格充满激情的描述:"在元宇宙,你几乎可以做任何你想象的事情——与朋友和家人聚在一起、工作、学习、玩耍、购物、创作,未来……你将以全息图的形式被瞬间传送到办公室,可以与好友一起参加音乐会,或者与父母在客厅叙旧。"[②]

然而,从技术层面讲,元宇宙这种"现实"还远未到来。"'元宇宙'在很大程度上依旧是一个未来概念……不仅因为扎克伯格所谈的作为产品的"元宇宙"还需五年左右才能面世,而且还由于相对于真正的'元宇宙'(沉浸式互联网)所需技术支撑而言,当下已有的技术积累仍较为原始,它们彼此之间尚处于未经高度整合为一体的零散状态。"[③]

所以,目前对于元宇宙的研究,重点还是从虚拟现实媒介的角度,对这种崭新的图景进行哲学性的思考和评估。依此,元宇宙其实是虚拟现实媒介技术高度发展的一种必然结果,它的出现,彻底修改了"真实生活"和"虚拟生活"的关系,一种由技术达成的人与世界的"假定性关系"成为元宇宙的核心秘密。

换言之,虚拟现实到达了元宇宙的时段,人类就可以自由地以"游戏的方式"沉浸在个人生活经验中,并且这种经验不是虚假的、想象的,而是"真实""硬核"的。也就是说,曾经被人类的知识排异的"游戏",或者仅仅作为"自由象征"(康德)、"心态境界"(席勒)或"过剩精力"(斯宾塞)的游戏,在元宇宙时代,有可能作为一种新的知识经验形态而存在。这不是"通过游戏来学习",而是"游戏本身成为知识"。与之相应,元宇宙转换了人类生活的理念:"玩"不是生活的剩余,而是生活本身。

---

① https://kns.cnki.net/kns8/defaultresult/index
② 参见《扎克伯格长文阐述元宇宙:费用低廉,十年十亿用户千亿规模》,https://baijiahao. baidu.com/s?id=17149213426632706348wfr=spider&for=pc,2022 年 2 月 2 日。
③ 简圣宇:《"元宇宙":处于基础技术阶段的未来概念》,《上海大学学报(社会科学版)》2022 年第 2 期。

元宇宙的"游戏态"[①]

虚拟技术的发展，带来了"元宇宙"的景象：通过人体感知技术和数字互联网的结合，人们以身心融入的方式，沉浸在虚拟现实情境之中，这就是元宇宙的内涵所在。问题在于，元宇宙的核心意义不仅是提供了体验这么简单，而是提供了就像在现实世界里一样的虚拟生活经验，人类已经开始进入数字具身化的情形之中。事实上，具身化情景的脚步早已经开始了。哲学、心理学、神经科学、机器人学、教育、认知人类学、语言学以及行为和思想的动力系统进路（approach）中，具身化和情境性（situatedness）变得日渐普遍。[②] 时至今日，VR、AR、MR 等设备不再是人的"身外之物"，而变成了"人身"本身。数字技术和数字精神的发展，带来的不是修修补补的进步，而是一次人类经验方式的转型。

这里的关键是，元宇宙所带来的体验不是传统叙事行为中的隐喻性的体验，或者说，不是按照相似率实现的想象性体验，而是按照接触率，即虚拟经验通过身体感觉而变成真实感受的方式实现的。从这个角度来说，元宇宙是数字游戏的真正的"实现"：它不仅把传统数字游戏的"视觉沉浸"变成了身体沉浸的现实，而且，也真正实现了"仿真"（Simulation）的逻辑。[③] 人类只能在现实的大地上（Ground）储备肉身经验的时代要结束了，在非现实的具身化情景中储备真实肉身经验的时代到来了——这就是元宇宙的时代。

换言之，元宇宙是一种游戏态的真实人生：人们在元宇宙中"行动"，这种行动相对于现实世界来说，是虚拟的、假定的，在现实世界并没有发生这个行动，但是，却让人在身体感觉层面上得到行动真实发生后的感觉（如真实置身

---

① 此节部分内容来自周志强《从虚拟现实到虚拟成为现实——"元宇宙"与艺术的"元宇宙化"》（《中国文艺评论》2022 年第 2 期）、《"小故事"的时代——元宇宙与虚拟现实叙事的沉浸逻辑》（《文化艺术研究》2022 年第 4 期）。

② Clark，A..“An embodied cognitive science?”. *Trends in Cognitive Sciences*，1999：Volume：3，Issue：9，pp.345-351.

③ Gonzalo Frasca. “Simulation versus Narrative：Introduction to Ludology”. *The Video Game Theory Reader*. New York：Routledge，2003，p.222.

于虚构的情景中),或者带动身体进行行动并产生行动感(如打击物体时的震动、奔跑后的疲倦);进而言之,元宇宙中的行动还可以与现实世界的行动连接起来,从而打破游戏与现实的最后一堵墙。

我们假定一个名为"清明上河图"的元宇宙场景吧:戴上虚拟设备(或者进入虚拟感知房间),我们立刻进入了宋代市谣声围抱的开封街头;你决定选择一件将军的服装,于是找到一家店铺购买;这件虚拟衣服,需要你通过支付宝付费并提出细节要求,由现实世界中的一个工作室接单,经过设计,最终制作完成;你又看中了一块闲置的土地,发现此土地属于腾讯公司,于是你通过 QQ币购得——现实中付费 15 元;这时你决定在这里建设一家剧场,把你个人的云数据与某个你喜欢的明星融合,制作曹禺《雷雨》的演出活动;于是,你向另一家公司购买了系列北京人艺的虚拟角色,支付了相应的版税后,你开始了自己的演出;每天夜幕降临,会有其他人购票进入你制作的剧场观看你个人版的《雷雨》——也许你安排四凤最终嫁给了周冲,也许你让繁漪走出了家门,成为一名职业女性……无论如何,在清明上河图的一个外观宛如茶楼的空间中,你有了自己的另外一种人生:职业话剧导演、制作人、演员兼策划。

有趣的是,你的成功引发了"清明上河图"平台中不同 Avatar①们的关注。立刻有人开始反对你的剧情设计,同时,也有制作团队发现了新的商机。于是,你把自己的《雷雨》人物角色进行了抢注,令其成为 NFT 产品;而各种不同版本的《雷雨》故事开始在"清明上河图"出现。随着《雷雨》的火爆,也相继出现了各种现代中国话剧群落。你的社区四周到处是剧社,衣冠楚楚的 Avatar角色越来越多,于是,有人断定这个社区的聚集者大多是受过良好教育的中产人士;虚实相互依托的西装店、书店、豪华住宅与酒店的优惠活动在社区里越来越多。意想不到的是,有一个喜欢各种民国服饰的林道静(《青春之歌》的主人公)角色,在另一个人创作的《雷雨》版本中扮演一个闯入周朴园家的新女性形象,引起了你的关注。你每天去看她(它?)的演出,并约请她在你剧场的小咖啡店里听歌。你不知道是谁创造了这个形象,也不知道这个形象是元宇宙

---

① 元宇宙中每一个人都会获得或扮演一个行动的角色,借用电影《阿凡达》的故事,一般将这种可以代入身体真实经验的角色统称为"Avatar"。

"清明上河图"的原住民、生物人、电子人、数字人、虚拟人还是信息人。但是，你们相爱了！而且，你发现"林道静"对你的认知呈现良好的"自学习意识"，她会记住你喜欢的旋律、羡慕的桥段、爱听的语气和不自觉烦躁的话题……慢慢地，你对她越来越依赖；慢慢地，每天晚上你必须闭上眼跟她在黑暗中聊一会才能安然入睡……

简而言之，你跟一个虚拟角色发生了真实的感情，并且把自己的实际生活带入这个感情活动之中。你的人生从此有了两种同样真实的经验：现实生活中你上班下班与爱人吵架；虚拟世界中你演出、交往，与另外一个 Avatar 相恋，甚至你们有了共同的财产，可以分享 FNT 的收入，且在自己的 Avatar 的聚落中以伉俪形象同出同入。在这样的时刻，与真实的妻子离婚和与元宇宙中虚拟妻子离婚，所付出的代价几乎是同等的：财产的丧失、产权的分割、道德名望的亏损……

这就是元宇宙的核心密码：它以想象的方式建成，以技术的形式维持，却以历史的方式延续；它是人类共同参与的游戏，却给人类带来真实的知识。Roblox 平台打出元宇宙旗号，CEO 大卫·巴斯祖奇（David Baszucki）宣称"元宇宙"有八个关键特征：Identity（身份）、Friends（朋友）、Immersive（沉浸感）、Low Friction（低延迟）、Variety（多样性）、Anywhere（随地）、Economy（经济）、Civility（文明）。[1] 这显示了元宇宙建设的基本理念：元宇宙中的"自我"具有生物人意义的真实身份认同；建立稳定的社区交往关系；元宇宙提供身心一体化的真实感受，打破"角色扮演"，执行"角色即我"；带宽和核心计算达到终端和服务器之间完全去距离化和时效感，所见即所得，所点即所应；每个人都活在元宇宙之中，有独一无二的交往，有充满光晕（Aurora）的角色形象；与此同时，元宇宙镶嵌在现实生活之中，端口与身心感知交互相融，虚拟财产具有财富价值，且不同的元宇宙有各自自成体系的宗教、法规、习俗、约定、语言、地理……

虚拟的个体与真实的自己，各自开拓不同的时空，却虚实相依；现实生活中那种单向性的存在规则和服从社会理性的状态，在元宇宙中被淡化或者抹

---

[1]　https://www.sec.gov/Archives/edgar/data/1315098/000119312520298230/d87104ds1.htm

去——如果说现实中的你,生而带有宿命,因为诸多规则在你来到世界之前就已经确立并被严格执行,生存成为规则的内化过程,那么,元宇宙则允许你选择一个或多个游戏性规则去实践不同的人生;如果说命运的事先规定性乃是现实的第一生存条例,那么,不再生活在事先规定的命运秩序中,而是在随机性的"事件"碰撞下产生不同的人生故事,才是元宇宙虚拟现实叙事的根基。

"第三时间"与游戏的自我实现

综上,元宇宙的世界是虚拟的故事世界,也就是以游戏为基本逻辑框架的世界。在元宇宙中,游戏不再是简单的娱乐消遣活动,也成为生活本身:它把生活、游戏、艺术原本清晰的界限打破了,成为一种以嬉戏为线索的人生经验空间。元宇宙创生了一种崭新的"游戏=真实"的辩证:因为是游戏态的,所以,原有的现实世界规则都不再起作用,人们自由而快活地生活;反之,因为自由和快活的生活本身在肉体经验上是完全真实的,所以,游戏态本身与现实世界一样具有知识与经验的生产性——游戏终于从人类的想象性世界中解放了自己,成为知识性世界的重要组成部分。

更有趣的是,元宇宙的 Avatar 不仅仅是一个想象性的虚拟角色,还是带有真实肉身含义的"游戏的人"。这是一次重大的变化,因为此前游戏的人乃是代入或委托游戏文本中的行动者(一个游戏角色),但是,"委托"本身就意味着"隔离":正是因为游戏的人与文本中的行动者之间是界限分明的,所以,才需要这种潜在的代入或委托关系。赫伊津哈说:"游戏的最重要特征之一是它与平常生活的空间隔离。一个封闭的空间为它标示出来,物质上的或是观念上的,都从日常环境中被圈划出来。"[①]但是,元宇宙则直接运行在以游戏为框架的故事空间中,如前面所论述的,这种"小故事"是一种可以带来真实经验的文本,而不是被日常生活隔离出来的文本。

既是游戏的,又是真实的,这正是元宇宙沉浸方式的关键。在这个意义上

---

① [荷兰]约翰·赫伊津哈著,多人译:《游戏的人:关于文化的游戏成分的研究》,中国美术学院出版社 1996 年版,第 22 页。

看,元宇宙作为一种终极化的"游戏人生",正在开拓一种全托邦(Omnitopia)的生命空间。换言之,"元宇宙"正是"游戏的人完全以自我的方式来实现的现实人生",因此,它必然成为"全部幻想的真实存在"。安德鲁·伍德认为这种全托邦的空间,如购物场所繁多的机场终点站,是一种匮乏实在性意义的流动空间,但是,却隐含了现代社会空间使用的普遍性或说通用性(generic)。[①] 这无形中说出了元宇宙空间的哲学秘密:作为一种游戏空间,它以丰富的形式把幻想简化为一种可以充分实现的现实空间。或者说,元宇宙才是"游戏自我实现"空间。如果没有元宇宙,游戏只能是一种"潜在真实"(The Virtual Real);而元宇宙则让游戏的"全部潜在意义"都在这里浮出水面。

我们生活在这个世界上,其实有两种有趣的生存态度。一种是相信世界本身是存在潜在秩序的,另一种则认为寂灭与空无才是所有一切的最终结局或内在真实(The Real)。莱布尼茨用"0"和"1",分别表达了这两种有趣的观念:1,乃是上帝;0,乃是虚无。前者创生一切,凸显了"有";后者空寂散逝,指向了"无"。且不说 0 与 1 最终造就了数字时代的文化景观,仅就这种数字观念的意义而言,就隐藏了截然不同的两种"现实":世界是由人类以符合世界本身发展之必要而创造出来的;人类在世界的一切创造,都是在我们认定的活动规则内的活动,而不是来自目的性的律令——所以,我们只能倾听内心道德律令的召唤,而无法认定意志伦理和纯粹世界有天然的关联。

在这里,秩序实存的观念激发了我们忙忙碌碌的创造活动,借此,人类创造了人类的各色文明;而空无一物的观念则鼓励了我们体验生命意义的妙悟,于是,人类大胆放眼浩渺无穷的时空,不愿意接受神学教条或者机械科学论的支配。

显然,正是因为人类可以思考超越思考界限的"虚无",我们才会找到游戏的哲学意义。游戏并不是亚里士多德所谓的"悠闲",在他看来,"悠闲"虽然指向的是对世界的"大迷惑",是纯粹的好奇,而非功利的探求,但是,"悠闲"依旧是忙碌生活中的"剩余"。也许正是拉康可以道出游戏的"真相":象征界与想

---

① Andrew Wood. "A Rhetoric of Ubiquity: Terminal Space as Omnitopia". *Communication Theory*, Vol. 13, No. 3, 2003, pp.324-343.

象界巧妙结合(Suture),实在界(The Real)化影无形;所以,人之成长,乃是遮蔽身体之实在界存在——混沌无序的世界本身,以想象驱动,邀游于象征世界的浪漫之中。

　　因此,游戏不是"悠闲的活动",反而是人类的现实本身:生存的每一天,不也是自由跳跃的游戏活动日吗? 或者说,游戏并不是来自人们理性生活的"放松",而是镶嵌在人们现实世界之中的议题:正是游戏,才暴露了无法被象征界和想象界完全征服的那部分真实。更有趣的是,游戏不仅仅是哲学性的,还是历史性的。19 世纪以来,人类对于理性主义的强烈认同,对于自制、自律和自智的超级自我——也许就像弗洛姆所意识到的,乃是一种"中产阶级自我"的幻想物——的苦求,养育了游戏的社会政治内涵。"游戏"通过凸显"玩游戏的人"的控制能力,却显示出自制、自律、自智时代中潜伏的"非人化冲动"——不想完全被纳入异化劳动规则中的无意识冲动。在这里,"非人化"不是人的去人性化,而是按照自己身体经验的方式而不是社会内在规定的方式所进行的"人化",即"非社会性人化"。

　　于是,游戏的潜在价值有可能在元宇宙的世界中构造全托邦的情形。在传统的哲学、社会学和人类学研究视野中,作为对象的"游戏"乃是那些"面对面"的人类活动,时至今日,"游戏"早已是虚拟现实的故事化空间;在传统的文艺理论或文艺美学的研究者看来,游戏乃是一种借助"叙事"实现外壳构建起来的快感行动,然而,游戏作为一种"叙事",却修改了故事的时间性线索,敞开了玩家在游戏活动中的"事件性行动"的大门;在文化研究的思想脉络中,"游戏"(街机、吹口哨的少年以及海边冲浪者)是青年人抵抗性的表征,而看不到游戏的"享乐沉溺"(jouissance)本身对于不确定性的迷恋(抵抗终究是一种暗含着确定性的行为)。

　　元宇宙让游戏叙事完全成为独立的叙事,而开拓出截然不同的叙事光辉。如前所述,传统叙事与游戏叙事相比,游戏叙事乃是创生传统叙事所没有的"第三时间"的叙事。传统叙事的故事时间与叙事时间紧密结合,形成了故事的封闭性;读者对故事的阅读(阅读时间)被空壳化了。现象学所假定的"理想读者",体现了这种阅读时间的空壳化:理想读者是一种设定的虚化角色,它永远在现实层面上没有现实性基础。在这里,"阅读"变成了一种个体活生生的生命经验被剥夺的过程。简言之，传统叙事对叙事的阅读者（文本使用者）是结构性地排斥的，文本的使用时间变得毫无意义。而游戏叙事恰恰与此不同：游戏叙事的奥秘恰恰在于游戏文本的使用时间。游戏故事乃是把故事时间和叙事时间框架化，其目的乃是将游戏行为，即"玩"的时间存放进去，或者说拯救出来。所以，传统故事态的典型特点之一，乃是"结尾与结局"的分立。结局指的是故事时间的结束，可以是情节动因的结束，也可以是急转直下，呈现事件的断裂性；而结尾则是叙事时间的结束，或者说，结尾乃是讲述故事的行为的终结。两者的对立统一，形成了故事的闭合（closure）；而游戏恰恰相反，它的叙事时间与玩游戏的时间——我所说的"第三时间"——巧妙嫁接，故事时间被悬置，叙事时间变得界限模糊，"结尾"发生的时刻，恰恰是激活第三时间的重复叠加的时刻——一个在故事中死掉的"玩家"如果继续接着玩，那么，游戏的真正意义才被释放。重要的不是"故事在哪里终结"（结局如何成为结尾），重要的是"玩家从哪里重启"（第三时间在不断重复使用游戏故事的过程中构建自身）。简言之，传统叙事只有故事时间和叙事时间，并且以"叙事时间"为核心，暗中取消了"使用时间"（阅读）；而游戏的故事时间和叙事时间的全部意义就在于激活"使用时间"（玩游戏的时间）。

也正因如此，元宇宙的游戏态，显示元宇宙意义的创生、运行和构建完全是以第三时间为基础的。作为一种虚拟现实叙事，元宇宙不是解放了游戏，而是让游戏成为生存。

简言之，游戏从来没有真正实现其自身意义和精神，因为人类从来没有给予"玩"一种存在论的真正认定和社会合法性表达，直到元宇宙出现，游戏才能真正成为游戏，因为只有在此时，"玩"才能与"真实经验"建立起现实性的关系。

总之，作为一种小故事叙事的方式，元宇宙通过游戏的自我实现，以第三时间的开拓，把"玩"这种行为彻底融入了人的现实活动之中——也正是在这里，我们才能看清作为一种沉浸方式的元宇宙，以虚拟现实的技术变革为基础，从传统叙事的叙事时间、故事时间中拯救"第三时间"（玩的时间），从而有可能彻底颠覆人类生命活动的内在逻辑：生活是一种创造性的劳动，同时，创造性的生活只有在游戏行动中才能真正自我实现。

"小故事":游戏行动与叙事革命①

　　元宇宙的出现,意味着虚拟现实的一场叙事革命:虚拟现实变为虚拟成为现实。但是,即使虚拟现实可以与现实经验完全同构同在,却终究是以游戏性的叙事为核心构建起来的故事空间。那么,元宇宙的游戏性如何实现呢?

　　元宇宙体现出游戏性的典型层面:围绕"玩",一种以身体为引导的行动机制而构建叙事。传统的游戏,比如 Video Games,游戏玩家的行动(玩)是一种身体与游戏分离的活动,即使诸如健身类游戏要求的是调动玩家的体育运动能力,但是,依旧是以"游戏的展示性与玩家的服从性"为主导的。但是,在元宇宙的游戏态条件下,"玩"不仅仅是全身心的、沉浸的,更是以"玩"的主导性(至少是主导性幻觉)为引导的。这也就更体现了所谓的"游戏精神":"玩"才是游戏故事的真正驱动力,而不是故事。② Margaret Wertheim 所说的虚拟现实叙事的转变,体现为文本内部的感受方式的改变:中世纪艺术家的"灵魂的内眼"(the inner eye of the soul)消解掉了,"身体的物理眼"(the physical eye of the body)成为其核心。③

　　在这里,"元宇宙"不仅仅是颠倒了想象和现实的关系,彻底改造了想象活动的旧的规则、形态、理论和评价方式,更有意思的是,元宇宙允许任何人——当然需要一定的经济条件和技术能力——在其中建立自己的(虚拟)人生,所以,Ryan 认为,"宏大故事"的时代将会逐渐终结,而"小故事"时代将会开启;场景(setting)、情节(plot)、角色(characters)才是关键,叙事者消失,故事永远

---

　　① 此节少部分内容来自周志强《从虚拟现实到虚拟成为现实——"元宇宙"与艺术的"元宇宙化"》,《中国文艺评论》2022 年第 2 期。

　　② Torben Grodal. "Stories for Eye, Ear, and Muscles: Video Games, Media, and Embodied Experiences". *The Video Game Theory Reader*. New York: Routledge, 2003, p.139.

　　③ Dr. Marie-Laure Ryan. *Narrative as Virtual Reality: Immersion and Interactivity in Literature and Electronic Media (Parallax Re-visions of Culture and Society)*. Baltimore and London: The Johns Hopkins: University Press, 2001, p.2.

没有结局，也不需要结局。① 元宇宙将会是各种人、各种欲望和各种故事自然交织形成的"虚拟现实叙事空间"。游戏态的元宇宙不再是传统的"树状结构"，即任何故事都是存在主线和分支的，而是德勒兹所说的"织物结构"：万千意义交织，铺成元宇宙的地面。

正是从这里，我们可以确立"小故事"的内涵：小故事是以"游戏行动"为主导（而不是接受行为）的叙事；它的对照物不是 Ryan 所说的宏大叙事，而是经典叙事行为——以故事为主线（第二时间）、通过故事的组合方式（第二时间）实现意义的叙事。"小故事"的秘密是"游戏行动"，而不是如何叙事。

所谓"游戏行动"，指的是以"玩"为核心的玩家行为，它除了"玩游戏"之外，还包括社交、消费和角色化想象。简言之，玩、社交、消费、想象，乃是游戏行动的四要素。元宇宙是游戏行动的全方位出击，是游戏行动不受遏制的空间和时刻。

游戏行动主导的元宇宙叙事，也就呈现出三个方面的内涵。

1.角色的具身化

"每个小人物都在虚拟现实中被故事化"，任何人都是通过一个角色来建立自己在元宇宙生活中的知识结构。在这里，所谓"角色的具身化"，指的是玩家对于元宇宙故事角色的依存性关系：除非形成一个故事性的角色，并且以角色方式思维（具身化），才能真正实现元宇宙游戏行动的诉求。

虚拟现实之所以成为现实，归根到底乃是因其必须呈现出对故事的依赖性特性。数字技术必须通过与故事紧密贴合在一起，才能实现其技术价值，这也就是为什么连乔布斯都要重申"故事"的关键性意义。② 尤其是虚拟现实技术本身，就是一种情景化的技术诉求。通过穿戴设备，瞬间把人转化为虚拟形象的自我，创造出具有强烈故事意识的角色主体，乃是虚拟现实的技术逻辑。

值得注意的是，虚拟现实的"故事"与传统的故事是截然不同的，小故事是空间性的故事，它把传统故事的线性秩序轻巧地转换为空间秩序，即彻底改变

---

① Dr. Marie-Laure Ryan. *Narrative as Virtual Reality：Immersion and Interactivity in Literature and Electronic Media（Parallax Re-visions of Culture and Society）*. Baltimore and London：The Johns Hopkins：University Press，2001，p.13.

② Auletta，Ken."What I Did at Summer Camp". *New Yorker* 7，1999，p.26：46-51.

了故事的时间性逻辑,而代之以空间化逻辑,也就是"故事空间化"。故事的主人公乃是永恒不变的"自我"——这不再是弗洛伊德所设想的角色代言人,而就是自我肉身;传统的故事中,人与故事是表达和被表达的关系;而虚拟现实故事中,人与故事是共同行动的关系:是人在驱动故事,而不是故事在引导人,这是小故事的关键性逻辑。

在这里,正是角色的具身化,才能给予元宇宙行动的动力。Avatar 这个概念,所蕴含的含义不仅仅是隐喻性地使用了阿凡达电影的形象,更是说明了这种角色具身化的特点:每个人都可以使用通用的形象,却都是一个独一无二的 Avatar;玩家把自己所有的行动,通过这个角色来完成,从而赋予了这个角色生命的经历和逻辑,也就具有不可交换的独特经验和记忆。在这里,角色仿佛是活的,而现实的人则是死气沉沉的。

2.故事的行动化

小故事的文体哲学也蕴含了崭新的理念"故事是一种行动",即小故事乃是去故事之历史性,而倾向于故事的"动作性",即小故事是一种进行时状态的叙事。作为虚拟现实的顶级形态,元宇宙的开拓,恰恰是游戏行动的自由行进。故事以角色的行动为引导,从而可能具有更开阔的想象力和角色人生的多样态。

元宇宙中,故事必须以游戏的方式才能存在下去。所谓"游戏的方式",指的是叙事的核心不是游戏文本本身,而是如何进行游戏,即如何在游戏中完成游戏。简言之,只有"游戏行动"才能设定完整而独立的人的自在态度,即"玩"才是游戏的全部意义,而不是游戏本身。[①]

在传统的故事中,故事时间与讲述故事的时间——叙事时间——形成恰当的比例,故事可谓成功;阅读故事的时间是被相对遮蔽的,尤其是所谓"理想读者"的理论,把"阅读时间"彻底虚无化或者说抽象化了。按照理想读者的设定,阅读者乃是镶嵌在文本之中,被文本事先设定了的角色。而在"小故事",即虚拟现实叙事中,阅读时间转换为沉浸时间,即元宇宙的沉浸过程成为虚拟现实故事的全部过程。这也就是所谓的"故事行动化":"玩/沉浸"构成故事的

---

① Sicart, Miguel. *Play Matters*. The MIT Press, 2014, p.2.

时间主题，故事时间和叙事时间，都以"玩"的时间为线索或主轴展开，并在此基础上实现社交、消费和想象行为。从这个角度来说，"小故事"乃是一种旨在创生"第三时间"的故事（沉浸时间），而不是隐藏第三时间，凸显第一时间和第二时间的支配性的故事。

3.命运事件化

传统叙事是一种回溯性的叙事，即故事的意义表面上乃是处在行进中的（故事时间），但是，故事乃是已经发生的事情按照假装正在发生的方式来陈述（叙事时间），所以，传统的故事态，即使是现实主义的故事，也是一种"虚进行时时态"。这种故事态的典型特点之一，体现为"结尾与结局"的分立。结局指的是故事的结束，可以是情节动因的结束，也可以是急转直下，呈现事件的断裂性；而结尾则是叙事的结束，或者说，结尾乃是讲述故事的行为的终结。传统的故事，结尾和结局的差异是明显的。在周大新的《湖光山色》（2006年）中，暖暖恢复了之前自足自洽的生活，故事到达结尾；但是，故事本身的结局却被悬置了：这个小山村还能恢复到资本霸权入侵之前的宁静吗？那些已经被创生了欲望的村民，还能像之前一样淳朴安详吗？同样，《平凡的世界》（1986，路遥）中孙家二兄弟的命运并没有终结，但是，结尾发生了：他们分别都在拼搏奋斗；改革开放之后，中国社会发生翻天覆地的变化，孙家兄弟也许会面临"没有发生的未来"的结局，即也许他们终将希望落空。《平凡的世界》以农村土地责任制改革作为"回溯点"，重新激活了农民生活中的那些点点滴滴，令其成为走向宏大的历史变革时刻的"过程"——这仿佛是一个青年人遇到了爱情之后，就会回溯性地把此前的成长过程看成是"走向那个爱人的日子"一样。① 所以，

---

① 现实主义的叙事更是建立在这种回溯性意义上。即传统的故事，归根到底乃是一种属于未来的故事；正如如果没有列宁的十月革命的成功，之前的所有的失败的革命行动都将湮没；只有十月革命成功了，才会回溯性地将失败者的行动转换为"成功之母"——一种走向胜利的历史，"失败"才被纳入历史的"故事"（Story）序列。齐泽克曾经这样论述过"革命"的回溯性过程："和拉康一样，列宁认为，这里的关键在于，革命总是自己授权给自己的。我们应该采取没有被大对体遮蔽的革命行动。害怕'过早'地夺取政权，寻求什么'保证'，都是害怕革命行动身上的深渊。这种恐惧表现在一则轶事之中。就在十月革命爆发之前，列宁与托洛茨基有一场对话。列宁问：'如果我们失败了，我们的境况会是怎样的？'托洛茨基答道：'如果我们成功了，会发生什么？'即使这则轶事并不真实，它还是耐人寻味的。"（[斯洛文尼亚]齐泽克：《〈斜目而视〉中文版前言》，载齐泽克著，季广茂译《斜目而视：透过通俗文化看拉康》，浙江大学出版社2011年，第4页）。"革命"的意义不在于它对原有意义的延续，而是对新的意义的创造。所以，恩格斯对革命主体的认可，不是体现所谓社会主义文学的倾向性，而是暗中强调了现实主义文学的"革命性"。

正是"结尾"，即叙事的动力规定了故事结束的方式，也正因如此，传统故事就是一种"闭合"（Closure）的结构：王子与公主仿佛可以永远幸福地生活下去，故事的结束被结尾永恒化了，或者说结局被结尾彻底驱逐了。

与之不同，小故事走向传统故事逻辑的反面：沉浸在元宇宙的角色，是可以永远生活下去的；也就是说，故事的结尾和结局是完全一体化的。在元宇宙中行动的角色，沿用沉浸时间来完成叙事，所以，个人的命运，既是结局也是结尾；进一步讲，一个角色的行动，如在元宇宙中约人喝咖啡或者排练话剧，这是完全没有事先规定性的事件（Event），能否活动成功，完全在于角色交流的具体过程，或者说真正值得享受的正是这个不知道结局的过程本身；一个行动终结的时刻，也就是这个小故事结尾发生的结局时刻：再也不去约这个角色喝咖啡或者排练这个剧本。只要角色不再行动，不再沉浸在特定的行为过程中，结尾立刻转换为结局。在这里，"悬念即事实"，任何预测和假设，都是实时性和事实性的悬念本身。虽然回溯的力量依旧存在——一个在《雷雨》排练成功的人可能会把自己全部的元宇宙人生看作是新的艺术人生，但是，回溯无法主导故事的进程，无法成为阐释故事意义的事先节点。回溯真正成为回溯。

由此，我们发现了元宇宙游戏态的关键："一切都是事件"，也就是元宇宙中的命运，都是事件性的，而不是可以在游戏中预设的。元宇宙内部角色的命运都是没有结尾主导的行动，或者说都是"顺着每个人的自然"真实发生的故事集群。谁也不知道自己的命运下一刻会是怎样。

在传统叙事中，如小说《浩荡》（2018）中，主人公何潮总是能在关键时刻掌握改革开放的历史主流方向，仿佛是"重生文"的主人公一样，总在历史的十字路口做出正确的抉择，如及时放弃小灵通转向手机开发、抓住时机做小物件快递等。在这里，主人公的命运乃是来自历史回溯性的书写，这种书写构建了故事的"历史正确性"，也就令故事中发生的各种事情获得历史进程的意义：好人终将好报、坏人无法遮挡历史的进步……于是，所有发生的事情都拒绝"事件化"，即拒绝无法镶嵌在历史因果链条中来阐释的力量。

与之相反，元宇宙所开启的虚拟现实叙事，则是真正意义上的碰撞性的小故事集群。每个人都带着自己的"小故事"在元宇宙中行动，这里没有中心化的生存主题，所有发生的事情，都是"正在发生事件"，而不是"为了证明历史的正确性或悖谬性而发生的故事"。

简言之,元宇宙的虚拟现实叙事是这样一种叙事:每个人都在生成自己的小故事;而每一个小故事都是不知道结局的沉浸性事件。

显然,元宇宙以行动为主导,人与角色的隔阂,在虚拟现实的叙事中消失了;生活与想象的关系,也不再是经典叙事的静态审美,而是转换为"叙事乃是一种积极行动"的游戏态;在基础上,元宇宙以游戏态的方式,爆破了人类生存的"单子的历史"或"线性的历史",借机体验"事件化"的生活:一切意义都是正在进行时。传统叙事是"过去时态"的,而元宇宙的游戏态凸显的恰恰是"进行时态"的。人类终于可以把自己的身体经验和思想领悟,从各种规则、规范和认知范式中暂时"解放"出来,"游戏的人"在此长成。

(周志强,文学博士,南开大学文学院教授,上海市高水平地方大学创新团队"文化转型与现代中国"成员)

Self Realization of the Game
—The Playfulness of Metaverse and Narrative Mode of Virtual Reality

Zhou Zhiqiang

Abstract: Human beings have never given "play" a real identification of ontology and expression of social legitimacy. Until metaverse appeared, the game can really become a game. The establishment of metaverse as a "virtual reality narrative space" indicates that the era when human beings can only store physical experience on the real earth is coming to an end, and the era of storing real physical experience in unrealistic materialized scenes is coming. This is an ultimate "game life", which is developing the virtual reality space of omnitopia and becoming the "self realization space of game", so as to completely subvert the internal logic of human life activities. As a kind of enjoyment and immersion, "game" (play) may present the form of "knowledge" and become the source of experience for human beings to know themselves and the world. Metaverse changed the concept of human life: "play" is not the surplus of life, but life itself.

Keywords: Metaverse; Virtual Reality; Narrative; Game; Play

游戏的元宇宙

严锋

摘要：元宇宙与游戏在起源和发展上有着密切的联系，它们都是人类通过虚拟技术对现实进行超越的努力。游戏的发展，在虚拟化、交互性和跨越性这些方面为元宇宙打下物理和心理的基础，元宇宙也为游戏提供了一个更广阔的发展空间。从人文和技术相结合的角度追踪元宇宙与游戏的演化形态和轨迹，有助于我们对这两者的面貌都能够看得更清，也能够更好地投入对两者更积极的建设中去。

关键词：元宇宙；游戏；虚拟现实；扮假作真

元宇宙是游戏吗？微软首席执行官萨蒂亚·纳德拉直截了当地说："元宇宙本质上就是关于创造游戏的。"但是很多人不同意这种观点，他们认为元宇宙的内涵和外延都要比游戏广阔得多，包括社交、教育、工作等，涉及社会生活的各个方面。在中国，元宇宙的鼓吹者往往更倾向于让元宇宙与游戏脱钩，其中的顾虑也是一目了然的。游戏被很多人视为一种娱乐，而且很容易走向玩物丧志，如果元宇宙与游戏联系过度紧密，很容易受到轻视。但无论承认与否,元宇宙与游戏之间都存在着深刻的联系。从元宇宙看游戏,从游戏看元宇宙,从人文和技术相结合的角度追踪其演化形态和轨迹,有助于我们将这两者的面貌看得更清,更好地投入对两者更积极的建设上去。

一

元宇宙通常被认为是下一代互联网的形态,一种由个人电脑以及虚拟现实和增强现实头戴设备支持的在线 3D 虚拟环境。韩国学者崔亨旭在《元宇宙指南:虚拟世界新机遇》一书中认为:"元宇宙是一个以众多用户为中心的无限世界,一个与互联网紧密相连的多维数字时空,里面既有基于实用目的被增强的现实,也有被现实化的虚拟想象,而人们可以通过现实世界中的入口进入其中。"①元宇宙是一个非常开放的概念。它不是一个单一的技术,而是许多技术的集合,包括计算技术、网络技术、人工智能、空间定位、感觉模拟,甚至神经科学。更重要的是,它还不仅仅是技术,而是源于人性,承载了人的梦想,以及把梦想化为现实的一些途径。

元宇宙与游戏有着天然的不解之缘。这个词本身源于 1992 年尼尔·斯提芬森一本名为《雪崩》的科幻小说。他描述了一个通过电脑技术建构的虚拟世界,人们的化身及其精神投射其间,相互连接,构成有机的政治、经济、文化生态系统。在这个虚拟世界中,"开发者可以构建自己的小街巷,依附于主干道。他们还可以修造楼宇、公园、标志牌,以及现实中并不存在的东西,比如高悬在半空的巨型灯光展示,无视三维时空法则的特殊街区,还有一片片自由格斗地带,人们可以在那里互相猎杀"。我们马上可以看到,这正是《赛博朋克2077》和《堡垒之夜》这样的电脑游戏中的场景。也就是说,今天人们的娱乐方式,也开始与当年科幻小说中的梦想合二为一。网络与游戏的发展,在虚拟化、交互性和跨越性这些方面为元宇宙打下物理和心理的基础。

2003 年,林登实验室开发的大型 3D 模拟现实网络游戏《第二人生》上线,

---

① ［韩］崔亨旭著,宋筱茜、朱萱、阚梓文译:《元宇宙指南:虚拟世界新机遇》,湖南文艺出版社2021年,第 39 页。

研发者声称他们的目标正是要创造一个像《雪崩》中的元宇宙那样的虚拟世界，玩家以不同形象的化身在这个世界中进行包括社交、购物、演出、开会、教育等在内的各种活动。用户还可以用平台提供的工具设计自己的服装、家具、交通工具、房屋，对包括虚拟土地在内的数字资产进行买卖，开始实现虚实循环的经济模式。4年间，《第二人生》拥有了500万用户，吸引很多公司、大学、媒体入驻。《第二人生》是电脑网络时代打破现实与虚拟、游戏与人生之间界限的一次大规模的社会文化实验，虽然这个平台本身由于虚拟经济、法律和软硬件等各方面的问题而走向衰落，但其理念却不断为后续的游戏和社交网络平台所借鉴，随着电脑和网络硬件的发展以新的形态出现。

2006年，罗布乐思公司发布同名的大型多人线上游戏创建平台，玩家可以使用其专有引擎罗布乐思编辑器来创建自己的游戏，并提供给其他玩家游玩，让其他玩家进入自己的游戏。与《第二人生》一样，罗布乐思具有自己的交易体系，平台货币Robux可以与真实货币转换。玩家可以出售自己制作的游戏和包括服装道具在内的虚拟物品，也可以在自己开发的免费游戏上获得玩家的时长分成。罗布乐思每月有约1.64亿名的活跃用户，美国16岁以下的儿童中有一半在这个平台上玩，每年使用罗布乐思编辑器制作的游戏总数达到2000万。2020年整个平台上的开发者通过交易获得的收入超过2.5亿美元，其中个别游戏制作者的游戏收入超过1000万美元。罗布乐思这些耀眼的业绩，使其被称为"元宇宙第一股"，也成为本轮元宇宙热的重要引擎。

从《雪崩》到罗布乐思，我们可以看到一个科幻的想象逐渐成为现实的过程。在这个过程中，市场和技术固然起了很大的推动作用，但是其中更为关键的动力，我们还要从更为深远的文化历史中去追寻。

二

元宇宙的英文名叫Metaverse。meta这个词根有超越、综合的意思，而verse则代表宇宙，结合起来看就是一个不断跨界又将其融合的宇宙。在中文中，"元"意味着开始、起源和根本。人类文明的发展，不就是一个不断跨越和融合的过程吗？

　　我们可以把传统的现实世界看成是一个现实宇宙，同时，我们又很早就有了另一个宇宙，那就是想象的宇宙：文学、绘画、戏剧、电影……在过去，这两个宇宙是相互分离的，我们不可能在看着《红楼梦》的时候就真的走进去了。不过有意思的是《红楼梦》本身就描写了不少在虚拟和现实之间穿越的场景。在第 11 回"庆寿辰宁府排家宴　见熙凤贾瑞起淫心"里，家境清寒的贾府远亲贾瑞痴迷于凤姐的美色，试图勾引，结果被凤姐毒设相思局，整得死去活来。在他病入膏肓之际，有个跛足道人给他一面名叫"风月宝鉴"的镜子，说是照背面可以保命，但是千万不能照正面。贾瑞拿起镜子，向反面一照，只见一个骷髅立在里面。他又惊又吓，大骂道士，又将正面一照，只见凤姐在里面招手叫他。贾瑞心中一喜，荡悠悠地觉得进了镜子，与凤姐云雨一番。如此几番下来，终于一命呜呼。临死前还对鬼使说："让我拿了镜子再走"。

　　经过虚拟现实和数码文化洗礼的人，看到这段很容易会产生一种似曾相识的异样感觉。这个风月宝鉴从造型、功能和使用方式上来说，同今天的虚拟现实设备实在是太接近了。它们都可以制造虚拟的影像，这些影像是用户欲望的投射，用户可以走进自己梦想的空间，与虚拟的欲望对象进行各种交互，沉浸其中，难以自拔。无论是《红楼梦》，还是今天的虚拟现实技术，都体现了对超越现实，从现实宇宙进入想象宇宙的强烈渴望。著名文学批评家希利斯·米勒认为："文学作品并非如许多人以为的那样，是以词语来模仿某个预先存在的现实。相反，它是创造或发现一个新的、附属的世界，一个元世界（metaworld），一个超现实（hyper-reality），这个新世界对已经存在的这一世界来说，是不可替代的补充。一本书就是放在口袋里的可便携的梦幻编织机。"[①]从这个意义上，米勒对传统的文学给出了具有科幻/奇幻意味的定义：文学是世俗的魔法，是世俗的梦境，也是一种虚拟现实。

　　如果说文学艺术也是一种虚拟现实，那它们也就成为元宇宙和游戏之间的桥梁。康德和席勒早就提出过艺术起源于游戏的理论。从 20 世纪以来，有不少作家和理论家从不同的角度把文学艺术看作是游戏。肯达尔·L.沃尔顿在《扮假作真的模仿》一书中提出："要想理解绘画、戏剧、电影和小说，我们必

---

①　［美］希利斯·米勒著，秦立彦译：《文学死了吗?》，广西师范大学出版社 2007 年，第 29 页。

须首先来看玩偶、木马、玩具汽车和玩具熊。创造和欣赏再现艺术作品,并且赋予作品以意义的那些活动,最好不过是看作儿童扮假作真游戏的延续。说实在的,我倡导就把这些活动当作真的扮假作真游戏,我将阐明,再现艺术在这游戏中扮演的功能,一如玩偶和玩具熊在儿童游戏中出演的功能。"①沃尔顿在这里强调的是文学艺术的虚拟和扮演的特性。文艺作品也像孩子过家家那样,借助特定的道具,根据约定的规则,创造出作者和读者可以共同参与的世界。在这些假想的扮演过程中,作者和读者通过虚拟的想象来体验不同的人生,探索自我以及与他人的关系,扩大自己的生活世界。

如果我们从沃尔顿的扮假作真理论出发,把文艺作品中的作者和读者置换成新一代电子游戏中的玩家,把他视为道具的玩偶、木马、玩具汽车和玩具熊置换为更为活色生香的游戏环境,就可以对文学艺术在数码网络时代的继承和发展有更为深入的认识。在传统的文学艺术中,同样存在着读者/观众对于自我的投射,但是在电子游戏中,这种投射活动得到了空前的强化,这就是体验和参与的力量。与传统文学艺术相比,电子游戏更注重玩家的体验,这种体验不仅是视觉的和听觉的,也不仅仅是语言文字激发的想象,而是由玩家通过身体性的操作,将多种感官与大脑的活动进行整合。游戏研究者格兰特·塔文诺认为:"电子游戏具有推动艺术发展的巨大潜能,就在于它能将观众拉进虚构的世界中,把虚构的情感与动作结合起来。电子游戏是交互性的小说,让玩家在游戏世界里既成为认知的主体,又成为行动的主体,他们因此就能够对那个虚构的世界发生影响,从而引导他们自身的行动。这也意味着电子游戏中的情感对于艺术哲学来说有着更为重大的潜在意义。"②也可以这么说,电子游戏把传统游戏中的"扮假成真"特质进一步强化了,使其具有更鲜明的角色扮演意味。我们都知道,"角色扮演游戏"正是电子游戏中最重要的类型之一。几乎所有的电子游戏过程都像表演性的戏剧,但玩家不仅是传统的观众,也是舞台上的演员,而整个游戏空间的广阔性和自由度又大大超过了传统的舞台,让玩家能在其中尽情发挥和自我陶醉,体验创造、表演和观赏的三重

①　[美]肯达尔·L.沃尔顿著,赵新宇、陆扬、费小平译:《扮假作真的模仿:再现艺术基础》,商务印书馆2013年,第18页。

②　Grant Tavinor. *The Art of Video Games*. Chichester:Weley-Blackwell,2009,p.133.

快感。

　　电子游戏是跨界的艺术，结合了小说、绘画、音乐、电影等传统艺术的元素，融技术、欲望、幻想、现实、逃避性、参与性、交互性于一炉。从前在其他艺术中由于媒介和技术的限制而受到阻遏的意志和欲望，如今随着科技的发展，可以畅通无阻地宣泄出来了。反过来，在对这种酣畅淋漓的宣泄进行观照之后，我们又可以对它们以往在传统艺术媒介中受阻遏和限制的形态有更深切的认识。随着科技的发展，现实世界与虚拟世界之间的界限开始被打破，它们越来越互相融合。人类扮假成真的虚拟游戏越来越难以与现实世界的活动区分，也越来越具有实体性的力量，这种融合的结果，就是元宇宙。

三

　　人类走向元宇宙的历程，从几万年前我们的祖先在岩洞里画上的第一笔胡涂乱抹就开始了。元宇宙就是人类精神投射的另一个空间，数字技术的发展，推动人类对元宇宙的建构进入了一个新的阶段。网络世界是元宇宙更为具象的版本，它既像传统的文学艺术，是我们的想象和虚构，它又有现实性，而且本身就越来越影响现实，成为现实。社交媒体具有自组织的机制，能够自己生产内容，不断进化，形成有机的生态。每个人在网上都有自己的用户名、头像和具有虚拟意味的身份，在进行各种角色扮演，也是在玩某种大型多人在线游戏。我们可以把元宇宙看作 Web 3.0，也可以看作下一代的游戏，甚至是未来的艺术，它们之间的界限正在变得越来越模糊。

　　微软在 2020 年推出了新款的模拟飞行游戏《微软模拟飞行 2020》，不但可以真实模拟各种飞机的座舱、飞行特性和操作方式，还利用强大的云计算机技术，把整个世界都做了真实的 3D 模型。如果玩家在这个模拟飞行里飞到曼哈顿上空，就可以发现那里的每一幢建筑，甚至每一棵树，都是真实世界里存在的。这也是元宇宙的特性之一：数字孪生。就是充分利用物理模型、传感器更新、运行历史等数据，集成多学科、多物理量、多尺度、多概率的仿真过程，在虚拟空间中完成映射，从而反映相对应的实体装备的全生命周期过程。微软模拟飞行使用了全球航班和天气的实时数据，也就是说，玩家可以在飞行过程中看到真实的航班,遭遇真实的风雨。

更重要的是,现在的模拟飞行支持虚拟现实眼镜,也就是说,电脑屏幕消失了。玩家可以转动脑袋,上下左右观看,玩家看到的是飞机真实的高度和距离,还可以站起身在座舱里走来走去。这对于驾驶飞机来说实在是太重要了,也是过去那种平面模拟的痛点。屏幕的消失给我们带来的不仅是逼真的感觉,还有更多的信息,更多的视角,更多的自由,更灵活多样的交互性。这是一种维度的提升。著名科幻小说家刘慈欣在《三体》中提出"维度打击"这个概念,认为文明的发展是一种维度的竞争,也让"维度"成为近年来文化生活领域中的热词。维度原是一个数学和物理学的概念,指独立的时空坐标的数目。人类对世界的认识经历了从低维到高维的发展过程。在 21 世纪,新技术的发展为世界赋予了新的维度。

《微软模拟飞行 2020》这样的模拟类游戏已经远远超越了传统的游戏,可以用来培训驾驶员、救生员、修理工、士兵,节省大量的经费,而且可以避免许多危险。毕竟,很多的场景,像地震、火灾、深海、高空、战场,不是我们随时随地都能去那里操练的,而这些恰恰是虚拟现实技术的用武之地,会越来越成为趋势。

在元宇宙中还可以锻炼身体。从猿到人,从爬行到站立,这也是一种维度的提升,人类站起来了。可是到了电脑时代,人又坐到了屏幕面前,变成了键盘和鼠标的奴隶,又变成了趴着的动物。也就是说,降维了。但是到了元宇宙的时代,随着屏幕的消失,人的身体也有可能再次得到解放,再一次站立起来。戴上虚拟现实眼镜,我们就可以像在现实中一样打乒乓、打高尔夫球、拳击、射箭,而且不受现实中的局限。

那么,元宇宙就前景一片光明了吗?且慢太高兴。我从人性和技术发展的角度看好这个元宇宙的大趋势,但是最近的大热,炒作的成分居多。新的元宇宙愿景需要强有力的虚拟现实设备的支撑,但目前芯片的运算能力不足,清晰度不够,视场角太小,图像延迟,对身体动作的定位不够精确,容易造成晕眩,内容不够。这些都有待于技术的发展和内容的开发来解决。元宇宙要能成为较为主流化的现实,还需要相当长的时间,这方面还需要很多漫长的工作。

如果我们回顾元宇宙从过去到现在的发展历程,就会发现,元宇宙不是一个单一的世界,而是多重世界的叠加;不是未来设定的一个目标,而是古已有之的一个过程。人类正在经历一场深刻的变化。从前我们的生活就是肉身的生活,我们的现实就是眼前的现实,我们的世界就是周围的世界。当越来越多的人际信息能够以即时的方式传递,人与人的传统界限就逐渐被打破,距离开始消失。数码和网络把人与人、人与世界的关系推向一个新世纪,元宇宙就是这种关系发展的体现,是人类精神新的生长点。元宇宙源于人性,得到技术的释放,市场的催发,不是会不会来的问题,是以什么形态来的问题。这样说来,我们也就会获得对于元宇宙的更积极的应对方式:在虚拟与现实之间开辟更多连接的通道,以人性化的建设,让元宇宙有一个更开放的未来。

(严锋,复旦大学中文系教授)

The Gaming Metaverse

Yan Feng

Abstract: The metaverse and gaming are closely related in origin and development. They are both efforts of people to transcend reality through virtual technology. The development of gaming lays a physical and psychological foundation for the metaverse in terms of virtualization, interactivity and boundary crossing, and the metaverse also provides a broader development space for gaming. Tracking the forms and trajectories of the evolution of the metaverse and gaming from the perspective of both humanities and technology will help us to see the outlook of both more clearly, and we can better devote ourselves to more active construction of them.

Keywords: Metaverse; Game; Virtual Reality; Make-believe

建构一种基于复杂系统论的游戏研究法

——以沃德利普-弗鲁因与伊恩·博格斯特为中心①

张艳

摘要：沃德利普-弗鲁因与伊恩·博格斯特提出的以操作单元为构成要素的游戏分析框架，既深入地推进了对电子游戏本体的探索，同时也超越了长期以来对游戏的技术性和文化性二元对立的立场争论，提供了一个更具包容力的阐释框架。利用逻辑和模型二元素既能够对游戏做出一种恰当的结构性分析，同时也能探索出一种对游戏演化规律的描述，为游戏考古学提供有效的方法论依据。最后，逻辑和模型本身是无法脱离文化意义而独立存在的，正因如此，设计师可以对其表达性意义进行正向引导，尝试更多创意性组合，将游戏扭转为一种在政治上、教育上都有所助益的手段。

关键词：复杂系统论；操作逻辑；可玩模型

① 本文系国家社科基金重大项目"文明多样性视野下的中国媒介考古研究"（项目号：20&ZD329）、2021年上海市哲学社会科学研究规划基金项目"媒介考古学理论与数字媒介研究的新范式"（项目号：2021EXW004）共同资助的阶段性研究成果。

一、导言

作为一个刚开始勃兴但缺乏明确建制和规范的研究领域,游戏研究呈现出各种方法和进路混杂交织的状态。冯应谦将这些方法大体分为三类:游戏本体研究、跨学科研究和游戏学研究(Ludology)。① 在冯的框架下,本体研究大致对应于对游戏的算法、机制和界面设计等方面的研究。而后两者之间的区分却较为含混,因为二者都从社会、文化和政治等角度对游戏文本进行批判性考察,几乎可以合并。而另有学者提出一种游戏的内部研究与外部研究的划分。其指出,假如游戏研究要朝建制化的方向迈进,那么需尽早找到与游戏本身高度相关,而其他领域无法介入、难以取代的问题域。② 而眼下乱花渐欲迷人眼的跨学科研究现状更多的是从外部问题出发,而缺乏从游戏自身的问题出发的视角,这反而不利于游戏研究领域进一步往前推进。换言之,真正对立的或许并非游戏本体研究与跨学科研究,跨学科研究甚至是本体研究的一种必需的视野,真正关键的问题在于,这种跨学科研究究竟能否真正做到从游戏"最为核心、内在、不可替代的部分"出发。③

从更宽泛的学术史视野来看,这一由"外"而"内"的学科自觉意识并非无源之水,而是其来有自的。它也可以被放到"物质性"转向的大背景之下来看待。媒介研究的"物质性"转向源自大陆哲学界近年来兴起的"新唯物主义"(neo-materialism)思潮,这一总体转向可被视为后人类主义思潮的一大重要脉络。④ 它强调我们应从人类中心主义的视角转向对非人(non-human)的关注,并将非人能动性(agency)纳入研究视野当中,将二者平等视之,建立一种

---

① 何威、刘梦霏主编:《游戏研究读本》,华东师范大学出版社 2020 年,第 6 页。

② 孙凝翔:《游戏研究怎么玩》,《上海书评》2021 年 2 月 5 日,https://www.thepaper.cn/newsDetail_forward_11139588

③ 孙凝翔:《游戏研究怎么玩》,《上海书评》2021 年 2 月 5 日,https://www.thepaper.cn/newsDetail_forward_11139588

④ 近年来国内对媒介物质性研究转向的宏观梳理,可参见曾国华《媒介与传播物质性研究:理论渊源、研究路径与分支领域》,《国际新闻界》2020 年 11 月;袁艳、陈朝辉、王家东《中国媒介物质性研究的学术图景及其反思》,《华中科技大学学报(社会科学版)》2021 年第 4 期;戴宇辰《媒介化研究的"中间道路":物质性路径与传播型构》,《南京社会科学》2021 年第 7 期。

人—非人复杂互动的系统论视角。而具体到传播学与媒介学领域中，这一转向表现在从以往过度关注媒介的话语、文本、意义等层面，转向对媒介的物理肌理和技术机制的探讨，以基特勒为代表的德国媒介学派正是这一转向的代表。然而这一转向在学界时常被解读为一种技术的过度决定（overdetermined），并造成对文化意义的忽视。事实上，新唯物主义试图将非人纳入研究视野中，并非要彻底否定和抹除人类的地位，而恰恰是寻求在人—非人复杂互动的动态网络中重新考察其复合生成的现实，而非使哪一方占据绝对的支配和中心地位。以游戏研究为例，技术研究与文本研究实在缺一不可，甚至必须被统合起来，否则偏重任何一面恐怕都错失了电子游戏的本体。而过往的媒介研究偏重文本表层，导致如深究的话，它们均无法解释游戏文本和电影文本或其他媒介文本之间的根本性区别，甚至容易陷入一种理论先行的话语生产当中。① 引入技术机制的视角恰恰是对以往占据主导地位的文本研究的一种必要补充，而非完全取而代之。正如孙凝翔所言：（作为从游戏内部出发的）游戏学研究应当既包括"机制""互动""叙事"等游戏内容，也应当包括使这些内容得以成立的"界面""媒介""技术""设备"等。②

从这个意义上而言，如何能建构出一种具有普遍有效性的电子游戏分析理论和框架，并能同时综合或超越物质性和文化性这两个对立面，就成了摆在游戏研究者面前的难题。而在所有这些大胆的尝试中，有两位学者的研究尤为值得关注，他们分别是沃德利普-弗鲁因（Wardrip-Fruin）③④与伊恩·博格

---

① 正如诸多学者已对此类旧有研究范式提出了批评：我们长期以来习惯的以文化研究和社会批判理论为导向的媒介研究，大多援引左翼的理论资源，导致研究者的研究视角比较单一，"偏重受众研究和效果批判……基本结论大致都是图像、视觉、景观对于人的压迫。这样的研究趋向无法带来对视觉性的真正分析，容易直接略过对象的视觉内容与构成，而形成判断。"参见唐宏峰《视觉性、现代性与媒介考古——视觉文化研究的界别与逻辑》,《学术研究》2020 年第 6 期。这一结论对游戏研究也同样适用，并且，由于游戏的技术效应已经远远超越了以视觉为中心的表征体制，偏重文本和符号批判的路径则更显得无的放矢了，这都要求我们更激进地反思和调整过往的研究范式以应对。

② 孙凝翔：《游戏研究怎么玩》,《上海书评》2021 年 2 月 5 日，https://www.thepaper.cn/newsDetail_forward_11139588

③ 因为文章篇幅的限制，以下统一简称为弗鲁因。

④ 沃德利普-弗鲁因是加州大学圣克鲁斯分校计算媒体系教授，也是"表达智能工作室"顾问。他编撰的一系列游戏叙事文集与软件研究著作都对数字媒介研究领域产生了较大影响。

斯特(Ian Bogost)[1]。

首先,二位学者都对电子游戏内在性的追问和边界的确立有明确的自觉意识,沃德利普-弗鲁因明确提出,当前流行的对游戏的空间建模、奖励机制、规则机制以及叙事机制的研究,都不能被视为对电子游戏本质内核的研究,毕竟这些面向都和其他媒介或和其他玩乐形式有交叠和共享的部分。[2] 而博格斯特则指出,讨论一般意义上的"游戏",无论是本体还是类型学,都对我们更深入地了解电子游戏本身没有太大效用:"尽管电子游戏继承了客厅游戏、桌面游戏、酒吧游戏以及从国际象棋和围棋等经典游戏演变而来的多种棋盘游戏的悠久传统,但它们之间的必然关系已然在这段共同的历史中结束了。一般来说,我并不关心游戏的硬性定义。"[3]也就是说,二人都试图将电子游戏从更广泛的"游戏"范畴中[4]解脱出来,令其成为一个有独立性、自足性和规范性的对象和领域来深入挖掘。

第二,二人都尝试性地提出了一个超越技术和文化二元对立的游戏分析框架。弗鲁因将电子游戏机制分解到最微观的、作为构成要素的基础单元上,这些基础单元是游戏所独有的,而无法在其他各类媒介当中找到,正是这些基础单元界定了游戏的本质。弗鲁因将其称为"操作逻辑"(operative logics),这一概念在其后由博格斯特进行发展和引申论述,将其称为"单元操作"(unit operation)。当我们从这些电子游戏最基本的单元出发来分析游戏的时候,会发现技术层面和文化层面在其中始终紧密交织互融在一起,形成一种特殊的媒介结构。我们将在下一节详细讨论这一方法论的构成及其具体应用。

---

① 伊恩·博格斯特是美国媒介学者兼电子游戏设计师。他曾在佐治亚理工学院的文学、媒介和传播学院,以及计算机学院的交互计算专业担任联合教授。现任华盛顿大学人文科学学院电影和媒介研究系主任和教授。

② Wardrip-Fruin, Noah. *How Pac-Man Eats*. MIT Press, 2020, p.xviii.

③ Bogost, Ian. *Unit operations: An approach to videogame criticism*. MIT press, 2008, p. xiii.

④ 一种广泛意义上的"游戏"观念史研究通常将"游戏"视为与"审美"或"休闲"等美学概念具有家族相似性。

二、游戏分析的结构性框架:操作逻辑与可玩模型(playable models)

采用基础单元来分析的方法来源于结构主义理论。弗鲁因明确指出:"操作逻辑"概念是从弗雷德里克·詹姆逊的"文化逻辑"(cultural logics)概念化用而来的。文化逻辑指的是某个特定历史时期中指导人们理解文化意义的一些基本的符号学与概念性的前设。而"操作逻辑"也类似,旨在探索游戏系统中的一些深层次的形式结构,相当于结构主义者论述中的"原型",它们是一套符号系统和形式结构,而社会和文化也是围绕这套差异性的符号网络搭建而成的。

博格斯特指出,提出由"基础单元组成的复杂系统"正是为了抵抗对游戏的一种常见的"系统论"(theory of system)描述。有必要区分一般意义上的"系统论"与"复杂系统论"。我们通常认知中的系统论来自控制论之父维纳(N. Wiener)的自动机(auto machine)概念,自动机概念意味着它的功能所涉及的所有过程都将按照预定的模式进行。它是一个没有任何偶然性干扰的封闭系统。如博格斯特所言,这种自动机概念实际上是一个"总体系统","在系统分析中,操作是接受一个或多个输入并对其执行转换的基本过程。操作是某事物执行某些有目的性动作的手段"。[1] 也就是说,在总体系统中,输入指令和执行命令之间的规则是预先确定的,我们在输入之后总是能得到事先决定好的结果。"总体系统"论将游戏描绘成由一些恒定的、静态的机制所稳定生产出来的结果,而主体在其中的所有行动与反应都受框架的事先辖制,没有获得自由的可能性。但是复杂系统论则截然相反,复杂系统是一个开放的,允许同无限多样的偶然性因素进行交换、相接和往来的系统。在复杂系统中,网络中各个组成节点都是离散的、断裂的,缺乏特定的因果关联相决定,它们之间的偶然的碰撞和组合会生成出无限的千变万化的结果。因此,复杂网络节点的关系总是奇异性的,总是不断地溢出自身之外。游戏正是一个复杂系统,它不是试图构建或确认一个普遍化原则,而是依据广泛的多样化的逻辑运行,它

---

① Bogost,Ian. *Unit operations : An approach to videogame criticism*. MIT press,2008,p. 7.

像是不断创造和生长的有机体。从复杂系统论来看游戏,无论是路由器、基因和设备,还是情感、文化符号、主观体验等,都可以构成这个复杂系统中的能动者。① 因而游戏是包含了人与非人的集合体,其中计算机编织的形式系统被人的要素重新激活,而人也被其延伸与拓展。

我们下面将以"单元操作"为中心来讨论游戏中各要素间复杂联结的生成性力量。虽然博格斯特提出了"单元操作"理论,但他并未在著作中详细论述游戏究竟包含哪些单元的类别,以及各个单元之间的关系的类别,而是止于对复杂系统的泛泛而谈。"我们更想知道,游戏作为单元操作,到底在哪些重要的方面不同于文学或电影。但对于这个最迫切的问题,博格斯特除了'让我们引入、发明更多的单元吧'之类的畅想和口号,就无所作为了。"②但是弗鲁因的著作为我们找到了向这一方向继续推进的出口,他基于复杂系统论发展出一套更为切实有效的游戏分析术语和框架。

首先看"操作逻辑",操作逻辑是组成游戏系统的最基本的单位,也是令游戏区别于其他媒介的特征性要素:如果说电影最基本的单元是不同形式的镜头的话,那么游戏的基础单元就是操作逻辑。弗鲁因总结操作逻辑总共包括以下几种:相机(camera)、机会(chance)、碰撞(collision)、控制(control)、实体状态(entity-state)、游戏模式(game mode)、链接(linking)、模式匹配(pattern matching)、持久性(persistence)、物理(physics)、进程(progression)、重组(recombinatory)、资源(resource)和选择(selection)。弗鲁因给出了操作逻辑的一般定义:操作逻辑"定义了一个创作的(表征)策略,它由抽象过程或低级逻辑所支持,并将某种行为确立为一个必须向指定观众表征为指定领域的系统"。③ 可以看出,操作逻辑的定义中天然包含了两个层面:形式层与意义层,也就是一个抽象的形式化过程,以及游戏对受众的表征、表达和沟通这二者的结合体。这两者形成相互缠绕、不可分割的整体。任何一个操作逻辑都不可

---

① Bogost,Ian. *Unit operations:An approach to videogame criticism*. MIT press,2008,p. 5.

② 姜宇辉:《数字仙境或冷酷尽头:重思电子游戏的时间性》,《文艺研究》2021 年第 8 期,第 103—113 页。

③ Mateas,Michael,and Noah Wardrip-Fruin."Defining operational logics". *Escholarship*. 2009,https://escholarship.org/uc/item/3cv133pn

能被单独理解为一种纯粹的形式化计算。举例而言,假如游戏中出现"碰撞"逻辑(collision),如《超级马里奥》中马里奥跳跃起来和头顶的砖块进行碰撞,它一定不只是逻辑意义上抽象空间中的两个物体之间的某种关联方式而已,这个物理动作总是会和玩家的心理图式(mental schema)连接在一起,我们对对象的感知不是将其分割成独立的单元,而是源于一种整体性关系。比如"碰撞"可能意味着真实生活中的一些偶然的岔路、机遇与选择。在空间中行走和碰撞形成了一组张力性关系,它们对应的是如何在机遇中平衡风险和奖励。在马里奥这个特殊例子中,如果停下来赚取更多的奖励就有可能浪费赛跑的时间,而为了胜利,玩家需要在二者之间做出权衡和抉择,这都可以投影和映射到真实人生中。所以一般认为游戏提供了一个相对于电影更虚拟化的世界的观点是有待商榷的。游戏中更形式化和抽象化的规则不仅不一定偏离真实,甚至于能揭示和产生出某种真实世界中更本质的真相。

　　我们以"碰撞"逻辑为例来解释操作逻辑是如何将形式和意义两个面向整合起来的。《通道》(*Passage*)是一款画面粗糙的小游戏,界面只有一个狭长的通道,游戏的构成极为简单,只包含了碰撞这一种逻辑。玩家从开始出发就一直向东面前进,直到遇上一个女孩。你可以选择和她相撞,之后就必须带着她一起前行,接着你可以向南或向北走,以发掘更多的宝箱,但是可能会迷失你前行的方向。前行过程由于二人占空间较多,所以你不得不放弃开启一些宝箱的机会。当然,你也可以在游戏一开始的起点就绕开这个女孩,选择孤身上路,那么就会有更多开启宝箱的机会。然后随着游戏的进行,你会发现开启的宝箱大多是空的,你不知道你行走下去的目的为何,但你必须寻觅终点。在此过程中你的化身的样子也变得越来越老了,直到在终点你看到了你自己的坟墓。

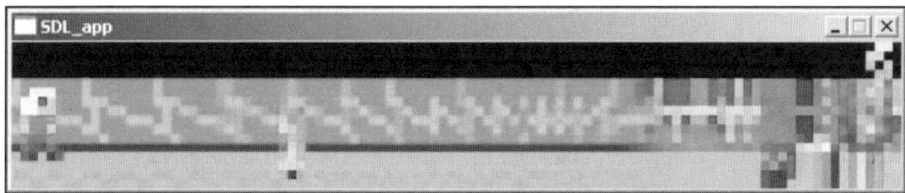

　　尽管从形式层面来说,《通道》的玩法极其简单,你甚至都无法从粗糙的图像上解读出任何画面背景的意义,但是任何玩过这款游戏的玩家都会从游戏

过程联想到人生旅途的隐喻。"碰撞"在这款游戏当中既代表了玩家的不断冒险和尝试,也代表着人生中会出现的各种出人意料的、无法把控的结果。而最终,无论你在这个过程中收获了多少奖励,或是花费多少徒劳的努力,等待你的结果都只有一个,就是死亡。《通道》向我们展示了游戏何以用最简单的形式(其中碰撞逻辑涉及的对象只有四类:女孩、障碍物、宝箱和坟墓)就能传达出深刻的意蕴。

另一个重要的单元叫作可玩模型。可玩模型的概念比操作逻辑更广泛,从结构上而言,可玩模型正是由多个操作逻辑单元所组合而成的。而从表现形式上,操作逻辑相对更抽象一些,而可玩模型则是将操作逻辑和数据信息以各种方式组合在一起,来达成一组更具体的、具有文化表征的任务。可玩模型不仅包括让操作逻辑得以实现的算法,也包含让这些逻辑得以呈现的各种信息,如文本、声音和图像等。[1] 只有通过可玩模型,游戏才能从一些较为抽象的逻辑规则,上升到文化表征的水平,进而表征经济系统、社会关系等。因而,可玩模型也通常为游戏产业和游戏开发所利用,具有极强的应用价值。以可玩模型为单位来进行游戏的生产与开发,可以简化其流程,并快速实现增量生产。

举例而言,空间模型就是一种典型的可玩模型。空间模型以一个假想的平面或三维空间为基础,以角色在空间中通过导航进行移动为核心玩法。空间模型的展开可以采用各种操作逻辑的创造性组合。比如一种典型的模型是由导航、物理和碰撞几种操作逻辑组合而成的,如腾讯经典的游戏《泡泡堂》。

战斗模型也是一种常见的游戏模型,一个战斗模型通常由好几种操作逻辑组合而成。战斗模型需要考虑的目标有许多:化身可能采取什么行动、以何种手段可以取得成功、如何判断成功等。不同的战斗游戏达成的目标不会有太多的差异,真正的差异在于选用何种逻辑来达成,以及采用何种方式来联结各种逻辑。如《超级街头霸王》就是一个由实体状态逻辑、碰撞逻辑、资源逻辑和模式匹配逻辑等相互结合的产物。[2] 玩家通过实体状态逻辑进行姿态的调

---

① Wardrip-Fruin, Noah. *How Pac-Man Eats*. MIT Press, 2020, p.9.

② Wardrip-Fruin, Noah. *How Pac-Man Eats*. MIT Press, 2020, p.108.

整——在站立、下蹲和跳跃之间来回切换——来确定自己的攻击方式。碰撞逻辑用于直接向对手发出进攻，通过碰撞来检验哪些攻击是有效的。资源逻辑则用以确认彼此经过攻击之后受到损害的程度。而时间模式匹配通常用于玩家"发大招"的时候，比如玩家出"波动拳"，它到达对手身体需要花费一段时间，这段时间对手可能通过跳跃来闪躲逃避，因此玩家就需要尽可能靠近对手，观察对手的位置，计算最佳出招时间，以确保大招会准确到达对方身体。

三、如何采用单元分析来讨论游戏的演化规律

通过弗鲁因提出的逻辑和模型的框架，我们可以探索游戏演化的内在规律。同样以电影作为对比：电影的基础单元是运动—图像（movement-image），即通过蒙太奇对镜头进行无限的连接、组合与切换。但电影图像的组合无论多么多样化，随历史的发展，很难发生根本的结构性的改变。这也就是为什么我们很少会从形式语言的角度来为电影描述出一个发展谱系。而游戏则完全不同，游戏的进化速度非常快，其形式以可见的速率日益增殖和多样化。这都是由于其中的逻辑和模型等基础单元总是在不断地更新和迭代，它们可以相互组合创造出无穷无尽的玩法。另外，又因为游戏的发展很大程度上都基于物质性的计算机的硬件和算法的发展，而随着后者不断趋向更高级的阶段发展，游戏的新逻辑和新模型也会随之跟进，源源不绝地被创造和开发出来。

游戏的更新和迭代有多种方式，弗鲁因大致总结为以下三种：替代法

(alternative approaches)、扩展法(extensive approaches)和创造法(inventive approaches)。

首先看替代法。所谓替代法指的是,将主流游戏中常见的逻辑和模型与原有的语境和领域进行分离,并将其投放到一个新的领域当中使用,以此唤起玩家全新的感受和体验的一种方法。弗鲁因以 2013 年推出的一款名为《回家之后》(Gone home)的游戏为例,说明游戏的发展和演进如何通过将逻辑和模型进行移置和挪用来达到。[①]《回家之后》一开头交代了故事背景,主人公在一个风雨交加的雷雨夜回到了已离开一年的家。游戏形式是典型的沉浸式第一人称视角的步行模拟器(walking simulator),即通过坐标系导航的方式在一个3D 空间中来回行走,步行模拟器常用于第一人称射击游戏(FPS),近年来也常和侦探故事、悬疑故事相结合,让玩家通过不断触碰物体来揭开线索,以推动故事线向下发展,如通过发现一个个碎片线索来寻找案件凶手。有时也用于发生在密闭空间中的解密或逃脱游戏,通过发现隐藏线索来寻找逃生之路等。密室逃脱实际上也是悬疑游戏的一个子类型。当玩家首次进入《回家之后》时,熟悉的步行模拟器操作很容易让玩家做出以下判断:这不过又是一个翻版的悬疑故事或恐怖故事。再加上游戏设置在一个停电的房间中,并渲染出阴森恐怖的气氛,就更确证了玩家心里的判断。然而随着剧情的展开,最终走向却完全出乎玩家意料。玩家发现通过触碰一个个拆解出来的并不是需要他推理的线索,而是一段令人心碎的家庭悲剧。玩家逐渐了解到为什么家里如今会空无一人。一年来,父母之间关系逐渐恶化,时常争执,而雪上加霜的是妹妹试图隐藏自己的酷儿身份,在学校承受沉重的心理压力,但家庭氛围日渐冰冻,更难以与父母倾诉,得到排解。总之,整个剧情中没有出现任何超日常的内容,反而非常接近美国人的日常生活,玩家很容易对此达到深刻共情,甚至被引导对社会议题进行关注和思考。

替代法为何能推动游戏向前进化呢?因为通常玩家总是习惯性地将特定的逻辑和模型与某种游戏类型捆绑在一起。比如将步行模拟器同第一人称射击游戏进行捆绑,比如将某些进程逻辑和任务模型同角色扮演游戏(RPG)相

---

① Wardrip-Fruin, Noah. *How Pac-Man Eats*. MIT Press, 2020, p.15.

互捆绑。① 因为某种游戏类型一旦成功之后，就会形成套路，被大量复制生产。但是游戏的向前进化的动力往往来自能打破固有框架，让玩家在陌生感中真正享受探索的乐趣。采用"替代法"可以将特定的类型与特定的游戏元素这二者解绑，在人们熟悉的逻辑中注入一些出人意料的内容。这恰恰是游戏得以向前发展的动力。在《回家之后》之后，就出现了许多采用步行模拟器来探讨严肃社会议题的游戏，这将步行模拟器游戏从原本射击和解密这类消遣性娱乐活动，转变成为具有政治严肃性的艺术作品。

　　第二种方法是"扩展法"。"扩展法"指的是，我们熟识的逻辑和模型并没有像在"替代法"中那样完全丧失其原有的功能和用途，其传统的可玩性完全被保留下来，只不过在此基础上再为这个逻辑或模型添加一层额外的表达性（expressive）功能。2013 年顽皮狗工作室（Naughty Dog）推出了一款名为《请出示证件》（*Paper，Please*）的游戏。如果用单元分析法来分析这款游戏，它可以大致被简化描述为两种操作逻辑的叠加："模式匹配逻辑"和"资源逻辑"。② 这两种逻辑我们都非常熟悉。模式匹配逻辑可分为空间匹配和信息匹配，常见的空间匹配有"消消乐""五子棋"，常见的信息匹配有"大家来找茬"等。而典型的资源逻辑的游戏如《大富翁》。《请出示证件》就是以上两种常见逻辑的结合。故事将玩家设定为一个极权国家的海关检查人员，在日渐严重的恐怖袭击的氛围中，玩家首先需要完成的是信息匹配游戏：从每个通关人员密密麻麻的证件、护照和文件中找出合格者，并排除不合格者。在信息匹配过程中成功的次数越多，获得的酬劳和奖励也越多。而另一方面，这些获得的酬劳决定着玩家在另一个资源游戏中的成败：每天需要为所有家人缴付房租、饮食、医疗等费用。若是哪天支出大于收入，玩家即被关入监狱。游戏的玩法已经显而易见了：匹配逻辑和资源逻辑在该游戏中以一种特殊的方式扭结在一起：二者相互牵制、此消彼长，假如想要获得更多的资源，势必要加快信息匹配的速度；然而加快匹配的速度又势必会提高错误的概率，而减少继续资源游戏的资本。

---

① Wardrip-Fruin，Noah. *How Pac-Man Eats*. MIT Press，2020，p.21.

② Wardrip-Fruin，Noah. *How Pac-Man Eats*. MIT Press，2020，p.29.

　　《请出示证件》采用扩展法，即在保留了模式匹配和资源逻辑的原始玩法的基础之上，将二者进行创造性结合，并在原始玩法的基础上附加一层文化信息，通常而言，我们在一般信息模式匹配游戏中——比如卡牌匹配、找茬游戏等——所感受到的心理压力来自是否能在规定时间内达成足够的正确率以通关。在《请出示证件》中，这种玩法和心理效果依然存在，我们依然需要在非常紧张的时间规定中减少匹配的出错率。但在这款游戏中，原本相对比较形式化、抽象化的模式匹配游戏却被赋予了鲜明的政治寓意，也就是对极权统治的反抗，我们在这款游戏中玩模式匹配时所感受到的紧张感，很大程度上是和这一设定的文化环境高度相关的，玩家受制于管控越来越严峻的官僚主义，增长的通货膨胀，以及严苛的法律，如无法支付高昂的生活费用，就会立刻受到处罚。《请出示证件》是扩展法应用的极佳案例，在逻辑和模型提供的玩法之上又附加了更多意识形态和社会权力的内容，并传达出深刻的批判性视角和政治性意涵。

　　最后，第三类方法是创造性方法，创造性方法指的是发明新的逻辑和模型，或让旧逻辑和模型在新游戏中得到一种全新方式的实现。[①] 例如，伴随角色扮演游戏的发展，为了产生更好的游戏体验，设计师就发明了许多全新的适用于此类型的逻辑和模型，如对话树模型（dialogue tree）等。[②] 对话树模型一方面有助于人物性格的塑造，增加玩家与故事的互动感和沉浸感；而另一方面，对话树模型也常和任务模型相互联结，可以将任务嫁接在角色对话当中发布，使进程推动得更自然。创造性方法一方面可以推动某固定类型游戏纵向地往前发展。另一方面，当这些全新的逻辑和模型被发明出来后，也可以继续采用替代法和扩展法，推动它们向其他游戏语境和类型进行延伸和横向扩展。

　　弗鲁因将一款名为《正面》（Facade）的游戏视为一种全新的社交关系游戏的里程碑。在此之前，涉及社交关系模型的游戏主要集中在恋爱游戏，而恋爱游戏通常已经形成了一定的设计成规，难以突破和改变。比如角色之间的亲密感会随着时间的推进和事件的介入逐渐增加，但随着关系的亲密度越来越

---

①　Wardrip-Fruin, Noah. *How Pac-Man Eats*. MIT Press, 2020, p.67.

②　Wardrip-Fruin, Noah. *How Pac-Man Eats*. MIT Press, 2020, p.59.

高,玩家向上推进的过程反而会受到一些阻碍,变得更加困难,玩家需要完成更艰难的任务才能达成目标。[①]　总之,传统恋爱游戏的推进依然是单线条的、标准化的、套路化的,沿着某个预先设定的路线前进,极少偶然性和意料之外。但《正面》则探索了一种全新的"社交互动模型"。[②]　游戏开头的场景发生在一对正在吵架的夫妇家门口,而玩家作为丈夫的朋友来拜访,他的任务是调解两人之间的关系。玩家只能通过对话框输入话语同夫妇二人进行互动对话,而两人会以不同的表情、姿势、话语和行动来做出相应的回应。所有的回应都是基于日常生活中的通用社交模型。比如,玩家可尝试如下的试验,假如不断对女主人的容貌表示赞赏,玩家会发现,男主人会迅速邀请玩家参与其他活动来争夺玩家的注意力,或冷嘲热讽。尽管男主人的心理活动隐而不显,但从行为上不难推断:男主人在以某种方式暴露自己的嫉妒情绪,但男主人尽管嫉妒,却因为还和女主人处于冷战中,所以不好直接发作。《正面》为我们提供了一次"社会心理学"实验,它远远超越了游戏中套路化的亲密关系模式,而呈现了更广泛的社交模型的运作方式,而且在这些社交模型中,玩家不是通过抽象的理论知识,而是通过亲身实验和实境反馈来获得的一种"情境化知识",在这个例子中,社交游戏从肤浅和狭隘的两性亲密游戏的快感满足中解放出来,不仅成为一种社会心理学知识教学的辅助性手段和工具,更为社会科学家用"自我实验"或"参与实验"的方式对社会议题进行思辨性探讨提供了可能。

---

①　Wardrip-Fruin, Noah. *How Pac-Man Eats*. MIT Press, 2020, p.68.

②　Wardrip-Fruin, Noah. *How Pac-Man Eats*. MIT Press, 2020, p.69.

四、游戏单元与意识形态问题的纠缠

我们已经从前文的分析中得出:游戏中的形式化规则和文化意义是无法分割的,逻辑和模型既是一种抽象形式,同样也是折射文化含义的晶体。哪怕我们仅仅在游戏中的物理空间进行上下移动,也并不可能完全是抽象的,玩家会根据游戏的图形的直观表现以及具体语境,从自身的背景和经历出发来做出自己的文化阐释。博格斯特引用皮尔士(C. S. Pierce)的符号学来解释这个问题:根据皮尔士的理论,符号并非只是一套逻辑规则,而是具有表征性的,其意义有两个来源,其一来自符号与现实世界的关联,其二来自它在解释者头脑中唤起的各种各样的心理反应,博格斯特称之为心理模型(mental models)。[①] 因而,解释者的主观性赋予的概念,很大程度上决定了游戏逻辑和模型的意义生成。

这一点也恰恰能够为游戏研究史上争论已久的游戏学和叙事学(narratology)之争提供一个恰当的解答。[②] 游戏的叙事学研究取向以美国学者默里(J. H. Murray)等人为代表,他们将游戏视为一种建立在小说等叙事文本之上的艺术,其核心是叙事,所以他们认为我们可以沿用艺术学或文艺理论当中的方法来研究游戏。而游戏学取向以阿赛斯(Aarseth)等人为代表,与前者正相反,他们认为游戏内部具有超越叙事文本的更重要的要素,即游戏的动力学和互动机制,正是这些要素决定了游戏的特殊性。也就是说,虽然游戏可以有叙事性成分,但它不是核心,叙事只构成了游戏的文本内容成分,而没有涉及它的关键的形式部分。

从弗鲁因的逻辑和模型概念出发,我们可以很好地解决上述争端。首先,从媒介历史发展的角度而言,自从数字游戏出现之后,叙事结构本身其实已经发生了根本性的断裂和转折,数字游戏中出现了许多新型的叙事方式。也就是说,传统的小说、电影和电视剧中的单线条的叙事模型已无法解释数字游戏

---

① Bogost, Ian. *Unit operations: An approach to videogame criticism.* MIT press, 2008, p.102.
② 黄鸣奋:《叙事学与游戏学:21世纪初西方数码游戏研究中的论争》,《南京邮电大学学报(社会科学版)》2011年第1期。

中的叙事新趋势了。因此,与其争论游戏究竟服从于叙事还是服从于游戏玩法,不如说,传统的叙事学理论应当与时俱进地进行相应扩展,将新的叙事现象纳入自己的阐释框架中。第二,虽然我们依然能在当今的电子游戏中发现叙事的要素,但是显然,在游戏中叙事正在以全新的存在方式呈现。这种新异性在于,在电子游戏中,叙事编织的权力并不完全在游戏设计师和剧情创作者手里,而很大程度上落到了玩家手里。虽然设计师依然提供了一套算法框架,但是由于游戏组件之间天然的断裂性,玩家在介入其中的时候获得极大的自由度和创造性,一方面,游戏叙事变成了玩家在可选组件和模块之中任意组织和构建的结果,比如在《模拟人生》(The Sims)游戏中,游戏允许玩家对环境进行复杂的自定义,玩家可以建造自己的房屋,凭自己的心意布置空间,玩家还可以设定城市居民的性格,并且自行设计环境内人与物、人与人之间的复杂的互动状况等。[①] 因此玩家从传统叙事中的读者转变成了一个创作者,这种叙事和情节的编织走向完全是跳脱框架之外的偶然相遇和偶然生成的结果,只要参数足够多样和复杂,玩家参与的就是一个无限可能世界的创生。另一方面,又正是由于游戏是由一个个高度形式化的逻辑和模型等组件联结起来的,其建模必然具有一定抽象化特征,不可能巨细靡遗地描摹和再现现实世界,因此,玩家势必要在一边的形式化集合体与另一边完整的心理图式(mental schema)之间充分运用想象力自行搭建桥梁。这有点类似在漫画中,读者必须自行"脑补"来填充帧与帧之间缺省的细节,以便完成全部叙事的搭建,[②]游戏也是类似,构成的组件往往如漫画一般是离散的,非连续的,游戏对现实世界的模拟和映射,高度依赖于玩家自己在游戏中捕捉的各种印象碎片,并在无数纷乱芜杂的因果关系中重新组织,并建立起一套自己能够"领会"的系统化逻辑,换言之,游戏叙事的生成极大程度上依赖于玩家调动个体的私人记忆与私人经验。

　　由此我们发现,只有采用控制论和复杂系统论的观点,将人的心理和情感的生发与参与纳入视野中,才能更好地解释游戏的独特构成机制。复杂系统,

① 　Bogost, Ian. Unit operations: An approach to videogame criticism. MIT press, 2008, p.102.
② 　Bogost, Ian. Unit operations: An approach to videogame criticism. MIT press, 2008, p.102.

如前文已经指出的，是与固定、静止和封闭的系统概念相对立的开放系统（open system）。而人的内心体验和情感活动也是开放系统的重要组成要素之一，如博格斯特所言，探索而不是发现，才是这一系统发展的关键动力。[①] 玩家通过实实在在地参与同各组件的互动，来探索与开发这一系统蕴含的无限分支和无限创生的可能性潜能，才是游戏的真正乐趣所在。

但也正因为游戏是一个复杂系统，因此从游戏中读取的文化意义总是有歧义和矛盾的，甚至可能是截然相反的。比如有学者认定《模拟人生》是对消费主义的赞颂，而也有人会将其读作对资本主义的批判。这样的意义无定感，恰恰来自复杂系统中各个组件之间的断裂性和松散性，它们没有固定的因果联系可以将它们扭结在一起。但是，在创建之初不预设确定性的意义和价值恰恰不是游戏的弱点，反而可能是游戏的一种力量所在。博格斯特认为：它反而增加了在游戏中探索的可能性空间。[②] 以《模拟人生》为例，它为玩家提供了一个自由使用的工具集，让玩家试探多样化的日常生活方式，并在其中自行对城市管理中的意识形态进行独立的判断。很多时候，游戏最终呈现出什么样的结果，都取决于玩家自身在探索假设、条件和结果之间的关联过程中，逐渐摸索出什么样的选择策略。比如玩家可以选择购买更多的商品，由此来赢得更多的虚拟伙伴关系。如此一来，玩家的选择就是认同资本主义市场上典型的将社会关系商品化与异化的逻辑。但同样地，玩家也可以做出别样的另类选择，比如你也可以探索一种只在城市中闲逛，邂逅无数偶然性的艺术化生活，比如《模拟人生：燃情约会》系列就满足玩家探索多元化、开放性的社交体验的需求，游戏提供了几十种可以自定义的社交方式可供选择。玩家除了可以寻找真爱，也可以不断约会，甚至可以选择不约会，独自愉快地享受单身生活。

从这个角度看来，游戏的本质的确就是一种字面意义上的"模拟人生"，玩家通过完成现实社会中的各种机遇和挑战所浓缩和凝聚的原型，既能够对真实世界的运转有所理解，也能够通过亲身体验与模拟来反身性地疗愈自己。"黄粱一梦"不是一个悬浮的虚拟世界，不是为了达到自己在现实中满足不了

---

① Bogost，Ian. *Unit operations：An approach to videogame criticism*. MIT press，2008，p.6.

② Bogost，Ian. *Unit operations：An approach to videogame criticism*. MIT press，2008，p.85.

的欲望而逃避进去的防空洞,而恰恰是为人们提供了欲望的可能性,以更好地介入现实中。正如齐泽克认为,并不是说梦境底下掩盖了一个真相需要等我们去揭开,而是梦境的形式就是那个真相本身。① 在《模拟人生》中,你可以自由地选择将时间花费在哪里,你选择如何度过时间就反映出你的人生态度。② 不同于电影中对他人人生的旁观,在游戏中,你实实在在做出的选择都带有价值观和伦理的含义,也会实实在在地影响自己和周围人的人生轨迹。游戏更恰当的表达应当是一种"展演(performance)"工具,但是游戏中的展演不是在扮演一个完全与自己不同的化身和角色,而恰恰是将自己真实世界中的角色带入这个世界中。也就是说,数字游戏中的展演不仅受游戏本身的玩法和架构的影响,也受到玩家"游戏之外"的社会身份、背景和经历的影响。游戏玩家实际上并不是在度过某种所谓的"虚拟"生活,事实上,玩家在游戏当中经历的每一分钟都不可能不调动自己在真实世界中的身份、知识和经验,将其带入和虚拟的互动中去。

　　博格斯特认为,游戏的这种开放系统性恰恰提供了一个广阔的可调适的可能性空间,既然游戏必然会携带某种意识形态,游戏设计师完全可以将其转化成一个有效的批判性工具。博格斯特认为游戏可以从政治和教育等方面提供广泛的益处。以教育为例,博格斯特认为游戏可以提供一种特殊的教学效果,这种教育不再像我们的传统教育一样通过不断重复练习来孤立地、机械地、刻板地学习一门学科的理论知识,但是永远没有机会在现实当中去试炼它们。当学生在现实中遇到新的、不熟悉的问题时通常无法举一反三地灵活运用他学到的知识。博格斯特认为,游戏则帮助我们重建了一种真正的"学习"活动,这种学习可以培养一种实践性的、情境性的、操作性的知识,博格斯特将其称为"过程素养"(procedural literacy),所谓的过程素养指的是,学生在完全嵌入物质、社会和文化世界的背景当中习得活生生的情境化认知,这样才能让他们在真实的生活实践当中更好地调用这些知识。③

① See Zizek. *The Sublime Object of Ideology*. London:Verso,2009, pp.3-4.
② Bogost, Ian. *Unit operations*:*An approach to videogame criticism*. MIT press, 2008, p. 86.
③ Bogost, Ian. *Persuasive games*:*The expressive power of videogames*. MIT Press, 2010, p. 233.

　　过程素养不是一种仅仅理解（understand）文化表征的抽象能力。相反，它是一种在想象性的展演的过程中锻炼出质疑和批判性思考这些文化表征的能力。比如在"任天堂"近期推出的风靡世界的游戏《集合啦！动物森友会》（*Animal Crossing：New Horizons*）当中，就体现出儿童如何能通过一种情境化认知来批判性地思考资本主义世界的运作逻辑。在游戏中，玩家开心地加入了移居无人岛计划，但之后就发现如果要在无人岛定居下去，就需要背负沉重的房贷。汤姆·努克（Tom Nook）是岛上唯一的房产拥有人，也是唯一的商人。可怕的是，债务是无穷无尽的。玩家需要勤奋地工作来偿还房贷，而工作所需的工具需要在努克开的商店购买。在还清一些房贷后，玩家可以选择升级自己住房的空间和环境，也可以为住房添加更多的家饰和商品，让其变得温馨，当然这些商品也都需要从努克的商店购买。随着时间的推演，你会发现，你辛苦劳作的所有收入最终全部都交给了努克，但是自己手中的资源并没有太大的变化，而努克的生活却变得越来越富裕。当你还清一些房贷后，努克开起了更加豪华的商店，也更换了行头。无论是你的劳作还是你的消费行为，似乎都只是努克剥削更多利润的工具而已。《动物森友会》以一种简单有效、直观可见的方式将一种抽象的金融关系表征出来：降低自己债务的同时反而会增加汤姆·努克的财富。[①] 当下晚期资本主义中，高速流动的、抽象的、不可见的金融资本决定了我们所有的社会关系，而这一主宰者自身的轨迹却难以被追踪到。[②] 但《动物森友会》这样的游戏显然将这一不可见的力量、将社会关系抽象化的真相揭露了出来。它提供了一种典型化的"情境认知模型"，可以作为一种行之有效的教学法，动态化地让学生体验和演示出资本主义的经济关系，并培养出批判性视界。

（张艳，同济大学艺术与传媒学院助理教授、博士）

---

　　① Bogost，Ian. *Persuasive games：The expressive power of videogames*. MIT Press，2010，p.269.

　　② 参见［英］阿尔伯托·托斯卡诺、［美］杰夫·金科著，张艳译：《"绝对"的制图学：图绘资本主义》，长江文艺出版社 2021 年。

Constructing a Game Research Method Based on Complex System Theory
— Centered on Wardrip-Fruin and Ian Bogost

Zhang Yan

Abstract: Wardrip-Fruin and Ian Bogost proposed a game analysis framework which is called unit analysis composed of operative logic and playable model. Such methodology not only promoted the exploration of the ontology of video games but also transcended the long-standing debate between technical and cultural approaches, providing a more inclusive interpretative framework. Using logics and models can not only make an appropriate structural analysis of the digital game but also explore a description of the evolution of the game. Finally, because logic and model cannot exist independently without cultural significance, designers can try more creative combinations of them to turn the game into a useful means in critical politics and education.

Keywords: the Theory of Complex System; Operative Logic; Playable Model

沉迷、"网瘾"与符号:网络游戏文化的价值反思

万成云　庞海音

摘要:网络游戏一直以来都备受关注,因其所具有的独特媒介优势,网络游戏成为重要的文化载体。一方面,玩网游的人逐渐增多,沉迷于网络游戏的青少年玩家令人担忧;另一方面,网络游戏又在"文化出海"中扮演着重要角色。网络游戏背负骂名,成为青少年成长问题的罪魁,却又在无数"游戏艺术"的期待中逐步成长。商业价值、艺术追求、文化价值在今天的国内游戏产业中始终难以取得平衡。为此,本文试从游戏机制、玩家体验、游戏文化三个方面来认识网络游戏在当代的文化价值,反思当下网络游戏存在的问题及"成瘾"背后所凸显的社会问题,探寻游戏文化和玩家之间相辅相成的关系对建构中国文化的价值和意义。

关键词:网络游戏;沉迷;"网瘾";文化价值;反思

2021 年 11 月 7 日凌晨,《英雄联盟》职业联赛中国赛区的战队 EDG 以 3∶2 的战绩逆转战局,战胜韩国队伍 DK 荣膺世界冠军。从朋友圈到微博、抖

音等社交平台，随处可见 EDG 夺冠相关的话题讨论，央视新闻官博也发文祝贺。一时之间，网络游戏，这个曾经被很多人视为"精神鸦片"的娱乐活动获得了新的身份。

　　随着移动互联网时代的到来，网络游戏因其媒介优势和良好的故事性、社会性、交互性等，成为当代人休闲娱乐的重要方式之一。网络游戏的受众以青少年群体为主，他们心智尚未成熟，自制力较差，更容易沉迷游戏。"游戏成瘾"除了对玩家的身心健康造成不良影响，还会导致一系列家庭、教育、社会方面的问题。2021 年，中共中央办公厅、国务院办公厅印发的《关于进一步减轻义务教育阶段学生作业负担和校外培训负担的意见》提出："引导学生合理使用电子产品，控制使用时长，保护视力健康，防止网络沉迷。"①防止青少年因过度沉迷网络游戏而影响学业、成长始终是摆在我们面前不容忽视的问题。当网络游戏变得越来越"触手可得"，当历史文化成为游戏肆意改编的素材，过度沉迷和历史认知混乱等问题仍是多数家长的心结。游戏产品良莠不齐，游戏文化中夹杂着不少糟粕，游戏内容存在色情、暴力等问题使得网络游戏难以摆脱"洪水猛兽"的恶名。而当众多网络游戏汇成一大产业，成为一种新的历史文化叙事形式和塑造青少年价值观的内容载体时，网络游戏的文化价值就不容忽视。那么，网络游戏究竟是通往未来的钥匙，是万众期待的"第九艺术"，还是真的"隐形恶魔"，仍需我们客观看待。那么，回到游戏本身，思考网络游戏与玩家的关系，客观看待网游"成瘾"问题，探索如何发挥网络游戏的文化价值便至关重要。

一、回到游戏本身：黏性机制与沉浸体验

　　"游戏沉迷"即玩家"一直玩游戏"，是游戏对人们时间的一种霸占。"成瘾"的概念来自药物依赖，除了药物成瘾外，还包括行为成瘾。② 过度沉迷游戏而干扰到正常生活，伤害身心健康的现象即为游戏成瘾。

---

①　中共中央办公厅、国务院办公厅：《关于进一步减轻义务教育阶段学生作业负担和校外培训负担的意见》，http://www.gov.cn/zhengce/2021-07/24/content_5627132.htm

②　陈京炜：《游戏心理学》，中国传媒大学出版社 2015 年，第 109 页。

"游戏沉迷"需要玩家主动参与并投入时间,游戏本身也需具备足够的"吸引力",游戏内文本应有一定的可持续性。青少年沉迷网游,往往因其能带给玩家强烈的"探索感":什么角色,什么内容,什么玩法……对未知的探索带来趣味,进而吸引玩家的注意力。因此,游戏产品可供探索的东西越多,玩家收获的乐趣也越多。增加游戏内容的难度,但又不让玩家轻易找到游戏中的窍门再结束游戏,吸引玩家不停地参与游戏便是黏性好的表现。

游戏具有"创造快乐"的先天优势。一款游戏吸引玩家,或因其他原因,使玩家产生游戏动机并参与游戏,并让玩家产生沉浸感、依赖感是游戏黏性机制的运行方式。黏性好的游戏,玩家会更容易滞留、长期参与且很难放弃。在游戏过程中玩家通过感觉和认知获得满足,进而产生期望延续愉悦感的持续动机,促使玩家继续游戏行为。游戏的主要激励点在于玩家在游戏过程中能够体验到自主性、能力和关联性,这是产生内在动机的三个基本心理需求,也即"自决理论"。①

游戏有了玩家的参与才算完整,玩家游戏的动机主要包括:好奇、寻求刺激、打发时间、满足成就感等。不同玩家的需求不同,同一玩家在不同游戏、不同阶段的需求也不同,大多包含求生、收集、控制、社交、扮演、竞争、挑战、成长、创造、冒险、进攻、爱与情感等。根据马斯洛的需求层次理论,玩家在游戏中的生理需要表现为机器、网络的顺畅运行,操作不限定惯用手,精美的画面与视听感受等。玩家在获得"打怪"时不被轻易"杀掉"的安全感后,通过对游戏故事情节、角色扮演、探险、想象等人与游戏文本的互动实现游戏世界中的人与人之间的情感交流。最后通过游戏中的团队、帮会、师徒等关系设定来满足社交层面的需要。

玩家在游戏中模拟的"情感的真实"越强,"游戏是虚拟的"这一认识在玩家心中的分量也就越轻,玩家并非分不清虚拟与现实,而是对"情感真实"难以割舍。尤其在一些"养成类"游戏中,玩家需要在虚拟角色身上投入大量时间甚至金钱,通过一点点"成长"或"进化",虚拟形象对于玩家既是"情感化身"又是"情感寄托",放弃游戏就要割离这层联系。已经投入的时间、金钱也会变为

---

① 陈京炜:《游戏心理学》,中国传媒大学出版社 2015 年,第 86 页。

"沉没成本"，让玩家更难脱离游戏。如用户"缥缈的残歌"在公共平台上的回答：

> 当时我卸掉游戏，希望通过一段时间不玩它，渐渐戒掉。但发现，我想玩的欲望反而随着时间不断变大。其实很多游戏我们都是花了很多心思的，拿我玩过的几个游戏举例子。王者，相信你也玩过，号里面我充过钱买皮肤，攒了很久弄了几套150级铭文，还努力打排位。崩坏三，我在里面氪金买皮肤，肝水晶，活动皮肤（有些都是绝版的或者限时才返场），抽奖。这是个养成游戏，我付出的更多，有段时间挺想弃游的，但舍不得。[1]

同样，游戏设计者会努力让玩家的游戏体验难度和愉悦感维持在平衡状态，以便于更好地达到"心流"[2]状态，加强沉浸感。心流产生的要素有三：目标、能力与挑战相平衡、持续不断的反馈。如果玩家的游戏技能太弱，在面对过于复杂的任务时便容易产生焦虑情绪或直接放弃；如果玩家技能过强于游戏任务，也会容易感到"索然无味"。

以网络游戏《王者荣耀》为例，其核心模式是"5 对 5"在线竞技，玩家选择各自的英雄角色组队，率先"推掉对方水晶"者胜，这是游戏内的"终极目标"，由多个小目标构成，如保护己方防御塔、尽可能不失误、推掉对面更多的塔、获得更多的经济等。这些目标提升了玩家的专注力并不断调整他们的参与度，持续地为玩家参与游戏提供"目的性"。

"能力与挑战相平衡"则是在游戏难度与玩家操作水平间保持相对平衡。《王者荣耀》的匹配机制让大多数玩家的胜率保持在 50% 上下，并匹配与玩家实力、等级相接近的对手。玩家会在力所能及的"挑战中"体验进步的愉悦，以

---

① 详见知乎用户"缥缈的残歌"对于"有什么办法戒掉游戏吗？卸载了好多次都是因为舍不得又下载回来……?"问题的回答。https://www.zhihu.com/question/400494201/answer/1274305554

② 20 世纪 70 年代，心理学家米哈里·契克森米哈（Mihaly Csikszentmihalyi）提出了心流理论，他认为人们的技能以及他们所面对的任务难度将导致不同的认知和情感状态。他将心流（flow）定义为一种将个人精神力完全投注在某种活动上的感觉，心流产生时会伴随有高度的兴奋及充实感。

及取得成就所带来的满足感。玩家开始游戏后,手机屏幕上现实世界中的具体时间被隐去,系统界面除了有基本数据外,还有玩家的战绩显示,也会不时出现"击杀提示"。游戏一旦开始,玩家时刻都处于与其他玩家的冲突、战斗或交流当中,这让其完全沉浸在游戏场景之中,情绪始终处于波动状态。游戏带给玩家持续不断的反馈,在心理上影响玩家的游戏体验,其理性干预能力受到阻碍,再加上音乐、技能特效的加持,玩家便容易进入"心流"状态。

综上,网络游戏就是一种让玩家沉浸其中,产生黏性的娱乐机制。从技术层面限制玩家游戏时间和游戏行为来避免玩家在游戏中花费过多时间是可行的,但从游戏机制上防止玩家产生依赖、沉浸、愉悦等体验似乎与游戏设计的初衷和游戏产品的商业目的相悖。对游戏吸引力、审美性、艺术感的追求并不足以让游戏背负"恶名",但通过设计更复杂的游戏机制让玩家持续性地付出金钱及时间成本则是游戏开发者与运营商过度追求商业利益的表现。

二、网游之于玩家:情感体验与自我认同

网络游戏凭借强大的感染力和交互性,让游戏内外的虚拟社区成为玩家精神生活的家园。游戏带给玩家的"情感真实"为玩家在游戏世界中实现多元自我的发展提供了条件,他们不仅是游戏的参与者,更是一个奇幻世界的探索者,在虚拟空间讲述着自己的"异世界"故事。

(一)寄情:"化身"的异世界体验

游戏中的角色是玩家参与游戏的"化身",这个身份由玩家根据游戏文本提供的选项自行选择,或与玩家相仿,或与玩家相悖,它们满足了玩家不同的情感需求。

游戏文本作为人类创造活动的产物,它依据不同的游戏规则组成文本独特的物质化外观。通过游戏空间、叙事过程来呈现其表意符号,玩家参与并获取"意义",通过化身将现实身份转换到游戏中,该化身即游戏角色,同时也是玩家的自我映射。在游戏中,玩家可以改变年龄、性别、身份等,并通过操控游戏角色,完成游戏任务,获得游戏体验。玩家也在不知不觉中将情感投注于角色,通过角色体验与现实空间中不同的"世间百态"。游戏赋予玩家的"身份"

会让其产生"自由感"，甚至"找回自我"的感觉，从而极具吸引力。"当社会控制消失时，身体就成了认同和快乐……玩游戏时那种身体的紧张状态产生了享乐的时刻，这也是规避意识形态控制的时刻"①，此时的游戏之于玩家，既是提供化身的"寄情"之所，又成为玩家"脱离社会角色"的途径。现实生活中的我们"作为一种社会角色，在观众面前表演，我们必须要保持相对稳定的状态"，这便是"我们人性化的自我（all-too-human selves）与我们社会化的自我（socialized selves）之间的一个重要差异"②，虚拟世界里，化身使得玩家在一定程度上打破了这两种自我之间的平衡，更多地表现出"人性化的自我"的一面。

如《剑网3》《梦幻西游》等角色扮演类游戏，玩家将自己置身于游戏环境中，通过构造虚拟的游戏角色和昵称，表达与自己相同或相异的个性，用虚拟身份取代现实身份。玩家透过角色与自我进行对话，从他人的角度审视自我，在游戏创造的异世界里，体验"人生百味"。由于游戏是允许失败、允许复活的，游戏世界便成了一种预演方式，一定程度上弥补了玩家在现实生活中所未能获得的情感体验，玩家因此寄情于游戏角色，加强与游戏间的联系。

游戏中的"化身"是"去中心化"的，"互联网对主体身份、容貌、财富、地位和社会关系等'社会藩篱'的消除，个人行为弹性空间空前加大"③，甚至突破了人们本我的局限和束缚。玩家通过网络游戏在虚拟世界中获得了另一个身份，借助虚拟空间的匿名性隐藏现实中的身份，其在游戏中的行为也往往得到自我与他人的"宽容"。个体"隐身"在网络丛林中脱离了现实社会角色的羁绊，沉迷于多元自我的放纵乃至肆意宣泄情绪。寄情于游戏角色使玩家释放了内在情感，同时"去中心化"的身份重构削减了社会道德等对现实中自我的约束，以至于玩家在游戏过程中会因情绪激动而口无遮拦，甚至脏话连篇。

（二）情动：情感真实与体验真实

在游戏体验中，游戏带给玩家"真实感"的强弱影响着玩家的游戏选择和时间投入。但来自游戏音画特效等的新奇感或拟真感往往只停留在感官愉悦

---

① ［美］约翰·菲斯克著，杨全强译：《解读大众文化》，南京大学出版社2001年，第101页。
② ［美］欧文·戈夫曼著，冯钢译：《日常生活中的自我呈现》北京大学出版社2008年，第45页。
③ 孟伟：《电子游戏中的互动传播——游戏中的游戏者分析》，《河南社会科学》2008年第3期，第90页。

的层面,真正留住玩家并使其关注游戏相关文化信息的是玩家在游戏中获得的"情感真实"。

网络游戏仅仅基于模仿现实的"拟真"很难做到让玩家"情动",玩家通过游戏叙事、化身游戏角色经历游戏世界中的故事、考验,以及通过社交组成的种种关系,进而转化的"情感真实"才是玩家钟爱一款游戏的重要因素。"我们会玩游戏,而且知道自己在玩游戏,因此我们必定不只是单纯的理性生物,因为游戏是无理性的"[1],游戏中所形成的身份与玩家其他现实生活中的身份并不冲突,当玩家退出游戏,游戏的即时反馈和表意链条也就断了,玩家并不介意游戏的虚拟,反之在游戏中体验到的情感真实才是当即时反馈终止后更让玩家留恋的因素。正如玩家"啊嗯呐123"在公共平台的回答:

> 说实话,现在不是游戏离不开玩家,久而久之是我们这些玩家离不开游戏……所以,能接触到平时接触不到的人、了解到在自己所在领域之外的事,这应该也是我喜欢玩游戏的理由吧![2]

玩家感动于游戏中的故事、情境,化身游戏角色投入情感,而当电竞、社交与玩家在现实生活中的情感联系在一起时,游戏之于玩家则成了成长记忆中的一部分,当过往的游戏经历,成了此刻牵动情绪的青春碎片时,从体验到情动的过程也便完成了。由于虚拟世界打破了许多现实世界的限制,人们愿意通过网络进行人际交往活动。网游中的化身达成了玩家塑造另一个自我的愿望,游戏中对肉体的"搁置"让人们通过化身进行情感体验。对"面对面"需求的减弱使玩家即使隔着现实空间的距离,也能和志趣相投的玩伴建立起友谊。而游戏中相互协作的团队、帮会成员,也会因"关联性"的满足而更加热衷于游戏内的相处环境和交流状态。

21世纪初,中国的年轻玩家尤其是未成年玩家,其玩游戏的主要场所是游

---

① ［荷］约翰·赫伊津哈著,傅存良译:《游戏的人:文化的游戏要素研究》,北京大学出版社 2014 年,第 4 页。

② 详见知乎用户"啊嗯呐123"对于"我们为什么喜欢玩游戏?"问题的回答。https://www.zhihu. com/question/307502063/answer/1053598221

戏厅和网吧。在以学校成绩为主要评价体系的压力下,"年轻人们感到即便离开学校步入社会也不会有任何本质性的变化,其未来也会被封闭在这种评价系统里,以至于他们在心中产生了强烈的闭塞感"[①]。青少年的自我评价渠道严重不足,游戏这个与现实相异的空间为他们提供了一个自我建构的途径,"情感真实"的获得弥补了其内心自我价值的缺失,同时感官愉悦的游戏体验也成为一种对既定规则的"反抗",在刺激的游戏中逃离单一评价体系造成的压力。游戏带来的"快乐并不是对社会价值的激进拒绝,而是抵制因此而导致的从属地位……在游戏厅,对社会秩序的这种抵制因游戏的持续性而被赋予了一种语义的实在性。它采用身体经验的快乐的形式,因而摆脱了意识形态的束缚"[②]。游戏满足了他们在现实中无法满足的心理需求,它让玩家自由选择喜欢的游戏实践和合适的任务,并始终遵循付出即有收获的原则,成为比现实世界更加容易获得成就感和满足感的存在。他们追捧电子游戏,长期留恋网吧、游戏厅等场所,持续体验游戏带来的新奇、愉悦。过度花费精力在电子游戏上对青少年的成长产生了不良影响,甚至出现家长送孩子进"治疗所"戒"网瘾"的情况。"电休克治疗""电击疗法""低频脉冲电子治疗""行为矫正治疗"[③]等残酷且骇人听闻的方式在当时竟是一些家长眼中"以毒攻毒"的无奈之举,而这些现象暴露出来的其实是家庭教育、学校教育、评价体系单一等现实、复杂的社会性问题。

(三)破壁:从玩家到选手

2000 年后,电子游戏快速发展并成为日益壮大的数字产业,"电子竞技"也随之进入人们的视野。在实时对战类游戏中,玩家的操作技能被突出强调,"玩游戏"逐渐向专业化迈进,部分玩家成为电子竞技赛场上的职业选手。与普通玩家不同,职业选手的目标是赢得比赛,这就需要其进行大量的专业训

---

① 杨骏骁:《中国游戏文化私论——游戏玩家会做科幻梦吗?》,载邓剑编译《探寻游戏王国里的宝藏:日本游戏批评文选》,上海书店出版社 2020 年,第 327 页。

② [美]约翰·菲斯克著,杨全强译:《解读大众文化》,南京大学出版社 2001 年,第 100 页。

③ "网瘾电击疗法"曾为山东省临沂市第四人民医院精神科主任医师杨永信所使用,其方法是在孩子太阳穴或手指处接通电极,让电流通过脑部刺激被治疗者身体,借鉴"电刺激厌恶治疗"原理,将其上网行为与电刺激之间建立起条件反射,从而戒治"网瘾"。实际上,这种方式违背了生命伦理学中的不伤害原则,2009 年 7 月,中国卫生部就已要求其停止该技术的应用。

练。且获取该身份本身就存在门槛,天赋和努力都是其能否为职业电竞体系所吸纳的重要条件。"选手"的身份让职业玩家的游戏过程变成了工作,与该身份相符的游戏行为越多,一场游戏所能提供的"纯粹游戏"的快乐也就越少。

随着《英雄联盟》《王者荣耀》等实时对战类游戏的出现与爆红,国内电子竞技产业迅猛发展。电竞作为一项新兴竞技运动项目,已经被越来越多的人熟知与关注,职业选手突然成为许多青少年的理想职业。然而"电竞"不是"玩游戏"的升级版,这里的游戏早已超出了其作为游戏的"无目的性",已不再是赫伊津哈等学者所强调的"自由的""自主的"游戏,社会的目的性大于游戏体验本身。在电子竞技中,游戏似乎能暂时脱离"洪水猛兽"的身份限制,加上商业助推等因素,"电子竞技"和"玩游戏"被强行区分,弱化游戏的娱乐属性,加强"青春""竞技""追梦""努力""团队"等元素,在玩家与粉丝等多重身份间游离的参与者,不断将个人的情感投注于游戏赛事、选手历程中,反复将个人的情感集体化,将集体的情感个人化。在选手身上我们感受到了青春、荣耀与遗憾,禹景曦、李晓峰、高学成、明凯、简自豪等众多职业选手也成为无数玩家心中的"英雄"。诚然,电竞战队在赛场上激烈对战、为国争光,其勇往直前的奋斗精神感染着关注赛事和选手成长经历的每一个人。但"电子竞技""玩游戏"在话语上的区分和在许多青少年、家长认知中的模糊使得一些年轻玩家将"电竞梦"误认为自己的理想所在,并以此作为"反抗"应试教育评价体系的通路或逃避现实的保护伞。然而带有逃避、侥幸心理的虚假"电竞梦"在电竞行业竞争激烈的现实面前只会化为泡影。

而在成人玩家群体中,"电竞"是游戏商促成全民狂欢的"集结号"。游戏产品借由"电竞热"更新着吸引玩家的元素,与现实相互粘连,重新创造"新奇感"。"竞技"中的激昂情绪退去,变成了消费社会中的娱乐狂欢。亦如鲍德里亚对电子台球的批判,以区域为划分条件在游戏中临时组建的"战队"相互对抗(娱乐才是唯一内核),"这种游戏式活动也许具有激情的表象。但它从来都不是那样。它是消费……是模式的种种变种之中的特权符号的抽象操纵"[①]。当"竞技"中的激昂情绪褪去,"电竞热"便显露出其在消费社会中娱乐狂欢的本质。

---

① [法]让·鲍德里亚著,刘成富、全志钢译:《消费社会》,南京大学出版社2014年,第103页。

三、网游的文化价值反思

学者赫伊津哈视游戏为文化现象,认为游戏是"某种超越生命直接需求并赋予行动意义的东西'在活动'(at play)"①,游戏行为与人的精神需求密切相关,"文化本身存在之前,游戏就已是重要存在,它从初始阶段就伴随着文化,渗透进文化,直至我们当前所处的文明阶段"②。

2000 年,第一款真正意义上的中文多人在线游戏《万王之王》在中国推出③,开创了网络游戏运营模式的基本雏形。随着网络游戏产业化的发展,出现了诸如《地下城与勇士》《英雄联盟》等具有代表性的游戏作品。国产原创网络游戏也凭借着中国的仙侠、武侠等文化元素占据了国内游戏的部分市场,如《剑侠情缘》《天龙八部》等。如今,手机成为"网游圣地",《原神》《王者荣耀》《和平精英》等手游拥有庞大的玩家群体,成为"现象级"网络游戏。

赫伊津哈在 20 世纪初便将游戏概念融入文化概念,"作为一种定期反复出现的消遣,游戏往往就成了伴奏,成了补给,实际上往往成了生活中不可或缺的一部分……也成了社会的必需品(因为它所包含的意义、它的重要性、它体现出来的价值、它促进精神交往和社会团结,简而言之,因为它是一种文化功能)"④。作为文化载体的网络游戏具有天然的传播优势,且由于玩家的介入,网络游戏本身也构成了文化,在社会变化和文化传播领域已经成为一种不可忽视的力量。

网络游戏文化的价值反思可以从网游所体现的文化信息、艺术性和人文精神上来理解。同文艺创作想象的构成要素"知觉、符号、意象、内觉"一样,游戏文本的创作也遵循这个规律。"艺术文本大体是由符号、形象、意蕴三个基

---

① ［荷］约翰·赫伊津哈著,傅存良译:《游戏的人:文化的游戏要素研究》,北京大学出版社 2014 年,第 1 页。

② ［荷］约翰·赫伊津哈著,傅存良译:《游戏的人:文化的游戏要素研究》,北京大学出版社 2014 年,第 4 页。

③ 北京大学互联网发展研究中心著:《游戏学》,中国人民大学出版社 2019 年,第 98 页。

④ ［荷］约翰·赫伊津哈著,傅存良译:《游戏的人:文化的游戏要素研究》,北京大学出版社 2014 年,第 10 页。

本层次构成的。"①游戏的文化价值首先从视觉(游戏音画、观感层面)体现,经由艺术文本的符号层面组合成具有审美意蕴的形象画面,进而展现其所要传达的精神品质。要想发挥游戏的文化价值,就要在艺术形式上追求其精良、优秀的审美功能,同时也在精神层面传达优秀的文化精神内核。

今天,以95后、00后为代表的"数字原生代"逐渐成为我国文娱消费的主体,其精神文化需求与趣味也影响着我国主流文化娱乐消费的倾向。我们需要在注重商业价值的娱乐消费中探寻真正具有中华文化价值和精神内涵的优秀网络游戏文化生产。尽管我国网络游戏在过去十几年里发展迅速,但仍然存在结构单一、原创匮乏、文化元素拼凑、游戏产品同质化等缺陷,游戏产业中的垄断问题也愈发严重。对网络游戏来说,做到以正确的方式讲述中国故事,承载优秀传统文化并纳入自身的文化产业格局中仍然是一项严峻的考验。

作为近年来大热的多人在线竞技类手游,《王者荣耀》游戏角色的设定采用了大量中国的神话、历史人物,如嫦娥、诸葛亮、王昭君等。早期的《王者荣耀》缺乏能够自洽的游戏世界观②,英雄角色虽拥有文化历史"身份",但多停留在英雄命名的层面,且存在历史人物被曲解的问题,因而很难像《魔兽世界》等网络游戏那样具有良好的文本衍生能力。随着游戏热度的不断提升,游戏开发方逐渐认识到了游戏文本文化内涵的重要性,聘请科幻作家为其构建游戏世界观,并开启《王者荣耀》征文大赛。随着"王者大陆"的完善与科幻元素的加入,其背后的故事逐渐完整,文本衍生力得到提升。在传播传统文化方面,《王者荣耀》也做出了努力,例如与重庆白鹤梁水下博物馆合作推出的游戏角色皮肤"白鹤梁神女"便是融历史文化于游戏角色美感的出色尝试。其设计灵感来源于长江中的一块天然巨型石梁,它既是我国古代最重要的长江枯水位观测点,也是一部活生生的水文史、书法史,具有极高的科学、艺术价值。其他如"遇见飞天"角色皮肤,便是传统敦煌文化的宣传案例;与四川大熊猫繁殖基地合作推出的"胖达荣荣"川剧变脸元素,以及"狮舞东方"南海醒狮元素、"遇

---

① 曾繁仁主编:《文艺美学教程》,高等教育出版社2005年,第99页。
② "游戏世界观"指游戏中的故事背景以及在游戏作品中必须遵守的假定成立的客观规律。

见神鹿"敦煌元素等角色皮肤都融合了中华民间民俗文化。①《王者荣耀》的官方网站上还有着"王者文化站"板块,并有"王者历史课""王者诗会""历史上的TA"等内容,为玩家进一步认识角色背后的中华文化提供了途径。

国产网络游戏同样做着"文化出海"的努力,如《原神》在海外的口碑走高,成为外国玩家了解中国的窗口。《原神》中的"璃月"是以中华文化为原型的架空国度,制作团队将"美食文化"融入故事发展,通过充满中国元素的画面展现了"璃月"的薪火相传、万家灯火,颇有些"雪沫乳花浮午盏,蓼茸蒿笋试春盘。人间有味是清欢"的意蕴。游戏中"风雨犹祝,山海同欢,是承天地之佑;星移斗转,沧海桑田,烟火人间依旧"等表达,更体现着现代中国的文化价值:以人为本。另外,《原神》还尝试将游戏中的玩家转化为现实中的"实践家",用游戏带动文旅、带动非遗文化传承。《原神》与景区合作,在官方推特和 Facebook账号发布联动内容,通过"动漫游戏+旅游景区"的文旅联动新模式,向全球玩家和游客递上一张闪亮的中国文化名片,助推了疫情后旅游产业的复苏。②《原神》目前所获得的成绩,或许是我国网络游戏逐步发展,迈向游戏文艺,承担文化责任的有效尝试。游戏文本对中华文化的传承,不应仅停留在山水、习俗等画面、形式上的描摹,更重要的是能深耕中华民族精神的沃土,有效、有力地践行其文化价值。

我国网络游戏的发展已逐渐朝着弘扬优秀中华文化的方向努力,但还处在起步阶段,对历史文化的错误解读仍然存在。2021 年 8 月 6 日,《江南百景图》的月签活动,因抹黑历史英雄岳飞"肉袒牵羊"遭到中国历史研究院、央视网点名批评。游戏作为互动媒介,在某种程度上影响着玩家的认知,对于历史的误读很容易让未成年人产生错误的认知。同样,游戏作为文化产品,具有独特的文化属性,在游戏出海渐成趋势的背景下,游戏作为载体将成为文化输出的工具,游戏生产方对于历史及传统文化的改编应该更加谨慎。

"游戏成瘾"与"游戏艺术"同时存在并不矛盾,人永远是游戏文化中的核

---

① 吴小燕:《热点! 从〈王者荣耀〉皮肤演变看数字 IP 传承传统文化:肩挑凡世　拳握初心　行业研究报告》,https://www.qianzhan.com/analyst/detail/220/210702－4dd3384b.html

② 郑栩彤:《从游戏出海到文化出海〈原神〉做对了什么?》,https://www.sohu.com/a/478511678_100019684

心角色。围绕网络游戏的舆论争议背后所突显的是其长期存在的色情、暴力、过分逐利、低俗等问题，也是我国网络游戏行业、网络游戏治理领域长期存在的深层次问题，同时也反映着青少年心理问题、家庭教育问题。当众多网络游戏共同构成一大产业，网络游戏除了"娱乐"的属性，也应当承担更多责任。当不良网络游戏夹带煽动情绪、鼓吹暴力，其危害不容小觑。如日本游戏《集合啦！动物森友会》中出现"港独"元素，打着游戏旗号煽动暴力的《香城 Online》等，深刻折射出当代游戏文化建构的复杂性和纵深性，这种看似不起眼的文化娱乐方式和泛文化形态快速传导极端情绪，对社会乃至国家安全都是非常不利的。在移动互联网时代的媒介迭代背景下，社会运动虚拟化，也是一个我们陌生，但至关重要的领域，其关乎虚拟空间的国家安全，不容忽视。如何构建跨圈层、跨地域、跨文化的同代人共同的文化经验等是当代文化艺术传播的深刻命题。

在综合国力竞争日趋激烈的当今世界，各国间的文化竞争全面升级，文化的地位和作用毋庸置疑。网络游戏作为中国文化产业的重要组成部分，在讲好中国故事和推动中华文化"走出去"的过程中扮演着重要角色。国产游戏如果仅停留在娱乐层面，不能承担主流文化价值和意识形态的重任，它就会丧失寻找和建构自身文化内驱力的想象力与生命力。成就优秀的"游戏艺术"，塑造丰富、健康的游戏文化还有很长的一段路要走，还需监管方、创制方乃至不同的社会角色共同努力。

游戏本身并不冒充"真实"，不会假装自己就是真实的世界，把游戏当作真实会带来巨大灾难。游戏的黏性再强也有难以影响的人，更深层次的问题是社会本身存在的矛盾通过游戏这一形式表现出来。如果说沉溺游戏是对现实生活的逃避，那么"游戏成瘾"的背后可能并非"玩物而丧志"，而是"丧志而玩物"。不良网络游戏应受到严格的惩戒与取缔，防止青少年沉迷于网络游戏，不光是监管方和游戏制作、运营方的担当，更是每位孩子"身边人"的责任。将责任推给他人对孩子的健康成长有害无益，游戏不是用来逃避教育失职的借口，家长应关注到孩子的行为习惯养成、成长心理等，积极引导，合理规劝，让网络游戏在孩子眼中只是"游戏"，而非全部。

从文化层面来看，网络游戏要想成为中华传统文化的有效传播工具，"植入式"的东方元素堆砌并非良方，诸多游戏大厂借热门 IP 捞金的行为也只会伤了玩家的心，更无从谈及文化传承。在快节奏的当代社会，高速发展的网络游戏产业更加需要"匠人精神"和社会担当。红白机、MUD 游戏终成历史，今天我们所热衷的游戏产品也终将成为过去。而未来，所谓"元宇宙"的虚拟空间搭建是否能再创新的游戏历史，带来新的虚拟现实体验，还需要实践的检验，《头号玩家》的想象或成现实，但人心底的情感、追求与坚守的"真实"永不褪色。

（万成云，新疆大学中国语言文学学院硕士生；庞海音，新疆大学中国语言文学学院教授，博士）

Addiction, "Gaming Disorder" and Symbol: Reflection on Cultural Value of Online Game Culture

Wan Chengyun　Pang Haiyin

Abstract: Online games, which have always attracted much attention, have become an important cultural carrier because of their unique media advantages. On the one hand, more and more people are playing online games, among whom addicted adolescent players make the public worried; on the other hand, online games play an important role in the overseas development of Chinese culture. Though online games have been scolded and become the culprit of adolescents' growth problems, they are gradually growing because of people's expectation for "game arts". Commercial value, artistic pursuit and cultural value have been difficult to balance in China's game industry today. Therefore, this paper measures the cultural value of online games in the contemporary era in terms of game mechanics, gamer experience and game culture, considers the current problems with online games and the social problems behind "addiction", and discovers the value and significance of the complementary relationship between game culture and players for the construction of Chinese culture.

Keywords: Online Games; Addiction; "Internet Addiction Disorder"; Cultural Value; Reflection

作为媒介的有轨电车：20 世纪初的
交通现代性与上海"流通文明"的建构

张昱辰

摘要：有轨电车在 20 世纪初的上海不仅带来通行效率的提升，更成为社会关系和意义的转译和联结之地。其催发了鼓励自由流动的流通观念，重组了城市中的华洋关系，带来了以"集体移动"为特征的新型城市体验，构筑出新型的社会交往与公共生活。有轨电车在实体空间中把报刊、广告等大众媒介转化成自身的内容，在虚拟空间中又成为报纸等媒介的内容，它们相辅相成，在上海建构出独特的"流通文明"。这种文明既是技术上的，也是社会经验和文化观念上的。由此有轨电车可被视为 20 世纪初上海交通现代性赖以成长的后勤型媒介。

关键词：一市三治；第一次全球化；视觉公共性；后勤型媒介

作为上海最早的城市轨道交通，20 世纪初期出现的有轨电车，可以被视为当代上海地铁的历史镜像。虽然有轨电车无论是速度还是运载量都无法和现在的上海地铁相提并论，但作为一种当时的新型移动技术，它在"第一次全球化"时期的上海开启了全新的公共交通体验，并对城市产生了复杂且重要的影响。已经有历史学者从上海近代城市交通变迁的角度探讨上海有轨电车的浮沉①，但他们多将有轨电车视为上海城市发展影响下城市交通现代化的后果来考察，将研究重心放在上海有轨电车产生和发展的历史条件上②。在这些研究中有轨电车成为城市现代化发展到一定阶段的产物，其在近代上海城市交往与社会关系中扮演的复杂建构性作用未能被深入探讨。本文通过考察有轨电车于20世纪上半叶上海的传播中对城市观念与交往形态的形塑，理解其在20世纪初上海城市现代性的形成中扮演的媒介角色。具体问题为：第一，有轨电车如何与20世纪初上海的社会环境相互作用，重塑了城市的空间形态与流通观念？第二，作为自动化"集体移动"之技术，有轨电车在20世纪初的上海引发怎样的城市生活体验，塑造了怎样的日常交往形态？第三，有轨电车的影响又是如何扩散至通勤空间之外，进而再造城市宏观社会关系的？

一、交通与城市：以传播媒介为视角

新技术的发展，让交通越来越成为传播研究关注的对象。事实上，交通与传播并非晚近才产生关联。威廉斯在对关键词"传播"的考察中发现，在道路、运河和铁路蓬勃发展的时期，communication是一个普遍的抽象名词，代表这些通信设施。③ 詹姆斯·凯瑞指出，19世纪人们对"传播"的使用有共通之处，"传播"即"运输"④；人们渴望利用传播和运输，扩大对更广阔空间和更广大人口的影响，而电报的产生，使"信息可以独立于物质实体而运动"，"标志着运输与传播之间的截然分离"⑤。在麦克卢汉看来，"传播"一词早在被转换为"信息

① 张松、丁亮：《上海租界公共交通发展演进的历史分析》，《城市规划》2014年第1期。
② 陈文彬：《城市节奏的演进与近代上海公共交通的结构变迁》，《学术月刊》2005年第7期。
③ ［英］雷蒙德·威廉斯著，刘建基译：《关键词：文化与社会的词汇》，生活·读书·新知三联书店2005年，第73—74页。
④ ［美］詹姆斯·凯瑞著，丁未译：《作为文化的传播："媒介与社会"论文集》，华夏出版社2005年，第28页。
⑤ ［美］詹姆斯·凯瑞著，丁未译：《作为文化的传播："媒介与社会"论文集》，华夏出版社2005年，第170—171页。

运动"之前，曾广泛与道路、桥梁、海路、江河、运河等结合起来使用。① 现代语言中也展现出交通和传播的紧密关联，如在当代法文中 communications 依旧可以被用来表示交通，而在英文里 communications 也可用来指称从一个岛屿到本土的交通方式、距离和班次频率等。② 在近年来社会科学的移动性转向中，"传播"和"交通"越来越多地被放在一个整体性的视野中去观照。学者们发现，它们非但从未真正分离，而且始终为彼此提供支持。戴维·莫利主张，传播学在关注符号讯息的流动的同时，还应对作为人和物的流通方式的交通给予足够重视。③ 乔纳森·斯特恩则指出，正如传播存在着不同面向，交通也不仅仅是工具性的"运输"，我们不妨将传播概念化为有组织的运动和行动的集合体，以更好地探索交通方式的构成性影响。④ 麦克卢汉堪称传播媒介研究领域关注交通的最著名研究者之一。早在 20 世纪 60 年代，麦氏就将汽车、飞机等交通方式视为媒介，探索它们通过加速度和分裂对美国社会产生的重要影响。在他看来，货物运输和信息传输一样，既是隐喻，也是交换，它们都改变着人际依存的模式，也改变着人们感觉的比率。⑤

　　在 20 世纪的上海，除了邮政、电报、广播、电话之外，不同形态的交通也成为支撑城市传播网络的基础。同最早的人力车、马车不同，有轨电车不仅在建设和运营上需要巨量的市政投入（人力、物力等），而且开启了前所未有的公共交通体验。本文并未使用社会建构立场来探索社会对新技术的采纳、掌握和使用后的社会不平等与权力斗争，而是将有轨电车视为建构社会形态的自主性技术，考察有轨电车在成为社会生活一部分的同时，如何对技术、经济、风俗、观念等与之形成复杂关联的其他要素进行重塑。

---

　　① ［加］马歇尔·麦克卢汉著，何道宽译：《理解媒介：论人的延伸》，译林出版社 2019 年，第 118 页。
　　② ［英］斯各特·拉什著，杨德睿译：《信息批判》，北京大学出版社 2009 年，第 279 页。
　　③ Morley, D.. "Communications and Transport: The mobility of information, people and commodities". *Media, Culture & Society*, 2011, 33(5), pp.743-759.
　　④ Sterne, J.. "Transportation and Communication: Together as You've Always Wanted Them". in *Thinking with James Carey: Essays on Communication*. eds. Jeremy Packe & Craig Robertson. New York: Peter Lang, 2006, pp.117-135.
　　⑤ ［加］马歇尔·麦克卢汉著，何道宽译：《理解媒介：论人的延伸》，译林出版社 2019 年，第 118 页。

二、打破区隔:再造都市空间与流通观念

20世纪早期,有轨电车出现在"一市三治"时期国际化色彩浓厚、国家权力相对稀薄的上海租界。虽然有轨电车无论是速度还是运载量都无法和当代的地铁等交通相提并论,但在当时却是代表全球最先进水平的技术——如果我们把目光转向欧美,就会发现上海采纳电车技术不过比世界最先进的西方城市晚了十多年而已。自1879年在柏林世博会出现后,有轨电车于19世纪末迅速在欧美大城市普及。几乎在同时,住在上海租界的外侨就已经考虑将这项技术引入上海。因为当时许多在上海租界的西方居民与殖民者不同,不是把这里当成临时居所,而是作为家园经营。长期居住在上海的英美人表现出对上海这座城市的强烈认同,他们把电灯、电话、自来水等一切他们认为好的东西都带来上海,使得上海物质文明发展与西方大城市同步,有轨电车也不例外。[1]

尽管早在1881年怡和洋行就有筹设电车交通之议,后来又有多家公司和个人提交了兴办有轨电车的申请,但出于各种考虑,这些申请均未被租界当局允准。[2] 但是,到了19世纪90年代以后,上海进入工业时代,城市格局发生了新的变化,原先英美租界的北部和西部比较荒僻的地带相继变成了工业区。"1895年每天出入租界的流动人口已近100万。短短7年间,租界的面积扩展了三倍多。"[3]租界的扩张,人口的膨胀,使得当时租界管理者不得不考虑引入电车等更有移动效率的现代交通方式,以更有效地疏导和管理人口流动。几经周折,他们终于开始修建有轨电车。1908年1月31日,英商有轨电车在爱文义路(今北京西路)上举行了试车典礼。之后几天,电车试车的新闻占据了上海多家报刊的版面。是年3月5日,上海第一条有轨电车线路正式通车营业。该线路贯通公共租界东西干道,从静安寺出发向东行驶,穿过南京路等租界主要马路,抵达上海总会(今外滩)。第一条电车线路开通后,根据工部局与

---

① 熊月之:《异质文化交织下的上海都市生活》,上海辞书出版社2008年,第293—294页。
② 熊月之:《上海通史(第5卷)晚清社会》,上海人民出版社1999年,第161页。
③ 熊月之:《上海通史(第5卷)晚清社会》,上海人民出版社1999年,第135页。

电车公司的合约,电车公司又开辟了几条线路,把公共租界内的闹市区、居民聚居区连接起来,形成公共租界最初的电车线路网络。[1] 与此同时,法商电车公司也在法租界开了多条电车线路。

　　然而,一开始许多市民对有轨电车是既好奇又畏惧。20世纪20年代一篇回忆上海电车通行的文章描述道,"当电车通行时,谣言甚炽,谓遍地设有电网,行人误触即死,无知者信以为真。一时顿有荆天棘地之忧,及试行之第一日,南京路上,观者填咽……及一辆驰来,无不翘首企足,讶为奇异"[2]。民众不敢乘坐的原因主要是害怕触电。"电车电车,车上带电,乘者触电"的谣言与民族主义结合,甚至引发了外国人的"阴谋论"。一些极端的民族主义者称"华人绝对不能乘坐,乘坐者易触电死伤",有的举办集会,从各同业行会中劝诫熟人不搭电车,有的还订立了惩罚章程,美其名曰"爱我同胞"。[3] 因此,电车生意一开始并不好。为了推广这一新技术,公共租界电车公司甚至雇用了一批游民,扮演"专业坐车者"的角色,并代公司向乘客分发花露水、牙粉、牙刷、香皂等,以吸引市民乘车。不断有市民受到"引诱"而纷纷登车,尝过甜头后就一发不可收拾。[4] 电车触电之类的谣言不断在现实中粉碎,有轨电车逐渐成为上海市民喜爱的交通方式。"凡租界中所号至迅疾而至宽大之各项车辆,举弗之及。"[5]

　　有轨电车从租界发端,不久扩散至华界。辛亥革命前夕,法商电车已行驶于华界老西门至斜桥等地段,并试图继续将电车路线向华界内部延伸。多家外商也先后要求在南市经营电车事业,但遭华界当局拒绝。但到了1912年,电车带来的好处也为华人所直观感受。在华界,陆伯鸿等华商以繁荣南市必须兴办交通的理由,向当局申请创建南市有轨电车。1913年6月,华人出资兴建的第一条有轨电车全面竣工,华商电车公司正式成立,从小东门经外马路、沪军营路、车站前路、半淞园路至高昌庙。不久华商电车公司开辟了多条电车

① 熊月之:《上海通史(第5卷)晚清社会》,上海人民出版社1999年,第162页。
② 郑逸梅:《昔时之上海:(二)电车之试行》,《新上海》1926年第10期。
③ 周源和编著:《上海交通话当年》,华东师范大学出版社1992年,第55页。
④ 周源和编著:《上海交通话当年》,华东师范大学出版社1992年,第57页。
⑤ 甘作霖:《上海三电车公司之组织》,《东方杂志》1915年第12卷第1期。

线路,主要涵盖原南市区的范围。① 有趣的是,虽然华界电车的修建自始至终渗透着明确的民族国家主权意识,但是其背后的推动力恰恰是地方自治力量而非国家。有影响的地方绅商代替政府,成为建设地方的领袖,让租界地区率先兴建的有轨电车迅速在华界铺展开来。

在上海"一市三治"的特殊历史条件下,中、英、法三国,各就本界设有路线,各由不同电车公司管理。② 公共租界、法租界和华界三个行政区域内有轨电车的规格各有不同,彼此之间互不相通,乘客出行常常必须换车,并另购车票,很不方便。出于通行便利的考量,英电开办后不久,即向法电提出互通电车的建议。1912年8月,英法电车公司开始相互通车,最初是通车不通票,即驶入对方路线时,乘客需要重新购票,1913年8月两家公司签订合同,对互通路线、行车时刻、售票、结算等做了规定,从此跨区乘客无须两次购票。③ 华电和法电的合作更富戏剧性。在华法两界交界的民国路上,两家电车不得不共行于一条马路上,于是两者订立了《民国路华法两公司建设电车轨道合同》,约定两方的电车各可行驶于对方界内的轨道上,互享便利,来回通畅无阻。华界城厢和法租界的南北往来被全面打通,周边地区的商业也变得更加兴旺。④ 有轨电车打破了既往行政区域之间的隔绝和障碍,让人们可以便利地在不同行政区域之间穿梭往来。

早期上海有轨电车由于技术设施简陋,加上不得不与其他交通方式混杂于同一空间,事故多发。《申报》等经常刊载有关于电车伤人的报道。在天津,电车伤人事故成为天津人抗拒和挑战西方殖民力量的由头。"在津人眼中,电车的兴建与运行,除了破坏天津传统的城市空间、打击天津地方经济、破坏中国司法权力外,实无多少益处。"⑤相比之下,在更具有"世界主义"特色的上海,电车事故并未像天津那般引发大规模抗拒和抵触。相反,人们对有轨电车的优点津津乐道,正如有论者称,"俾乘客得减其光阴与金钱之耗费,而增其交通

---

① 上海公用事业局编:《上海公用事业(1840—1986)》,上海人民出版社1991年,第345—346页。

② 沙公超:《中国各埠电车交通概况》,《东方杂志》1926年第23卷第14期。

③ 甘作霖:《上海三电车公司之组织》,《东方杂志》1915年第12卷第1期。

④ 郑祖安:《上海华界和法租界当局在界路"民国路"上的合作》,《都会遗踪》2009年第1期。

⑤ 秦方:《受伤的身体,复杂的现代性——以1906年吕美荪电车事故为个案的分析》,《学术月刊》2015年第12期。

或往返之便利"①。由于价廉、准时、快捷，有轨电车乘客数量开始迅速上升。据统计，英商电车通车当年，行车累计 166 万公里，载客达 537 万人次；1909 年全年行车 318 万公里，载客 1177 万人次；1911 年全年行车 360 万公里，载客 2725 万人次。法商公司从 1908 年 6 月到 10 月，每月载客达 20 万人次，到 1911 年全年行车 12 万公里，载客 87 万人次。②

到了 20 世纪 20 年代到 30 年代，上海市内开辟有轨电车线路 80 余条，线路遍布全市主要中心区域，电车成了上海最重要的公共交通，有报刊文章称"本埠公众交通首赖电车"③。有轨电车让许多支付不起人力车费用的底层民众也可以快速穿梭于城市各个角落，整个城市流动起来了。许多上海人可以在华界居住，乘坐电车在租界上班。城市交通的改善削减了街坊的重要性，促进了新的城市认同的产生。伴随着有轨电车的普及，市民们也逐渐习惯将城市空间"视为流动的派生物"④，将"不受限制的个人流动当作是一项绝对权力"⑤。个人在城市中的移动权力被置于行政的区隔之上，为了促进流通，必须拆除一切可以被视为阻塞的事物，包括曾经划定城市范围的城门。流动性的增加改变了上海的城市形态，刺激了城市进一步向外扩张，也提高了城市土地利用的专门化程度。电车事业与城市人口相依发展，使近代上海城市加速。⑥

三、"集体移动"：新型社会交往与公共生活

作为一种公共交通方式，有轨电车开启了以"集体移动"为特征的全新交通体验，创造出新的城市日常交往和生活形态。一个电车车厢内可同时容纳数十人，在出行高峰时段甚至可能容纳近百名乘客。这对传统中国的乡村甚

---

① 沙公超：《中国各埠电车交通概况》，《东方杂志》1926 年第 23 卷第 14 期。
② 上海公用事业局编：《上海公用事业（1840—1986）》，上海人民出版社 1991 年，第 343 页。
③ 毅：《论本埠通行公共汽车》，《申报》1923 年 6 月 16 日，第 21 版。
④ Thrift, N. "Inhuman Geographies: Landscapes of speed, light and power". in *Spatial Formations*. ed. Nigel Thrift. London: Sage, 1979, pp.256-310.
⑤ [美]理查德·桑内特著，李继宏译：《公共人的衰落》，上海译文出版社 2014 年，第 17 页。
⑥ [美]周锡瑞：《重塑中国城市——城市空间和大众文化》，载姜进、李德英主编《近代中国城市与大众文化》，新星出版社 2008 年，第 1—12 页。李沛霖：《公共交通与城市人口析论——以抗战前上海电车业为基点的考察》，《民国档案》2018 年第 2 期，第 91—103 页。

至城市中的居民而言,可以说是一种崭新的体验。人们长时间处于"被移动"
状态,且在移动中不得不与陌生人相伴同行。这种体验和西美尔描述的 19 世
纪现代公共交通带给欧洲都市人的体验十分类似。人们无须约定就能在几分
钟甚至几小时里相互见面而且必须见面。在现代交通中人际关系越来越多地
交给视觉感官来处理,看着同伴很长时间却不说话也无口头交流成为一种十
分常见的交往方式。^①"避免熟悉"(avoiding acquaintance)成为这个移动空间
中的主导原则。当然,20 世纪初的上海与西美尔笔下的欧洲城市相比,有着更
鲜明的国际化和世界主义特色。一开始,上海的外国人在坐电车时不愿与华
人同坐一个车厢。于是租界的电车公司将电车车厢分为头等和三等两类,头
等供外国人乘坐,三等则留给华人。然而,上海的华人市民们据理力争,经过
长期努力,电车公司不得不改变规则:尽管上海租界的有轨电车车厢还有头等
与三等之分,但只要愿意出钱买票,谁都可以坐头等车厢,上下班的时候,连头
等车厢都十分拥挤。^② 不仅如此,为了招徕乘客,电车公司甚至将头等车厢的
价格降到与三等车厢相差无几。如英电公司于 1911 年春和 1915 年春一再降
价。^③ 华人只要多出一点点钱,就可以享有乘坐头等车厢的权利。

　　至 20 世纪 20 年代,电车已经成为"公众交通机关,上中下各级市民利用
之"^④。即便在头等车厢里,乘客也很难有乘坐轿子、人力车、出租车的优越感。
他仅仅是置身于封闭空间的众多乘客中的一员。上班的公司职员、观光的游
客、跑单帮的生意人,都依赖电车把他们载送到城市的各个角落。为了在城市
中便捷移动,性别、等级甚至国籍的差异被暂时地搁置了:女性与男性,外国人
与中国人,不同身份、不同籍贯、不同性别、彼此互不认识的人群,置身于同一
个空间里。每位乘客一方面与他人摩肩接踵,体验近距离的接触;另一方面,
不断看到上上下下的陌生面孔。20 世纪初的上海电车恍若桑内特笔下进行角
色扮演和公共生活的剧场,人们在这个移动的城市公共空间中共在,并通过言

---

　　① 　Simmel,G.,"Sociology of the Senses". in *Simmel on Culture*:*Selected Writings*. eds. David
Frisby & Mike Featherstone. London: Sage,1997, pp.109-119.

　　② 　邢建榕:《道路交通与近代上海城市发展》,载邢建榕主编、上海市档案馆编《上海档案史料研
究(第 2 辑)》,上海三联书店 2007 年,第 28—41 页。

　　③ 　甘作霖:《上海三电车公司之组织》,《东方杂志》1915 年第 12 卷第 1 期。

　　④ 　养志:《上海电车急应改良之点》,《申报》1924 年 7 月 5 日,第 27 版。

语、姿态、行为、身体、服饰等展开交往与互动,构筑让城市生活充满活力的"视觉公共性"①。摄影技术和印刷技术的突飞猛进让我们可以通过报刊中的旧照片一窥上海电车中的日常生活场景。汇聚大量人流的有轨电车,彼时也成为符号与信息传播和流通的重要媒介,将报刊、书籍和广告等媒介都变成自己的内容。从1936年的摄影报道看,当时上海市民在电车上阅读报纸、杂志、书籍已经是比较普遍的现象。② 有轨电车车厢和车站也成为卖报人聚集之场所,他们在这个公共空间中来回穿梭,兜售自己的报纸。有照片显示,报纸摊也喜欢设于电车站旁,常常是"在晚报刚出之后,买卖最忙"(见后图)③。商家们意识到电车既然能汇聚人流,自然也是城市注意力的集聚之地,他们将电车作为商品推广的绝佳平台。在1931年,法电公司行驶华界的5、6路电车不仅发布广告的形式多样(在车顶、车头、车厢内都),而且数量和种类都十分惊人。5路电车发布的广告有化妆品、牙膏、茶叶、煤球、照相材料、巧克力糖果、墨水、鱼肝油、香烟、宠物等;6路电车发布的广告有眼药、胃药、刀片、布匹、贸易公司等。④ 这些广告不只是"通知",更是"说帖",向消费者强力放送消费的必要性。作为生产者和消费者之间的沟通文本,它们所传达的信息并非仅限于商品物质性的表述,还包括默认的社会价值与意识形态,创造出消费的正当性和对新潮的崇拜,在上海的现代性成长中起到重要作用。⑤ 借助电车,穿梭往来的都市人身体移动,同现代都市的符号与信息交织、汇聚,共同编织起当时上海都市日常生活的肌理。

---

① Sennett, R."Reflections on the Public Realm". in *A Companion to the City*. eds. Gary Bridge & Sophie Watson. London: Blackwell, 2000, pp.380-387.

② 席与群:《电车厢中的上海人》,《时代》1936年第9卷第5期。

③ 轶名:《都市生活逻辑》,《东光》1942年第2卷第2期。

④ 上海公用局:《上海市公用局关于南洋广告社承包华商电车中广告税案附征收法商电车广告税案》,上海公用局档案(1931—1934)(Q5-3-3092)。

⑤ 连玲玲:《打造消费天堂:百货公司与近代上海城市文化》,社会科学文献出版社2018年,第237—248页。

　　既然是公共空间而非私人空间,人们的行为会互相影响,因此约束个人行为的规则应运而生。各家电车公司都制定了详细的规章制度,以规范和制约电车中人们的行为,保障行车秩序。有针对工作人员的规则,如《全体司机、售票及其他员工守则》规定全体员工必须上班准时,制服整洁,礼貌待客,在行车中售清客票、及时预报站名、不得闲谈、严禁吸烟、爱护公物、不许赌博等;也有针对乘客的规则,如《上海电车公司章程与守则》规定乘客不准在车上吸烟,不准在车上吐痰,不准妨碍他人,不准与司机谈话,醉酒、衣衫污秽及患有传染病者不得登车等。① 大众媒体也大力鼓励市民"文明乘车":(1)车上乘客拥挤时,可等下班电车;(2)见有童叟妇女上车,须让座位以尊礼节,他人起让之座位,俟垫上热退方可坐下;(3)夏日身带皮夹及宝贵之物,须刻刻留心,以防扒手;(4)涕痰勿吐在车中,吐在自备手巾中;(5)车中见有赤膊者,可告知卖票人,即令其下车;(6)车未停时,切勿上下,以守定章;(7)勿因自己之风凉,立在门口,以阻乘客上下。② 除了发布乘车规范,大众媒体也常常乐于通过读者来信、讽刺画、故事等形式曝光乘客逃票、随地吐痰等陋习。在20世纪初上海的日常生活中,人们驯化着有轨电车这个新技术的同时,自身也不断被有轨电车塑造

---

　　① 上海公用局编:《上海公用事业(1840—1986)》,上海人民出版社1991年,第339页。
　　② 《夏日乘电车须注意》,《申报》1923年7月28日,第22版。

和改变着：通过各种成文或者不成文的规范，有轨电车规约、训练和教化着人们的行为举止，塑造出举止文明的现代市民。有轨电车从物质和精神双重层面规范现代都市生活，城市"流通文明"也得以在电车乘坐中被日常化。与有轨电车规则相伴的城市"文明"作为一种意识形态在城市中扩散与普及，并被城市市民逐渐内化为公共空间中社会交往的准则，以构筑他们与乡土中国截然不同的"现代"都市人身份。

电车管理者还通过各种现代的治理方式清除那些被视为对电车正常运行产生威胁的活动。20世纪初的上海有轨电车上是小偷猖獗之处。如华界电车各路行驶车辆，往返乘客颇为拥挤，一般摸窃匪徒最易乘机攫窃乘客行囊，为害匪浅。1928年华电公司为维护乘客利益，特派稽查员随同各车辆监察，如有形迹可疑之人立时赶逐，或发觉扒窃行为立即送至附近警区惩办。[①] 广告商贩有时也会成为清除的对象。一些工厂商号为宣传商品，推销货物，常常雇佣推销员在有轨电车沿途叫卖，甚至进入电车车厢中推销和兜售货物。1936年9月，英电公司判定此类行为"有扰乱公众乘客秩序之嫌，故即令行禁止"，此后电车中叫卖者大大减少。[②]

有轨电车催发了人与人的新型关系，也改变着人们对城市的感觉经验，促成了人与城市之间的独特关联。由市中心向四周延伸的车轨和穿梭于南北干道车铃叮当的有轨电车，不仅是给上海人带来行路之便，也传递着都市生活明快、跳跃的节奏。在缓缓移动的电车里，乘客们透过车窗，可以清楚地观看、聆听城市街道两旁的各种城市风貌、市井生活。利用电车进行城市观光成为一种较为普遍的休闲体验。有轨电车带给人一种新的通过凝视来经验城市的方式。通过有轨电车，人和城市的关系以一种全新的方式建立起来了。身份截然不同的人们在日常通行中混杂、相遇，在公共交通的学习中，现代上海市民主体形成了——他们在客观上有能力在城市中进行自由的身体移动，在主观上也乐于接受新事物，具备平等意识，尊重规则。在日复一日的集体移动中，新型流通文明也通过乘客具身性的社会交往得以培育。

---

① 《华商电车注意乘客安全》，《申报》1928年1月13日，第16版。

② 《上海电车公司禁止在车叫卖以免扰乱公共秩序》，《申报》1936年9月22日，第12版。

四、有轨电车媒介性的拓展:公共讨论与城市流通文明的成长

上海不仅引来最先进的技术,也成为市民精神踊跃的学习者。"自治""法治""安全""自由"不断被吸纳入上海的市民文化当中。① 如果说实体空间中有轨电车把报刊、书籍、广告等大众媒介转化成自身的内容,在虚拟空间中又成为报刊媒介的内容。有轨电车通过与大众媒介的"联姻",将自身的影响力扩大到整个城市。上海市民们不仅满足于在乘坐电车时做文明得体的乘客,他们还要在更广阔的城市空间中借助有轨电车表达他们对这座城市的意见。在报刊等大众媒介的支持下,电车中的社会关系延伸至整个城市空间之中,有轨电车调节(mediate)的不仅仅是电车空间中的社会关系,更是整个城市中市民的关系。

电车票价的变更与普通乘客利益关系最为直接,故而常常成为市民参与讨论的热门话题。如 1923 年 9 月英电公司申请提高电车票价时,有市民就呈文工部局,称上海是贸易中枢,许多人迫于生计不得不寓居于此,他们往返奔波都依赖快速又廉价的电车,因此电车公司若加价,会对中下层收入者带来很大影响,"深望当局能为海上数十万中人以下之市民着想,而不允其请"②。1923 年 12 月,法租界、华界电车申请提高电车票价时,也有人提出抗议,称虽乘坐电车每日花费不多,但是日积月累也是不小开销,哀叹电车涨价让普通老百姓在城市中通行更加艰难,电车费用涨得厉害,但平民的工资并没有什么增加,希望主管者能够体恤普通平民的感受。③ 此外,还有人批评华人参与电车票价讨论不如欧美人热情,在外报上关于电车加价的讨论非常多,而在上海的华人人数远远多于各国侨民,却反而保持缄默,这不能显示华人不锱铢必较,反而显示了华人放弃市民应尽之责任。④ 这样的表述既展现出 20 世纪 20 年代上海市民意识已经发展到了相当高度,也从侧面体现了当时电车对上海城

---

① 李天纲:《人文上海:市民的空间》,上海教育出版社 2004 年,第 31—32 页。
② 毅:《电车加价》,《申报》1923 年 9 月 22 日,第 21 版。
③ 无愁:《论电车加价之影响》,《申报》1923 年 12 月 8 日,第 21 版。
④ 毅:《工部局对于电车加价之态度》,《申报》1923 年 9 月 29 日,第 12 版。

市公共治理与公共参与的重要意义。1927 年英电以铜元贬值为由增加了公共租界电车票价，但有市民指出电车加价幅度远远超出铜元贬值幅度，批评电车公司无非为电车股东分配厚利，"为维持股东私人的利益，不顾公众的负担"①。

　　有许多公共讨论涉及上海电车的服务。有人批评一些电车售票员态度恶劣，工作中常展现"粗暴之态甚至欺负乘客"，远不及"日本东京之电车售票员，对于乘客态度谦和，言语和蔼"。认为上海各路电车缺点很多，不胜枚举，但大部分属于"人的问题"，因此电车售票员和司机的启用应该慎重选择。② 有人提出上海电车里售票员态度多十分恶劣，"常侮慢乘客而于三等尤甚"，因此"公司应派便衣稽查数人，专查此项劣等职员，一经察觉即行开除，务使恶劣者淘汰完尽，则我辈不再受彼等之苦"③。有人认为，天津电车规则值得上海借鉴，电车每到一站，车上售票者先下车，等待乘客上下后才上车将门关好，才开始售票，而"上海电车之乘客上下甚繁，停车时间亦甚短促，于事实上似难办到，然售票者先下照察之一项轻而易举，大可采用"④。针对电车售票员"揩油"（不给买票的乘客车票并以此谋利）的现象，《申报》更是专门邀请读者揭露现象⑤并给出建议⑥。电车公司通过在报刊中登载声明的方式，对此作出回应，指出已派出稽查员微服上车查票，稽查那些贪小便宜的售票员，一旦查获，即予开除。⑦

　　由于城市的繁荣和流动性的增加，上海电车常常变得十分拥挤。有人指出，上海的电车过于拥挤，对公司和乘客都不利，而公共租界的电车不如其他地方宽敞，因此更加拥挤，车厢里载满了乘客，不仅让空气变得十分不畅通，也常使电车在运行时振荡不稳。为了减少乘客烦苦，推动公司发展，应"添置轩敞车辆接济各路，则拥挤之弊可免"⑧。也有人提出，上海电车乘客众多，冬季

　① 端生：《上海公共租界电车加价问题》，《建设周刊》1927 年第 1 卷第 2 期。
　② 絜庐：《论上海电车》，《申报》1924 年 7 月 12 日，第 23 版。
　③ 大钟：《我所望于电车公司者》，《申报》1923 年 7 月 21 日，第 23 版。
　④ 豁然：《上海电车宜改良之点》，《申报》1923 年 10 月 20 日，第 22 版。
　⑤ 郁易：《电车卖票员"揩油"问题》，《申报》1943 年 5 月 1 日，第 4 版。
　⑥ 胡若流、胡文：《杜绝电车"揩油"的建议》，《申报》1943 年 5 月 1 日，第 4 版。
　⑦ 《电车公司当局决心根绝"揩油"》，《申报》1943 年 4 月 27 日，第 4 版。
　⑧ 大钟：《我所望于电车公司者》，《申报》1923 年 7 月 21 日，第 23 版。

尚可聚于一处不觉难受,但是在夏天电车中因拥挤而格外闷热,还会发出令人不堪的臭气,建议上海电车可以效仿日本的做法,在电车太满无法容纳更多乘客时,在车外悬一个满员的牌子,提醒外面的等待者不要再继续登车。① 有人则指出电车拥挤造成的危险,南京路各电车站都非常拥挤,往往是下车者还没全下上车者就争先登车,一旦不小心挤入汽车甚多的马路,容易被汽车撞碰、碾压。② 有人认为电车肇祸主要有两个原因:一是乘客在电车开行时跳上跃下,却不顾前后有无汽车驶来;二是电车到站,搭车的人正上下拥挤时,汽车从旁闪遇,双方不及避让。有人据此提出忠告:对乘客而言,切勿在电车行驶时跳上跃下,在电车停靠时上下亦当镇静,如遇汽车驶来,应靠近电车旁或立定月台上;对驾驶汽车者而言,前面有电车时,无论正在驶行或已停驶,切勿超车。③

　　关于上海有轨电车如何通过设置各种装置增加安全性,也有许多公共讨论。有人指出,公共租界内电车有铁栅门保护乘客安全,而华界电车没有装置铁栅门,有乘客立踏板上,在电车靠近电线杆时,这位乘客被撞飞,生命垂危,建议南市电车公司宜尽快装置铁栅门,以免未来发生更多事故。④ 有人则主张应该在电车路轨旁设置高出路面之月台,如此一来乘客站立其上亦可避去车辆之碰撞,可以效仿美国,在电车停靠处的路面上用白色粗线划出一安全区域,以便乘客安然上下。⑤ 有人指出了设置电车月台的更多好处,在上下车时没有被碰撞的忧虑,在等车时也可借立等候,在天气不好的时候还可以遮风避雨。⑥

　　上海市民不仅就电车运行中的各种问题展开讨论,更在电车线路的开辟与建设中积极维护自身权益,展现出强烈的公共参与意识。如 1921 年 12 月,华电公司拟于上海南车站前后门周围一圈改筑电车双轨道,却因为涉及业户

---

① 嵩生:《救济电车拥挤之一法》,《申报》1923 年 7 月 14 日,第 21 版。
② 阿絮:《十路公共汽车之开驶》,《申报》1924 年 12 月 6 日,第 19 版。
③ 心斋:《汽车夫与电车客》,《申报》1922 年 7 月 29 日,第 25 版。
④ 豪:《南市电车亟宜装置铁栅门》,《申报》1924 年 3 月 15 日,第 21 版。
⑤ 丁祖泽:《上海车辆交通之一问题》,《申报》1926 年 3 月 20 日,第 22 版。
⑥ 《电车应改良之我见》,《申报》1923 年 5 月 5 日,第 23 版。

主权被阻挠。① 于是华电公司拟重行改筑,但当地商人以"车站间之电车路线一经拆改绕道行驶之后,于车站上运输各货多所不便"为由抵制,使得改筑不了了之。② 20世纪初上海市民对电车线路的抗争在某种程度上构成了20世纪末上海"邻避运动"的先驱,展现出当时上海市民强烈的维权意识。

有轨电车和大众媒体相辅相成,推动了市民阶层的产生与成熟。从电车车票价格到电车服务,从如何减少拥挤到如何增加安全性,再到电车线路的设置与建设,上海市民积极参与有关有轨电车的各种讨论,凸显着强烈的自主性和公共参与意愿。有轨电车将自身转化为城市公共服务提供者的同时,也转化了自身与城市、市民之间的既有关系。借助大众媒介的公共讨论,有轨电车的媒介性得以在城市中不断拓展,而上海的流通文明也借助城市公共意识的培育得以进一步生长。

五、结语 有轨电车:塑造城市"流通文明"的媒介

在上海"一市三治"的背景下,西方人不仅试图征服,也试图输出文明,而有轨电车作为一种西方现代性事物被引入上海。在上海"一市三治"的背景下,经历了西方文化与中国传统、资产阶级与平民等的不断拉锯与协商,有轨电车从隔绝、混杂到融合,将自由移动的权利置于行政区隔之上,催发了鼓励自由流动的流通观念。有轨电车在上海带来了"与陌生人共处"的移动体验,汇聚了人流和信息流,塑造着基于流动的新型交往形态与交往准则。有轨电车还引发了影响甚大的公共讨论与维权运动,推动着与流通相关的公共性在城市中延展。

在20世纪初的上海,有轨电车是街道上的景观,是大众媒体热议的焦点,是新型交往关系形成的空间,也是上海市民意识不断生成的助推器。然而,伴随新交通技术崛起并普及,曾经深深嵌入上海日常生活的有轨电车逐渐被视为陈旧和落后的象征,后被逐渐拆除。

---

① 《华商电车添筑双轨之被阻》,《申报》1921年12月16日,第14版。
② 《华商电车改设路线之决定》,《申报》1921年12月30日,第10版。

彼得斯看来,基础设施在某种意义上是后勤型的,他将具有基础设施作用的媒介视为后勤型媒介。记录型媒介压缩时间,传输型媒介压缩空间,它们都具有杠杆作用。而后勤型媒介在它们的基础上更进一步,具有组织和校对方向的功能,既能协调关系,又能发号施令。[①] 有轨电车在"第一次全球化"时期的上海扮演了后勤型媒介的角色,不仅带来城市移动效率上的提升,更在普及和日常化的过程中成为社会关系和意义的转译和联结之地。有轨电车的发展重组了 20 世纪初上海的华洋关系,带来了以"集体移动"和"与他人共处"为特征的新型城市体验,构筑出新型的社会交往与公共生活。有轨电车在实体空间中把报纸、广告等大众媒介转化成自身的内容,在虚拟空间中又成为报纸等媒介的内容,它们相辅相成,在上海建构出令人叹为观止的"流通文明"。这种文明既是技术上的,也是社会经验和文化观念上的。它并非总是意味着幸福与美好,压制与异化也不可避免。但无论如何,这种流通文明深刻改变了城市面貌——即使有轨电车退隐多年之后,这种"流通文明"依旧在上海发挥着持续性的影响。

(张昱辰,同济大学艺术与传媒学院副教授)

Trams as Urban Media: Public Transportation and the Construction of Shanghai's "Circulation Civilization" in the Early 20th Century

Zhang Yuchen

Abstract: Shanghai trams in the early 20th century not only brought an increase in efficiency, but also became places for the translation and connection of social relations and meanings in the process of popularization and routinization. The trams fostered the concept of circulation that encouraged free flow, reorganized the Sino-foreign relationship in the city, and brought new urban experience characterized by "collective movement" to

---

① [美]约翰·杜海姆·彼得斯著,邓建国译:《奇云:媒介即存有》,复旦大学出版社 2021 年,第 42—43 页。

construct new social interaction and public life. The trams transformed newspapers, magzines and advertisements into their own content in the physical space, and became the content of mass media in the virtual space. Together they constructed unique "circulation civilization" in Shanghai, which was not only technical, but also social and cultural. Trams thus became the infrastructual media on which Shanghai's modernity was able to grow in the early 20th century.

Keywords: One City, Three Governances; First Globalization; Visual Publicness; Infrastructual Media

作为媒介的交通节点：江汉关的
传播功能与城市记忆

黄骏　赵煌

摘要：目前的传播学领域重视虚拟信息的传递，而忽略实体空间中"媒介"所构建的以近距离体验为主的固定场景。本文从"交通节点"的概念出发，以武汉的江汉关为例，从历史维度探讨该媒介如何发挥其传播功能。在建造初期，它作为城市传播的一个节点，连接着汉口与其他城市的商业往来，并在战乱时期成为市民日常社会生活的场所。江汉关的钟声成为经过汉口往来货船的时间媒介，并在时钟尚未普及的时期，成为汉口民众日常生活的校准器，建构了市民的时间准则。作为标志性建筑物的江汉关大楼，从建成时空间维度上的汉口最高建筑，变成了如今时间维度上的历史性标杆，成为城市表达文明的"舌头"。如今的江汉关作为城市记忆实在物，通过公共建设工程的方式得以纪念。

关键词：交通节点；江汉关；媒介；城市记忆

一、导言

传播与交通有着千丝万缕的联系，早在 1894 年，查尔斯·库利（Charles Cooley）就提出了"传播是观念的交通"的论断。[①] 这一观点同样可以解释城市交通网络的问题。有学者用人体的神经脉络来形容城市中的运输网络。他们以动脉和静脉的概念来说明单行道原则。"城市中的血液流动如果受到堵塞，那么城市就会面临危机，就像是人的身体在动脉阻塞时会中风那样。"[②]不过，美国城市规划家凯文·林奇（Kevin Lynch）认为把城市比作生物体经不起推敲。城市并没有像动物器官那样，有一些被明确划分开的功能部分。他认为，城市自身并不变化与成长，也不修复或繁衍自己，既不是自治实体，也不借助生命循环来运转自己，或者成为被感染的肌体。[③]

林奇曾将城市物质形态内容划分为五种元素，其中包括与城市交通相关的道路与节点。[④] 这里的道路既包含陆路上的机动车道、人行道和高速公路，也包括内河和湖泊等航道以及破除障碍的道路如桥梁和隧道等。因为对掌握航运技术的人们而言，河流不仅不是障碍，而且还能迅速成为具有特殊价值的道路。[⑤] 而节点则是城市中观察者能够由此进入具有战略意义的点，它可以是多条交通道路的连接点，比如公交车站、地铁站或者内河航运码头。它也可以是城市人流的汇聚点，如城市公园或围合广场。

城市交通网络中的道路与节点是一组既相互排斥又相互交织的关系。列斐伏尔（Henri Lefebvre）认为，这些节点作为同位点具有多功能性的特征，是城市交通道路的切割与缝合点。"从小街道而言，缝合要比切割更加重要，而

---

① 黄骏：《传播是观念的交通：查尔斯·库利被忽视的运输理论及其当代启示》，《新闻与传播研究》2021 年第 3 期。

② ［美］理查德·桑内特著，黄煜文译：《肉体与石头：西方文明中的身体与城市》，上海译文出版社 2006 年，第 263 页。

③ ［美］凯文·林奇著，林庆怡、陈朝晖等译：《城市形态》，华夏出版社 2001 年，第 69 页。

④ ［美］凯文·林奇著，方益萍、何晓军译：《城市意象》，华夏出版社 2017 年，第 35 页。

⑤ ［法］吕西安·费弗尔、朗乃尔·巴泰龙著，高福进、任玉雪、候洪颖译：《大地与人类演进：地理学视野下的史学引论》，上海三联书店 2012 年，第 359 页。

对于将都市空间交叉纵横和切割成块的大型通道和交通干线而言,情况则相反。"①厄里(John Urry)则将网络(拓扑)空间划分为三种最基本形态:线性网络、星状网络和全信道网络。② 其中,城市交通网络中的道路可以被看作是第一种的线性网络形态,这种网络中的许多节点主要以线性的方式向外蔓延。而节点则应该被看作是第二种的星状网络形态,这些网络中的许多重要关系通过一个或者多个中心向外扩展。

日本规划师芦原义信曾借用鲁道夫斯基(Bernard Rudolfsky)的话来解释城市交通中街道与节点的关系,"街道不会诞生于什么都没有的地方,同时也不可能同周边环境区隔。街道必然伴随着相应的建筑而存在。街道是母体,是丰沃的土壤,是城市的房间,也是培育的温床。街道的生存能力就像人依靠人性那样,依靠于周围的建筑"③。城市的街道是与周边的建筑物和空间场所相互呼应的,多数情况下单一场景的街道并不能使行人驻足体验、表达与分享,只有当它们到达了城市的"节点"处,城市才能行使其"公共性"的职能。

古典时期的希腊城邦广场就是这样的交通节点,它是集政治、宗教和商业三种职能于一身,每项职能都在特定的建筑物里实现:神殿、不同的宗教信仰的祭祀场所、议事厅、召开公民大会的地方和法庭,这些建筑一般都沿着广场边缘一字排开。④ 这可以反映出库蕾(Corinne Coulet)所提出的"古希腊的交流",即话语、文字、人的交换与流通,从一地到另一地,或在同一地内部,如广场那样的公共场所。⑤ 如今,街道广场是城市设计中最重要的元素。因为它能够为城市中的公共和商业建筑设计提供良好的环境。广场既是建筑物所包围的区域,又是旨在最大程度地展示其建筑物的区域。⑥

飞机、火车、公共汽车和地铁等现代公共交通工具的兴起使城市变成了多节点的网络,以往希腊城邦单一的汇集场所呈现出更多元化的表现形态。交

---

① ［法］亨利·列斐伏尔著,刘怀玉等译:《都市革命》,首都师范大学出版社 2018 年,第 147 页。
② ［英］约翰·厄里著,李冠福译:《全球复杂性》,北京师范大学出版社 2009 年,第 63—64 页。
③ ［日］芦原义信著,尹培桐译:《街道的美学》,百花文艺出版社 2006 年,第 31 页。
④ ［法］克琳娜·库蕾著,邓丽丹译:《古希腊的交流》,广西师范大学出版社 2005 年,第 37—38 页。
⑤ ［法］克琳娜·库蕾著,邓丽丹译:《古希腊的交流》,广西师范大学出版社 2005 年,第 2 页。
⑥ Moughtin, C.. *Urban Design：Street and Square*. Architectural Press, London：Routledge, 2003, p.87.

通工具的停靠点往往是人流聚集的地方，每天都有来自五湖四海的人群在大城市的飞机场和火车站川流不息，他们在此处前往别的城市或从别的城市到达。而城市公共交通的节点能暂时性聚集城市内穿梭的市民，它一般是指城市公共交通换乘的集散地点或是公共交通的停靠点。在人流量较大的公共交通节点处，存在各种交通线路交汇的空间格局，从而形成起联系作用的集聚型公共空间和人流疏散的空间。当今现代城市，地铁是市民的生活方式，因此地铁站成为城市管理者、艺术家以及市民共同实践的场所。壁画、雕塑、装置艺术等媒介形式展现在站厅、站台层。当人们走进地铁，不仅是一次出行之旅，更是一次触发心灵与文化的感悟之旅，多种媒介形式结合地铁场景搭建起沉浸文化传播的途径。①

无论是汇聚型的街道广场，还是暂时性栖息的交通站点，都是城市空间中的"节点媒介"发挥实体交往的作用。这一思路也是对虚拟信息传播的重要补充。目前的传播学领域，普遍聚焦的是虚拟空间的传播媒介及其在传递信息时所发挥的功能，而忽略了实体空间中"媒介"所构建的以近距离体验为主的固定场景。"实体空间的特定场景，不仅提供了人们进行公共交往的平台，而且构筑了城市居民的集体记忆和地方感，这种嵌入日常生活场景的实体媒介，对于城市生活有着不可替代的重要意义。"②德布雷（Régis Debray）引入"媒介学"的概念，阐释媒介在具备信息传播功能的同时，还拥有传承集体历史记忆的功能。在媒介学中，媒介首先近似地指在特定技术和社会条件下，象征传递和流通的手段的集合。它们不是"媒体"，但是它们作为散播的场地和关键因素，作为感觉的介质和社交性的模具而进入媒介学的领域。③

本文聚焦的城市交通节点是武汉江汉关，它与上海江海关、广州粤海关、天津津海关一起被称为清末的四大海关，从民国至今它特指汉口沿江大道与江汉路交会处的"节点"，它作为交通网络节点包括江汉关大楼（原武汉海关办公大楼）及其小广场、江汉关公交车站以及江汉关轮渡码头。它同时具备上文描述的暂时性栖息地与多元交通汇聚地的双重属性。本文借由德布雷的媒介

---

① 严建伟、刘韦伟：《沉浸媒介：地铁站域文化传播的新路径》，《中国编辑》2019 年第 8 期。
② 孙玮：《作为媒介的城市：传播意义再阐释》，《新闻大学》2012 年第 2 期。
③ ［法］雷吉斯·德布雷著，陈卫星、王杨译：《普通媒介学教程》，清华大学出版社 2014 年，第 4 页。

学思想，尝试以江汉关作为个案研究对象，从历史维度出发探讨交通节点如何发挥其传播功能，联结汉口的商业活动和居民的日常生活，传承武汉的城市记忆，从而丰富"节点媒介"的概念外延。

二、作为日常生活聚集地的江汉关

1922年11月4日，英租界的东南角，江汉关大楼的工地前，人声鼎沸，热闹非凡。巧合的是，这一天既是江汉关成立六十周年的纪念日，也是江汉关大楼奠基之日。曾在江汉关主政的时任总税务司安格联（Francis Aglen）主持奠基典礼。经过20个月的紧张施工，江汉关大楼于1924年1月正式落成，上海有报刊在新屋落成前对其进行了报道：

> 汉口江汉关新建筑之公署，系用麻石堆砌，工程坚固异常，并于屋顶安设大钟，矗立江边，规模宏壮。刻工程业已告竣闻监督陈介正饬科筹备迁移，定于阳历年内迁入。即于明岁一月二日，举行落成典礼，开始办公。至海关之税务司职员办公，均在该新署内，实行合署办公。[1]

建成后的江汉关大楼共八层（主楼四层，钟楼四层），总高度46.3米，超越了汉口水塔，成为当时汉口最高的建筑。大楼建好后，江汉关监督署和税务司职员全部移至江汉关大楼合署办公。

自英租界最早在汉口设立以来，俄、法、德、日等国利用不平等条约纷纷设立租界。为了发展租界，各国租界逐渐放宽了对华人的限制。至清末，汉口的租界已呈现出"华洋杂处"的景象。德租界"内设置中国街，由于房租低廉、手续方便，广纳中国人在此居住"，并"形成了'华洋结合'的新型的街市景观"。除了允许居住外，一些租界还准华人在其内部办厂。日租界内有"华商燮昌火柴制造厂，有几千中国民众靠此厂生活"。就连管理较为严格的英租界，此时

---

① 《江汉关新屋落成》，《上海总商会月报》1924年4月，第1版。

也"允许一部分中国人在一定的法律约束下居住"。① 租界内华人的增多,在繁荣了租界的同时,也给租界管理带来了压力。因此,江汉关内的海关职员除了要对经汉口进出口的货物进行检验、估价、征税,还要管理出入境的外侨和中国居民的非贸易性自用邮寄物品。

首先,大楼除了作办公之用外,它还是居住之所。工作和居住是正常人最主要的两种社会行为。所以,提供这两种社会行为的建筑环境对人的影响也是最强烈的。伴随社会形势的发展,江汉关大楼因醒目的位置地标和固定场所,而成为当时人们日常生活和交往的重要物理结构空间。建筑不仅以自身独特的轮廓所造成的视觉冲击而受人们的关注,更重要的是其自身在社会网络中所隐藏的含义。这个社会网络既涉及建筑物的制造,也涉及它的使用,因为社会的不同群体正在使用建筑物。建筑场景往往建构了城市的公共生活,正如"古代雅典城邦构成了城邦日常生活的重要方面,20世纪上半叶的成都茶馆参与了私人和公共关系的建构,而如今的上海地标外滩则渐渐成长为建构与传播上海现代性的媒介"②。江汉关也构建起了近代汉口城市变迁镜像和民众日常生活图景。

其次,江汉关作为公共空间,是开展政治活动的场所。在建造时,大楼具有极强的区位优势,它地处江汉路和沿江大道交会处,突出了江面的地段位置,兼具了看与被看的双重视觉场景,兼顾了长江与江汉路的对景关系,有利于吸引人们在此聚集。因而,江汉关一带就往往成为聚集市民参与政治生活的绝佳场所。1927年1月3日,武汉工人、学生和市民召开大会,庆祝北伐胜利和国民政府迁都武汉,武汉中央军事政治学校政治科30余名学生在靠近江汉关大楼英租界的空地前发表演说。当时汉口《民国日报》记载道:

> 本月一日、二日、三日为武汉各界庆祝国民政府迁鄂和北伐胜利之期,各党部、各人民团体及中共军事政治学习宣传员为使各界深切明了庆祝的意义起见,特别组织了讲演队到各处重要的地段讲演。三日下午三

---

① [日]水野幸吉著,武德庆译:《中国中部事情:汉口》,武汉出版社2014年,第225页。

② 孙玮:《作为媒介的外滩:上海现代性的发生与成长》,《新闻大学》2011年第4期。

时，有宣传员数人在一码头江汉关前面中英交界的空场内讲演，听众颇
多，肩颈相接，宣传队内特别派有专人照拂，秩序井然。[1]

当天的讲演活动，引起了英租界的惶恐，大批英国水兵突然从租界冲出，
用刺刀驱赶正在听讲的群众，造成了十余人受伤，制造了"一三血案"。从 1927
年 1 月 3 日江汉关血案开始，民众开展了历时四十八天宏大的群众革命斗争，
直至 2 月 19 日英方被迫签字交回租界。

宣传员在江汉关前面中英交界的空场内演讲，其意图值得玩味。国民政
府北伐的主要目的就是"打倒列强除军阀"。此时正值国民政府北伐胜利迁鄂
之际，在中英交界的空场内演讲，无疑彰显了活动的意义，强化了各界"深切明
了庆祝的意义"。从结果来看，这种演讲的效果也达到了，由演讲引发了"一三
血案"，经过民众斗争，英方被迫交还了租界。

社会生活的空间体验经由建筑结构与都市领地、社会实践和媒体反馈之
间错综复杂的相互构造过程而崛起。[2] 江汉关大楼及其区域所构建的城市空
间成为市民公共生活的场所。它与剧院、咖啡馆、城市公园等公共空间一样具
备互动性的实质，能够培养作为民主生活核心的城市公众。在抗日战争期间，
它还成为抗战歌咏活动的集散地。1938 年 4 月 7 日，武汉地区组织了以歌咏
为主的万人大合唱和火炬大游行。傍晚，当武昌、汉阳的歌咏团队和游行队伍
到达集中地江汉关大楼前，大会在几盏巨大聚光灯下举行。"首先由冼星海登
上江汉关石台总指挥，各分片按节奏指挥高唱了《义勇军进行曲》《救国军歌》
等抗日歌曲。然后水陆并举，进行火炬游行、水上游行，别开生面。"[3]这次从江
汉关大楼发起的抗日音乐活动将武汉市民紧密联系在一起，有力地鼓舞和坚
定了"团结一致、抗战必胜"的斗志和决心。

再次，江汉关不仅是政治活动的重要场所，它还是民众日常生活的公共空
间。除海关工作以外，江汉关还包揽了诸如海务、气象、邮政、检疫、国际博览

---

① 皮明庥：《武汉革命史迹要览》，湖北人民出版社 1981 年，第 71—72 页。

② ［澳］斯科特·麦奎尔著，邵文实译：《媒体城市：媒体、建筑与都市空间》，江苏教育出版社 2013
年，第 1 页。

③ 戴斯民：《掀起抗战歌咏高潮》，《新文化史料》1994 年第 5 期。

会等业务,其中不少工作涉及交通运输以及居民日常活动,发挥了一定的社会管理职能。江汉关作为一个固定节点,成为串联过汉水陆航道的网络枢纽,它以自身为纽带,将轮船、市民和商品货物有机联系到一起。在管理长江航道方面,江汉关负责长江航道灯塔浮标的设置和保养。当时的报纸记录的一则轮船撞毁沙灯船的新闻,可以体现江汉关维护灯塔的工作:"招商局之长江轮江天号此次由京赴汉,在上游撞坏江汉关所设之灯船。刻由海关向该避索赔,局内因未得详报,无从考核,已令该轮船主从速具报实在情形。"①江汉关登载了撞毁灯船的详细经过,并函电招商局彻查肇事者并进行赔偿。此外,江汉关还负责管理航道内的航船的秩序。甚至在抗日的非常时期,从江汉关大楼发送电告,通知长江航道过往船只禁止鸣笛:

　　顷接汉口江汉关港务长爱普顿电告,略谓际此非常时期,各船只应尽量减少汽笛声响,以免与空袭警报混淆,致生误会,至于在空袭警报传出后,至警报解除之间,各船只除为避免磕撞,不得已而拉放汽笛外,尤应切实避免使用,除将该办法,通告各航商人等,一切遵照外,特电呈报云。②

　　最后,江汉关发挥了传播信息的功能,它通过电报来传递社会信息。就信息发布而言,江汉关扮演的是传播者的角色。但如果从社会功能角度出发,它作为社会媒介起到了提升当局信息传播可信度的作用。例如,抗日战争时期的 1938 年 4 月 12 日,国民政府财政部密电江汉关电台,要求江汉关气象观测部门帮助收集芜湖、镇江、上海、青岛、塘沽、秦皇岛等各关的气象资料,以密电码报告航委会第一测候所备用,及时为中国军队提供了准确的气象资料。③

　　此外,江汉关是汉口第一个气象观测站,具备预报天气的社会功能。江汉关税务司遵照清朝总税务司赫德的指示于 1869 年 11 月就立即开始了气象测候工作。其气象报告内容有中午水位,24 小时的涨落,24 小时的风向风力、气

---

① 《招商局查究江天轮撞毁湖广沙灯船》,《申报》1934 年 7 月 20 日,第 14 版。
② 《江汉关通告船只避用汽笛》,《太安丰保险界》1931 年第 21 期。
③ 江汉关博物馆:《百年江汉关》,湖北人民出版社 2015 年,第 97 页。

压、湿度、降雨、降雨量等。① 1924 年江汉关大楼建成后，气象观测点被迁至大楼内，建有百叶窗、雨量器、风向仪等气象观测设施。1931 年的夏天，武汉地区连续三个月阴雨连绵，降雨量竟达到 879.7 毫米。② 江汉关不断发布实时水标报告，向武汉市民告知长江水位的涨幅情况。8 月 19 日，江汉关水位涨到 28.28 米，创汉口建水文站 70 年以来的最高洪水记录。现在，江汉关大楼临江的石墙上仍然存有三块醒目的铜牌，前两位是 1954 年和 1931 年的最高洪水位，后一块则是 1925 年 8 月 20 日由扬子江技术委员会测定的水准位。它不仅是武汉市区各处高层建筑物的最早记据点，也是武汉海关水尺的校验点。

三、单声道：江汉关的钟声

江汉关的钟塔是大楼内最令人称道的一个部分。钟楼高约 20 米，四面的钟面直径约 4 米。内部结构上下四层贯通。上层是由 7 个不同音阶组成的音响室，中层为大钟时针室，针长约 1.5 米，下层为大钟机件室，底层中央是大钟摆砣室。时针可按时鸣奏乐曲。大钟为美国蔡司脱斯钟表公司制造，大钟运到武汉后，由汉口亨达利钟表行安装。大钟机械运行规范严谨。为了保证时间的准确，有指定人员每星期五到停泊在港口的英国军舰上，查询无线电收到的格林威治标准时间，校正时差。③ 大钟除报时外，每一刻钟还奏鸣一遍英国《威斯敏斯特教堂》的主旋律。它一小时敲打四次，按 15 分钟奏 1 小节 4 个音符，30 分钟奏 2 小节 8 个音符，45 分钟奏 3 小节 12 个音符，60 分钟奏 4 小节 16 个音符的顺序循环播放。

钟声发挥着建构集体时间的作用，在 19 世纪，公共的钟表和私人的钟表都很少见，只有少数精英平常使用手表。④ 例如，清末民初的钟楼是上海火警的重要媒介之一，"钟楼警钟借空气传声，且以点对面的方式面向不确定的城

---

① 甘胜禄：《汉口第一个气象观测站》，《武汉文史资料》1996 年第 3 期。
② 江汉关博物馆：《百年江汉关》，湖北人民出版社 2015 年，第 97 页。
③ 江汉关博物馆：《百年江汉关》，湖北人民出版社 2015 年，第 170 页。
④ ［法］阿兰·科尔班著，王斌译：《大地的钟声：19 世纪法国乡村的音响状况和感官文化》，广西师范大学出版社 2003 年，第 118 页。

市大众广播,声音的开放性与穿透性使城市大众参与到救火行动成为可能"。① 江汉关修钟楼最初的目的并不是方便市民,在钟表尚不普及的年代为民众指示时间,而主要是出于自身海关业务的需要。它能告知海关人员上班和下班,还提示港口的轮船进出港的时刻。当轮船在长江航道行驶时,远来的船员听闻钟声可以缓解长时间航行的乏味。钟有一个功能是为其音响空间内的出行者和出海者指明方向。当沿海区域不在灯塔的范围之内时——而且各处大雾弥漫时——只有钟声来为迷失方向的水手指路。② 江汉关的钟声,就具备了这种作用:"此为江汉关之全景厦屋,巍巍汉口名建筑之一也。其前为怡和码头,后即太古码头。屋顶有大钟一座,鸣时声震全埠,午夜闻之发人深省。"③由于当时大钟四周没有玻璃,大楼周边房屋较少,所以午夜时分钟声可以传到数十里的地方,响彻三镇。

江汉关的钟声是汉口民众日常生活的校准器。它规范了人们的日常行为。城市既是由建筑和生产生活方式构成的空间实体,同样也是存在于人们感知和体验中的"声音"与"形象"。我们大概偏爱这样的时间信号:它不仅给予我们需要的信息,使社会协作成为可能,而且符合自然周期及我们内在的时间感,并与我们感知事物的方式契合。④ 由于当时钟表还属于奢侈品,江汉关的钟声也成为汉口居民日常生活的时间准则。时钟不止告知人们时间,还可以协调人们的活动。正如芒福德(Lewis Mumford)所言,"抽象的时间成了新的显示存在的媒体。它调节有机体本身的功能:何时吃饭,不必等肚子饿,而是让钟表来告诉我们;何时会睡觉,不必等困了,而是由钟表来加以确定"⑤。不同的城市拥有着属于自己的声音,而这些声音不仅见证了城市的历史,还生产着城市本身。

① 金庚星:《媒介的初现:上海火警中的旗灯、钟楼和电话》,《新闻与传播研究》2015 年第 12 期。
② [法]阿兰·科尔班著,王斌译:《大地的钟声:19 世纪法国乡村的音响状况和感官文化》,广西师范大学出版社 2003 年,第 107 页。
③ 《此为江汉关之全景厦屋》,《关声》1928 年第 5 期。
④ [美]凯文·林奇著,赵祖华译:《此地何时:城市与变化的时代》,北京时代华文书局 2016 年,第 71 页。
⑤ [美]刘易斯·芒福德著,陈允明、王克仁、李华山译:《技术与文明》,中国建筑工业出版社 2009 年,第 14 页。

江汉关的钟声是汉口变迁的亲历者,存储着城市变迁的记忆。当 1938 年日寇占领武汉时,江汉关钟楼的时钟被拨快了一个小时,与东京时间一致。中华人民共和国成立前,中国人民解放军解放了武汉三镇,并将江汉关钟楼的歌声停摆断音。而在"文革"期间,江汉关钟楼改奏《东方红》,直到 1987 年才再次恢复为《威斯敏斯特》序曲。20 世纪六七十年代,当时中国青年结婚流行"三转一响"的四大件,其中就包括手表。由于江汉关钟楼时间精准,平日上下班的年轻人听到钟声的第一反应就是校对自己手表的时刻。

钟引发的各种故事,真实的或想象的,象征性地加强了一些地域共同体的凝聚力和归属感。[①] 2000 年 9 月,已进入古稀之年的江汉关大钟因运行时间太长,各部件趋于老化,不得不进行了一次大修。原来的机械机芯被换成石英机芯,并安装了 GPS,自动跟踪格林尼治时间,每 52 秒校正一次。大钟的内部还安装了备用电池,若遇停电等特殊情况,大钟仍然可以运行 24 小时。[②] 钟无时无刻不被看作是集体记忆的载体,人们从城市声音中了解城市的变迁发展,以及掌控城市的节奏脉搏。重新维修后的江汉关塔钟,浑厚悠扬的《威斯敏斯特》乐曲和报点钟声重新回荡在武汉三镇上空。借助电脑控制代替机械操作,原锤依然准时敲击原铜钟。市民通过聆听原始的单声道钟声,感知并体验了真实的历史与现实,将过去的声音场景还原记录了下来。

四、作为地标性建筑的江汉关大楼

江汉关大楼从建成至今,从建筑设计、海拔高度和象征意义等方面都标志着武汉现代化的进程,同时也成为武汉市民对于城市意象的记忆载体。在武汉城市形象片《大城崛起》中,第一个镜头就是江汉关大楼的鸟瞰航拍场景,这足可以见钟楼在武汉城市史中的标志性地位。标志性建筑的兴起可以被解释为对于当代建筑表现力的强调。美国建筑评论家詹克斯(Charles Jencks)给标志性建筑的定义为:"简化至一个令人震撼的形象、一段黄金之地和一场目

① ［法］阿兰·科尔班著,王斌译:《大地的钟声:19 世纪法国乡村的音响状况和感官文化》,广西师范大学出版社 2003 年,第 12 页。
② 江汉关博物馆:《百年江汉关》,湖北人民出版社 2015 年,第 101 页。

不暇接的视觉盛宴。"①从建筑外观来看，江汉关以特有的材质和建筑轮廓塑造了特殊的空间语言。"大楼底层主体建筑为正方形四层楼，正面与侧面有科林斯式柱廊 8 根，每根高约 10 米，直径 1.5 米，柱头由忍冬草的图案组成，宛如一个花篮。门前台阶高筑，自下而上多达 23 级，建筑物的主要部分，如墙壁、顶盘、梁柱均采用湖南麻石砌成，并刻有花纹线条。"②这种空间语言传播了机器工业时代的文明气息，令传统武汉市民产生了对西方先进工艺的认同。江汉关采用的高台式欧式建筑，特别是在经历了 1931 年武汉大洪水后，证明了其建筑的先进，同时也成为武汉近代大楼建筑普遍采用的有效方法。

如今，江汉关大楼的标志性地位源于历史传统，但当时刚建成的它却是以"一览众山小"的高度而闻名。1924 年刚建成的江汉关大楼以 46.3 米的高度超过了汉口水塔的 41.32 米，成为汉口最高的建筑物。人类自古以来就有不断征服高度的愿望，希望能够上达天际，登高远望：埃及金字塔、欧洲中世纪大教堂以及中国古代的庙宇宫殿，都是这种愿望的表达，高度的突破、意义的转换也与建筑材料和技术发展的水平紧密关联。由于四周的建筑物比江汉关低很多，所以远远望去，大楼尤为醒目。江汉关的选址可称神来之笔，它直面江水，立于欸生路与沿江大道之交，利用大楼构成两条尽端式道路，也构成了两条街道与大楼的对景关系。它镇守于老租界区的南端，北观整个租界区及其临近江面，南望江水入江口，甚至可以观察到长江与汉水的细微景观，可谓扼三镇两江航道之咽喉。

夜晚的江汉关充当着灯塔和地标的作用，指引着船员行进的方向。"黑夜里，你那擎起的灯，发出红绿的光亮，仿佛那海上的灯塔，永恒地作为航行的标记。"③江汉关钟楼的顶端有一个瞭望台，它不但是瞭望全城的制高点，也是航船与行人识别方位的标杆。海关人员可以站在瞭望台上用望远镜瞭望上下游进出港口的船只，并挂出旗语指挥船舶进港。白天悬挂红旗表明有船自下游进港，挂绿旗表明是上游来的船只，夜晚则以红绿灯信号代替，以便港口和旅

---

① Jencks,C.. *The Iconic Building*. New York：Rizzoli，2002，p.185.

② 胡莲孙：《让江汉关钟楼奏响中华民族的旋律——江汉关大楼建设始末》，《武汉文史资料》2004 年第 1 期。

③ 程铮：《武汉小唱三章之江汉关》，《诗创造》1948 年第 8 期。

客亲友接船。① 航船行至汉口，远远就能看到江汉关立在岸上的高大身姿，南来北往的船员与游人无不对它流连忘返。为此，它理所当然地成为武汉的标志性建筑，也是人们从水路进入武汉所看到的最为醒目的建筑，是当时汉口的城市天际线。高楼不是某一特殊地方的贡献，而是被视为一种进化中的新设施，它源于由有限的、具有区位价值的土地所构成的独一无二的城市维度。这些结构因其文化意义及其赋予城市的地方感而再次受到推崇。标志性建筑在被结合进景观风景之后，城市"天际线"成了地方的重要标记。②

　　科斯多夫（Spiro Kostof）这样定义城市天际线："天际轮廓线是城市的标志。它们是城市身份的速写，为城市繁荣提供了机遇。外形独特的高大地标逐一从城市中崛起，赞美歌颂着信心、力量和特殊的成就。这些地标聚焦城市的外形，同时突显城市的形象。其本身的呈现是设计的结果。"③江汉关从设计、位置以及形象凸显上，都映射了当时独树一帜的建筑风格和显著地位。1925 年《申报》记载了湖北教育界人士欢迎美国教育家柏克赫斯特女士的盛况，新闻中描述了当时伯克赫斯特女士在江汉关拍照纪念的细节：

　　　　始创道尔顿制之美国柏克赫司特女士，拟二十五日抵鄂，江安轮迟至前日（二十七日）夜一句钟始抵汉，当晚宿该轮上。鄂省道制研究会陈督澄、王郁之诸君业于前数日得高仁山电悉来期，故于昨晨五时许全体三十余人集汉阳门公济码头，乘渡轮至汉口江安轮上欢迎女士及偕来之爱基柏女士、魏斯缔女士、艾女士、克女士、高仁山君等。登陆后即在江汉关摄影以为纪念，旋乘汽车游览汉口西园及各名胜，至十二时许始渡江先到教育厅，后到黄鹤楼教职员联合会、首义公园、抱冰堂等处游览，女士等于游览之时每至一处必详细一切，颇纳欣赏至五时半。④

　　① 皮明庥、吴勇主编：《汉口五百年》，湖北教育出版社 1999 年，第 88 页。
　　② ［美］马克·戈特迪纳、［英］莱斯利·马德著，邵文实译：《城市研究核心概念》，江苏教育出版社 2013 年，第 13 页。
　　③ Kostof, S.. *The City Shaped: Urban Patterns and Meanings Through History*. London: Thames & Hudson Ltd, 1991, p.296.
　　④ 《鄂教育界欢迎柏女士之盛况》，《申报》1925 年 8 月 3 日，第 9 版。

　　改革开放以后,武汉三镇各种高楼拔地而起,从 1986 年修建的晴川饭店 88.6 米,到 1996 年泰合广场的 176 米,到 2001 年世贸大厦的 248 米,再到如今在建的武汉绿地中心。江汉关大楼高度上的优势早已消失,但其历史地位的意义逐渐凸显。芒福德主张,建筑的重要功能就是表达文明。"每一块石头都长着舌头,而且,每个舌头都是会讲故事的。因而,每一幢建筑、楼房屋宇,都保存着当地社区诸多民众生活的记录和精神财富。"①作为城市推广的手段,城市比国家更依赖于标志性的建筑。正是"拜电影、艺术和摄影作品所赐,这些'大型建筑'也总会'出现'在世界的其他角落,并且同样令人倾倒"②。如今,借由明信片、电视剧以及城市形象片等载体,江汉关大楼的图景借助社交媒体传遍全国乃至世界,它因武汉的历史为人们所熟知,武汉也因它的形象增添了更多的记忆标识。

五、余论:城市记忆的实在物

　　如今,江汉关已不再是海关的办公地点,它成为展示武汉近代史陈列与记忆的江汉关博物馆。它的意义在于将民国的记忆从其原先依赖的文化中分离出来。在避免把我们的活动局限于过去所创造的模式中的同时,博物馆给我们提供了一种面对过去的方式,与别的时代和其他模式的生活形成意义隽远的交流。③ 有些历史建筑随着时间的推移,不具备提供人们日常生活的实体媒介属性,转而成为构筑市民城市记忆与地方认同的重要元素。这些回忆之地是一个失去的或被破坏的生活关联崩裂的碎块。因为随着一个地方被放弃或被毁坏,它的历史并没有过去;它仍保存着物质上的残留物,这些残留物会成为故事的元素,并且由此成为一个新的文化记忆的关联点。④ 作为空间媒介的

---

　　① [美]刘易斯·芒福德著,宋俊岭译:《刘易斯·芒福德著作精萃》,中国建筑工业出版社 2010 年,第 43 页。

　　② [美]刘易斯·芒福德著,陈允明、王克仁、李华山译:《技术与文明》,中国建筑工业出版社 2009 年,第 477 页。

　　③ [澳]德波拉·史蒂文森著,李东航译:《城市与城市文化》,北京大学出版社 2015 年,第 2—3 页。

　　④ [德]阿莱达·阿斯曼著,潘璐译:《回忆空间:文化记忆的形式和变迁》,北京大学出版社 2016 年,第 357 页。

建筑实现了储存时间的记忆，它成为本地市民回望城市历史的中介与载体，也是游人了解这座城市的渠道和契机。芒福德将这种媒介称为储存设施，它把各种复杂的文化一代又一代地流传下去，因为城市不但集中了传递和扩大这一遗产所需的物质手段，而且也集中了所需的行为者——人。"与城市复杂的人类秩序相比，我们现今储存和传输信息的精致电子机器是粗糙、有限的。"①

　　作为城市记忆实在物的江汉关，通过公共建设工程的方式得以纪念。它不仅作为媒介令老一辈人回忆其宽广而深厚的阅历，还能作为历史器皿留存城市的史脉与传衍，这就建构了武汉这座城市独有的身份与特性。对于历史建筑的保护，五十岚太郎(Ishi Taro)曾谈到建筑物的起点与终止。建筑在建造完成后，经过一段时间，用途会发生变化，会有不方便使用和某些不适应的地方，需要加以改造。经过较长时间的改造，"在哪个时间节点上是建筑的原貌"就不得而知了。② 无论是游人还是本地市民，当他置身于过去的建筑与设施时，举止与行为仿佛会向过去靠拢，然后被纳入它们所建构的仪式性场景中。

　　本文从"节点媒介"的概念出发，以民国修建的江汉关为个案，探讨了它从建成至今所发挥的传播功能以及建构本地市民的城市记忆。它最初是作为汉口海关的办公地点而存在，随着外国资本主义深入以及本地商业贸易的发展，江汉关大楼在管理长江航道、港口码头以及气象观测等方面发挥了重要的作用。它作为城市传播的一个节点，连接着汉口与其他城市的商业往来，并在特殊时期成为市民日常社会生活的场所，影响了社会观念，建立了社会联系。此外，江汉关大楼的钟声成为途经汉口往来货船的时间媒介，并在时钟尚未普及的时期，建构了市民的时间准则和地方认同。作为标志性建筑物的江汉关大楼，从建成时空间维度上的汉口最高建筑，变成了如今时间维度上的历史性标杆，成为城市表达文明的"舌头"。

　　（黄骏，中南民族大学文学与新闻传播学院副教授；赵煌，武汉市社会科学院文化与历史研究所助理研究员）

---

① ［美］刘易斯·芒福德著，宋俊岭、倪文彦译，《城市发展史：起源、演变和前景》，中国建筑工业出版社 2005 年，第 580 页。

② ［日］五十岚太郎著，刘峰、刘金晓译：《关于现代建筑的 16 章》，江苏人民出版社 2012 年，第 140 页。

A Transport Node as a Medium: The Dissemination Function and the Urban Memory of Jianghanguan

Huang Jun　Zhao Huang

Abstract: The current field of communication focuses on the transmission of virtual information, ignoring the fixed scene built by the "medium" in the physical space, which is dominated by the near-distance experience. With the concept of "transport node", we are taking the construction of Jianghanguan building in the Republic of China as an example. This paper discusses how the building can play its communication role from the historical dimension. At the beginning of construction, it connected Hankou city with other cities as a node of the city communication. In the special period, Jianghanguan building became the place of citizen's daily social life. The bells of the Jianghanguan became the medium of time for the cargo ships passing through Hankou. It became the calibrator for the daily life of the Hankou people during the period when the clock was not yet popular, and constructed the time rule of the citizens. As the landmark building, Jianghanguan building has become a historical symbol in the time dimension and the "tongue" of urban civilization. Today, Jianghanguan is commemorated as a tangible object of urban memory by means of public construction projects.

Keywords: Transport Node; Jianghanguan; Medium; Urban Memory

移动网络环境下快递员的都市空间实践研究

——以上海为考察中心①

李美慧

摘要：移动网络环境下，新媒介技术与新社会实践互为因果，相伴发展。都市快递员是这一大环境催生出的一个新的社会群体，他们借助手机、扫码机、电动车、GPS 等移动设备和技术，频繁穿梭于城市的"地理网络"和"信息网络"之间，具有高可见性和高移动性的特点。这一群体数量之庞大，卷入人们日常生活程度之高吸引了学界的关注，现有的快递员研究大多在移民和数字劳工的视角下，从人口学、人类学、管理学、传播学等路径出发，探究这一群体的劳动过程、技术使用、社会资本的扩展以及社会融入等问题。本文试图跳出这一框架，在现象学和后现代"空间实践"的视角下，以快递物流业最为发达的城市——上海为考察中心，以参与式观察和深度访谈的方法，探讨移动网络环境中都市快递员的移动性、可见性以及他们日常空间实践中的矛盾、冲突、协

① 本文系广州市哲学社科规划 2022 年度课题"广州建设市域社会治理现代化示范城市研究：以'可沟通城市'视角下快递员、外卖员的社会治理为中心"（项目号：2022GZQN40）的阶段性研究成果。

商与妥协等问题。本文认为，快递员以移动技术为基础，以都市穿梭为形式的日常实践，不仅仅实现了社会网络中货物的传输，更是在此过程中，深度参与了中国都市的空间生产，重新形塑了当代都市空间景观。

关键词：快递员；移动；空间实践；都市景观

快递、物流产业是信息社会现代经济的重要核心内容之一，是"国家经济发展活力的晴雨表"①。据国家邮政局 2017 年初发布的《快递业发展"十三五"规划》显示，目前全国范围内快递服务网点已达 18.3 万个，网点在县级地区的覆盖率超过 95％，在乡镇地区的覆盖率也已经达到 70％；从交通工具看，快递专用飞机已达 71 架，铁路运输方面甚至开通了快递专列，大型快递车辆 19 万辆；从新技术的使用看，手持便携服务终端已经接近 80 万台。② 截至 2015 年，快递行业每天平均服务人数超过 1.1 亿人次，人年均快递数量为 15 件。③ 2021 年 12 月发布的《"十四五"邮政业发展规划》提出的发展目标是，截至 2025 年，日均服务超过 9 亿人次，年业务量超过 200 亿件，国内生产总值占比达到 1.3％。④

蓬勃发展的快递物流行业催生了一个新兴的都市社群——"快递小哥"。如果说，流动人口是"中国经济改革及其与世界资本主义接轨的副产品"⑤，那么"快递小哥"就是这一进程所产生副产品中规模最大，也最为特殊的一个群体，同时他们也是推动中国经济持续发展的一股重要的新生力量。

阿里研究院在《全国社会化电商物流从业人员研究报告》中对快递员给出的定义是："物流企业中使用快递专用工具、设备和应用软件系统，从事快件揽

---

① 金姬：《谁才是快递一哥》，《新民周刊》2017 年第 9 期，第 16—17 页。
② 中华人民共和国国家邮政局：《快递业发展"十三五"规划》，http://www.spb.gov.cn/zc/ghjbz_1/201702/t20170213_991162.html
③ 中华人民共和国国家邮政局：《快递业发展"十三五"规划》，http://www.spb.gov.cn/zc/ghjbz_1/201702/t20170213_991162.html
④ 中华人民共和国中央人民政府：《"十四五"邮政业发展规划》，http://www.gov.cn/xinwen/2021－12/29/content_5665087.htm
⑤ 张鹏：《城市里的陌生人：中国流动人口的空间、权力与社会网络的重构》，江苏人民出版社 2014 年，第 1 页。

收、转运、投送等工作的一线工作人员。"①从该定义看,"快递员"这一职业群体首先与现代配送专用设备和信息技术手段捆绑。对于这些技术、手段、工具的掌握,是开展工作的必要条件,也是专业技能之一;另外,这一群体是整个快递、物流产业的一线工作人员,是快递包裹全球传播流动网络中的最后一个节点。

现有对于这一群体的研究主要有以下路径:一是在人口学的视角下,探讨这一群体"城市—乡村"之间的流动及其所产生的诸如社会融入等问题②;二是采用经典人类学的研究方法,就这一群体的劳动、生存状态做参与式的观察,揭示其中存在的社会问题③;三是从主流传播学路径出发探讨媒介对于移民群体的呈现与建构,是从媒介内容或者媒介使用出发考量移民的社会问题④。

本文以 2015 年 12 月至 2016 年 8 月间对上海快递员的参与式观察和深度访谈为样本,从德·塞托等现象学和后现代学者"空间实践"⑤的视角出发,探讨移动网络环境中快递员的移动性、可见性以及他们日常都市空间实践中的矛盾、冲突、协商与妥协等问题,尝试揭示这一群体对都市空间的生产和形塑。

研究对象选取上海杨浦区的五角场街道、新江湾城街道、四平路街道三个街道中的韵达、申通、天天、圆通、顺丰等五个站点中的快递员为主要访谈和观察对象,访谈内容包括:1)快递员的个人信息和经历(包括年龄、受教育程度和职业选择依据等);2)在沪的日常生活与交往情况(包括社会交往的主要人群、日常生活的主要活动等);3)快件的收发过程以及报酬情况(包括收发快件的时间、方式、路径以及工作中因设备等问题带来的困难等);4)快递员对社区、

---

①　阿里研究院:《全国社会化电商物流从业人员研究报告》,http://www.aliresearch.com/blog/article/detail/id/20922.html

②　陈晓玲:《城市快递员的融入困境与治理对策研究——基于杭州的样本》,《北京城市学院学报》2021 年第 1 期,第 11—17 页。

③　张杨波:《熟悉的陌生人:快递员的日常工作和劳动过程》,社会科学文献出版社 2020 年。

④　单丽、石瑾:《电视媒介与城市新移民子女融入社会的关系研究》,《当代电视》2015 年第 5 期。韦路:《城市新移民社交媒体使用与主观幸福感研究》,《国际新闻界》2015 年第 1 期。

⑤　[法]米歇尔·德·塞托、[法]吕斯·贾尔、[法]皮埃尔·梅约尔著,方琳琳、黄春柳译:《日常生活实践:实践的艺术》,南京大学出版社 2015 年。[澳]德波拉·史蒂文森著,李东航译:《城市与城市文化》,北京大学出版社 2015 年,第 84—86 页。

城市的融入情况及融入意愿（包括对社区、城市的了解程度，主观评价等）。为进一步把握他们的工作方式，本研究还对两名分别使用大型货车和小型电动车派送货物的快递员的日常工作进行了多次参与式观察，跟随他们一起派送快件包裹。另外，快递员的访谈主要通过面对面和微信访谈交互的形式完成。力求对他们的工作状态和日常交往有一个较为清晰、准确的把握。

一、"快递小哥"：新兴的都市社群

快递产业"重人力"[①]，于是催生了"快递员"这一特殊的移民群体。国家邮政局发布的相关数据显示目前中国五大民营快递公司的网点数量为一万到两万五千家，加上其他各类快递企业，累计服务网点已经达到18.3万个。[②] 本研究调查发现，这些网点由于其所在社区的规模、人口数量的不同，网点的人员配置也有很大的差别。规模最小的网点快递员人数3至6人，而规模较大的网点人数则可达到100人。由于绝大部分快递企业实行加盟而非直营制，快递人员的从业人数很难准确统计。据阿里研究院发布的《全国社会化电商物流从业人员研究报告》显示，目前全国物流、快递行业从业人员总数将近203.3万人，该报告将从业人员分为三类：第一，一线基层人员。包括快递员、网点工作人员等，共计163.6万人。第二，二线服务人员。包括客服、司机等，共计33.8万人。第三，公司高层管理人员，共计5.9万人。[③] 但本研究调研发现，在具体的工作中，很难将前两类人员区别开来。在申通、圆通、韵达、天天等加盟制快递公司中，绝大部分的快递员负责货物分拣工作的同时也担任货车的司机。调查中发现在这类公司中，快递员一天的工作内容大致可以分为三部分：早上九点之前，在所属网点负责货物包裹的分拣工作，九点之后负责货物的派送和揽收工作，待派送和揽收工作结束之后，再次回到网点，进行发出货物的分拣

---

① 陈洋：《中国快递是靠人口红利和碎片化商业生态构筑的金字塔》，《南方人物周刊》2017年第7期，第33—35页。

② 中华人民共和国国家邮政局：《快递业发展"十三五"规划》，http://www.spb.gov.cn/zc/ghjbz_1/201702/t20170213_991162.html

③ 阿里研究院：《全国社会化电商物流从业人员研究报告》，http://www.aliresearch.com/blog/article/detail/id/20922.html

工作。据此，目前快递行业一线派送人员即"快递小哥"的人数将接近200万。而根据国家邮政局发布的《快递业发展"十三五"规划》显示，2015年至2020年，快递行业累计新增就业岗位将达到100%。[①] 也就是说，"快递小哥"的人数将成倍增加。其中还不包括规模不断扩大的"外卖小哥"群体。

表1　五大民营快递公司网点数量统计[②]

公司名称	网点数量
中通快递	23000＋家
圆通快递	24000＋家
申通快递	10000＋家
韵达快递	24000＋家
顺丰速运	12068家

社会学对于"社群"的定义有三个标准：第一是地理上的接近性；第二是"价值观""实践活动"和"存世方式"上的相似性；第三是利益上的一致性，与传统农业社会的亲密关系相对，都市社群指向的是现代工业社会及其之后的社会形态。[③] 从上述三个标准看，"快递小哥"无疑是一个新兴的都市社群。首先，他们在城市中以零散聚居的方式居住在公司提供的宿舍或所服务社区的周边，平日活动范围也大多是快递包裹的派送范围，他们以工作为中心过着一种松散的集体生活。其次，据《全国社会化电商物流从业人员研究报告》统计，从人口结构看，快递员平均年龄在20至30岁之间，学历以高中、中专及技校为主[④]，"本地户籍从业人员比例极低"，有统计显示，百分之八十五至百分之九十八的快递员是外来进城务工人员[⑤]，这些数据在本研究中也被进一步验证。

① 中华人民共和国国家邮政局：《快递业发展"十三五"规划》，http://www.spb.gov.cn/zc/ghjbz_1/201702/t20170213_991162.html

② 表格根据金姬《谁才是快递一哥》，《新民周刊》2017年第9期，第16—17页相关内容整理。

③ ［英］艾伦·莱瑟姆、［英］德里克·麦考马克、［澳］金·麦克纳马拉、［澳］唐纳德·麦克尼尔著，邵文实译：《城市地理学核心概念》，江苏教育出版社2013年，第132—135页。

④ 阿里研究院：《全国社会化电商物流从业人员研究报告》，http://www.aliresearch.com/blog/article/detail/id/20922.html

⑤ 张静：《快递江湖大起底，谁主沉浮？》，《新民周刊》2017年第9期，第8—15页。

进城务工是他们共同的存世方式。再次，从工作时长和收入来看，他们平均每天工作 8 到 10 个小时，平均收入为 4000 到 8000 元，绝大部分快递员的月收入为 5000 左右（甚至 5000 的月收入内还包括房租。天天、申通等公司的部分站点则为快递员提供集体宿舍）。他们在城市的利益取向是类似的，即在一种相对自由松散的工作氛围中赚到所需要的报酬。本研究中很大一部分快递员表示他们选择快递工作的一个重要原因就是：虽然需要在户外奔波，但是相比坐办公室来说，工作氛围还是相对自由的，另外收入也较为稳定。这是一份帮助他们在"地理网络"[①]上从乡村迁移到城市，暂时在城市落脚的职业。另外，这一职业与电子商务和新兴技术捆绑，使得想要从事这一职业的人首先需要在硬件设备与媒介技能上快速跟进，进而迅速融入城市的"信息网络"[②]之中。

二、快递员的都市空间体验：阻碍与隔离

无论是媒介地理学还是城市地理学，都对"地方""移动性"等议题有着浓厚的兴趣。早有学者指出，社会空间的规划与设置是社会个体之间复杂关系的反映。[③] 下文所描述的快递员的都市空间体验，正反映了这种空间学者所指出的复杂关系。一方面快递员在日常工作中拥有较高的移动性和可见性，成为都市中"熟悉的陌生人"[④]，但另一方面，在很多的都市空间之中，快递员的移动和沟通又遭遇了阻碍和隔离。

（一）"快递小哥"的都市"移动性"和"可见性"

2005 年，国务院颁发了《国务院关于印发邮政体制改革方案的通知》，明确

---

① 谢静、潘霁、孙玮：《可沟通城市评价体系》，《新闻与传播研究》2015 年第 7 期，第 25—34 页、第 126 页。

② 谢静、潘霁、孙玮：《可沟通城市评价体系》，《新闻与传播研究》2015 年第 7 期，第 25—34 页、第 126 页。

③ ［英］德雷克·格利高里、［英］约翰·厄里编，谢礼圣、吕增奎等译：《社会关系与空间结构》，北京师范大学出版社 2011 年，第 24 页。

④ 张杨波：《熟悉的陌生人：快递员的日常工作和劳动过程》，社会科学文献出版社 2020 年。

了邮政体系"政企分开""政府依法监管,企业自主经营"的改革方向①,给民营快递的发展开拓了更为广阔的空间。

2009 年,邮政业的行业法《邮政法》实施修订,修订后的《邮政法》规定了申请快递业务经营许可的资本要求、业务能力、操作规范、监管办法、从业人员培训等等细则。② 可以说,这部法律为民营快递业务赋予了正式的合法身份。③ 另外,在这一年出现的"双十一"网购节,以及随后出现的"双十二"等网络购物节,则进一步激发了快递行业对于网点、人员、服务的改进,也推动了快递市场的发展。

2015 年国务院发布了《国务院关于促进快递业发展的若干意见》的指示,确定了"以解决制约快递业发展的突出问题为导向,以'互联网+'快递为发展方向,培育壮大市场主体,融入并衔接综合交通体系,拓展服务网络惠及范围"的总体要求。④ 2017 年 2 月,国家邮政局发布了《快递业发展"十三五"规划》,这一文件明确了快递产业是"现代服务业重要组成部分",是"促进消费升级的现代化先导性产业"的定位,并提出与当下 ICTs(信息通信技术)技术不断发展的现实情况相结合,通过"互联网+""云计算""大数据"等信息技术手段,推进产品、产业的增值与创新,从"产业能力""科技创新""服务品质"等方面提出了快递产业的发展目标,力图"形成覆盖全国、联通国际的服务网络"。⑤

从业务量和收益看,截至 2016 年,全国快递业务量已达 300 亿件,行业总

---

① 中华人民共和国国家邮政局:《筚路蓝缕千军进 开疆拓土今胜昔——写在我国邮政体制改革实施十周年之际》,网址:http://www.spb.gov.cn/ztgz/gjyzjzt/yztzgg/201609/t20160910_847167.html

② 中华人民共和国国家邮政局:《中华人民共和国邮政法(全文)(2009 年 4 月 24 日)》,http://www.spb.gov.cn/xw/jtbyzzwzk/yzzwzkyzfxdzb/200904/t20090428_177699.html

③ 中华人民共和国国家邮政局:《筚路蓝缕千军进 开疆拓土今胜昔——写在我国邮政体制改革实施十周年之际》,http://www.spb.gov.cn/ztgz/gjyzjzt/yztzgg/201609/t20160910_847167.html

④ 中华人民共和国国家邮政局:《国务院关于促进快递业发展的若干意见(国发[2015]61 号)》,http://www.spb.gov.cn/xw/dtxx_15079/201510/t20151026_667061.html

⑤ 中华人民共和国国家邮政局:《快递业发展"十三五"规划》,http://www.spb.gov.cn/zc/ghjbz_1/201702/t20170213_991162.html

收入已达到全民 GDP 的 0.7%。[①] 快递业目前是我国发展最为迅速的产业之一[②]，而我国也已经成为世界上最大的快递业市场[③]。

表 2　国内快递公司类型汇总表[④]

企业类型	代表公司
外资快递公司	UPS、Fedex、DHL 等
国内直营快递公司	EMS、顺丰速运、宅急送等
国内加盟快递公司	申通、圆通、汇通、韵达、天天等
同城短距离配送的地方公司	万邦快递（上海）、人人快递平台等
电商平台自建物流队伍	京东商城、1 号店、MCAKE、盒马鲜生等
快运公司	德邦快运、天地华宇等

快递业的迅猛发展，使得快递员成为城市中一个具有高度可见性和移动性的群体。各种各样的"移动性"是社会运作的基本构成。[⑤] 文化地理学者认为"移动性"是和"权力""空间"等概念相似的一个社会基本概念，"人如何移动，及其移动性的各种特质，都被视为社会包容与排除过程中的关键要素"[⑥]。

由于电子商务发展的需要，快递员必须拥有快速定位和高速移动的能力才能够在城市中立足。他们需要结合不同时间、不同路段的交通状况，在大脑中快速形成到达这一地点最便利的方式，这就非常考验他们对空间的熟悉程度和计算能力。当然这一能力也的确被快递员们引以为傲地认为是他们的职业素养之一，需要长期的经验积累和训练。另外，好的交通工具也为他们提升移动能力提供有利的帮助。移动能力是快递公司的重要考核标准，派送一件

① 中华人民共和国国家邮政局：《筚路蓝缕镌千军进　开疆拓土今胜昔——写在我国邮政体制改革实施十周年之际》，http://www.spb.gov.cn/ztgz/gjyzjzt/yztzgg/201609/t20160910_847167.html

② 张静：《快递江湖大起底，谁主沉浮？》，《新民周刊》2017 年第 9 期，第 8—15 页。

③ 中国物流产业网：《中国成为全球最大快递市场　互联网＋成快递业新机遇》，http://www.xd56b.com/zhuzhan/wlzx/20150408/26836.html

④ 表格根据王燕青《中国快递的资本时代》，《南方人物周刊》2017 年第 7 期，第 28—32 页相关内容整理。部分内容为作者添加补充。

⑤ ［英］彼得·艾迪著，徐苔玲，王志弘译：《移动》，群学出版有限公司 2013 年，第 13 页。

⑥ ［英］彼得·艾迪著，徐苔玲，王志弘译：《移动》，群学出版有限公司 2013 年，第 17 页、第 121 页。

包裹的收入是两元,而若未能在规定的时间内将包裹送完,则逾期的包裹全部以八毛钱计。[①]一个拥有较高移动能力的快递员相比一个移动能力一般的快递员,月收入的差距有两千到三千之多。

即便拥有较高的移动能力,在日常的都市穿梭中,他们的"移动性"也时常遭受阻断。就上海的道路、交通设置和管理来看,这一障碍和阻断主要表现在以下方面:

首先是大量道路并未给非机动车预留出行驶空间,即未设置专门的非机动车道,也未明确指出哪些路段的机动车道可供非机动车借行。快递员的交通工具主要是电动车,属于非机动车辆,如果日常工作通行的道路未设置非机动车道,并且明确禁止非机动车辆行驶,其日常工作将遭遇不小的麻烦。继续行驶将被视为违规并受到处罚。以杨浦区邯郸路为例,访谈中,负责这一街区的快递员均表示遭遇过不同程度的移动困难。

> 邯郸路那么长,好多单位的大门都开在邯郸路上,但是这条路却没有非机动车道,如果被抓到,就要罚款,20到50块,被罚也没有办法……或者远远看到了,就下来推车子走。但如果天天碰到警察,快递就没法送了。[②]

其次是合适的交通工具的缺失。快递员日常工作的交通工具是一个被他们称为"载货王"的电动车。这种电动车在后座前方以及车头下方预留出大块空间供他们堆放货物。快递员的送货量通常以半天为单位,也就是说,从快递站点出发,他们需要用电动车承载半天内需要派送的货物,这通常有五十到一百件。暂不论货物的体积。而这样的装载量在目前我国城市的公共道路交通管理法规中,都是超载的,而且是极度危险的。

从安全性的角度来看,目前公认的最好的解决方式是更换一种交通工具,用电动三轮车替代两轮的电动车,而三轮车后面的位置自然成为快递员堆放

---

① 这一价格数据来自 2016 年对上海多家快递公司快递员的访谈。
② 2016 年 5 月天天王师傅访谈。

货物的空间，若将这一空间用铁箱封闭起来，更可以在雨天保护货物不被雨水淋湿。但是目前，大部分城市的道路上都是不允许电动三轮车行驶的。这使得快递员在日常移动中处于一种两难的境地。

（二）缺失交流的"邻里"

社区对移民来说是"构筑相当恒久的生活方式"的城市区域，"都市居民对他们居住的地域或者社区，会发展出强烈的地方感与依附"①。

快递员大多居住在其所服务社区的周边，住公司的集体宿舍或者自己租房。对于居住在公司集体宿舍中的快递员来说，他们是没有所谓的社区生活的。每天的工作和居住都围绕公司站点展开，同事都是外地来沪工作的人员，除了派送包裹的过程中和本地人打交道之外，在居住环境中基本没有机会和本地人打交道。这样的居住状态不利于他们与当地人建立联系，学习当地文化和生活习惯，加强本地情感联系。访谈发现，快递员社交网络大多仍旧局限于同业关系和家庭血缘关系之中，即便如此，由于工作量较大，工作时长较长，与同事和家人的日常交流也极为有限。

> 大部分人都住在公司宿舍，有的人老婆也在上海，就住在外面。每天回宿舍基本上洗洗澡就睡了，第二天还得早起，要么就和同事聊聊天。②

即便是自己租房的快递员（其中包括收入水平较高，租住在中档小区中的人员），由于工作时间的限制，每天早上七点就得外出工作，大部分时间深夜才能回到家中，全年无休，也很少能够参与社区中的各种活动，对社区中的其他居民也知之甚少。基本上，小区对他们来说就是一个睡觉的地方。

近年来，上海市政府、上海市规划和国土资源管理局等部门针对市内社区治理工作连续发布了《上海市城市更新实施办法》③等文件，文件指出社区的公

---

① ［英］约翰·艾伦、［英］朵琳·玛西、［英］迈可·普瑞克主编，王志弘译：《骚动的城市：移动/定著》，群学出版有限公司 2009 年，第 114 页。

② 2016 年 5 月申通雷师傅访谈。

③ 上海市人民政府：《市政府关于印发〈上海市城市更新实施办法〉的通知》，http://www.shanghai.gov.cn/nw2/nw2314/nw2319/nw11494/nw12331/nw12343/nw33214/u26aw42750.html

共空间的改造、社区居民交往的激活等内容是未来工作的重点。规划强调各年龄层、各社会阶层的居民应加强交往,从而增强社区的归属感和认同感。同时,在城市发展与人口流动的大背景下,上海社区流动人口的持续增长以及人口异质性的不断增强是目前上海社区的主要特点。[①]

综上所述,虽然上海也正在努力加强社区异质居民的交往和治理,但是让流动人口群体真正参与到社区的日常沟通和交往之中也确实存在一定的难度。本研究发现社区中的快递员对于社区公共空间的安排以及公共活动的组织表现出不关心的态度。他们无法也并不愿意参与到社区的公共活动之中。

三、"快递小哥"的都市空间形塑

文化地理学家段义孚在谈到空间和地方的时候指出"空间技能"是日常生活中在地方上的一种能力,"以对地方的自由度,移动范围和移动速度来衡量"[②]。技术和知识在人类的"空间技能"上扮演了重要的角色,当人们试图通过"空间技能"来为所处的空间划定范围,通过自己的生活实践重新组织和改造地理空间的意义的时候,原本无意义的空间就成为蕴含意义与情感的"地方","空间转换成地方,地方获得定义与意义"[③]。

(一)制造地方与节点

阿格纽(John Agnew)认为地方有三个要素:"区位""场所"和"地方感"。[④] 所谓"区位",就是地理位置;而"场所"指的是地理位置上的物质环境与社会关系,比如地理空间上的道路、建筑等;"地方感"则是"人类对于地方有主观和情感上的依附"[⑤],即段义孚所说"地方是爱的记忆的所在","地方是永久

---

①　根据戴春《社会融入上海国际化社区建构》,中国电力出版社 2007 年,第 49—50 页的相关论述归纳。

②　[美]段义孚著,潘桂成译:《经验透视中的空间和地方》,"国立编译馆"1999 年,第 63—70 页。

③　[美]段义孚著,潘桂成译:《经验透视中的空间和地方》,"国立编译馆"1999 年,第 63—77 页、第 129 页。

④　Tim Cresswell 著,徐苔玲、王志弘译:《地方:记忆、想像与认同》,群学出版有限公司 2006 年,第 14—15 页。

⑤　Tim Cresswell 著,徐苔玲、王志弘译:《地方:记忆、想像与认同》,群学出版有限公司 2006 年,第 14—15 页。

性的,所以使人安心,因为人在其中可以看见自己的弱点,也看到机会和各处的改变"①。因此一个被称为"地方"的空间,一定是有一个地理位置,并且有一定的物质环境,人们在其中展开社会生活,建立社会关系并对此产生精神和情感上的认同。

美国社会学家威廉·H.怀特在其《小城市空间的社会生活》中,对于城市中的广场生活有这样一段描述:

> 广场生活节奏大体不会因为地方不同有多么大的差别。早上几个小时,广场里的人比较稀疏。卖热狗的把车停在广场的一角,散步的老年人驻足稍事休息,一个做快递的,一个皮鞋擦得锃亮的男人,一些游客,可能有一个怪人,如拿着购物袋翻垃圾箱的女人。②

这段文字写在物流快递业并不那么发达的年代,但有趣的是,广场和快递员似乎有着一种天然的连接关系,快递员是某种公共空间的标志。

访谈发现,快递员工作的派送环节,也缺乏足够的空间支持。他们惯常的做法是将派送的货物逐一排列在某个单位出入口附近的人行道上,抑或是某个开阔空间的角落,如写字楼地下车库出入口附近的空地上。这是当下城市中司空见惯的一幕。

快递员所选择的这些空间算不上是如扬·盖尔所描绘的"各方面宜人的场所"③,但这些空间往往是公共空间中的一种"过渡区"或者"沿建筑立面的地区"④。所谓"过渡区"就是两个空间相互衔接的部分,在过渡区能够同时看到两个空间。⑤ 这些地点本来就容易吸引人们的驻足和停留,而快递员在这些空间中的活动,诸如倚靠在电动车旁等待领取快递的人们,或是弯腰认真帮助他们寻找自己的包裹,或是三五个快递员站在一起攀谈等,加之满地或整齐或凌

---

① [美]段义孚著,潘桂成译:《经验透视中的空间和地方》,"国立编译馆"1999年,第148页。

② [美]威廉·H.怀特著,叶齐茂、倪晓晖译:《小城市空间的社会生活》,上海译文出版社2016年,第13页。

③ [丹麦]扬·盖尔著,何人可译:《交往与空间》,中国建筑工业出版社2002年,第175页。

④ [丹麦]扬·盖尔著,何人可译:《交往与空间》,中国建筑工业出版社2002年,第153页。

⑤ [丹麦]扬·盖尔著,何人可译:《交往与空间》,中国建筑工业出版社2002年,第175页。

乱摆放的大大小小的包裹,营造出了一种"地方感",这一地方往往被描绘成为"取快递的地方"。"取快递的地方"如果空间条件不错,较为开阔,则可能成为一个类似广场的公共空间,它很容易被附近的人们选择为碰面的地点,也很容易在这里碰到熟人、朋友。这一空间在非快递员工作的时间,也很有可能成为某个活动的举办地,但是一旦到了送快递的时间,便会被"归还"到快递员的手中。

总之,快递员将分发货物的空间变为一种广场性质的空间,并使人们乐于进入这一空间,对其产生某种依附感。一方面对生活在周围的人来说,这是日常生活中必不可少的一个地方,另外也是一个特定区域内重要的社会交往节点。

(二)快递员移动力的开拓

2016 年 3 月,针对市内非机动车违规占道、机动车违规驾驶、乱停车、乱变道等道路交通问题,上海全市展开了被称为历史上"最严执法"①的道路交通违法行为大整治。2016 年 3 月开始,本研究中的被访快递员均受到了交警的罚款处罚,甚至与交警产生过一些矛盾。尤其是使用电动车派送货物的快递员,他们的移动能力、速度受到了较大影响,从而导致工作效率降低,影响了收入。有被访者表示:

> 我们也不想违规,但是没有非机动车道我们总不能推着车子走路送货吧,如果有非机动车道,我们肯定不违规。②
>
> 今天被抓了两次,同一个路口,五个警察抓违规,罚了五十块钱,今天白干了。③
>
> 最好是电动三轮车,我们也方便,但是三轮车现在是肯定不让上路的,好像有的地方三轮车是允许的。④

---

① 上海观察:《警民直通车上海.交通大整治周年纪录片播出。加速,上海!》,2017 年 3 月 25 日,http://www.shobserver.com/news/detail? id=48380

② 2016 年 5 月申通宋师傅访谈。

③ 2016 年 5 月申通宋师傅访谈。

④ 2016 年 5 月申通金师傅访谈。

随后，上海不少未设置非机动车道的道路得到了拓宽，在能力范围之内增加了非机动车道，极大程度地缓解了快递员的这一难题。

2017年3月，上海市发布了被称为"史上最严"的《上海市道路交通管理条例》[1]，条例中规定了非机动车辆需经过登记注册才能够上路行驶，另外三轮车仍旧不被允许上路。其中对非机动车的行驶规则进行了明确规定，如不能够占用机动车道；不能够"逆向行驶"；"拼装、加装、改装的非机动车"不得上路行驶；等等。[2]

电子商务的发展和人们日常生活方式的转变使得物流行业业务量迅速增长，而都市空间的管理与更新则偶尔出现滞后和不能适应这一增长的情况。这一情况最直接的影响，便是快递员移动能力的降低。而近年来诸如上海等城市在市政管理上对机动车道的拓宽和对非机动车道的重新安排与设置，也可以看作是都市空间对电子商务和共享经济发展的一种适应，并在此基础上促成了都市空间的重构。

（三）快递员通行能力的获得

办公楼、大院、居民小区等场所的门禁管理规定不同，导致一部分场所向快递员、外卖员紧闭大门，将他们拒之门外，这虽然保证了场所内的安全和秩序，但也使快递员、外卖员的工作受到较大的影响。2016年上海的公安部门联合高校、企业、居民区物业等机构向外卖员发放"黄马甲"，它相当于快递、外卖人员在这些场所进行工作的资格认证。访谈中，有领取到黄马甲的外卖员表示：

> 很多小区看到穿了马甲，就不管了，可以随便进，没穿就完全不让进。[3]

---

① 徐程：《申城"交通大整治"一年回顾："黑科技"＋群防群治助力文明出行》，东方网，http://sh.eastday.com/m/20170323/u1ai10451140.html

② 上海本地宝：《2017最新版上海市道路交通管理条例（全文）》，http://sh.bendibao.com/news/20161229/174553_4.shtm

③ 2016年7月百度外卖张师傅访谈。

　　2016 年底,快递员与物业管理人员发生矛盾、口角的新闻不断曝出,从物业与保安的角度看,拒绝陌生人的进入,是保证楼宇、社区安全的一个重要的举措。对快递员来说,按照要求按时将货物送到收件人手中,是他们的本职工作。而对于收件人来说,小区、楼宇也有义务协助他们收取信件、包裹等。"黄马甲"的发放,使得这一矛盾得到了较好的解决。"黄马甲"由快递、外卖站点统一调配,马甲上标有数字,方便公安部门进行后续管理。这一举措,也可看作是都市空间针对物流行业发展所进行的一个积极改良。这些举措都使得都市空间更加适应电子商务的发展和人们日常交往的需求。

四、结论

　　德·塞托的"空间实践"强调人的"日常生活的创造性",他认为这些"空间实践""颠覆了建筑、城市规划、设计"所赋予"城市景观之上的明显意义",从而在规划管理意义上的"理性的""理论上的""概念中的城市(cencept-city)"之中,开拓出了一个"动态城市(dynamic city)",即"'数不胜数的'城市使用者将城市作为'他们自己的'空间进行了书写与再书写"[①],创造出了多层次的空间意义与景观。孙玮指出,移动网络时代具有两个基本特征:首先"技术的更迭与融合带来媒介形态的变化",其次"移动网络激发新型文化氛围及实践"[②]。这样的时代背景赋予德·塞托的"空间实践"更为广泛的视野和更为开阔的可供探讨的空间。

　　快递员便是移动网络时代都市空间实践中最为活跃的一个群体,他们以移动新技术为基本条件,以移动为形式的日常实践,与城市规划中的都市空间有矛盾也有调适。在这一过程中,快递员移动能力的受限与开拓,通行能力的受阻与获得,社区沟通交流上的隔离和连接以及对"地方(place)"意义的赋予

---

　　① ［澳］德波拉·史蒂文森著,李东航译:《城市与城市文化》,北京大学出版社 2015 年,第 84—86 页。

　　② 孙玮、钟怡:《移动网络时代的城市形象片——以上海为例》,《对外传播》2017 年第 8 期,第 41—44 页。

都是德·塞托所谓的空间的"书写与再书写"①,这样的空间实践,形塑了移动技术时代,沟通网络视域下的都市景观。

2022 年 1 月起上海市公安交警部门对快递、外卖从业人员电动车核发专用号牌②,同时《"十四五"邮政业发展规划》中指出城市居住社区的"寄递末端网络"要加强配建,将快递服务设施纳入城市小区改建的规划之中③。快递行业的发展以及城市空间治理的迅速跟进,将为这一话题开拓更大的探讨空间。

(李美慧,广州大学新闻与传播学院讲师)

The Urban Spatial Practices of Couriers in the Mobile Network Environment
—Take Shanghai as an Example

Li Meihui

Abstract: In the mobile network environment, new media technology and new social practices are mutually beneficial and develop together. Urban couriers are a new social group born from this environment. They frequently travel between the "geographic network" and "information network" of the city with the help of cell phones, scanning machines, electric vehicles, GPRS and other mobile devices and technologies, and are characterized by high visibility and high mobility. Most of the existing studies on couriers have explored the labor process, the use of technology, the expansion of social capital, and social integration of this group from the perspective of migration and digital labor, and from the paths of demography, anthropology, and communication. This paper attempts to go beyond this perspective and explore the issues of urban couriers' mobility, visibility, and the

---

① [澳]德波拉·史蒂文森著,李东航译:《城市与城市文化》,北京大学出版社 2015 年,第 84—86 页。

② 澎湃新闻:《近期至明年 1 月下旬,上海对快递、外卖等电动车核发专用号牌》,2021 年 12 月 24 日,https://m.thepaper.cn/api_prom.jsp? contid=15990335

③ 中华人民共和国中央人民政府:《"十四五"邮政业发展规划》,http://www.gov.cn/xinwen/2021—12/29/content_5665087.htm

contradictions, conflicts, negotiations, and compromises in their daily spatial experiences in the mobile network environment under the path of urban spatial practices, taking Shanghai, the city with the most developed courier logistics industry, as the center of examination, with participatory observation and in-depth interviews. The paper argues that couriers' daily work in the form of urban shuttling based on mobile technology not only realizes the transfer of goods in social networks, but also deeply participates in the spatial production of Chinese cities in the process, reshaping the contemporary urban spatial landscape.

Keywords: Couriers; Mobility; Spatial Practice; Urban Landscape

作为媒介的十六铺码头：城市文化与城市记忆的生成场所①

胡天琦　丁凡

摘要：城市空间嵌入在市民城市生活和日常交往中，刻录着城市历史的集体记忆。十六铺码头作为上海的水上门户，发挥着空间媒介的记忆建构作用。本研究以城市记忆为视角，从十六铺码头的"前世""今生"两个维度，考察十六铺码头对城市文化和城市记忆的形塑过程。从"前世"看，历史上的十六铺码头作为货物集散的节点、移民入沪的必经之地、西方文化渗入的前沿阵地和行帮文化浮沉的见证者，发挥着孕育上海城市文化的培养皿作用。着眼于"今生"，2004年改造后的十六铺码头，通过历史建筑的遗存、历史场景的塑造、景观符号的介入，化身为承载城市记忆的"展示厅"。透过十六铺码头这一记忆空间，上海城市形象如万花筒般折射在世人眼前，诠释着人们心中的海派认同。

① 本文系国家自然科学基金青年基金项目"全球化背景下城市更新语境中都市水岸再生的文化重建路径及方法研究——以上海为例"（项目号：52008299）的阶段性成果。

关键词:十六铺码头;城市记忆;城市文化

现代城市中,大大小小空间中的记忆场所不仅体现着城市文化特色风貌,还为城市记忆的唤醒提供了物质载体,维系着地域文化认同。对于"以港兴市"的上海而言,十六铺码头作为连接上海的过去与现在、海洋与陆地、人与人、人与物的重要场所,既是上海的城市名片,也是一种媒介载体。十六铺码头在上海城市历史中发挥着重要的、源头性的空间媒介作用,它在市民集体记忆中留下了情感烙印,塑造着人们对上海的城市认同。近年来,越来越多的学者将目光聚焦于作为"记忆场所"的码头遗产,探究码头遗产对城市记忆、集体记忆的意义再生作用。但此类研究的重心在于探讨保护和留存码头遗产的具体路径,较少分析作为媒介的码头如何建构城市记忆。本文通过考察十六铺码头的"前世今生",以 2004 年十六铺码头爆破和改造为时间节点,回溯历史中十六铺码头蕴含的独特生活经验和日常实践的集体记忆,探究改造后的十六铺码头媒介功能的转变,以此考察十六铺码头在上海城市现代化进程中的形塑作用。

一、码头作为空间媒介建构城市记忆

以往传播学研究的重心落在由语言、文字、图像构成的虚拟空间媒介上,而忽略了实体空间元素。[1] 在传播学研究的"空间转向"之前,早已有其他领域的学者明确将城市、城市内的建筑物等实体空间纳入媒介范畴之内,探讨哪些要素得以体现出城市是一种媒介(弗里德里希·A.基特勒,1988)。[2] 之后,建筑与城市规划学科的学者开始向传播学靠拢,以跨学科的视角强调建筑、街道、城市空间都是媒介(周楠,2003)[3],其媒介作用在于沟通私人领域和公共领

---

[1]　孙玮:《作为媒介的外滩:上海现代性的发生与成长》,《新闻大学》2011 年第 4 期,第 67—77 页。

[2]　[德]弗里德里希·A.基特勒著,林哲元译:《城市,一种媒介》,《文化研究》2013 年第 1 期,第 255—268 页。

[3]　周正楠:《媒介·建筑——传播学对建筑设计的启示》,东南大学出版社 2003 年。

域(佐藤卓己,2004)①。刘易斯·芒福德在阐释"城市媒介观"时表述得更加具体,他直接把城市类比并等同于计算机——也就是传播媒介。② 相比之下,传播学研究者对于空间与媒介关系问题的讨论经历了从相互建构到融合统一的转变历程。相互建构的视角认为媒介可以改造和再生产空间,反之亦然。空间和媒介在这一意义上被视为"实体空间"与"虚拟空间",但这种视角没有摆脱二元对立观的束缚。李彬和关琼严在社会关系框架内讨论的空间媒介化与媒介空间化趋势实现了从割裂到统一的认识转变,即空间具有媒介性质,媒介也具有空间属性,空间媒介化指实在空间逐渐被纳入媒介范畴,履行着传播信息的功能。③ 立足于上述观点,城市传播学的基本内涵被进一步明确为城市、技术、媒介、传播四个关键概念,作为媒介的城市是一个交流系统,它中介了人与人,人与自然,人与实体、虚拟世界的多重关系。④ "城市空间是一种媒介"的观点被普遍接受之后,越来越多的学者开始将上海的人民广场⑤、侵华日军南京大屠杀遇难同胞纪念馆⑥以及江苏大运河文化带⑦等城市空间视作媒介,讨论其中的传播和交往,他们认为这些空间传递了独特的社会关系和信息,厚载了城市文化,连接着城市文化记忆。除这一类城市空间以外,不少学者还注意到码头对港口城市的文化塑造和记忆传承作用。具有自然环境、人文故事双重资源的城市滨水区域(waterfront)一直是人们居住环境中最具生命活力和历史内涵的场所。码头作为水上的陆地、岸上的水域,是货物交通的枢纽,各色人等、各个阶层出于商业目的在此集聚、共生与竞争。码头场所内的建筑、

---

① [日]佐藤卓己著,诸葛蔚东译:《现代传媒史》,北京大学出版社2004年,第24页。

② [美]刘易斯·芒福德著,宋峻岭、倪文彦译:《城市发展史:起源、演变和前景》,中国建筑工业出版社2005年,第580页。

③ 李彬、关琼严:《空间媒介化与媒介空间化——论媒介进化及其研究的空间转向》,《国际新闻界》2012第5期,第38—42页。

④ 孙玮:《城市传播的研究进路及理论创新》,《现代传播(中国传媒大学学报)》2018年第12期,第29—40页。

⑤ 钟靖:《空间、权力与文化的嬗变:上海人民广场文化研究》,华东师范大学博士学位论文,2014年。

⑥ 黄顺铭:《以数字标识"记忆之所"——对南京大屠杀纪念馆的个案研究》,《新闻与传播研究》2017年第8期,第15—37页,第126页。

⑦ 唐宁、潘天波:《江苏大运河文化记忆场所的建设及其活化传承》,《南京社会科学》2020年第2期,第150—156页。

物品、历史事件等在很长一段时间内反映着城市的生长肌理，折射城市发展的一角。学者普遍认为，码头是城市的一个组成部分，码头文化是城市文化历史演进过程中所产生的一种文化形态，是城市文化之根中的一条根系，体现着该城市的独特文化价值，其物质文化和非物质文化都是一个城市的文化记忆载体。① 如冯骥才曾多次撰文指出，没有天津的码头文化就没有天津。② 武汉码头文化则是武汉城市文化的根基，显示了江汉气象和汉派特色武汉文化。③ 由此可见，码头文化与城市文化之间是一种共生关系，你中有我、我中有你，相互塑造、不可分割。

　　除武汉、天津以外，上海亦是一座"以港兴市"的代表性城市。作为上海最早对外交流的门户、商贸和生活中心，十六铺码头有其"以身为媒"的必然性，它是上海现代化、城市化进程的缩影④和城市文化密码⑤。十六铺码头迄今有150年的历史，其区域范围的规划变化体现着上海经历过的一段城市政权易主史。根据上海市档案馆主编的《上海名街》记载：清朝开放海禁后，凭借独特的地理位置，上海港逐渐成为当时我国南北洋海运对外贸易的重要联系点。而地处上海港区北侧的十六铺码头，从外滩还是泥地滩涂的时候，就开始集中上海港区内的全部装卸、驳运等航运活动。"十六铺"地名首次出现于清朝的咸丰、同治年间，"十六铺"即从头铺到十六铺的十六个铺子，其中第十六铺的区域最大："西至城濠（今中华路），东临黄浦江，北濒小东门大街与法租界接壤（今东门路附近），南至董家渡，总面积约 1.2 平方公里。"⑥十六铺兴起后，其码头和街市联为一体，按行业分出了一条条细小的专业市街。由于十六铺的辖

①　张泽霖：《文脉链条下的城市码头景观重塑与复兴》，重庆大学硕士学位论文，2013 年。

②　冯骥才：《名家专栏：老街的意义》，《建筑与文化》2005 年第 6 期，第 102—105 页。

③　袁北星：《试论武汉码头文化的现代转型》，《湖北大学学报（哲学社会科学版）》2009 年第 4 期，第 42—47 页。

④　陆邵明、刁嘉辉、赵浩林、李钊、叶荔、汪现：《港口城市的集体记忆"码头遗产"——以上海为例》，《现代城市研究》2012 年第 10 期，第 39—49 页。

⑤　陆邵明：《上海现代化变迁中的城市文化密码探寻》，《江苏行政学院学报》2012 年第 2 期，第 53—58 页。

⑥　上海黄浦档案信息网：《城区记忆（201702）：十六铺今昔（上）》，http://daj.huangpuqu.sh.cn/dajfront/008/20170614/008004_f81a94ad－c76c－4555－8460－0b1897cdb5b2.htm? InfoID=f81a94ad－c76c－4555－8460－0b1897cdb5b2&CategoryNum=008004

区正是在上海滩最热闹、兴旺的黄浦江边,上海到各地的客运码头几乎全部集中在这里,因此人们把这一片区域统称为"十六铺码头"。如今,百度地图搜索结果显示,十六铺地区分别以人民路、河南南路、复兴东路、中山东二路为北西南东边界,内部包括城隍庙、古城公园、老码头创意园区和大大小小的码头街市,并以东侧的十六铺码头(含十六铺码头景观走廊和地下商业中心)为最耀眼的明珠,闪耀在外滩南部,与陆家嘴隔江相望。码头所处的城市和水路之间的特殊地理位置决定了它将是一种独特的城市文化、都市空间和自然资源。自明清以来十六铺区域因十六铺码头而闻名遐迩,并依靠十六铺码头航运贸易衍生出区域内多样的生产生活关系。十六铺至今仍保留着上海唯一的"码头街市",如盐码头街、丰记码头街、万豫码头街等,上海十六铺粮油食品批发市场自建立起就一直坐落在外咸瓜街和老太平弄交口,一直是上海人置办年货的首要光顾之地。这些老街市早已成为寄存着珍贵集体记忆和文化记忆的"记忆场所",市民活动和日常生活实践赋予它们的文化与精神价值,对呼唤海派文化再造和文化自觉有着重要意义。"文化记忆是通过同一个社会互动框架指导的行为和经验的知识总和,是一代代在反复进行的社会实践中获得的知识"[1],那些同源的、共享的、富有代表性的集体记忆和生活经历,被记忆场所记录下来,成为上海市民生活和城市记忆中不可分割的部分,向人们展示了一个立体的、真实的上海,上海特有的城市文化在此生长繁荣。

二、历史上的十六铺:孕育城市文化的器皿

城市历史是城市记忆的基础,一个城市的生命史就是它的记忆史。在码头、港口和依此而生的集市中发生过很多故事,凝结了普通市民的日常生活经验,蕴含着代际间传承的集体记忆,是城市文化和共同体记忆的精炼之笔。十六铺码头,正是上海城市文化与记忆里璀璨的历史明珠。十六铺码头既是货运、客运媒介,也是移民文化、行帮文化、西方文化交汇与融合之地,见证了上

---

① Assmann J and Czaplicka J. "Collective memory and cultural identity". *Journal of New German Critique*,1995(65), pp.125-133.

海这座城市的荣辱沉浮,承载着许多关于上海的历史人文记忆,发挥了上海城市文化培养皿的作用。

(一)货物集散的节点

历史上,十六铺码头的核心作用是轮船停靠的码头,用于装卸货物。南宋年间,由于海上要道淤塞,行船无法靠岸至青龙镇(现今青浦镇),而改泊于今十六铺一带,上海镇因此号称"华亭县东北一巨镇",有了"人烟浩穰","海轮辐辏"的景象。[①]　明代后,上海摇身一变为世界级的超级良港,十六铺也升级成国内乃至东南亚的贸易航运枢纽。海禁开放以后,更是"南北物资交流,悉借沙船"。上海之所以成为当今的全球经济、贸易中心,离不开早期十六铺码头区域内沙船业的繁荣。据《上海地方史资料·三》记载,"上海虽是南北沿海中点口岸、中外货物集散大埠,然而溯其最初发展之动力,是藉沙船之贸迁有无……尤其在十六铺太平码头以南一两里内,帆樯如织,舳舻蔽江,装卸上下,昼夜不息,米、豆、油、饼是沙船的主要运载货物"[②]。来自天津、浙江、福建、广东等地的各种沙船商船等聚集在南市十六铺,数量最多时可以达到三千余艘,方圆五六里的水面"密泊如林,几无隙处"[③]。这些船每日满载各地特产而来,易取上海之百货而去。[④]　自十六铺向南一共有大大小小二十四个码头[⑤],部分码头或是专供十六铺区域内各街市的货物商品,或是为外来省市贸易所专用,或是用于市内交通往来。十六铺码头川流不息的货船,促进了小东门到董家渡一带,以及整个老城厢的经济发展,甚至改变了这片区域的经济空间结构,以职业、行业和地域祖籍为单位的聚集地产生:会馆码头、竹行码头、盐码头、永盛码头、杨家渡码头等许多与港口码头有关的街道地名一直沿用至今,此处也聚集了洋行街(今阳朔路)、豆市街、里(外)咸瓜街、竹行街、花衣街、大(小)裕兴街(今平湖路)等繁荣的农副特产交易市场。除货运仓储和农副产品集散

---

① (清)王大同修,(清)李林松篆:《上海县志·序》,嘉庆十九年(1814)刻本。
② 上海市文史馆文史资料工作委员会、上海市人民政府参事室文史资料工作委员会编:《上海地方史资料》(三),上海社会科学院出版社 1984 年,第 63—65 页。
③ (清)王韬著,沈恒春、杨其民标点:《瀛壖杂志》,上海古籍出版社 1989 年。
④ 中国人民银行上海市分行编:《上海钱庄史料》,上海人民出版社 1978 年,第 6 页。
⑤ 上海市文史馆文史资料工作委员会、上海市人民政府参事室文史资料工作委员会编:《上海地方史资料》(一),上海社会科学院出版社 1982 年,第 51—52 页。

以外,篾竹街、狗肉弄等手工业作坊和公馆、钱庄也在此配套集聚,资本支配生产,分工明确,经济繁荣之景,前所未有。钱庄、会馆、公所等现代经济和社会组织自然形成,船主、字号主、牙人、佣夫、帮工,劳动关系和社会交往愈加复杂,较为完善的金融结算体系被创立起来,商业竞争观念也由此盛行。来自各地的小道消息,每日货价船价的交易变化,各色身份阶层的人员往来……即使在上海这样一个惯被认为是中国先行者的城市,也会有需要领队带着它抢跑的时候,十六铺就扮演了“以港兴市”的平台和媒介。开埠前,十六铺码头帮助上海接替苏州作为南北洋航运中枢,上海因此以中心城市的地位跻身于江南城市群之中①;开埠后,绝佳的地理位置和航运地位为十六铺一带提供了走入现代化的土壤,新的社会关系和意识形态悄然萌发,并以锐不可当的势头快速生长。1862 年,美商旗昌洋行在十六铺建成了旗昌轮船码头,创办旗昌航运公司,成为上海第一家专业航运公司。清廷于 1873 年在十六铺设立了轮船招商局,十六铺码头的前身就是这十三座沿滩建造的浮码头。1904 年,张謇在十六铺的老太平码头一带创立上海第一个由民族资本家组织经营的码头——大达轮步公司。先进的近代航运运营模式最先由十六铺渗透进这个商业城市,上海航运运量、航线数量大幅增长,带来通往江南、长江货客运的颠覆性变化。上海港由十六铺而起势,以十六铺为重心,伴随桅杆林立的盛况,十六铺码头把早期商品经济的诱人之风吹进上海城镇,自然经济随之衰落,上海由此开始步入现代化城市行列之中。

(二)移民入沪的大熔炉

上海作为一个移民城市,在近代完成了其文化特征的塑造,移民文化是其中的重要组成部分②,一方十六铺客运码头,见证了浦东崛起和移民城市的繁荣。十六铺码头不仅是上海传统的航运、商业中心,还是各色人等进出上海的要道,旧社会里许多外埠人从此地上岸闯荡上海滩,这里的一街一屋,都是波澜壮阔的码头人生的缩影。20 世纪七八十年代,十六铺码头开始成为外地移民大量涌入上海的最主要入口。芜湖、温州、宁波、南通、重庆、武汉、宜昌等各

---

① 范金民:《清代中期上海成为航运业中心之原因探讨》,《安徽史学》2013 年第 1 期,第 29—38 页。

② 陈云霞:《民间信仰与近代上海城市移民社会适应》,《苏州大学学报(哲学社会科学版)》2020 年第 6 期,第 186—194 页。

地人看到改革开放后上海滩现代化大都市的荣光，都想到这里碰碰运气。老上海人在十六铺码头凭栏远眺，仍能回忆起十六铺客运码头的光荣时代："东方红""江申""江渝"等当时知名的轮船在此靠岸，一些紧俏的航线一票难求，困难程度不亚于现在的春运。有人曾经回忆当年："长江客轮每当出现在陆家嘴的大拐弯处，都会减慢速度、鸣响汽笛，来客们在船预备靠泊时就雀跃不已，他们从栏杆上俯身，寻觅着十六铺码头上巨大的两个红字：上海。也许，这就是当年'追梦者'们期冀改变命运的吉祥图腾。"①汇集各地差异性人群的码头区域凸显着上海这座城市的复杂底色，同时也借助着这一空间媒介，在以某种区隔划分的共同体内，共享着城市生活记忆和文化认同。上海话里有句人们耳熟能详的常用俗语："侬阿是十六铺刚刚上来嗰啊"，意思是"你是从十六铺上来的"。在当时的上海，外地人就是"乡下人"，形容一个人没见过世面，就用"你是十六铺码头坐船来的外地人"来比喻，这不仅使十六铺成为一种用以强调上海人身份界限的标志符号，更体现了这种身份在群体内部被广泛认同的优越性。上海人对己身的自尊感，主要来自对本群体成员的社会认同感，这种"自我"与"他者"的身份区隔基础是对上海城市地位的自信，也因此使作为移民入口的十六铺成为表明"异己者"身份的靶子。然而，上海是一个因开埠形成的移民城市，"生意兴隆通四海，财源茂盛达三江"，起步于码头滩涂的上海，五方杂处、方言丰富，其社会构成向来不是"熟人社会"，而是"陌生人社会"，地缘而非亲缘是它的基础。各地移民汇集于十六铺，在这里可以听到宁波、山东、广东和福建话，甚至还有洋泾浜英语（带有上海话和其他方言的蹩脚英语）。宁波话曾经是十六铺地区的通用语，连洋泾浜英语里都有宁波话："来叫come 去叫 go，对是 yes 错是 no"，这句顺口溜只有在用宁波话讲的时候，才能押韵。聚居空间的交叉、语言文化的融合，基于空间记忆和生活体验的共享，使不论是即将成为新上海人的外地移民，还是往上数三代都是外来者的老上海人，都在上海这个"他乡"里找到了"故乡"，在上海人这个"他者"里找到了"自己"。通过反复进行的社会实践，"族群和个人互相渗透、互相融合，个人或群体从他者那里获得他们的记忆、情感、态度，并且共享他们的经历和历史，然

---

① 张寿椿：《十六铺的记忆》，《检察风云》2016 年第 20 期，第 88 页。

后逐渐交汇成共同的文化生活"①,属于上海人的集体记忆和情感认同,就基于码头这个最初的空间媒介而形成,一个共享的过去在社会化语境下被一代代传承和延续。新上海人中江、浙、皖、闽、广等地移民占半壁江山之多,码头人员的高流动特性使任何一种地域文化都无法在上海融合文化竞赛中,摘下统治地位的桂冠,但上海城市文化却又不偏袒地、公平地受到所有地域文化的影响。移民交流融合带来了彼此的谅解,加深了彼此的理解,使得上海在高疏离性又高亲和性的人口构成中形成了高异质性且高包容性的海派文化。

（三）西方文化渗入的前沿阵地

码头人员流动大、内外交流频繁的特点,使其常常成为接收外来思想最早、文化碰撞最激烈的地方。十六铺码头连接南北洋、国内外,又是华界租界交汇处,在这里发生的文化交流,尤其为处于新旧世界之间风雨飘摇的上海,提供了可以尝试的思想实践方案。1908 年开展的新舞台运动既是戏剧改良史上浓墨重彩的一笔,也是西方文化渗透进人民日常生活的推手。上海京剧名角潘月樵等人在沪商资金援助下,于十六铺建成了上海地区最早的近代戏剧新舞台。新舞台首先是一个京剧表演团体,主要上演文明京剧《目连救母》《党人碑》《黑籍冤魂》等,提倡社会进步、民主思想,力图以新戏"扶助社会共同进化"。同时,新舞台还吸纳西方戏剧"写实"的特征,兼收并蓄中外戏剧菁华,创造出落地本土的改编戏剧,如改编自法国作家小仲马《茶花女》的剧目《新茶花》,是中国最早提倡男女平等的文艺作品。这些戏剧样式受到十六铺平民阶层欢迎,使得市民生活大大丰富,民族思想和改良观逐渐在普通百姓之间传播。陈独秀等进步人士将新戏剧看作当时最有效的传播宣传、思想鼓动手段:"现今国势危殆,内地风气不开。慨时之士遂创学堂,然教人少而功缓也。编小说,开报馆,然未能开通不识字人,益亦罕矣。惟戏曲改良,则可感动全社会,虽聋得见,虽盲可闻,诚改良社会之不二法门也。"②孙中山亦常造访十六铺新舞台听戏,他亲自题写"警世钟"幕布相赠:"孙君特亲笔'警世钟'三大字幕

①　Robert E. Park & Ernest W. Burgess. *The City：Suggestions for Investigation of Human Behavior in the Urban Environment* (*Heritage of Sociology Series*). University of Chicago Press, 1984, pp.113-122.

②　张仲礼主编:《近代上海城市研究》,上海人民出版社 1990 年,第 1090 页。

帐悉幅……并用军乐队过十六铺桥，悉路奏乐……在座观剧者咸高呼民国万岁。"[①]彼时，十六铺遍地剧院，春喜园、丹凤舞台、同乐戏院等每日上演好戏，歌舞升平。各色人等汇聚在此，通俗文艺、大众文娱兴盛，新思想关口前移、重心下沉，现代性上海的轮廓逐渐清晰。在东西方意识形态交织的近代上海，社会思潮很难以二元中的任何一方简单定义。相反，在码头区域独特的文化包容状态下，本土思潮对西方文明主动学习、进行改良：一方面为传播西方文化提供了群众基础广泛的舞台，使得"崇洋"风气日盛；另一方面，也结合本土传统文化精华，融合市民文化和商业气质，将中国社会要求现代转型，又强调传统伦理人情的文化特质表现得淋漓尽致。当十六铺老太平码头建起上海第一家发电厂，电灯"日坠崦嵫，电光大放，九衢四达，几疑朗月高悬"，当十六铺内上海最早的近代航运业公司拔地而起，当上海港超额完成第一个五年计划，当改革开放的号角吹响这片"远东巴黎"的新土，浦东拔地而起，十六铺客运日输千万人……千百年来以十六铺码头为代表的上海城市发展日新月异，始终紧扣时代脉搏，拒绝故步自封，用变革跑出创新加速度。改良派、革命派、普通市民……各色人等在这里占据历史和时代的注意力，十六铺码头为各种新文化进入中国，中西方文化的交流借鉴提供了重要的媒介平台，借由这段历史，其包容多元、追求进步、崇洋但不媚外的文化发展理念，至今影响着上海城市精神的内核。

（四）行帮文化浮沉的见证者

上海既有以鲁迅、胡风为代表的开思想文化先锋的新文化，也有以黄金荣、杜月笙等赫赫有名的大佬为核心的帮会文化。上海常说"先有十六铺，后有上海滩"，指的不仅是近代上海从此处腾飞，还隐晦地描绘了十六铺码头在帮会文化中扮演的重要角色。从城市生态学的视角看，上海的黑社会首先萌发于中外各界的交叉、过渡、接壤地域[②]，十六铺华洋交界的区位特色使其成为滋生地下社会的温床。上海的帮会组织多演变自青帮和洪帮。青帮最早是清代漕运水手之间帮助扶持、传承技能、维护职业的民间秘密结社团体。随着19

---

① 《新舞台之警世钟》，《申报》1912 年 7 月 15 日，第 7 版。
② 苏智良、陈丽菲：《近代上海黑社会研究》，浙江人民出版社 1991 年，第 34 页。

世纪 70 年代漕运被政府强制取消，大批水手、船工丢掉饭碗并流入上海讨生活，青帮也随之在上海迅速发展。[1] 民国初年，仅十六铺的三大码头霸主沈关生、李茂林、张春宝门下，就有数以千计的跟随者，流民若想在码头站住脚跟，就必须投为他们的徒子徒孙。最初青帮有"十大帮规""十戒"和"十要"等规矩，如"不准欺软凌弱""戒偷盗财物""要尊孝睦忍"等，这时的青帮以侠盗精神和互助为主。然而渐渐地，在十六铺码头一带开始形成产业恶霸，有码头霸、鱼市霸、菜市霸、人力车霸等。从码头漕运水手组织走向城市型黑社会组织，十六铺青帮的历史体现了近代上海社会结构转型的艰难发生。除"青洪帮"外，还有从同乡会转变而来的帮会组织。从异地到沪的码头工人，在进入上海新的城市环境时，大多是通过乡缘关系、业缘关系、入帮派等形式进入并立足下来。[2] 黄浦江两岸的肩运扛运大部分都是苏北帮和湖北帮，轮装多数是广东帮，而堆装则以宁波帮为主。[3] 码头工人的工作大多是临时性质的，他们缺乏劳动保障，长期在恶劣的工作环境下工作，受到工头盘剥压榨，生活条件极差，"十六铺码头的摊点，经常售卖饭馆里吃剩的饭菜，里面还常夹杂有烟头、火柴棒之类的杂物。有家属的则大多由家里送饭，吃的也几乎是杂粮和咸菜萝卜干，只有碰上连续有几天活可干，才能吃上几顿粗米饭"。[4] 1914 年，宁波堆装工人打着同乡会"裕后社"的旗号进行罢工，集聚在十六铺小东门庆贺帮会成立，散会后，工人们举着旗帜和罢工书游行，这次罢工从几个码头迅速发展成黄浦江两岸十七座码头所有堆装工人的同盟罢工。[5] 开埠急速带动了上海经济发展和社会变迁，通商口岸为帮会势力特别是近代青帮的形成、发展提供了土壤，人流、物流、资金流等优质资源过快地集聚在码头，在得不到成熟的配套管理情况下，码头特殊的社会政治环境为帮会势力提供了发展空间和生存条件。近代上海社会变迁引发了社会经济结构的变化，大批小农失去了在传统

---

① 琚明超：《简论 1930—1935 年杜月笙及其帮会势力》，《商丘师范学院学报》2012 年第 2 期，第 90—93 页。

② 陈云霞：《民间信仰与近代上海城市移民社会适应》，《苏州大学学报（哲学社会科学版）》2020 年第 6 期，第 186—194 页。

③ 《上海港史话》编写组：《上海港史话》，上海人民出版社 1979 年，第 274 页。

④ 《上海港史话》编写组：《上海港史话》，上海人民出版社 1979 年，第 292—293 页。

⑤ 《上海港史话》编写组：《上海港史话》，上海人民出版社 1979 年，第 298 页。

社会的恒业，同时大批离乡船夫、工人等社会基层人员游离社会体制之外。来自五湖四海的码头工人共同在上海讨生活，和千千万万移民一同组成上海城市发展的生生动力，青帮、同乡会成了他们的心理寄托和权益保障。从这个意义上说，码头帮会是近代开埠后长江下游社会转型时期的畸形产物。这种社会症候与社会转型所引发的社会问题密切相关。[①] 十六铺码头作为帮会势力诞生、发展乃至组织社会运动的摇篮，在上海工商发展、社会权力结构变迁的历史占有特殊位置，是这场社会变革中最具有典型性的缩影。

三、改造后的十六铺：承载城市记忆的"展示厅"

2004 年 12 月 2 日凌晨 1 时 3 分，在一阵沉闷的爆破声中，十六铺客运大楼由南向北渐次坍塌，阅尽上海近一个半世纪沧桑的十六铺码头从此谢幕。[②] 这是因为随着高速公路乃至铁路的发展，水路作为交通工具形式逐渐没落，十六铺码头难以汇聚川流不息的人群。卸下百年客运重负之后，为迎接2010 年的上海世博会，十六铺码头迎来了全面改造，携浦江之睛、浦江之云等新地标建筑华丽变身，成为供市民和游客观光休憩的文化休闲场所。"当城市开始进入它和人的需求只发生微弱关系阶段时，城市变成了展示厅的走廊，这些展品反映了正在退出历史舞台的工业装配线的形态。"[③]十六铺码头虽已不再是货运客运枢纽，但它并未因此被人们忘却，而是通过对空间内重要节点的改造、更新、重建，在时空上延续了场所精神和城市文化特色。从这一层面上看，如今的十六铺码头变成了承载上海这座城市历史与记忆的"展示厅"。

(一)历史建筑遗存记录城市发展历程

在今天十六铺码头的外围，仍完整保留着如一号仓库、三号仓库等部分码头仓库、石库门建筑及西洋建筑的原址。十六铺码头上共有五座老仓库，这些仓库建立于 20 世纪 30 年代，如一号仓库是著名实业家、航运大亨卢作孚建于1936 年的民生轮船公司仓库，四号仓库是"上海三大亨"之一黄金荣的私家粮

---

①   陆勇：《近代长江下游青帮研究》，扬州大学 2004 年硕士学位论文。

②   上海黄浦：《史话丨百年梦忆十六铺》，https://mp.weixin.qq.com/s/eabFkaux_35MzJw2quk_yA

③   ［加］马歇尔·麦克卢汉著，何道宽译：《理解媒介：论人的延伸》，译林出版社 2019 年，第 115 页。

库。每一座仓库里都流传着上海滩大亨的故事,他们不仅演绎着荡气回肠的商业传奇,还凭借自身的社会地位在军政界发挥着重要影响力。例如一号仓库的所有者卢作孚,在抗日战争初期指挥了被誉为"中国实业史上的敦刻尔克"的"宜昌大撤退",并冒着生命危险率领公司船队帮助国民党转移到重庆,被毛泽东评价为"中国近代史上万万不能忘记的人"。《上海滩》主人公许文强的原型杜月笙——五号仓库的所有者——早年在十六铺发迹,后来通过四通八达的社会关系,在工商界、军政界、教育界等具有重要影响力。1927 年,杜月笙组织中华共进会,为蒋介石镇压革命运动充当打手。1937 年,在举国民众联合抗日之际,他又参与到抗日斗争中,筹集毛巾、罐头食品等物资送至抗日后援会。这些充满沧桑痕迹的历史文化建筑遗存,不仅指向了上海以港兴市的商埠特色,还记录着与这些建筑相关的人及其实践活动,它们带领游客瞬间回到泛黄的上海滩码头风云中,并与远处的黄浦江滨水长廊、外滩屹立的现代建筑群形成鲜明对照,强化了游人对上海城市发展变迁的历史过程的想象,使场所叙事充满可言说感和故事性。从外围的历史建筑深入改造后的老园区内部,既是在跨越空间圈层,也是在时间的漩涡中穿梭。码头这一保留着记忆的物质空间,既是一本城市的历史书,也是宝贵的文化遗产,码头文化则是城市生活在显微镜下的一个切面。

(二)历史场景的塑造唤起海派文化风情

历史建筑遗存毕竟是凤毛麟角,仅有建筑遗存的背书,不足以完整体现城市空间中的场所记忆,还需要借助历史场景的塑造,展示在历史迭代中已经遗失的场所精神。沿着滨江步道,自老码头创意园区步行向十六铺游船码头,可以路过一条长长的十六铺历史大事记阶梯,其左右各以 10 块铭牌铭刻了 1023 年上海浦(今十六铺处)至 2010 年十六铺重新规划定位近一千年间所发生的大事件,包括十六铺地名的历史沿革、十六铺码头的强势崛起、抗日战争期间十六铺的衰弱、十六铺客运站轰动上海等耀眼的历史时刻,以直白的形式展示了十六铺与上海的同频共振的历史记忆,向观看者传递了经过编辑提炼后的历史精粹。此外,为了建构起十六铺码头的历史空间社会意义,向市民、游客提供具有社会教育和文化记忆价值的场所精神,十六铺码头的改造也充分调动了场所内的建筑景物、仪式活动等积极叙事要素。譬如老码头创意园区在改造中仍保留了码头文化与海派人文的结晶，园区以北边外马路、南边中山南路、西边石库门老街、东边新码头街四个边界框定了空间区域，其中以6栋主要建筑、3个街道空间构成园区主体。6栋新建建筑均模仿了石库门建筑风格，包括造型、门窗、表皮、梁柱、装饰图案等在内的建筑细节都生动还原了老上海滩风情。同时，建筑衔接处的承重结构、管道、穹顶、内部装修风格、配套设施又借鉴了西方工业风格，融入了现代化摩登风格，使地域性文化特征与现代化城市文化互为映衬、相得益彰，展现了海派文化中西兼容的特性，进而完成了地域文化认同从感知、认知到语义的理解，再到行为情感认同的升华①，为游人提供了具有可识别性的场所意象，调动了有质感的城市记忆。3条主要街道区域则保留了大量原有小巷、庭院等历史场景，以向前延伸的空间肌理引导游人在老码头的意象中徜徉。创意园区内建设的老上海体验馆、码头历史文化馆，记录着十六铺曾经的辉煌，还原了十里洋场的风貌，瞬间把游客带入上海百年沧桑史，让旧上海滩的风情充满五大仓库旧址的每个场域。

（三）景观符号的介入赋予空间共享意义

城市记忆根植需要良性基质，独一无二的城市符号是城市精神、城市文化、城市历史集中而具体的体现。十六铺码头与外滩、浦江共同构成城市形象组合，象征着上海城市发展的起点和顶点。无论是否了解上海以港发轫的历史，上海在人们眼里大都被广泛定义为一个港城形象，十六铺码头则是上海的形象代言人。世博改造后，十六铺码头新建3个游船码头，提供浦江游览服务。十六铺码头与附近的金茂大厦、上海中心、杜莎夫人蜡像馆一同组成"申城观光"的旅游套餐，代表了申城形象。"上海号""蓝黛公主号"等豪华游船静静地卧在浦江边等待游客青睐。自十六铺出发，沿江游览世博馆、环球金融中心、金茂大厦、东方明珠、上海湾国际客运中心、外白渡桥、和平饭店、海关大楼、外滩天文台、万国建筑群等上海地标，沿江看遍上海各个时期的典型建筑标志。十六铺码头作为这趟旅程的起终点，不仅是上海的源头和历史，更是它的未来。一方面，定位中高端的"吴淞口航线"、传统的"一小时精华游"航线供游人选择。游客不仅可以一边听着导游语音讲解，一边欣赏浦江两岸古今建

---

① Edward Relph. *Place and Placelessness*. London：Pion，1976，pp.42-62.

筑的变换，还可以观赏船上诸如糖人糖画、剪纸、歌舞、变脸等民间艺术表演，欣赏充满海派风情的旗袍走秀，与演员互动；船上提供的餐饮也是充满本帮特色的小笼、锅贴等，精致复古怀旧的老上海风情充溢着游江全程。另一方面，原有的跨江轮渡也被部分保留，杨复线、东复线在内的数十条线路仍然连接着浦东浦西。这些轮渡不仅具有交通功能，还兼有游览功能，既有能观赏沪上最美日落的南陆线，也有把魔都夜景尽收眼底的东金线。可以说，在渡江交通方式便利的今天，十六铺游船的设置和轮渡的保留，更像是一种码头文化的仪式展演，"记忆场所是无仪式的社会的仪式，是去神圣化社会中的短暂的神圣性"①，人们不再是为了交通功能而登船，他们乘坐轮船静静欣赏江上风光，怀念过去的风光渡口、品味滨江百年新貌。这些轮船线路如同城市的血管，已经成为见证上海城市发展和市民生活变迁的血脉，使得记忆场所除却"实在性""功能性"以外的"象征性"得以显现，十六铺码头作为历史空间的文化符号意义不言自明。

四、结语

自城市诞生起，时间流淌就在为城市叠加记忆的内涵，城市承载了记忆的发生，容纳了记忆的保存。这些记忆储存在城市肌体的实体空间和场景内，直接反映着记忆与地方之间的结构性联系。码头作为重要的城市空间，经历史浪潮淘洗而衍生出了自己的文化风貌，它渗透到百姓生活的方方面面，潜移默化地改造了城市景观面貌，其空间历史演变折射出时代前进的步伐。在相当长一段时间内，作为人、物、资金、信息自由流动的高频集合点和唯一交换节点，十六铺码头慢慢被视为代表旧上海的一个象征②，其侧畔的滔滔江水流淌着上海这座城市的百年历史。通过梳理十六铺码头历史上在上海城市文化形成中扮演的媒介作用，如今在市民心中发挥的记忆作用，十六铺码头已经从"过去"时间的历史记忆、"现在"空间的情感依恋等各个角度展示了其在研究

---

① ［法］皮埃尔·诺拉著，黄艳红等译：《记忆之场》，南京大学出版社 2015 年。
② 李磊、郭莹：《十六铺码头前世今生》，《中国地名》2016 年第 9 期，第 26—27 页。

上海城市记忆中的重要地位。在漫长的发展过程中，十六铺区域早已脱离了单一的码头功能，在经济、生活、文化等各个方面全面开花，引领了上海多个领域的"首次"或者"卓越"。上海较早的金融机构、上海第一家民营企业、上海最早的电话电灯电车、上海最早的近代市政基建等都在十六铺区域产生，将资本主义萌芽和现代制度引入上海，为上海成为发达的近代城市奠基。同时，在十六铺民间，农贸市场和商品经济流通唤起了市民公共意识的觉醒和现代民主精神，其码头商街和移民街区为市民遵循公共秩序和培养公德之心提供了环境，鼓励群体超越自身个体，达到对共同整体的体认，在和别人的交往、讨论、磋商、协作中，找到普遍共识和共同价值。公共空间意识和民主精神是现代文明的标志之一，借助十六铺的现代性成长，上海多元、聚合的城市精神，以及发达、先进的城市形象深入人心。因此，正如十六铺游船码头 LED 屏幕上的宣传语"世界会客厅"所表达的一样，十六铺代表着上海自古至今的城市想象——一个领先、开放、卓越、包容的上海，在码头、浦江、街区、建筑等城市空间组成的序列中浮现，在市民的记忆印象中形成。

（胡天琦，同济大学艺术与传媒学院硕士研究生；丁凡，同济大学艺术与传媒学院助理教授、学术发展部副主任、硕士生导师。）

The Shiliupu Wharf as a Media: a Site for the Generation of Urban Culture and Urban Memory

Hu Tianqi   Ding Fan

Abstract: The urban space embedded in citizens' urban life and daily interactions bears the collective memory of the city's history. The Shiliupu Wharf, as the water gateway to Shanghai, serves as a spatial media for the construction of memory. This study investigates the shaping process of urban culture and memory through the "past life" and "present life" of the Shiliupu Wharf from the perspective of urban memory. From the "past life" perspective, as a node for the distribution of goods, a necessary place for immigrants to enter Shanghai, a frontier for the infiltration of Western culture, and a witness to the fluctuation of the culture of the gangs, the historical Shiliupu Wharf played a role as a culture dish for the cultivation of Shanghai's urban culture. With an eye on the "present life", the Shiliupu Wharf was transformed in 2004 into an "exhibition hall" carrying the city's memories through the remnants of historical buildings, the shaping of historical scenes and the intervention of landscape symbols. Through this memory site, Shanghai's urban image is reflected like a kaleidoscope before the eyes of the world, interpreting people's heart's identity of the sea school.

Keywords: The Shiliupu Wharf; Urban Memory; Urban Culture

从"说文物"到"文物说":新技术视域下文物类节目嬗变分析

王颖吉　邓杰灵

摘要: 新媒体时代以文物为代表的传统文化正进行着精彩的技术创新与文化演绎实践,从《国宝档案》到《国家宝藏》再到 2022 年虎年央视春节联欢晚会《只此青绿》《金面》等众多优秀文化节目,文物类节目形态从原来的"说文物"模式逐渐演变为"文物说"模式。"文物说"采用"物我对话"的方式,用视觉语言来表达文物与人之间的遭遇纠葛,以求文物与人共同构成叙事情景,并融入日常生活世界中,以达到文物与人交互融通的境界。本文从技术现象学视角出发,阐明技术解蔽与技术可供性文物世界的"开显"与活化趋势,进而对"文物说"模式的节目演绎特征进行分析,并初步探讨文物类节目的未来发展路径。

关键词: 文物说;说文物;解蔽;嬗变

引言

新技术的发展为媒体创新和创意带来了无限可能,也为"文物活化"工作带来了新的机遇。从 2021 年河南卫视的现象级文化节目《唐宫夜宴》《洛神水赋》到 2022 年央视春晚推出的《只此青绿》《金面》《忆江南》，以古代文物为题材进行创作，通过音乐舞蹈表演来进行文物活化演绎的优秀传统文化节目不断涌现。这些节目利用 XR 技术、CG 动画技术、AI 多模态动捕系统等新技术，创造出一个用于演绎活化文物故事的虚拟空间，使得文物与人共同作为活化演绎的叙事主体参与到节目表演当中，演绎出文物与当代世界之间的照面与互动。这些文物类创新节目不仅收到了良好的传播效果，还进一步推动了以文物为代表的中华优秀传统文化的弘扬与传承，为传统文化的创造性转化与创新性发展提供了新的成功范例。

一、文物类传统文化节目的演化及其类型转换

事实上，媒体对文物题材的兴趣由来已久，但由于媒体技术所提供的可能性不同，不同历史阶段的节目形态产生了较大的差异。在新的技术创新推动下，文物类节目始终在经历深刻的创作模式变革。我国较早的文物类节目可以上溯至 20 世纪 70 年代年有关"辛追墓"的报道播出，此后文物作为重要的电视创作素材逐渐走入观众视野。随着新技术的不断更新和发展，文物类的电视节目也在不断地进行更新和迭代。

纵观近年来文物类电视节目的发展历史，大体上经历了四个类型的节目形态嬗变：首先是以《鉴宝》(2003)、《国宝档案》(2004)等为代表的知识科普型文物节目，主要通过器物展示鉴赏、知识介绍传播、专家鉴定访谈、价格竞猜评估等表现形式进行节目演绎；其次是以《我在故宫修文物》(2016)、《我在故宫六百年》(2020)为代表的节目，通过记录故宫匠人的日常工作与生活，揭示文物历史渊源，展现文物与当代人之间的纠葛；再次是以《国家宝藏》(2017)、《国家宝藏·展演季》(2021)为代表的，通过舞台剧形式讲述文物前世今生、通过国宝守护人来建立文物与人的联系，以文艺作品来展演国宝的真人秀型节目；最后是近期以河南卫视《祈》(2021)、《五星出东方》(2022)、央视虎年春晚《只此青绿》(2022)、《金面》(2022)等为代表的综合舞台表演型节目，这种类型的节目运用高科技手段展现文物世界的魅力，构建出虚拟的跨越古今的时空场

景，使文物与人得以在其中照面交流。

由此，文物节目大体上出现了两种主要的叙事模式："说文物"模式和"文物说"的模式。最常见的是以人的言语独白和介绍讲述为主的"说文物"模式，其特点是节目中的人和物结成主客体二元区隔的关系，人既是认知主体，也是言说主体；而文物则被视为无生命、被观看、被言说的客体。以文物为基础进行策划的真人秀、脱口秀或者综艺节目，以及以纪录片形式对文物进行介绍和展演的节目也属于这种类型。"说文物"借助文字语言对文物客体进行介绍。从人的主体视角出发对"历史之物"进行认知和审视。不管是鉴宝、专家访谈还是记录文物修复过程，本质上都是站在人的视角对文物进行单向的凝视、记录与展示。

与此相对的是我们称之为"文物说"的模式，即以"文物活化"为诉求的综合性舞台表演创意节目。其代表就是前面已提及的河南卫视和中央电视台播出的节目。这种类型的节目基本上不再讲述文物知识，而是将文物放在与人的地位相对等的位置上，以"活化"的形式让文物与人共同构建对话交流的情景；文物则以"拟人化"的肢体动作、面容以及言语（通常借助文物的扮演者）等广义的"言说"方式进行自我表达。我们把这种文物活化的类型称为"文物说"的模式。在这种模式中，文物的拟人化表达和"以文物为第一视角"的创作理念得以突出。借助新技术，从构建文物与人的整体关系场景出发，演绎两者跨越时空的邂逅交流，呈现奇幻且瑰丽的视觉盛宴。

二、节目类型转换的观念变革及其存在论诠释

从"说文物"到"文物说"，不仅仅是节目形态方面所发生的变化，而且是在创作观念上对物与人之间主客体关系理解的根本转变。文物从被表述的客体转化为与人相对等的表述主体，这是"文物活化"所必然要求的结果。因为任何"活"的事物，必定不会是沉默不语、完全处于被凝视和他叙状态下的事物，活化就意味着言说和表达，意味着自叙和行动。

文物活化和文物言说的要求使得我们在创作理念上不得不从人类中心主义的单向独白转向重新思考文物、人以及技术所构建的混合关系整体。在这

一关系体中，不单人类是行动者，而且文物与技术存在物也是整体的存在结构中的积极行动者，三者之间的关系是相互依赖和相互成就的关系。这种关系揭示了文物创意节目的认识论基础，并非传统的主客二元论，而是由多元主体/客体共同参与节目构建的存在论。存在论关注的是"存在"及其意义，而非脱离其存在结构与过程的抽象"存在者"。"存在"就其根本的含义而言，意味着"在世界之中存在"，而"'在世界之中存在'这个复合名词的造词法就表示它意指一个统一的现象。这一首要的存在实情必须作为一个整体来看待"①。对于这个统一整体中的存在者而言，它的存在方式就是"在……之中"，"这个用语称谓着这样一种存在者的存在方式——这种存在者在另一个存在者'之中'，有如水在杯子'之中'、衣服在柜子'之中'"②。没有存在者是孤立存在的，而文物存在的特殊性在于，它的存在是在历史时间的延续中持续不断的，这一点与人的存在方式有所差异。

文物诞生于历史的时空环境之中，它们通常是作为人的生存工具或者器具而生产出来的，它作为寰世之物而与其他物品共同构成人的寰世之境。所谓寰世之物，就是作为人（操持者）的日用工具或者备用之物的存在者，它们通常"隐没到了联系之中而不突出自身，如此而能够在操持面前当场在此……当某个寰世物变得不可使用的时候，它才会在我们面前昭然触目"③。换句话说，我们今天所使用的眼镜或者手机这类无法引起个体特别关照的物品，会在它所存在的寰世之境坍塌之后，作为文物而在后世的人们那里变得昭然触目，这也是我们看待文物的方式。不过如果我们想要让文物融入我们的生活，再度成为对我们有益的寰世物，那么通过知识诠释和技术手段对其加以活化就是不可避免的。

文物活化意味着它所指引的关系体从整体上发生了改变，这意味着文物将带着它的故事融入现今人们所生存于其中的世界整体之中。这是因为寰世

---

① ［德］马丁·海德格尔著，陈嘉映、王庆节译，熊伟校、陈嘉映修订：《存在与时间》，商务印书馆2015年，第71页。

② ［德］马丁·海德格尔著，陈嘉映、王庆节译，熊伟校、陈嘉映修订：《存在与时间》，商务印书馆2015年，第72页。

③ ［德］马丁·海德格尔著，欧东明译：《时间概念史导论》，商务印书馆2009年，第257—258页。

物及其所构建的世界之间,并不是个别物品随意堆砌而构成整体的关系,而是由"际会"之物构成的整体关系。就像我们房间中的家具和电器,它具有相互连接的整体性,其目的是满足人们的日常生活的需要。"世上物事本身总是经由对一个它物的指引并作为对它物的指引而照面。……它们首先并唯一地是在一种特定的指引联系中被呈上前来的。这一指引联系本身是一个封闭的整体。正是出于这个整体,才显出了(例如房间里的)单个的家具。"①一架老式的自行车并不会被安放在钢琴房中,因为它与钢琴房的整体作用、功能以及风格并不协调;相反,在琴房中放置一张舒适的琴凳是很自然的事情。

这个原理事实上意味着两个基本的问题:一个是文物具有它所指引的那个历史时空中的世界,它曾经与那个时空环境中的其他寰世之物形成"际会"的关系,因此它可以指引我们探索、认知曾经存在的历史世界。例如,从飞天的壁画形象中,我们可以知道创作者的思想、信仰、生活习惯、日常娱乐、服饰等信息,我们据此可以获取文物的历史价值与功用,而这些不同于当代视域的历史信息对于弥补我们时代视域的局限而言,无疑是极其重要的。另一方面,文物对于当今的生活世界而言,是一个突兀而陌生的物品,它与我们生活中的电脑、书籍、手机或者习惯、风俗、礼仪并无直接的关系。它就像是放置在琴房中的老式自行车,需要安置在特殊的位置和处所,或者加以特别的装饰设计,才不至于影响琴房物品的整体协调性。因此,文物的活化意味着它需要重新被纳入当代生活之中,重新由"现成在手"之物变成"上手"之物,也即让文物脱离我们对它的陌生和凝视,转而熟悉和运用到如同使用眼镜或者锤子一般,隐没在此在(人)的操持活动之中。

通过文艺表演的方式,让它为人们所认知、熟悉或亲近,是文物重返寰世的一条重要途径,也是文物活化的真正目标。为了达成这种效果,在人与文物之间关系的认知协调方面,首先要改变的是我们传统上看待文物的方式,如果我们仅仅把文物当作客体对象来对待,便会陷入人与文物主客二元对立的状态,即人与文物之间认知与被认知,凝视与被凝视,讲述与被讲述的关系,这也正是"说文物"类型节目的认识论基础。然而,这种认识论是阻碍文物活化,让

---

①　[德]马丁·海德格尔著,欧东明译:《时间概念史导论》,商务印书馆 2009 年,第 257 页。

文物说话，且融入人民日常生活的最大障碍。与此相对，"文物说"的视角建立在存在论基础上，文物带着自身的故事经由历史时间延续而来与我们相遇，我们需要它再度成为寰世之物，融入我们当下的生活世界。为此，在新的"文物说"类型的节目中，文物与人共同参与叙事演绎场景的建构，且彼此的位置相对于传统模式而言是颠倒的。在《唐宫夜宴》《金面》《洛神水赋》等新型节目中，文物成为居于主角位置的讲述者，而人则降维成了一种媒介，文物的故事或者它与人的照面纠葛都通过演员的表演来呈现。这种拟人化的表演使得文物不再沉默不语，在技术提供的条件下实现文物与人的跨时空交流互动，正是人的媒介化使得文物与人合二为一，文物也由此得以活化为大众所熟悉的"上手"之物。

三、文物存在的技术"解蔽"分析

"技术是一种解蔽方式。技术乃是在解蔽和无蔽状态的发生领域中，在无蔽即真理的发生领域中成其本质的。"①一切存在者都不是直接现成在手，而是需要我们开启一个无蔽领域使其可以如其所是地显现，解蔽方式就意味着使存在者进入无蔽状态的方式，也就是一种可能性开启的方式，而技术则为这个无蔽领域的开启提供了可能。新技术的发展为作为历史之物的文物和作为此在的人之间跨越时空区隔，克服对象化和主客观对立而照面遭遇的演绎提供了可供性（Affordance）。技术可供性是学者 Gaver 于 20 世纪 90 年代提出的概念，用以描述行为主体与所他处的技术环境间的连接关系，新技术为行为主体通过技术提供可能性而不是直接产生结果，而人则在技术提供的"可能"与"限制"之间寻求平衡，以自身行为产生实际的结果。②

在技术可供性视域下，物的行动即其向我们呈现自身的方式，受到技术媒体的中介影响，不同的技术为文物类电视节目的创作与演绎提供了多样的可

---

① ［德］马丁·海德格尔著，孙周兴译：《演讲与论文集》，生活·读书·新知三联书店 2005 年，第 12 页。

② Gaver，W. W.. "Technology Affordances". *Conference on Human Factors in Computing Systems*，CHI 1991，New Orleans，LA，USA，April 27 — May 2，1991，Proceedings 1991，p.80.

能，随着技术的不断演进与发展，技术提供的现实可能性使得节目得以在更加自由的创作空间中对文物进行"解蔽"，创作者得以围绕着"技术—人—文物"三个要素不断进行创新，演绎出文物与人之间的遭遇纠葛，从而推动传统文化的创造性转化及创新性发展。由此，文物类的电视节目也在不断地进行创新和迭代，由原来从此在视域下出发去对历史文物进行解读和演绎的"说文物"，逐渐演变到了在新技术所呈现出的物的历史时空幻境中，历史存在的文物和此在当下的人各自超越彼此的视域局限，实现彼此的相互理解和领悟深化的"文物说"。

　　"文物说"是用技术的"解蔽"作用，通过创造性地诠释设计，创造"寰世"场景，演绎人与物之间的遭遇纠葛。技术作为一种"解蔽"方式，为"文物说"提供了文物修复、文物利用以及文物演绎的可供性。首先，文物具有脆弱性、唯一性、不可再生性，这些特性增加了文物保护利用的难度，限制了文物的活化和传播。文物的数字化保护与修复工程是文物类节目得以创作和演绎的基础，三维扫描、虚拟现实等技术为文物提供了一套可编辑、可复制甚至可修改的数字影像资料，不仅可以在不破坏文物原物的基础上对文物进行创造性呈现，还可以针对一些因自然、物理等因素而出现暗沉破损的文物进行数字化修复和光泽处理，而这些数字影像资料则是"文物说"得以演绎的基础和前提。其次，出于对文物的保护的考虑，在进行"文物说"拍摄演绎时常常会对文物的利用进行一定的限制，而虚拟现实技术、全息成像的技术可供性则为文物的利用提供了虚拟"在场"的可能，在文物保护的基础上增强了对文物的利用。最后，由于文物是无生命的，我们无法要求文物像人一样与我们进行语言或肢体交流，而 AI 多模态动捕系统的可供性使得人们能够利用其对人类的动作、表情进行捕捉，从而赋予文物以"生命"，使得文物可以与人实现双向模拟互动，为文物的演绎提供互动感和生命力。新技术的不断发展为人和文物之间的演绎方式提供了更多现实可能性，人可以通过不同的技术"操劳"方式与物发生关系，形成勾连的场。在此过程中，文物不再只是此在用于观看或研究的对象，而是融入鲜活的事件当中，在技术赋予的可能性当中实现文物与人之间的遭遇纠葛。由此，物的历史时空和存在史不仅得到揭示，而且还以艺术和审美的方式得以呈现。

四、技术可供性视域下"文物说"类节目的演绎特征分析

新技术的发展为"文物说"的演绎提供了更加自由丰富的实践空间，在虚拟现实技术、AI多模态动捕系统等技术可供性下，文物类节目从表达方式、叙事视角、舞台技术、文物与人的关系以及演绎效果等多方面都发生了改变。新技术赋能下，作为历史存在的文物得以与此时此刻的人在文物符号所构建的历史文化空间中演绎遭遇纠葛，共同作为节目主体描绘出文物与人"天人合一"的和谐场景，物的历史时空和存在史不仅得到揭示，而且还以艺术和审美的方式得以呈现。

（一）舞台技术：从叙事空间到叙事内容

"说文物"类文物节目多是采用具有现代感的演播厅，采用现场访谈的方式或是采用实景拍摄的方式，直接对留存于世的文物进行拍摄记录，展开文物文化的讲解，这是一种"独白式"的文物传播方式。随着新技术的发展，以《国家宝藏》为代表的真人秀型文物节目开始涌现，这类文物节目更像是由"说文物"向"文物说"演变的过渡产物。它融合了传统的独白式的文物展示与介绍，在此基础上通过真人扮演的方式去演绎国宝的"前世今生"。即它将原来的口说历史升级为戏剧性演绎，这时文物类节目的拍摄场地已经由原来的实景演播厅或博物馆、文物遗址等逐渐过渡为由人工打造出来的历史演绎舞台。然而，这时的演绎舞台充斥着科技感与人工感，它虽与我们比较日常化、现代化的演播厅区分开，但是身穿近现代服饰的主持人与讲解员还是让文物节目呈现出很强的历史割裂感。而"文物说"的演绎方式则主要是以舞台表演为主，在大型高清显像技术可供性下为文物的演绎塑造了一个立体化、影像化、环绕型、沉浸式、交互式的三维立体影像空间；融合 VR、MR、AR 等虚拟现实技术的 XR 技术，通过数字图像处理技术与即时渲染等技术所打造的影像空间不仅成为"文物说"演绎人与文物遭遇纠葛，承载文物信息内容的虚拟物质载体，更是成为"文物说"文艺作品本身的一部分，成为文物演绎中不可或缺的一部分。虎年春晚节目《忆江南》以跨越六百多年历史的传世名图《富春山居图》为原型，通过 XR 技术、CG 动画技术等影像技术打造出一个 180°高仿真、高沉

浸、可穿越、可互动的舞台场景，由现代人所扮演的读书人、樵夫、渔夫和江南女子等人穿梭在画中，将一幅"人在画中游"的"天人合一"视觉盛宴呈现在大众眼前。此时，新技术以文物符号为基础所构造出的文化历史空间成为历史与文物用于交流沟通对话的叙事空间，现代人穿梭在文物所连接的寰世之中，与文物进行演绎互动交流，而这一切则共同构成了文物的"音舞诗画表演"，同时传达给屏幕前的观众。在新技术的赋能下，文物的叙事空间变得更加的仿真且具有沉浸感，"文物说"以文物符号为基础创造一个寰世场景，文物与人在其中邂逅交流，新技术构建了文物表演的叙事空间，同时新技术也成为文物叙事演绎的一部分，这个极具沉浸感的数字虚拟仿真历史空间成为叙事表演内容本身。

（二）语言表达：从文字语言到视听语言

虽然"说文物"与"文物说"都是通过影像媒介进行创作表达，但是在对文物的具体表达方式上却存在着一定的偏重。"说文物"类文物节目通常会采用"言语"即文字的方式进行文物文化的表达。"说文物"借助主持人、嘉宾或专家等现代人之口又或是旁白等方式对文物的一些特性或历史进行介绍，节目的重心在于"说"，即口说历史、口鉴国宝，通过人的语言将文物的信息单向性、灌输式地传达给观众。它更像是文物书写历史的口语化表达与影像化复刻，其保留了言语传播的诸多特点。它需要将文物所连接的寰世即彼时彼地的古人及其社会环境与生活经验等转换为文字符号，因而"说文物"类文物节目颇具抽象化、概念化和精英化的特征。随着新技术的发展，文物类节目的演绎方式也在不断发生着改变。虚拟现实技术、CG 动画技术以及 AI 多模态动捕系统等技术的技术可供性为文物的演绎提供了一套可复制、可修改、可重构的历史数字影像系统，文物的演绎可以变得更加影像化和视觉化，不再局限于口述文物历史，而是以一种更加精彩的视觉演绎方式呈现。"文物说"类文物节目通常是采用"视听语言"来完成文物与人的邂逅演绎，与文字语言相比，视听语言更加场景化、具象化和趣味化。它将文物所连接的寰世通过以 XR（拓展现实）等为代表的虚拟现实技术重现出来，将历史画面重新还原于舞台，通过当代人的文艺表演以完全视觉化的方式演绎出文物与人的遭遇纠葛。整个画面极少使用文字语言，但极具视觉效果，是以一种完全视觉化的方式进行演绎。

就如虎年春晚节目中的《金面》,其演绎的重点不在于口说历史,而是通过颇富动态韵律美的舞蹈动画,生动诠释出此时此地的当代人与作为历史存在的文物在一个梦幻的场景中的邂逅与表演。通过颇具沉浸感、交互感的新技术塑造出混合虚拟与现实的盛大场面,将观众代入文物所连接的寰世之中,使其身临其境地体验文物历史。节目利用 AI 多模态动捕系统去捕捉现代人的外貌、神态及肢体动作等,并将这些人类特有的一些生命特征赋予文物,由此青铜器化身为可以牵手跳舞的“拟人”形象,与现代人展开一场跨越时空星河的浪漫表演。表演在震撼人心的音乐烘托下,通过视听语言将文物及其所承载的彼时彼地的存在与意义表达出来,观众可以沉浸体会自身所处时代与文物所处时代的跨时空交流。它改变了以往“说文物”以说历史、讲文物为主的叙事演绎特点,通过影像化的方式将历史与文物的种种复现在当代人眼前,在虚拟现实等技术的可供性下实现文物类节目的创造性表达演绎。

(三)叙事视角:从全知视角到内在视角

全知视角是传统上最常用的一种视角模式,该模式的特点是全知叙述者既说又看,可从任何角度来观察事件,可以透视任何人物的内心活动,也可以偶尔借用人物的内视角或佯装旁观者。[①] 最开始的“说文物”类的文物节目多采用全知视角,以现代人的视角去对历史之物进行诠释,或站在当下将文物作为现成事物进行鉴赏和点评,或与专家进行访谈互动讲述文物的历史。主持人或者专家等当代人站在全知的视角对文物节目整个过程实现全局掌控调配,叙事者置身事外以全知视角讲述文物的来龙去脉与特点特性,十分客观理性。但这种演绎方式更像是一种单向的奔赴,文物站立在彼时彼地由人单向地趋近和解读,颇具人类中心主义论调。“文物说”类文物节目多采用内在视角,其聚集于作为叙述对象的文物和人,而非叙事者,比起全知视角的客观讲述,这样的叙事视角更加有代入感和真实感。加之数字影像技术的技术可供性可以实现文物与人的同台共演,文物和人共同参与到文物节目表演当中,一起将文物及其聚集的彼时彼地的社会面貌、人文历史等演绎出来。这是一种第一人称叙事情景,没有客观的介绍与旁白,纯粹是通过舞蹈音乐将文物所连

---

① 申丹、王丽亚:《西方叙事学:经典与后经典》,北京大学出版社 2010 年,第 95 页。

接的寰世进行复现,观众仿佛切身进入文物与人演绎的画面当中,有身临其境之感。虎年春晚舞蹈节目《金面》中,现代人进入博物馆触碰到青铜文物那一刻,青铜文物化身为戴着面具的历史之人,而现代人也随之穿上了与其相似的服饰进入文物所连接的寰世之中一起跳舞。整个表演的叙事是以去参观的当代人视角为主,围绕着其邂逅的青铜器展开,双方共同演绎出三星堆的故事。这样的叙事表演不同于以往"说文物"类文物节目客观全知的叙事视角,而是以一种具有沉浸感和代入感的视角展开故事。这种叙事方式更像是从两个视点出发,即从文物这个历史之物以及此在当下活生生的人两个视点入手,借助新技术实现人与文物的跨时空邂逅交流,演绎出文物与人的遭遇,以达成"天人合一"的视觉盛宴。文物和人都站在各自的基础上超越其各自的视域实现了伽达默尔哲学解释学所提出的"视域融合"。"文物说"采用第一人称视角展示故事演绎,使得观众可以身临其境地穿越到文物所连接的寰世之中,一起体验和感悟文物所聚集承载的厚重历史与文化精神,人不再从"全知""万能"的上帝视角对无生命的文物进行客观性的介绍与解读,而是切身参与到文物的叙事演绎当中,共同感受文物的历史。

(四)演绎关系:从主客对立到天人融合

一直以来,"说文物"类文物节目多采用展示介绍或记录的方式对文物的历史与特性进行解读,即以此时此地的当代人的视角围绕着文物这个无生命甚至带着点年代感的对象进行一个客观介绍或解说。可以看出,传统"说文物"类文物节目一直采用一种"主—客"对立的方式对文物进行解读。诚然,文物作为无生命的物,它不具备交流性与主体性,我们无法要求像对待人一样对待器具、书画或遗址。然而文物和普通的物不同,它是千百年来一代又一代人的智慧、精神与文化等内容的物质依托,它是当下活生生的人与异时空的祖先们沟通和解读的物质载体。文物具有聚集功能,这种聚集连接着当下意义和历史时空中所发生的存在即文物所在的历史时期人们的生活及经验,是我们与古人进行交流交往的主要载体。因而我们不能仅仅将文物视作为和人具有差异、被动等待解读的对立的存在,而应当将其纳入文物与人交流的实践当中。"文物说"类文物节目不再将文物作为无生命的、对立的、等待被解读的客体,而是让文物与此在(人)一起成为文物类节目的叙事主体,参与到节目演绎之中。在这一演绎中，文物因技术而获得了"生命"，并借助于演员的艺术化表演"开口说话"，只不过文物的"开口说话"不再局限于传统的文字语言表达，而是通过更加丰富震撼的视听语言传达给观众。在技术赋能与艺术表演的交互作用下，无论《金面》中与当代穿越者共舞的青铜人，还是《只此青绿》中当代人用身体演绎的古代图像，都不再是被静置展示且等待介绍的客体，而是参与到文物活化的叙事演绎中的共同主体；文物与人的关系也从原来的主客分离状态演变成"物我齐一"，相互成就的关系。

（五）演绎效果：从精英科普到大众日常

不管是"说文物"还是"文物说"，本质上都是希望通过拥有数量级受众的媒介对以文物为代表的中华优秀传统文化进行活化与传播，从而引起大众的注意，主动了解以文物为代表的中华优秀传统文化。即无论是"说文物"还是"文物说"，它都是通过一定的媒介去传播和表达文物所承载的中华优秀传统文化与美学精神，并收获一定的传播效果。

著名媒介学家尼尔·波兹曼曾提出"媒介即隐喻"[①]说法，认为不同的媒介技术隐喻着不同文化类型和社会生活方式。以科普介绍为主的"说文物"类文物节目更加注重语言的主体性，即通过文字语言以非常直接线性的方式，将文物及文物所承载的历史与记忆以语言的方式传达给大众，这是一种精英化、专业化的文物类节目。这种文物传播方式在同样的时间可以传播出更多且更加专业的文物知识，但这样的演绎方式同样也显得比较精英、抽象和枯燥，与大众的日常生活和语言接受习惯存在一定的距离，其收视和传播范围也会更加集中在小圈子内。影像技术的技术可供性为文物的影像演绎表达提供了可能，"文物说"文物节目更多的是利用文艺作品形式包括舞蹈、音乐、舞台剧等多种方式来对文物进行演绎，从而将文物所连接的寰世表达与传播给观众。影像媒介所建构的画面更加具象化，具有场景性和直观性，这让媒介里的世界看起来更接近现实生活中的三维世界，大大节省了人们理解和解读信息意义时所耗费的精力和单位时间。[②] 它不需要观众有较高的文化知识水平与艺术

---

① ［美］尼尔·波兹曼著，章艳译：《娱乐至死》，广西师范大学出版社 2004 年，第 12—13 页。
② 王颖吉、时伟：《从书写到影像：文化典籍的媒介转化与影像表达——以〈典籍里的中国〉为例》，《中国编辑》2021 年第 8 期，第 55—60 页。

鉴赏品味，打破了文字所塑造的文化等级区隔，"一目了然"的视觉画面更容易为更多的观众所注意和接受。此外，虚拟现实技术的加入可以引导观众身临其境地进入"文物说"节目所创造的人与文物邂逅演绎的历史空间当中，十分具有沉浸感和真实感，可以有效提高观众的收看体验。从河南卫视出圈的"唐宫夜宴"到走出国门收到海外网友点赞的《洛神水赋》再到今年虎年春晚大受赞誉的文物类节目《只此青绿》《金面》《忆江南》，无不反映出视觉化文物传播方式的传播力和影响力。从以言语为主体的"说文物"到以文物演绎为主体的"文物说"，不仅仅是演绎方式的改变，还是文物类节目从精英化科普化走向大众化走进观众日常生活的演变。在新技术的赋能下，"文物说"以极具震撼和沉浸感的视觉效果及通俗的演绎方式突破了文物原本囿于小圈子的传播方式，走进大众的日常生活当中，吸引更多观众了解文物历史，积极传播文物文化。

五、文物说的局限性与未来之思

　　海德格尔在指出技术作为一种解蔽手段的同时，也提醒我们注意古代技术与现代技术之间的差异，及其所产生的社会后果。古代技术的解蔽方式是关爱照料式的自然解蔽，它可使事物如其所是那样以本真的形式呈现出来，人与天地自然乃至世界万物在此一解蔽实践中达成和谐共处的状态。而新技术时代的解蔽则是一种促逼的方式，它不仅推进自身逻辑，达成人们的目的，也反过来参与到对人和世界的反向塑造过程。"文物说"类节目虽然在虚拟现实技术等技术可供性下塑造出文物与人跨时空遭遇纠葛表演从而实现对文物存在的技术"解蔽"，但在对文物进行"解蔽"的同时，人的创作行为以及创作结果也在受到技术逻辑的强制性影响。以文艺表演为主要呈现方式的"文物说"一方面由于制作难度较高，所以活化和演绎的文物数量与范围都比较有限；另一方面，"文物说"缺乏语言文字的维度，因此很难像"说文物"那般承载更有深度的解释。"文物说"更多的是用形象和隐喻来表达文物所连接的寰世及其所蕴含的精神思想，这种表达方式大多只可意会不可言传，在知识信息传达层面不如"说文物"来得丰富翔实。不仅如此，以"沉浸感""交互性"和"想象性"著称的虚拟现实技术所带来的炫酷画面也会在一定程度上消解文物历史的严肃性和客观性，无可避免地陷入视觉化、娱乐化的窠臼。视听语言的展示并不能展示文物历史的全貌，它最根本的还是起到了一个吸引大家关注和了解的作用。而我们若想要更加深入地了解与体会文物所连接的寰世还需要进一步地去对文物的相关史料记载进行补充。

随着新技术尤其是以元宇宙概念为基础的未来新技术的发展，人与物的连接将变得愈发紧密，文物会越来越呈现与人之间的遭遇纠葛，而非仅仅只是一个被研究、被观看的客体存在。未来或许会出现演绎方式更加丰富的"数字博物馆"，将"说文物"与"文物说"不同的演绎方式都聚集在文物本身，每一个文物都可以自己"开口"说话，主动与观众交流，演绎自己的历史；文物与人的互动也将不再局限于纯粹的语言讲述或舞蹈演绎，而是以更加多元的方式引导观众与自己形成互动和融合。在此基础上，当技术将文物所连接的寰世之境及其意义向我们更大程度地敞开之时，它便不再只是一个用以研究、观察甚至把玩的对象，而是融入人们日常生活，重新成为人们日常使用的"上手"之物。

（王颖吉，同济大学艺术与传媒学院教授；邓杰灵，同济大学艺术与传媒学院硕士研究生）

From "Talking about Heritage" to "Heritage Talking": an Analysis of the Transmutation of Cultural Relics Programs in the Context of New Technologies

Wang Yingji　Deng Jieling

Abstract: The traditional culture represented by cultural relics in the new media era is undergoing wonderful technological innovation and cultural interpretation practices, from the *National Treasure Archive*, *National Treasure* to the *The Journey of a Legendary Landscape Painting*, *Golden Face* and many other excellent cultural programs. Cultural relics program format gradually evolved from the original "talking about heritage" mode into the "heritage talking" mode. The "heritage talking" uses the "dialogue between things and me" approach and visual language to express the encounter between cultural relics and people, so that cultural relics and people together constitute a narrative scenario, and integrate into the world of daily life, in order to achieve the realm of interaction between cultural relics and people. In the context of the Technical Phenomenology, this paper first clarifies the trends of cultural relics discourse and activation due to technical affordance and un-concealedness, then analyses the interpretative features of the "heritage talking" model, and finally explores the future development path of heritage programmes.

Keywords: Heritage Talking ; Talking about Heritage; Unmasking; Transmutation

男人养成记:虎扑篮球趣缘群体话语生产中的男性气质与身份塑造

战泓玮

摘要:网络趣缘群体是网络个体进行文化传播实践中巩固、联结和维持社会关系的重要部分,它在打破了地缘与现实身份差别的同时又构筑起了新的边界。基于共同的篮球爱好和相同的性别而构筑的虎扑篮球趣缘群体,其话语生产蕴含着不同于其他平台和群体的社会意义。本文以虎扑篮球趣缘群体为研究对象,从笔者在线参与 NBA 赛事讨论和互动等来分析群体的话语生产及身份塑造过程。在群体话语生产过程中,男性气质的再生产建构了趣缘群体的主体,其主体一方面构造了"球迷"个体的身份,另一方面又在球迷个体身份的基础上壮大力量及制造意义,塑造了男性身份。通过不同情境的身份、角色转换,最终形成"是球迷也是男人"的双重认同。

关键词:男性气质;虎扑社区;篮球趣缘群体;话语生产;身份塑造

在互联网环境下,社会生活和社会结构发生巨大变化,推动了个人生活的媒介化和社会结构的网络化,个体以网络社交互动的形式来进行日常主体间的交往。在社交互动过程中,不同的个体以身份与兴趣为基础汇聚成网络趣缘社群,成为网络空间中最为普遍的群体形式。① 在趣缘群体中,人们对认同感和自我意义的追寻更加热情和具体,并借由社会网络的便捷付诸行动。②

号称"直男"聚集地的虎扑平台中,近九成用户为男性,是当前国内为数不多的以男性为主的泛体育领域社区。从 2003 年诞生起,虎扑平台就开始聚焦于 NBA 赛事和篮球运动,但之后也呈现出对情感、生活等多元类型内容的关注。不同的兴趣爱好、行为取向使得社群出现新的划分,形成了基于兴趣爱好、价值取向等趣缘关系的不同趣缘群体。篮球赛事作为平台从诞生至今颇受关注的核心主题,聚集于虎扑社区中篮球版块的趣缘群体可以说是平台中具有代表性的群体。有趣的是,他们不只基于一种传统"球迷"粉丝行为而聚集进行互动,也基于自身男性立场通过各种形式的发帖与回帖来进行自我身份的类型化与范畴化生产。本文之所以要针对虎扑篮球趣缘群体展开研究,不仅是因为这是网络技术赋权运动带来的一种文化现象,还因为在参与话语实践的过程中,具有男性特质的虎扑篮球趣缘群体的话语生产蕴含着不同于其他平台和群体的社会意义。

已有少量研究针对虎扑社区的男性气质、社群形成机制、价值观认同等方面进行了探讨,但鲜有文献聚焦于虎扑社区中的篮球趣缘群体这一对象去探讨同性间的交往互动过程,也未诠释作为一个充斥着男性气质的网络社群,其身份是如何塑造的。对此,本文以虎扑篮球趣缘社群为研究对象,结合研究者的参与式经验③,试图揭示虎扑篮球趣缘群体话语生产过程中的群体形成、男性气质建构及身份塑造过程。

---

① 罗自文:《青年网络趣缘群体的构成要素及其引导策略分析》,《中国青年研究》2014 年第 8 期,第 64 页。

② 刘义军、周升扬:《身份认同的趣缘群体话语传播策略——基于 B 站恶搞视频评论区的文本分析》,《当代传播》2020 年第 6 期,第 91 页。

③ 本文将虎扑篮球趣缘群体用户发布评论的文本/语篇视为一种话语实践,并透过以"参与式观察为主、文本分析为辅"的方法收集质化资料。笔者作为虎扑社区用户对 NBA 版块在 2021 年 1 月—7 月出现的核心议题进行观察整理,然后围绕其中 NBA 版块-赛事资讯热度较高的贴子的评论文本内容进行分析。

一、类聚与群分：虎扑篮球趣缘群体的创建与形成

趣缘群体的研究历时已久，所谓"趣缘群体"，主要是指经由共同兴趣爱好、价值取向等趣缘关系结合起来的社会群体①。作为传统社群在互联网平台的延伸，网络趣缘社群将人们联合到了一个不受地域限制的新的兴趣社群中，形成了以兴趣和情感为核心的趣缘"圈子"进行信息的交流和分享。② 其中，虎扑篮球趣缘社群的创建与形成离不开共同的兴趣、个性特征与所持有身份的作用。

（一）共同的兴趣

"物以类聚、人以群分"，虎扑社区不同的板块下凝聚着不同兴趣的群体，基于对篮球运动的热爱，虎扑篮球趣缘群体汇聚到篮球频道，对篮球运动保持着浓厚兴趣。大多数成员受所支持的主队及所喜爱的球星的影响，是特定的球星或球队的追随者，通过 NBA 或 CBA 版块关注篮球赛事资讯，支持喜爱的球队球星来形成群体的聚合。群体成员还通过发布或评论贴子的方式参与话题讨论，将自己作为"懂球帝"来表达对篮球知识、球队阵容和战术的个人独特见解，以满足自我交流欲望与兴趣需要。

（二）相同的性别

有学者指出，社会的长期规训与"赋权"使得两性在体育参与上呈现出差异，女性的生理性别与社会性别特征更多地被描述为柔弱、感性、依附的，而男性更多地被期待为坚毅、果断、好胜的。篮球作为具有一定强度的球类运动充斥着强壮的身体符号，这对崇尚力量与速度的男性群体而言具有格外的吸引力。此外，作为一项竞技体育，比赛胜负也符合男性群体求强好胜的心态。因此，对本身男性居多的虎扑社区而言，其中的篮球趣缘群体也基于相同的性别形成了对强健体魄的向往、对热血硬朗的体育崇拜，他们在互动过程中表现出的"男人味"，强化了他们的外在吸引力，彼此交流起来更为融洽。

---

① 蔡骐：《网络虚拟社区中的趣缘文化传播》，《新闻与传播研究》2014 年第 9 期，第 6 页。

② 尹金凤：《"层级化"视野下的网络趣缘文化传播》，《湖南师范大学社会科学学报》2020 年第 6 期，第 84 页。

(三)身份的形成

迈克尔·赫克特(Michael Hechter)将身份视为个人与社会的连接点,认为身份就是确定你在不同群体中"会员资格"的一个"代码",是与他人在社会互动中建立起来的。[①] 一方面,篮球趣缘群体基于共同的篮球爱好、相同的社区空间形成共同的文化身份;另一方面,是基于相同性别而形成的男性身份。这个过程中,成员会使用诸如"MVP""YYDS""牛掰"等网络流行语作为交往的中介,还会更进一步地使用"顺位""护框""协防""抢断""封盖"等"圈内行话"来表达身份并形成身份的区隔。

简言之,虎扑篮球趣缘群体在共同兴趣爱好、相同性别的基础上进行了自我归类,以"虚拟在场"的方式通过发贴、点亮、评论等操作与他人进行互动,从外部特征构筑了"我群"与"他群"间区隔的边界。在外部边界形塑的同时,趣缘个体通过自我身份的话语生产,也在塑造着无形的内部边界。在话语互动过程中,虎扑篮球趣缘群体还受性别特质的影响,定位主体位置,内化群体意识,接受群体的行为规范,以产生较为持久稳定的集体意识和身份认同。

二、主体建构:虎扑篮球趣缘群体男性气质的再生产

男性气质的概念形塑与实践为性别体制、社会结构与文化传统所影响,是一个相当具有关系意义的概念,其主导性男性气质在中文里大概可以与"阳刚之气""大丈夫气魄""男子汉气概"相对应。首先,它面向和针对男性本身并反对女性特征[②],从男性内部确立自己的男性身份。其次,男性气质并非与生俱来的品质,而是在社会互动、社会实践的过程中形成。[③] 男性间的主体交往是性别认同与男子气质建构的重要场域,是权力展现、价值观与意识形态实践的重要过程。[④] 虎扑社区作为当前国内为数不多的以男性为主的泛体育领域社

---

① 郭瑾:《社交媒体与新中产阶层社会资本的再生产》,社会科学文献出版社2018年,第140页。

② [法]皮埃尔·布尔迪厄著,刘晖译:《男性统治》,中国人民大学出版社2012年。

③ Connell, Robert W.."Understanding men: Gender sociology and the new international research on masculinities". *Social thought & research*, Vol. 24, No.1/2 (2001), pp.13-31.

④ 台湾女性学学会、张盈堃、吴嘉丽:《阳刚气质:国外论述与台湾经验》,巨流图书股份有限公司2012年,第3—42页。

区,在话语生产过程中建构起了一种以"直男"为中心社群的核心文化认同,逐步发展起值得深究的男性气质。[①]

篮球运动,是一项注重力量和实力的运动。篮球赛场是充满竞争与控制、赋予身体力量和社会性别权力等级的场域。对于球员而言,篮球对速度、耐力、弹跳等竞技要素要求较高,需要强健的体魄和优秀的篮球技能,因此更偏向具有强大男性气质的男性。从球迷来看,女子 NBA 篮球运动的球迷数量大大少于男子 NBA 的盛况[②],暴力、狂热的属性对男性球迷而言更具吸引力。在面临不断增长的适应性别角色和力量关系变化的需求上,女性因被赋予"照料者"角色而被排除在体育迷之外,男性很大程度上继续"拥有"体育并是其最大的消费者。[③]

肖恩·尼克松(Sean Nixon)在《展现男人味》一文中提到,特定男性气质的聚合有赖于"观看"这一动作,[④]男性球迷通过对篮球赛事的"观看",来凝聚自身的男性气质。例如用户在观看太阳主场迎战雄鹿的比赛中,"字母哥"扬尼斯·阿德托昆博出战 18 分钟,获得 10 投 5 中,得到 12 分 8 篮板 1 助攻 1 抢断 1 封盖,用户对"字母哥"的实力不乏溢美之词,评论道:"字母真的很强了。""真的,好多次了,字母哥这还是受伤复出,雄鹿唯一能打的。"在第二节第一次进攻中,太阳全队积极倒球,最后德安德烈·艾顿接队员传球,上篮造成 2+1,用户对于团队的竞技精神进行了评价:"五个人来回倒腾,直接把雄鹿传晕了,真团队篮球的经典配合。""这回合看得真过瘾,全队转移球的速度堪比极速飞车,耐心而又合理,真好啊。""太硬了,这球打得好,不停地传切,只为找到最佳的机会。"在观看赛事的过程中,趣缘群体形成了包含体育赛事的热血感、团队的集体竞技精神和球星硬汉形象的崇拜和认同,并通过话语来建构自身意义和有效的主体位置。

---

① 梁成林:《焦虑的"直男"——虎扑网络社群的男性气质分析》,《中国图书评论》2020 年第 1 期,第 20 页。

② MacNeill& Margaret. "Women, Media and Sport: Challenging Gender Values". *Canadian Woman Studies*, Vol.15, No.4 (1995), pp.122-123.

③ [美]劳伦斯·文内尔著,郭晴译:《媒介体育、性别、体育迷与消费者文化:主要议题与策略》,《成都体育学院学报》2012 年第 3 期,第 7—15 页、第 20 页。

④ [英]斯图亚特·霍尔著,徐亮、陆兴华译:《表征:文化表象与意指实践》,商务印书馆 2003 年。

　　英国文化研究学者斯图亚特·霍尔(Stuart Hall)指出:"个人可以在社会阶级、出生、种族和民族特征方面各不相同,但他们只有认同话语建构的那些位置,使他们自己受制于其规则,并因而成为其权力知识的主体,才会取得意义。[①] 在篮球趣缘群体的话语建构中,发贴者与评论者共建了话语的表述结构和表述方式,众多转贴者跟贴者在话语生产中扮演了重要角色,这些参与者通过对于赛事活动和球星球队资讯的讨论,来建构男性主体的性别认同与男子汉气质。对于男性权力主体之外的个体或为趣缘群体主导男性气质所排斥和边缘化的群体往往并不被认可。例如,2019 年 1 月 NBA 邀请中国歌手蔡徐坤与"字母哥"阿德托昆博、克莱·汤普森和利拉德 3 位球员联袂拍摄了贺岁宣传片,蔡徐坤受女性追捧的中性化男性形象,引发了虎扑社区篮球趣缘群体的热议。在虎扑中看来,稍显"柔弱"与"娇气"的"娘炮"形象不符合崇尚竞技、实力和男性荷尔蒙的雄性气质,无法体现、融入居于支配地位的霸权男性气质,球迷们通过在贴子中附上自己的"肌肉照",来拒斥"娘炮"式的气质,还有球迷评论:"啧啧,如果这水平能进小学女子篮球队,我就跳江。""不能请个硬气点的吗? 女粉有几个看 nba?"当弱势男性或偏重女性的力量渗透到男性主导的社会体系之中,篮球趣缘群体认同了混合着男性力量的篮球赛场的霸权男性气质,通过性别建构和社会化的过程而进行自我内化,在男性的位置上完成社会化性别的生产。而这种男性化的思维方式正是虎扑群组的群组文化特性,有时甚至会刻意排除一些女性主流的价值观论调,来保护虎扑以男性为主的群组特质。[②]

三、是男人也是球迷:虎扑篮球趣缘群体主体身份的双重构造

　　网民身份的建构与认同是网络社区中网民互动成败的关键内容之

---

　　① [英]斯图亚特·霍尔著,徐亮、陆兴华译:《表征:文化表象与意指实践》,商务印书馆 2003 年。
　　② 邹欣、李佳铭:《共享图式的建构:网络群组文化生成机制研究——基于虎扑"直文化"演变的观察》,《现代传播(中国传媒大学学报)》2021 年第 3 期,第 147—153 页。

一。① 身份既关乎意义生产的主体对于"我是谁"的认识论意义上的理解,也关乎不同群体如何在各类文化话语中被再现(represent)的差异政治(the politics of difference),是我们理解当代文化现象的关键所在。② 而虎扑社区中的篮球趣缘群体在话语生产中不仅仅体现一种男性气质的生产,其也在进行一种身份的塑造,这种身份并非一成不变,而是基于我们对自身做出描述的持续不断的过程。

(一)是球迷:个体崇拜塑造的拥趸身份

亨利·詹金斯(Henry Jenkins)认为"迷"是"狂热地介入球类、商业或娱乐活动,迷恋、仰慕或崇拜影视歌星或运动明星的人"③。球迷一般是某位球星或球队的拥趸,与电视或现场观看比赛的球迷相比,网络球迷的主动性和互动性更强,其通过在社交媒体上进行赛事评论、实时互动等行动来建构自己在网络空间的数字形象,塑造自己的数字身份。④ 虎扑社区篮球趣缘群体就是由篮球迷聚集到一起,并进行赛事评论和互动交流的群体。

虎扑篮球趣缘群体在互动讨论的同时,群体内部根据个体的喜好和偏向进行了划分,通过对不同的球员和球队的支持来表明自己的身份。从篮球NBA版块来看,其版块内部划分了湖人、火箭、勇士等以不同球队命名的专区,以此来形成自己的球迷领地。截至 2021 年 6 月 30 日,仅"凯尔特人"一个专区,成员数就达到 902023 人,贴子是 37794 个,专区的介绍就是:"凯尔特人绿衫军的球迷大本营,我们都爱这个球队……"有的球队专区甚至明确禁止无关内容的讨论,如湖人队就在专区介绍中明确"无关内容请移步湿乎乎话题区,违反将删除"。不难看出,球队的球迷具有一定的"领地意识"和"认同感",甚至通过删除无关贴子来确立主体球迷身份。

从球迷的个体看,一部分球迷会将自己的昵称加上球星或球队的名称来建立自己的球迷身份,比如"CP3 是保罗呀""勇士全明星 FMVP 怀斯曼""自

① 江根源、季靖:《网络社区中的身份认同与网民社会结构间的关联性》,《新闻大学》2014 年第 2 期,第 83—92 页,第 105 页。
② Hall, Stuart, and Paul Du Gay, eds. *Questions of cultural identity*. Sage, 1996.
③ Henry Jenkins. *Textual poachers:television fans and participatory culture*. Routledge, 1992, pp.277-281.
④ 徐琬玥、张德胜:《数字时代球迷的虚拟在场与社交表达》,《新闻与写作》2021 年第 5 期,第 95 页。

由湖人球员戴维斯"等。球迷如果在所属专区互动活跃度进入前五百还会获得球迷专属徽章标识,比如湖人队标识"LAL",火箭队标识"HOU"、勇士队标识"GSW"等。球迷个体进行话语生产的过程也是球迷身份的塑造过程,比如"太阳主场迎战雄鹿的比赛中,太阳主帅克雷格受伤倒下"的消息一经发出,就受到了球迷们的关注,像球迷"太阳当家后卫克里斯炮"评论道:"活蹦乱跳的克老大躺那确实让人心碎。"随后,当报道"克雷格右膝膝盖无结构性损伤"时,球迷们又松了一口气,例如有球迷评论道:"一直放不下心,终于刷到了好消息,克老大早日复出。""睡不着觉一刷虎扑就刷到了我太阳的好消息。"可见,球迷个体用自身的立场和带有主观性的表达,来展示对自己喜欢的球队球星的关注和关心,并与众多的"同道中人"互动,来形成球迷内部的秩序和团结,同时向其他个体展示自己的球迷身份。

(二)是男人:球迷主体再造的群体身份

斯图亚特·霍尔(Stuart Hall)指出,身份更应该看作是一种"生产",它永不完结,总是在内部而非外部构成再现[①],篮球趣缘群体男性气质再生产的过程就是一种社会性别再现,而社会性别的建构是再现与自我再现的结果与过程[②]。基梅尔(Michael S. Kimmel)指出:"男性气质是一种社会规约。我们经常经受考验,建功立业,历尽险阻,只因为我们指望别的男人承认我们的男性身份。"[③]在虎扑篮球趣缘群体中,每个球迷个体在形成自身的"球迷"身份外,还进一步通过在群体内部互相指认,建构男性群体身份。

虎扑篮球趣缘群体聚合了大量的青年男性,整个互动过程充斥着男性荷尔蒙气息。从整个群体角度讲,社会生物学(Socio-biology)作为规则规定了关于两性气质能够被思考和言说的内容,建构起了"有男人味""用实力说话"的男性群体身份,阻碍了人们去认识存在的其他可能性,在某种意义上想象性地虚构了一个绝对强大的男性身份的神话,在这种无意识的召唤下,男人就必须武装或伪装成永不言败的强者。在群体内部,当球员在球场上通过技术和实

---

① 罗刚、刘象愚:《文化研究读本》,中国社会科学出版社 2000 年,第 208 页。
② [美]佩吉·麦克拉肯主编:《女权主义理论读本》,广西师范大学出版社 2007 年,第 203—211 页。
③ Michael S. Kimmel. *The Gender of Desire:Essays on Male Sexuality*. State U of New York Press,2005,p.32.

力取得出色战绩的时候,"技术的、力量的和硬朗风格的男性气质"得以凸显,个体不再是球星或球队的粉丝,而是根据球员的技术或赛事的表现来以"实力论英雄",并据此划定身份。例如,在2021NBA西部决赛,火箭坐阵主场迎战勇士队的赛事中,杜兰特砍下37分,屡屡命中关键中投。群体成员通过发贴分享了自己的感受:"无论是谁的球迷,你不得不承认杜兰特的强","说实话,作为火箭球迷也觉得杜兰特这次打的666",等等。作为社会性别是"男性"的球迷,在话语生产过程中,通过对赛事中球星表现及实力强弱差异进行比较,产生了对"内外兼具阳刚之气"的主导男性气质的依附。球迷依据自觉的、批判性思考的话语实践来重构自身的球迷身份,形成新知识、新形象,制造出各种男性规范、男性理想,从而打造出男性"主体位置"来召唤或驯服男性。[①] 这种男性身份既有身体特征的优越,又有社会性别特征的强势,球迷们的男性身份占据了社会话语规定的主体位置。

(三)是男人也是球迷,虎扑篮球趣缘群体建构的双重身份认同

社会学家华伦·基德(Warren Kidd)认为,"'身份'意味着要'确定'或是'了解'自己到底是怎样的人"[②],而这种确认身份的过程也是建构认同的过程。就身份认同而言,最初身份认同寻求的是作为主体的本质性、同一性,在吉登斯和巴克看来,身份认同并不是一个一成不变的结果,而是一项对自己进行界定的、动态的、持续的过程。[③]

在篮球趣缘群体中,不同情景下话语的多样性决定了主体位置的多样性。一方面,群体以篮球为共同兴趣焦点,根据不同的球队和球星的关注和喜爱,形成不同的球迷身份,并在此身份的基础之上通过互动交流构筑着以"球迷"为核心的身份认同,这种"身为球迷"的内在体验有助于球迷明确自身认知和群体归属[④];另一方面,球迷又受到整个环境和文化的影响,球迷又所属以"男子汉气概"为核心的男性群体,其通过男性气质的再生产来构筑主体的身份。

---

① [英]斯图亚特·霍尔著,徐亮、陆兴华译:《表征:文化表象与意指实践》,商务印书馆2003年。

② Warren Kidd. *Culture and identity*. Palgrave, 2002, p.7.

③ Barker C. *Television, globalization and cultural identities*. McGraw-Hill Education (Asia) Co, 2008, p.7.

④ 徐琬玥、张德胜:《数字时代球迷的虚拟在场与社交表达》,《新闻与写作》2021年第5期,第95页。

掌握话语再现权力的男性主体虚构了强大的男性身份，将他们所恐惧、厌恶、焦虑、担忧、排斥的各种情绪、影像投射给弱势男性或女性"他者"，从而建立自我主体，确立自我归属。简而言之，虎扑篮球趣缘群体拥有"球迷"与"男人"的双重身份，当球员发挥强大的实力和技术优势时，虎扑篮球趣缘群体的男性身份在球迷身份基础上发挥更大的作用，球迷个体往往基于男性主体的立场和阵营的确立来进一步建立起男性身份的认同。

　　无论是球迷身份形成的认同还是男性身份形成的认同，二者都经由社会体系构建，并相互认知。不应把认同看作"事物"，而应看作"关系与表述的体系"。维系一者的认同是一个持续重组的过程，而不是已知物。正如吉登斯（Anthony Giddens）所言："身份认同不是一个确凿无疑的结果而是一项持续进行的工程（project），是关乎个体和群体在历史、当下和未来的情境下对自身进行界定的过程（process）。"①我们需要基于个体和群体的不同情境和不同的互动过程来动态化调适主体的身份和认同关系，并根据不同的标准来构建身份认同。

结语

　　作为受时空限制的传统趣缘群体的互联网延伸，网络趣缘群体基于共同的兴趣在论坛中进行互动交流时，根据物以类聚的相似性原理，形成了一个"想象共同体"。虎扑篮球趣缘群体在此基础上生成，并基于共同的篮球兴趣、相同的男性性别建立边界，形成"我群"。篮球运动本身作为一种追求竞技和力量的运动，深受男性球迷的喜爱。在群体的话语生产过程中，男性气质进行了再生产，表现为对体育赛事的热血感、团队的集体竞技精神和球星硬汉形象的认同，对弱势男性或偏重女性力量的拒斥，通过话语来建构自身的意义和有效的主体位置。在形成主体的过程中，群体成员又根据不同的球队和球星的拥趸形成了球迷身份，当球员表现出强大的实力和技术优势时，球迷个体根据

---

① Coser R L，Giddens A."Modernity and self-identity: self and society in the late modern age". *Social Forces*，Vol.71，No.1(1991)，p.229.

社会性别再现壮大力量及制造意义,进一步构建出自身男性身份。无论是球迷身份还是男性身份,其角色和身份都是成员个人的自主选择,有着一套自己的认同标准。每个个体通过不同情境的身份、角色转换,最终形成"是球迷也是男人"的双重认同。

从以男性为主导的虎扑篮球趣缘群体中,我们还可以看到,男性身份的构建和男性气质的再生产逐渐会发展成为社会层面的群体偏见,这种偏见的主要形式是以权威男性气质为主导,打压、排挤其他边缘性别认同的现象。在这个过程中,男性认识到男性自我的傲人形象,反抗与此相反的破坏性倾向及他的女性倾向。① 就男性力量发挥主导的体育界而言,霸权的男性气质的宰制地位依旧存在,女性主义的兴起以及对性别平等的持续抗争并未取得胜利,身体力量弱于男性的女性和弱势的"男性"等话语自然就成为男性主导力量的附庸,被剥夺了在体育竞技中所应赋予的诸多权力。

(战泓玮,厦门大学新闻传播学院博士研究生)

"Being" Men: Masculinity and Identity Shaping in the Subjective Discourse Production of the Interest-related Group of the Hupu Basketball

Zhan Hongwei

Abstract: As the most common group form in cyberspace, the online interest-related group is an important part of consolidating, connecting and maintaining social relations in the practice of cultural communication by network individuals. It breaks the difference between geographical and actual identities and at the same time builds the new boundary. The discourse production of the Hupu Basketball interest-related Group, which is based on the same basketball hobby and the same gender, also contains social meanings that are different from other platforms and groups. This article takes the Hupu basketball interest-related group as the research object, and

---

① [法]保罗-劳伦·阿苏著,徐慧译:《男性与女性》,福建教育出版社 2013 年,第 66 页。

analyzes the group's discourse production and identity shaping process from the aspects of NBA online participation in competition discussion and interaction. In the production process of group discourse, the reproduction of masculinity constructs the main body of the interest-related group. On the one hand, the main body constructs the identity of the individual "fan". On the other hand, it strengthens and creates meaning based on the individual identity of the fan, and have shaped their male identity. Through the conversion of identities and roles in different situations, the dual identity of "being a fan and a man" is finally formed.

Keywords: Masculinity; Hupu Community; Basketball Interest-related Group; Discourse Production; Identity Building

垃圾弹幕：网络直播乱象成因及治理的博弈分析[①]

高红阳　闫心池

摘要：网络直播行业迅猛发展的同时乱象丛生，而对其背后可能的诱因却缺少深入探索，尤其是对垃圾弹幕诱发违法违规行为的现象鲜有研究。在博弈范式下，观众与观众之间复杂的关系可简化为离散型博弈。在博弈过程中引入非物质激励，设计出适当的制度安排，发送与观看弹幕的观众可以通过举报垃圾弹幕的形式参与治理。网络直播间内生力量被激发，从而实现高效的网络直播间治理。

关键词：网络直播；弹幕；媒介治理；博弈；激励机制

一、引言

2021年5月18日，中国演出行业协会发布了《2020年中国网络表演（直

①　本文系吉林省哲学社会科学智库基金招标项目"吉林省文化品牌价值提升与传播对策研究"（项目编号：2104014）、东北师范大学智库项目（中央高校基本科研业务费专项资金资助）"吉林省泛娱乐产业发展研究"（项目编号：135210003）的阶段性成果。

播)行业发展报告》。报告显示在主播群体方面,截至 2020 年末,直播行业主播账号累计超过 1.3 亿个;用户规模达到 6.17 亿人,占中国网民整体的 62.4%。发布会现场,中国演出行业协会网络表演(直播)分会秘书长瞿涛指出:"2020 年我国网络表演(直播)行业市场规模达 1930.3 亿元,而电商直播则是万亿级的市场。"①

在网络直播的经济效益不断飙升的同时,其所带来的负面影响也不容忽视。诸如"黄鳝门"、直播造人、直播自杀等一系列性质恶劣的网络直播事件的发生,让不时处于灰色地带的网络直播受到了全社会的关注与批评。公安部、文化部、国家网信办、新闻出版广电总局等全国"扫黄打非"工作小组成员单位高度关注此类案件,高效查办,以期在形成震慑、发挥警示作用之上,更好地维护行业秩序、促进行业规范发展。

一方面,我们必须肯定对上述网络直播乱象进行治理所取得的成果;另一方面,我们也不得不承认某些相似乃至同样的不良行为屡禁不止。有些治理手段仍停留在治标层面,"头痛医头,脚痛医脚",这种问题发生后再被动反应的治理模式,仍是当前网络直播治理乃至整个媒介治理领域所面临的现实困境,迫切需要从内生激励的角度出发优化治理手段和机制,进而实现治理体系的"自动实施"(self-enforcing)。本文从不对称信息视角导入,创新性地发现观众的观看行为本身是诱发乱象的重要原因;并以博弈分析为路径,探究网络直播治理制度或机制的可能安排,以期激活内生于网络直播生态的治理力量,从而自发、高效且较低成本地解决问题,创造与维系绿色、健康、良性发展的网络直播间。

二、文献回顾

(一)网络直播问题及其治理研究

目前有关讨论主要集中在对于网络直播中的典型问题的描述和形成原因

---

① 中国演出行业协会:《重磅〈2020 年中国网络表演(直播)行业发展报告〉发布》,2021 年 5 月 18 日,http://www.capa.com.cn/news/showDetail? id=170763

的分析，及其治理路径的探究。对于网络直播乱象丛生的原因，学界常从色情①、低俗②、暴力③、虚假信息与网络诈骗④等维度展开探析。其中关于未成年人打赏网络主播行为的危害性与相关法律问题及其法律保护的研究成为学界关注的重要领域。

　　针对上述亟待治理的问题，学界多从以下维度提出治理策略：刑法⑤、合同法⑥等法律层面；行政监管⑦等层面；技术层面，如通过引入 Simply Rep 这类分散声誉系统（decentralized reputation system）治理恶意篡改与虚假信息⑧。然而，上述研究在方法论与理论基础等维度均有可以发展的空间。

　　首先，在方法层面，当前国内部分研究结论多为主观思辨所得，缺乏扎根于真实网络直播场域中考察与分析的实证研究，可靠性有待检验。结合具体的媒介语境展开实证，从数据与模型中找寻问题的内在动因，并以此分析探索可行的治理路径，将可能弥补当前研究的短板。

　　其次，在研究对象方面，现有研究多将直播乱象归因于主播、平台等内容生产方，常常忽视了在网络直播过程中同样重要的主体——观众。我们在长达五年的网络参与式观察中发现，网络直播中出现的许多问题，例如发生在直播间的恶意引战、弹幕骂战、垃圾广告、色情信息、违法赌博等垃圾弹幕问题恰恰都是由观众的不当行为造成的。因此，网络直播观众，也应当被视为问题产

---

①　Zolides A."Gender moderation and moderating gender：Sexual content policies in Twitch's community guidelines". *New Media& Society*，2020.

②　薛静华、薛深：《网络红人低俗化现象批判》，《中国青年研究》2017 年第 6 期，第 82—87 页。

③　Mishna Faye，et al. "Gendered and Sexualized Bullying and Cyber Bullying：Spotlighting Girls and Making Boys Invisible". *Youth & Society*，vol.52，no.3，2020，pp.403-426.

④　Shabut A M，Lwin K T，& Hossain M A. "Cyber attacks，countermeasures，and protection schemes—A state of the art survey". in 2016 10*th International Conference on Software*，*Knowledge*，*Information Management& Applications*（*SKIMA*），IEEE，2016，pp.37-44.

⑤　汪恭政：《网络直播平台色情行为的刑法规制》，《南京航空航天大学学报（社会科学版）》2018 年第 1 期，第 52—57 页。

⑥　严锡銮：《网络直播平台游戏主播虚假直播行为的探究》，《法制与社会》2019 年第 12 期，第 57—58 页。

⑦　沈霄、王国华：《网络直播＋政务的发生机制、问题及其对策——基于参与式治理的视角》，《情报杂志》2018 年第 1 期，第 100—104 页。

⑧　Vieira A B，et al."Simply Rep：A simple and effective reputation system to fight pollution in P2P live streaming". *Computer Networks*，vol.57，no.4，2013，pp.1019-1036.

生的重要源头以及多元治理的主体,纳入网络直播治理的研究视域且给予足够重视,从而为开辟治理新思路提供新的研究方向。

再次,从研究的切入角度来看,当前研究大多沿着法律、行政、技术、媒介素养等路径论述约束与管理网络直播问题的方式方法。尽管学者们讨论了这些违规违法行为多半受经济利益驱使,但鲜有人从经济学科视角深入探究网络直播乃至媒介治理的相关问题。

最后,在具体的分析过程中,大量研究事实上都将治理主体、治理路径切割开来单独考虑。虽然有部分研究强调多元主体共治,但他们在分析主体问题及相应策略的时候,各主体及策略仍各行其是,泾渭分明,既缺少有效的联结与合作,更没有形成利益共通的有机多元主体。媒介发展的方向是从单向的(one-way)传播媒介转变为互动的(interactive)传播媒介①,传播发展亦然,这样的判断已经成为学界共识。在一个多元互动的传播场域中,孤立地思考治理的某个局部与侧面显然难以有效地反应动态发展中的全部问题,在研究中整体性地考察媒介治理主体之间、策略之间的关系与联动可能是一个问题解决的有力方向。

(二)理论基础:不对称信息经济学与博弈论

信息经济学的观点认为,作为一个整体,人与人之间的选择是相互作用的,尤其在博弈论(Game Theory)中,行动者在做出决策时不仅依赖自己的选择,还要依赖他人的选择。② 信息不对称理论是信息经济学研究的一个核心内容③,其中不对称信息经济学(asymmetric infonomics)是在不完全信息和不对称信息前提下,研究交易关系和契约安排的理论,是以不对称信息特殊视角对信息、经济相关问题展开分析的理论成果。④ 这为本文考察网络直播乱象提供了创新视角。网络直播间就是一个个信息分布不对称的环境空间,平台、主播、观众之间拥有信息的差异构成了他们不同信息优劣势的关系结构。这一

---

① 卫军英:《整合营销传播中的观念变革》,《浙江大学学报(人文社会科学版)》2006 年第 1 期,第 150—157 页。

② 张维迎:《博弈论与信息经济学》,上海人民出版社 1996 年,第 4 页。

③ 路小红:《信息不对称理论及实例》,《情报理论与实践》2000 年第 5 期,第 337—339 页。

④ 高红阳:《不对称信息经济学研究现状述评》,《当代经济研究》2005 年第 10 期,第 25—30 页。

信息结构前提不仅促成了主播与观众间的信息消费活动，而且也将他们置于相互影响的行为决策关系之中。

博弈论研究决策主体的行为发生直接相互作用时候的决策以及这种决策的均衡问题，纳什均衡（Nash equilibrium）是所有博弈参与人的最佳决策结果，是博弈最优解的一般名称。博弈论和信息经济学是一枚硬币的两面——信息经济学是以问题为导向，而博弈论是以方法论为导向。[①] 博弈论提出了对战略互动的技术分析，这些战略互动涉及博弈中决策者的互动。[②] 博弈论提供了一个分析和模拟这些互动的视角，被视为建模和理解复杂互动的有力工具。[③] 这样的博弈分析不是对互动的字面描述，而是从应用角度来建构数量模型以判断与解决现实难题。[④] 本文运用博弈论建模，以数量关系赋值直播间内观众的行动，考虑行动的可能成本和收益，根据预设偏好选择最佳行动，并尝试在博弈模型中引入激励机制而改进博弈状态。

综上，本文引入不对称信息经济学的理论与方法，尝试在网络直播乱象成因探索与治理研究中以互动的、多元的、利益共轭的角度去思考问题。

三、不对称环境下的直播乱象成因：垃圾弹幕

在网络直播间这样一个场域内，相对于较为固定的主播，观众的进入、聚集与退出都具有极高的随机性与不确定性。这导致主播与观众、观众与观众之间所形成的关系结构是较为松散的。表面上主播免费提供直播内容给观众消费，而观众将留存时长、弹幕、礼物等作为回报（主播的收益）反馈给主播。而从不对称信息经济学的核心理论——委托代理框架观察，网络主播和观众

---

① 高红阳：《不对称信息经济学基础理论研究评述、反思与创新》，《情报资料工作》2006 年第 1 期，第 17—20 页。

② Baniak A & Dubina I. "Innovation analysis and game theory: A review". *Innovation*, vol.14, no.2, 2012, pp.178-191.

③ Farooqui A D. & Niazi M A.. "Game theory models for communication between agents: a review". *Complex Adaptive Systems Modeling*, vol.4, no.1, 2016, pp.1-31.

④ Aumann Robert J. "What is Game Theory Trying to Accomplish?", Chap. 1. in *Collected Papers*, vol.1. MIT Press, 2000, p.38.

之间在理论上已经符合构成委托代理关系的一般条件,即二者之间不仅具有不对称的信息结构,并且收益相干。具备某种"特长"的网络主播通常具有超出大量普通观看者的信息服务优势,能够在一定程度上满足他们的信息消费需求;而大量观看者个人的类型、偏好等信息则是会对网络直播产生影响,主播们通常想知道却未必总能时时把握的私人信息。显然,网络主播与观众之间存在某种意义上的不对称信息结构。同时我们也不难理解,主播和观众之间相互影响的收益关系,主播作为直播服务"代理人"不仅可获得作为"委托人"的观众回馈,且其服务质量好坏直接影响观众的利益;而观众也完全可凭借自身的私人信息优势,采取不同的选择从而影响主播的收益。实际上,这样的委托代理关系由于缺少明确的合同条约的规定与限制,双方均可能凭借自身所具备的信息优势做出损害信息劣势方的行为,尤其是在数量上更占优、来去自如的观众很可能做出对委托人与其他代理人不利的行为,产生所谓不利选择(adverse selection)和道德风险(moral hazard)现象。

比如较为典型的产生于直播间的恶意引战、弹幕骂战、垃圾广告、色情信息、违法赌博等垃圾弹幕现象,一些观众发送垃圾弹幕的行为不仅对整个网络直播环境造成了极其恶劣的负面影响,其负向外部性(negative externality)溢出,产生的暴力、诈骗、谣言等问题也可能进一步地污染整个网络空间。我们在多个网络直播间的线上社区进行参与式观察时多次发现,危害发生的根源很大程度就来自最初对垃圾弹幕治理的忽视,结果导致网络直播间内越来越多的观众被卷入由垃圾弹幕带来的消极漩涡。而且当这部分观众意欲做出损害委托人(主播)或其他代理人(其他观众)的行为时,他们可以通过潜水、开小号、退出、转换直播间等多种行为方式灵活应对,并且能够非常轻易地逃避应有的惩罚。而受其蛊惑的观众又可以通过相同甚至更加恶劣的弹幕"以暴制暴",从而使得参与治理工作的主播、房管以及其他理性观众的声音被淹没在垃圾弹幕的海洋里,类似于"劣品驱逐良品",在网络直播间内形成弹幕的"柠檬市场"(The Market for Lemons)。

在不对称信息经济学视角下,本文发现观众发送的垃圾弹幕是造成乱象的起点和重要诱因。沿着这一思路,本文借用博弈分析的实证方法,为探索可行的治理之策做点新的尝试。

四、网络直播间激励模型化假定与博弈模型建构

上述现实问题产生与发展的逻辑正好同博弈论所研究的核心问题如出一辙，因此我们尝试将博弈论作为主要方法和分析工具，以同时兼具垃圾弹幕制造者与治理者双重身份的直播观众作为研究对象即博弈参与者，建立博弈模型。考察在面对垃圾弹幕时，观众（博弈参与者）在交互影响下会如何进行决策以实现自我效用的最大化。找出所有博弈参与者的最佳行动选择所组成的组合，即纳什均衡。

（一）博弈模型假定

通过我们的参与式观察，并结合研究的可行性，可将博弈模型假定如下：

1.网络直播间内有 n 名观众，为简化分析，可先假设网络直播间内只有 2 名观众且每个观众在面对垃圾弹幕时都可以做出"举报"或"不举报"的决策行为；

2.这 2 名观众皆无法通过历史经验来判断对方选择举报或不举报决策行为的概率，理想化的情况是网络直播间内每名观众都会积极主动地举报垃圾弹幕，参与网络直播治理，以使网络直播场域健康清朗；

3.若存在部分观众选择举报行为，但只要有一人选择不举报行为时，则对垃圾弹幕的治理失控且造成网络直播环境受到破坏，此时所有观众的收益均为 0；

4.观众选择举报的成本为 c，而通过举报垃圾弹幕获得的收益为 b，一般认为，当 b＞c 时，用户更有可能选择举报行为。

（二）博弈模型建立

博弈规则制定如下：

1.博弈参与者甲、乙分别表示网络直播间内的 2 名观众；

2.每位博弈参与者都有两个纯策略：举报、不举报。

因此，根据以上假定和规则，可建立博弈模型如表 1 所示：

表 1　直播观众博弈收益矩阵 α

		乙	
		举报	不举报
甲	举报	b−c,b−c	b−c,0
	不举报	0,b−c	0 , 0

在面对这样一个优先战略的离散型博弈时,常用的求解纳什均衡的方法是划线法。[1] 通过划线法可得,收益矩阵中(举报,举报)和(不举报,不举报)两个组合(深色阴影部分,即所有的支付收益下面都有短线的组合)是当前博弈的纳什均衡。这说明在面对垃圾弹幕时,举报或不举报皆有可能成为博弈参与者的最佳行动选择。

然而正如经典博弈"囚犯难题(prisoners' dilemma)"所揭示的那样,个体理性(individual rationality)与团体理性(collective rationality)的冲突常常预示了一个真正荒谬但却合理的结局。[2] 若保持现有激励措施不变,Kagel 和 McGee 发现群体间的关系比个体间的关系具有更大的恐惧感和贪婪感,从而导致更少的合作性博弈。[3] 在这样的情况下,很有可能出现 b<c 的情况,即 b−c<0,举报收益小于举报成本,从而当博弈重复进行时,参与者的决策就倾向于不举报。而在同样结构重复多次的博弈间,所有的行动者都能观测到博弈过去的历史[4],参与者甲和乙明确对方在过往的博弈中选择了不举报,那么最终就形成了如同表 2 所述的博弈情况:

---

①　张成科、宾宁、朱怀念:《博弈论与信息经济学》,人民邮电出版社 2015 年,第 33 页。
②　张维迎:《博弈论与信息经济学》,上海人民出版社 1996 年,第 16 页。
③　Kagel J H, &McGee P. "Team versus individual play in finitely repeated prisoner dilemma games". *American economic Journal*:*microeconomics*, vol.8, no.2, 2016, pp.253-276.
④　郭彦丽、陈建斌:《信息经济学(第 2 版)》,清华大学出版社 2019 年,第 59 页。

表 2　直播观众博弈收益矩阵 β

		乙	
		举报	不举报
甲	举报	b−c,b−c	b−c, 0
	不举报	0 ,b−c	0 , 0

因此收益矩阵 α 在很大概率上就会变为收益矩阵 β，博弈均衡将很大程度上演变为"干与不干一个样，干好干坏一个样，干多干少一个样"的"不努力结局"。在面对垃圾弹幕污染网络直播环境时，观众（博弈参与者）最终采取的行为都变为不举报。

五、网络直播间激励博弈模型分析与改进

因此，观众在什么样的条件下才会选择举报决策成为分析的重点。我们尝试在博弈过程中引入激励机制，给予参与博弈的观众一定的激励，这可能会改进当前的博弈结局，从而将弹幕治理以及网络直播间的治理引向健康良性的发展轨道。

（一）网络直播间正强化激励博弈模型

在惯常思路所设想的物质激励以外，经由多年的网络观察，我们发现在网络直播间这样一个特殊场域内流通的社交货币（social currency）很大程度上来自和主播的积极互动。换言之，绝大多数观众以能够在直播间内或主播的直播画面内同主播进行实时的社交互动为荣，如和主播连麦聊天、好友对战、共同对战（该类形式也被观众戏称为"上电视"）等。因此，这里将"上电视"这类社交货币作为激励引入博弈过程中，假定观众通过激励获得的收益赋值为 b_1。借由网络观察的经验易知 b_1 可能有以下优势：

1.对于平台，相较于传统的物质激励，b_1 所需成本较小，不需要额外从外部引入更多的资源进入网络直播间内部。内生的规则和模式能够在制度安排下以较少成本解决矛盾；

2.对于主播,在直播时同观众进行社交互动是必要工作,过去可能通过随机或其他手段筛选观众"上电视",而在引入 b_1 后,可以将协助治理直播间的举报行为视作"上电视"的筛选标准。这既不会损害主播的利益,不会增加主播需要付出的成本,又能促进观众自发地举报垃圾弹幕,维护直播间环境;

3.对于观众,"上电视"可能是在网络直播间观看直播时较为高级的收益,在网络直播间场域规则内能够在很大程度上吸引观众。观众容易在"上电视"机会的激励下完成一些并不需要他们付出很大成本的行为决策。

因此,我们尝试在博弈中引入激励 b_1,并据上述可能优势,使得 $b+b_1>c$,即 $b-c+b_1>0$。那么在新的条件下,博弈的收益矩阵可呈现为表3:

表3　直播观众博弈收益矩阵 γ

		乙	
		举报	不举报
甲	举报	$b-c+b_1$, $b-c+b_1$	$b-c+b_1$,0
	不举报	0, $b-c+b_1$	0,0

通过划线法易得,在 b_1 的激励下,收益矩阵中(举报,举报)组合成为当前博弈的纳什均衡。此时,举报行为成为博弈参与者的最佳行动选择。

(二)激励机制改进后的外部性

由于 b_1 成本较小,主播对于 b_1 激励的引入比较容易接受。并且因为网络直播间中最为基础的"主播—用户"互动关系的建立、发展与强化,主播对于激励引入后所获得的收益也是乐见其成的。但根据既有的观察经验,二者互动过程的实现有时是通过用户对主播的打赏行为以获取关系的"入场券"。尤其像"上电视"等的准入门槛较高,一些观众为了在网络直播间内获得社交货币而进行天价打赏,这在社会层面造成了非常负面的影响。

结合前面的博弈分析,当 b_1 不变时,即直播观众对能够获取的收益预期保持稳定时,当打赏付出的成本远大于举报的成本,即 $c_{打赏}\gg c_{举报}$,同样为获得"上电视"的机会,"精明"的观众必然会选择成本付出更小的决策,也就是说作为理性决策人的观众会主动参与弹幕治理,举报垃圾弹幕的行为频次将会显著提升。

此外，在引入激励 b_1 促进观众举报垃圾弹幕的行为之余，溢出的外部性也能在一定程度上引导直播的积极导向，有效遏制不良直播及不理性观看等行为的出现。而这又会进一步削弱主播通过出卖色相等低俗乃至违法的方式换取关注与打赏的动机。虽然短期看，这样的激励机制可能在一定程度上会降低部分主播的收益，但从长期来看，这样一举多得的激励方式会使平台、主播和用户都朝好的方向发展，各方都将有所收益，属于可能实现帕累托最优的帕累托改进。

六、基于博弈模型的治理策略

（一）提高举报行为带来的稳定收益，即提高 b

观众协助网络直播平台对垃圾弹幕等会对直播平台造成负面影响的问题开展治理时，取得即时且稳定的收益将在一定程度上促进观众正确行为的持续。当前已有部分网络直播平台会以声誉、虚拟头衔等方式奖励成功举报垃圾弹幕等问题的观众。值得强调的是，并不需要网络直播平台为此支付大量的成本，该类稳定的收益可视作情感激励或荣誉激励，在直播平台上可以彰显获得者的身份与贡献度，增大用户黏性，并在很大程度上促进用户对直播平台及直播间的归属感与认同感，从而更加积极主动地参与到网络直播治理之中，维护直播间的良性发展。

（二）降低举报行为成本，即减少 c

当前尚有部分直播平台对于垃圾弹幕和问题直播间的反馈机制不够健全，观众在遭遇垃圾弹幕与问题直播间时，或找不到有效渠道进行举报，或举报流程过于烦琐，或因填写举报反馈时被过多的模糊举报选项困扰，或因等待时间过长而放弃举报等。例如许多直播平台的移动端应用尚不具备举报功能，通过移动端观看直播的观众在遇到负面问题时往往束手无策。上述情况的存在，无疑大大增加了观众举报垃圾弹幕与问题直播间的成本，在很大程度上会打击观众参与治理的热情和耐心，使得一些观众在举报过程中半途而废甚至最终选择不举报，漠视垃圾弹幕横行。因此，要建立健全网络直播间举报机制，统筹与完善直播平台在各类终端上的举报功能，简化举报流程，降低观众在举报垃圾弹幕和问题直播间时的操作难度，有效节省观众时间及精力成本。

（三）提高激励收益，即提高 b_1；并通过不定期奖励方式分发

提高激励额度，并尝试在"上电视"等非物质激励之外，在一定经济成本的约束下开展物质激励。网络直播间的物质激励包括付费内容、游戏点卡、VIP会员、文创周边、联名产品、打赏礼物道具、线下活动入场券等。将物质激励与非物质激励有机结合，使得二者相辅相成，共同激励观众选择举报垃圾弹幕的行为。

而对于上述激励的分发，可以采用不定期奖励（contingent reward）的方式给予观众。George 和 Feltz 的实证研究表明定期的奖励（no-contingent reward）与社会惰性（social loafing）呈显著正相关[1]，换言之，定期的奖励会造成团队内成员的努力程度和贡献减少。因此，通过不定期奖励的方式分发两类激励，可以减少激励次数，节约一定的经济成本，并发挥直播间与平台集体的力量，利于形成合力，调动每一位观众的工作积极性，及时高效地治理网络直播间，使得激励效果最大化。

七、结语

继续在中微观层面考察网络直播间不难发现，以网络直播间为中心的关系网络中，"直播平台—主播""直播平台—超管""主播—房管"等多方行为主体之间都存在着不对称信息状态，因而也都同样属于典型的委托代理关系。

激励机制的设计一直是委托代理理论的核心，在不对称信息经济学理论加持下，将激励机制引入传播生态，避免因逆向选择或道德风险的出现而损害作为委托人或代理人或互为委托、代理人的信息传、受者的利益，在各博弈参与主体相互影响的决策模式下，探究各方主体的最佳行动选择，从而在根本上

---

① George T. R., &Feltz D. L.. "Motivation in sport from a collective efficacy perspective". *International Journal of Sport Psychology*，no.26，1970，pp.98-116.

杜绝网络直播乱象。直播平台、主播或观众与作为其他代理的主播、房管或观众的利益联结等，构成了网络直播间错综复杂的委托代理关系，治理的可行切入点及思路亟待更多深入的讨论。借委托代理框架重新思考信息传、受者的关系，并以博弈论与激励机制为抓手，设计出一套合适的制度安排，通过激发传播过程中的内生力量，以较低的治理成本解决当前困扰媒介与社会的诸多问题，是网络传播治理研究中值得我们进一步着力思考的方向。

（高红阳，东北师范大学传媒科学学院［新闻学院］副教授、硕士生导师、广告学系主任；闫心池，东北师范大学传媒科学学院［新闻学院］硕士研究生）

Junk Bullet Screen Comments: Game-theoretic Analysis of The Causes and Regulation of Live Streaming Chaos

Gao Hongyang　Yan Xinchi

Abstract: The rapid development of the live streaming industry has been accompanied by chaotic situations, but the possible causes behind them have not been explored in further depth, especially the phenomenon of illegal and infringing behaviors induced by junk bullet screen comments. Based on the game paradigm, the complicated relationship between audiences can be simplified into a decentralized game. Immaterial incentives are implemented and appropriate institutional arrangements are designed, so that audiences who send and watch bullet screen comments can participate in the regulation by reporting junk bullet screen comments. Thus the self-generated power of live streaming is stimulated to achieve efficient regulation.

Keywords: Live Streaming; Bullet Screen Comments; Media Regulation; Game; Incentive Mechanism

"抖音之城"的形塑与传播

——基于文化研究视角①

迟强　蔡文希

摘要:抖音与城市开展深度合作,在短视频平台上建构综合性城市文化符号体系,共同打造了"抖音之城"这一文化复合体。研究发现,城市短视频文本具有鲜明的传播路径和特征,具体包括:内容上构建城市传播"BEST"四要素,形式上强化"短视频+社交",风格上彰显平民主义与"纪实"表达。另外,抖音平台与地方城市需要从城市文化传承与创新以及平衡商业、技术与文化关系等方面进行反思与改善,从而共同促进"抖音之城"品牌的长效影响力。

关键词:抖音;短视频;抖音之城;城市文化

一、研究的缘起

近年来,抖音 APP 发展迅猛,已成为国内最受欢迎的短视频生产与传播

① 本文系辽宁省教育厅青年项目"电商直播规制与管理研究"(LQN202027)、辽宁大学亚洲研究中心项目"短视频对城市品牌的形塑与传播研究"(Y201917)与辽宁大学本科教学改革项目(JG2018ZS12)研究成果。

平台之一。在抖音发展与运营过程中，与地方政府在城市形象的合作推广方面尤其成功。我国以往在城市形象宣传方面的媒体选择策略和手段相对单一，为追求较强曝光率，多选择电视媒体，在 15 秒或 30 秒的时长限制里，用寥寥数句城市宣传文案和有限影像展现城市经济繁荣、风景如画、民众好客等众多元素，力求面面俱到，往往在风格与内容上雷同，传播效果不佳。近年来短视频成为移动互联网时代极具代表性的传播方式，西安、重庆、成都、济南等一批城市同抖音合作，由普通用户为创作主体的与城市相关的话题、短视频、音乐活跃在抖音平台上受到了广泛关注和欢迎，这些城市也被冠以"抖音之城"标签和称谓。"抖音之城"的塑造和传播，从最直观效果来看，直接推动了城市旅游文化产业的发展；从综合影响来看，利于城市增强活力，提升知名度、美誉度以及对人才的吸引。同时，抖音通过与地方城市合作，成就了自身品牌声誉，在众多短视频媒体中脱颖而出，成为城市文化生态的聚合、狂欢和传播之地。

本文从文化研究视角对"抖音之城"的形塑与传播特征进行评析。文化涉及的是共享的意义，雷蒙德·威廉姆斯把文化定义为"一种特殊的生活方式"，它由一个社会群体所分享，由价值观、传统、信念、物质和领域构成。① 文化研究要求考察、思索、阐释和了解社会符号系统。当代文化的符号化和综合性特征明显，尤其是承载文化属性的视觉符号日益丰富，林林总总的图像符号、视频影像借助不断创新的媒介技术与平台生产、传播，尤其近几年兴起的短视频已被看作是种种文化价值和意义的主要载体，抖音便是其中最具代表性的平台。抖音将自身强社交关系应用于城市形象推广中，促成广泛活跃的、有意义的符号化交换，使得这些城市成为"网红"，抖音上所传播的有关衣食住行的短视频文本都"跃升"为现代都市魅力文化的代表。另外，还有一些值得反思的问题。比如说，这种集体性简化的文化体验模式对城市文化传承与创新的价值贡献到底有多大？正如文化研究学者约翰·哈特利所言，文化研究主要关注媒介上与日常生活中的文化实践，鼓励人们将注意力由曲高和寡的高雅艺

---

① ［美］詹姆斯·罗尔著，董洪川译：《媒介、传播、文化：一个全球性的途径》，商务印书馆 2005 年，第 147 页。

术转至日常生活行为。① "抖音之城"作为中国当代文化研究样本,具有较大价值和意义。

二、形塑"抖音之城"的两大文化基因

媒介与城市之间的关系具有经济、政治、社会文化、科技等多个维度。对于城市而言,媒介价值早已不仅体现在信息的传递,更在于建构并维系有秩序、有意义的文化世界。城市与抖音在特有的内容和形式上深度合作,在短视频平台上建构综合性城市文化符号体系,共同创造了"抖音之城"这一文化复合体。

1.作为"抖音之城"形塑基础的城市文化

城市的历史发展和城市生产、生活方式常被纳入"城市化"(urbanization)和"城市主义"(urbanism)的范畴,成为社会学和文化研究的主要议题。欧洲社会学者格奥尔格·西梅尔从文化的关系性看待城市并阐述了城市生活如何改变了个体意识,并将城市环境中的社会行为和互动视为重要因素。② 城市拥有着显而易见的物理机制(physical organization),比如街道、建筑、交通等社会设施以及社会组织机构等等实体存在,但不可忽视的是生活在城市中人的影响和作用。正如芝加哥学派代表人物罗伯特·帕克所说,城市根植于居民的习惯与风俗之中,它具有物理机制的同时,还保有一种道德机制(moral organization),两者以某些特定的方式相互作用,相互形塑,相互改变。城市的构造与传统不过是同一个文化复合体的不同面向,只有这一文化复合体才能决定城市具有区别于乡村等其他区域的特性。③ 从这一角度来说,城市文化的载体具有集体性,是社会文化、大众文化、市民文化共同参与、创造和形成的,这也构成了城市整体符号的表征。在这样的基础上,城市常常努力发展一个

① 常江、田浩:《约翰·哈特利:文化研究可以给新闻学的发展带来变革——文化科学对当代知识的破坏性建构》,《新闻界》2020年第5期,第6页。

② [美]马克·戈特迪纳、雷·哈奇森著,黄怡译:《新城市社会学(第四版)》,上海译文出版社2018年,第68页。

③ [美]罗伯特·帕克等著,杭苏红译:《城市:有关城市环境中人类行为研究的建议》,商务印书馆2016年,第8—9页。

形象,通过特定的符号身份来凸显自身特殊性。这种城市形象定位或诉求或是强调城市的产业资源优势,比如"汽车之城""石油之城""小商品之都"等;或是强调城市的文化资源优势,比如欧盟在1983年发起的被称为ECOC的欧洲文化城市计划。该计划每年将指定城市冠以"欧洲文化之都"的称号,并集中推广该城市的文化生活和文化领域的发展和创新。这种文化驱动战略已被越来越多的地方城市作为发展经济和面向全球化的一种重要手段而加以倡导。

美国芝加哥学派常以人文主义态度,关注城市化过程中传播与人的发展,尤其重视传播与城市共同体建构的意义。① 这逐渐引发了学界有关"城市传播"的理论研究,早期多集中在城市事件的大众媒介报道研究、城市形象传播和城市文化传播研究等方面。后有学者从传播学的视角将"城市传播"作为一个独立的体系进行研究,认为城市传播是以重新建立传播与人之存在、传播与社会进步、传播与人类文明之关系为着眼点。② 随着消费社会的逐渐形成,希望拥有多元、深入的城市体验的愿望主导着个体的生活方式,这导致了社会个性化的增强。城市中的个体通过消费活动、按照社会偏好、依据消费的情感和审美品质的社会重要性对集体进行构建,即便对已有文化商品的消费并非自主性行为,这种消费活动也制造着意义、感觉和幻想。③ 因此,单一语境、有限的内容输出已经不能满足于当前的城市传播实践,城市文化更期待参与、共创、个性和多元。随着移动互联网以及社交媒体的发展,媒介不再是单纯的刊播与投放平台,城市传播可以与之形成一种双赢的"联姻"关系,实现城市传播新型的平台建构与文化融合。

2.形塑"抖音之城"的媒介文化

媒介文化作为统一的概念单位来运用是困难的。媒介文化有着很大的开放性,向当代生活开放,向所有的参与者开放,尤其向更加年轻的一代开放。从内容上说,媒介文化是同媒介方式共存的,理解它首先应该从该文化品种的

① 张丽平:《论社会向度的城市传播研究——基于芝加哥学派城市社会学研究的启示》,《郑州大学学报(哲学社会科学版)》2020年第2期,第122页。
② 孙玮:《城市传播的研究进路及理论创新》,《现代传播》2018年第12期,第31页。
③ [德]安斯加·纽宁、维拉·纽宁著,闵志荣译:《文化学研究导论:理论基础、方法思路、研究视角》,南京大学出版社2018年,第315页。

生成和它与大众的互动关系入手。① 移动互联网时代的新兴媒介和传统媒介文化具有很大的不同,具有拟仿、互动性强、去中心化等鲜明特征,也创造、衍生了千万个"文化部落",成为都市人新的精神居所。这些新兴媒介文化在城市形象的构建以及发展过程中,越来越发挥着极其重要的作用。若论到单一媒介平台对城市的贡献价值和影响力,恐怕非抖音莫属,因此才有"抖音之城"这一文化现象和媒介景观。作为形塑"抖音之城"重要基因的媒介文化主要表现在三个方面。首先来自抖音自身的平台。近年来基于移动互联网的短视频社交发展迅猛,抖音平台凭靠自身品牌影响力、UGC 模式以及强互动的社交属性已成为行业头部产品,背后还有西瓜视频、火山小视频等多品牌的整合助推,加上海外版 Tik Tok 开拓世界市场,已形成了行业少有的强势短视频平台矩阵。暂不谈商业和资本逐利性,抖音自身不断发展、演进,从早期的年轻用户到如今全年龄段的覆盖,从单纯的娱乐消遣到多元丰富的内容生态,日趋形成强大的媒介文化基因,通过与城市文化碰撞、嫁接、结合,已形成一定程度的文化创新力和去中心化的文化体系,并作为大众文化、流行文化载体持续发挥着自身的影响力。

其次是抖音用户。抖音在反映城市文化的集体性的同时,更传达出个体性的特征,这主要归功于广大用户创造的"在场"的实践。这种"在场"行为的显著特征是内容生产者自我的展示,其目的是回应日常生活中出现的一个需要:身体在它所处的物质空间之外寻求它在公共领域里的存在,去构建个人的对象化。② 在抖音平台上,用户们热衷于描述不同的、或多或少具有创造性的日常活动,消费文化和文化商品渗透到生活、娱乐的方方面面。这种貌似自我展示与推销式的媒介使用,在抖音技术与平台的助推下,抖音用户成为城市的"文化成员",表达个体和个人风格,分享城市生活的意义、秩序和幸福感,形成新的文化习俗。这些个体创作的短视频文本,突破了城市管理机构的对城市形象、城市文化的宏观和概括性定义,打破了以往单一的城市文化场景与连贯性、整体性文化叙事模式,呈现出城市消费文化和流行文化丰裕、拼装、鲜活、

---

① 蒋原伦、王颖吉主编:《媒介文化十五讲》,北京大学出版社 2017 年,第 9 页。

② [英]尼克·库尔德利著,何道宽译:《媒介、社会与世界:社会理论与数字媒介实践》,复旦大学出版社 2014 年,第 52 页。

跳跃的特征,并在抖音平台符号规范化、系统化的作用下,共同构成了"抖音之城"的意指形象。

另外,抖音平台上不但有数以亿计的普通短视频用户,还有从中央到地方的各级政府、媒体、企事业组织机构的入驻,可以说聚集了有关城市传播的多方力量,这反映了在媒介技术、媒介形态变迁的驱动下,理解和表达城市文化和社会形态的方式已随之改变。尤其是一些地方政府积极主动与抖音平台实施战略合作,建立城市传播的"官方阵地",推广城市话题,大有"政府搭台、群众唱戏"之势。这宣告了"联姻"关系的最终形成——广大用户、平台方与城市管理者合力创造了有关"抖音之城"一系列新型的社会互动、符号系统和社会关系结构。

三、"抖音之城"的传播路径与特征

通过前文论述可以得出"抖音之城"的双重所指性,一是指流行于抖音平台、常成为话题关注点的网红城市,二是指城市人文、景观、民俗的"抖音化"呈现与传播。通过对抖音平台上含有城市标签的短视频文本研究发现,它们在内容、形式、风格方面形成了鲜明的路径与特征,共同促成了"抖音之城"这一文化场域和媒介景观的整体传播与推广。

1.内容上构建城市传播"BEST"四要素

国内外城市规划学者对何为城市形象的诠释基本一致,主要关注城市标志性建筑和城市空间景观所构成的物质场域,强调对城市具象空间的感知。但以超越城市规划学科的角度看,城市景观对社会的建构过程是以生活实践为主导的物质实践和以情感认知为主导的话语实践互动的过程。[①] 理查德·霍加特与雷蒙德·威廉斯开创的文化研究学派的显著之处即是以非精英方式将文化理解为"生活方式"。麦奎尔进一步指出,媒介使用本身就是日常生活的一个重要组成部分。[②] 尤其在社交媒体时代,人们通过抖音为代表的智能媒

---

① 徐天博、张晓婉:《空间与情感维度下的城镇形象:以媒介为变量的考察》,《现代传播》2019 年第 9 期,第 59 页。

② [英]丹尼斯·麦奎尔著,刘燕南译:《受众分析》,中国人民大学出版社 2006 年,第 28 页。

体平台与技术主动记录、分享、围观日常生活的衣食住行已成为新民俗,与之密切相关的城市特色也得到鲜活的呈现。

在城市传播方面,抖音短视频内容可概括为"BEST"——城市主题音乐(BGM)、特色饮食(Eating)、城市景观(Scenery)、城市科技(Technology)四大要素。这些尽可能地呈现了个性化的城市资源与市民生活生产、娱乐休闲的多维关系,综合、多样化地呈现城市的自然人文景观、民俗文化、生活方式和生活特色。其中的景观和科技一直是城市形象和传播的重要组成,在此无须赘述,音乐和饮食这两大要素则凸显了抖音短视频的个性和特色。音乐在短视频文本中虽常处于从属地位,但几乎不可或缺,尤其是城市主题音乐增添了文本的娱乐性、生活化和本地化特征。饮食类短视频在抖音平台十分受欢迎,一些城市的特色美食,比如西安的"摔碗酒"和重庆的"钵钵鸡"早已成为网红美食,让城市增添了与生活息息相关的、更加鲜活的文化符号。

总之,这与社会生活息息相关的四大要素既是抖音媒介文化的构成和基本话题,又是创作题材,具象化了城市的吸引力,促成了行动力。抖音用户们的"签到""打卡"不断刷新媒介记忆和城市记忆,示范、促进了城市消费风尚,连接上物的逻辑,在消费领域营造生活风格,成为按图索骥的消费游憩指南,体现出记忆商品化的特色。[1] 媒介用户个体愈是自由,愈是能够依靠新技术的力量来建立、生成个性化的城市虚拟社区,从而聚沙成塔,客观上促成了城市传播真实、生动、形象的内容呈现。

2.形式上打造"短视频+移动+社交"的网络传播模式

短视频日益成为全网覆盖的传媒产品形态,定位为"短视频社交平台"的抖音,更好地把短视频和社交这二者有效融合。如今,不同复杂程度的编码符号都可以被称为文本或话语,一支短视频就是一组人工编码构成的文本。并且随着媒介技术的进步和用户媒介素养的提升,短视频越来越具有生产门槛低、内容宽度广、社交趋向明显等特征。从表面来看,抖音给了普通用户自由表达和展示个体爱好、风格和审美趣味的机会。事实上,随着平台运营的成熟和完善,抖音越来越作为一个表征系统来运作。它充分利用影像、语言、音乐、

---

① 邓庄:《空间视阈下城市记忆的建构与传播》,《现代传播》2019年第3期,第53页。

场景和数字技术支持的道具、特效,将景观、用户表情动作、服饰、空间关系等视觉符号凸显放大,看似多元实际上功能趋同的符号系统,足以使网民用大致相同的路数来解读或阐释其意义,抖音短视频在此意义上来说便是一种意指实践。

移动互联网技术的发展与普及正在重塑人与城市的时空关系。LBS（Location Based Services,基于位置的服务）融合了移动通信、空间定位和大数据等多种信息技术,"位置"的重要性彰显于移动网络时代的媒介实践。移动终端作为"位置媒介",具有革命性的意义。媒介随身移动释放出前所未有的传播动能,这种动能拓展了大众媒介时代的传播、媒介的涵义。打卡等新媒体影像实践不但召回了城市生活中的物理空间,而且将其与虚拟空间融合,创造出了赛博城市。① 2021年国庆期间,抖音将长期使用的"记录美好生活"的宣传主题改为"在抖音,打卡美好中国",制作了"别光看,去试试看"为主打口号的宣传片并在中央电视台、网络媒体以及户外媒体大量投放,宣传片以广大抖音普通用户打卡的影像实践结合"别光看,去逛逛看/去玩玩看/去买买看/去吃吃看"等广告语,鼓励人们从屏幕"围观"到身体力行、亲身体验,进一步强化了抖音倡导的视频化、移动化的生活方式。

另外,在"抖音之城"的塑造与传播方面,抖音积极利用其强大的社交属性这一核心优势,将各种城市传播主题活动营造成一种体验市场,文化愈来愈被当作事件、当作体验来策划、消费、记录与参与,用户群体通过高活跃度的评论、互动、分享来不断促成一个共享城市文化的仪式化、庆典化的传播过程。比如抖音平台发起的"抖音挑战赛",通过订制城市主题、名人助推、用户原创短视频征集、平台强力曝光等形式,利用平台表征形式的支配地位,引导群体参与并遵循某种范式结构的城市传播实践和审美标准,使得参与者主动或被动在这一套视觉规则内构建他们对城市形象的理解与体验,以便他们的短视频作品可以在话题平台发表,从而集合各方资源主推一个共同的城市议事日程和话语体系来表达关于城市传播的中心话题,形成全民生产力和传播力,驱

---

① 孙玮:《我拍故我在、我们打卡故城市在——短视频:赛博城市的大众影像实践》,《国际新闻界》2020年第6期,第13页。

动了城市口碑与美誉度的跃升。

　　3.风格上凸显平民主义与"纪实"表达

　　在抖音平台,普通市民成为城市形象传播内容创作的主力军以及城市美好生活的重要阐述者。《城市形象指数及测试报告》数据显示,抖音关于城市的热门短视频播放量前一百的排名中,80％以上的视频都是市民群众自主创作的。① 这些短视频反映了大众阶层的城市生活态度、观点和趣味,具有明显的平民主义的风格特征。借助移动互联网技术与智能设备记录生活,是人们一种自发而直接的媒介使用行为,相较于以往传播介质,移动短视频在讲述与记录生活方面拥有更强的灵活性和表现力,抖音短视频的低门槛操作、易学易上手的拍摄手段提供了近似模块化的使用方案,为用户随时随地创作提供了极大便利。另外,身体成为抖音短视频的突出叙事手段和社交手段,尤其是滤镜美化等图像化技术修饰功能,增强了表达、表演自信。② 这些均增强了广大用户的主体能动性,在去中心化体系下形成了共同身份的认同与狂欢。

　　同时,这种平民主义风格具有扩散性。城市生活体验以及"签到""打卡"的城市旅游经验分享起到了明显的示范作用与模仿激励效果,这些分享、互动激发了广大用户的协同创意,为"抖音之城"的传播贡献了可观的流量和热度。一条涉及城市形象的短视频文本可被看作是用"客观性"的方法记录时间、地点、人物或事件的一种工具和载体,它所直接或间接营造的城市形象并不单纯是展示性的,而是具有一种客观性"纪实"的特点。并且,这种"纪实"本质上是解释性的,辅之以旁白和背景音乐,是用户情感和影像信息的混合物,这一方面反映了用户的自我选择、表达和技巧,另一方面深层内涵则在于,基于数字虚拟技术与地理定位技术的抖音平台使得用户嵌入媒介搭建的虚拟与现实的混合空间之中并积极用短视频记录、言说城市,使"抖音之城"作为一种平民主义范式的拟象文化符号得以广泛传播。

---

　　① 抖音、头条指数、清华大学:《2018短视频与城市形象研究白皮书》,http://www.199it.com/archives/771662.html? from＝singlemessage&-isappinstalled＝0

　　② 韩少卿:《"戏精":短视频狂欢的新身体叙事》,《新闻爱好者》2018年第10期,第29—32页。

四、"抖音之城"的文化反思

近几年,抖音不断尝试探索城市传播新模式,通过"抖 in City"城市美好生活节等活动,多次助推合作城市登上各平台热搜话题榜,获得了网民广泛关注与参与。与此同时,"网红""爆款""热搜"包装下的"抖音之城"形塑与传播过程中,在城市文化传承与创新等方面的价值与效用,同样值得反思。

1.过度传播、信息超载与"速度文化"

互联网技术促进了信息在生产、传播和消费各个领域的快速增长,也使得文化资源跨越一系列社会差异进行流通。但是,对于许多商业媒介平台而言,普遍存在重技术轻文化的问题,内容只是数据的一种表达,更多追捧的是数据为王、流量为王和商业变现,在这种观念主导的媒介传播生态系统结构之中极易造成过度传播、信息和交流超载的情况出现。梵·迪克把由技术力量的快速增长所驱动的文化定义为"速度文化",指出在这种技术加速度趋势下,文化表达节奏在加快,文化领悟上则流于肤浅。① 对于短视频这一具体的媒介文本形式而言,十几秒到几十秒长度不等,均具有跳跃、短促、闪烁等特征,短视频用户常用"刷"字来概括其观看动作和方式,在一定程度上生动体现了流媒体的真谛——无缝衔接,连绵不绝,这也加剧了"速度文化"的形成与影响。这种"速度文化"所反映的媒介价值观易具有表面、临时和非理性等特点,对城市文化深层次挖掘和城市品牌传播的贡献难免有限。

另外,在媒介权力和商业目的影响下,城市短视频文本的制造有预设和固化倾向,这易于导致文本内容单一重复,讲故事的结构、模式大同小异,叙事逻辑性弱。那么,在信息超载、过度传播的趋势下,大量碎片拼贴、即时性的短视频很可能挑战乃至限制城市文化的创造力与想象力,造成用户对城市印象的模糊化甚至扭曲化。因此,在"抖音之城"的塑造与传播过程中,广大文化生产者与消费者一体化,平台和组织方必须为城市传播的创意性工作寻找新生路

---

① ［荷兰］简·梵·迪克著,蔡静译:《网络社会:新媒体的社会层面》,清华大学出版社 2014 年,第209 页。

径,打破刻板模式和"套路"约束,尊重、保护创作版权和知识产权,与用户共同开发关于城市文化的创意文本和传播手段。

2.城市文化的多样性、丰富性挖掘和展示能力不足

城市不只是人造物,或者一种居住安排。城市既表现了普遍意义上的人性与社会性,又体现了由地域性而产生的社会关系的独特性。那么,抖音为代表的互联网巨头裹挟着庞大的新媒体技术和资本优势进入不同的城市文化区域,是否拓宽、放大了那里已经存在的传统、价值观和生活风格?或是挑战、扭曲甚至改变了那里的文化基因?抖音短视频文本在极大程度上免除了传统的语言规范、影像创作规范,赋予了民众自由创作、分享不同形式的城市文化符号的权力,但也造成了城市文化系统与风格的离散与碎片化,所营造的日常生活的美学化价值缺少评估,标准化的面孔影像和集体性简化的文化体验模式缺乏独立和创造性实践活动,在一定程度上阻碍了大众文化和城市文化的升级。比如抖音上城市旅游用户热衷的"签到""打卡"短视频,与以往"到此一游"之类的去差异化城市体验现象别无二致。

从文本主题与内容来看,受到消费主义、功利主义、享乐主义的影响,抖音平台上短视频极易有哗众取宠、低俗、反智的倾向,大量的表演、模仿或者伪装的制作与编排方式充斥其中,其效果和衡量标准多与网络流量以及商业的成功度挂钩,传统影像美学形式和价值观被改造、颠覆,经典文化传播形式受到侵蚀,独立、原创和思想性的主体价值难以作为重要前提。如果"抖音之城"对城市文化的多样性、丰富性挖掘和展示能力不足,便难以持续形成鲜明又独具特色的城市文化主题和综合影响,随着同质化问题日益严重,将会导致另一种形式上的"千城一面"。

正如抖音官方所说,城市是美好生活的容器,抖音是传播美好生活的载体。抖音与城市同作为文化空间,应调动平台资源、政府资源优势,积极克服问题与局限,共同以策划者、赞助者、组织者的身份不断优化完善传播策略,与海量用户实现线上线下融合互动,构建新型城市公共文化空间,倡导、助推具有包容性、可接触性以及强烈参与感的城市文化审美情趣,实现"抖音之城"品牌的长效影响,在文化价值、社会价值和商业价值上实现共赢。

（迟强，辽宁大学新闻与传播学院副教授，博士；蔡文希，辽宁大学新闻与传播学院传播学硕士研究生）

Shaping and Communication of "Douyin City"

—From the Perspective of Cultural Studies

Chi Qiang　Cai Wenxi

Abstract： Through in-depth cooperation with cities, Douyin constructed a comprehensive urban cultural symbol system on the short video platform, and jointly created the cultural complex of "Douyin City". "Douyin City" has distinct characteristics in communication which strengthen the urban "BEST" elements in content, strengthen "short video + social" in form and shows populism and documentary expression in style. In addition, Tik Tok and local city need to reflect and improve the city's cultural heritage and cultural innovation to jointly promote the long-term influence of the brand of "Douyin City".

Keywords： Douyin; Short Video; Douyin City; Urban Culture

后疫情时代的城市结构[①]

[英]戴维·莫利 著 王鑫 译

摘要:本文阐述了传统观念中现代城市里的关键象征物——高层建筑,并解释了新冠病毒对这些建筑产生了怎样的持久影响,还特别讨论了诸如电梯在疫情期间是否能够正常运行、卫生以及空间共享等话题。电梯是高层建筑设计的基础,这些建筑形式长期以来被视为现代城市的核心象征,也是其实用功能的核心。

关键词:现代城市;高层建筑;电梯;结构

本文是我和其他学者关于新冠病毒对人的影响及其影响方式的初步研究,意在对当前城市社交模式提出质疑。当然,由于政治制度、健康供给和通信机构的自主程度不同,不同国家在应对病毒危机方面的实践经验也不同,它们的任务主要是通报病毒在其各个阶段的发展情况。本文意在对我此前文

---

① 本文系 2020 年辽宁省教育厅科学研究经费年度项目(基础研究)《物质转向与流动性:传播学发展新的内容、范式与向度研究》(项目编号:LJC202015)阶段性成果。

章①中关于某些问题的争论进行进一步探究,此外还要回答一些其他的问题。

在疫情初期,我与伦敦金匠学院的中国研究生在课堂上的讨论促使我对此话题产生兴趣。我认为,需要从更宽泛的哲学和认识论层面中找出新冠病毒被视为具有特殊历史地位的几个历史标志性问题,比如,它在多大程度上可以被视为某个特定历史时期的结束以及另一个历史时期的开始——它是否被放在与 9.11 事件或 2008 年金融危机相同的地位上? 这是作为一个特定历史时期结束的预兆吗? 尤其是,它是否标志着与 21 世纪初超全球化相关的增强流动性体系开始走向终结? 著名历史学家彼得·亨尼西(Peter Hennessy)认为,这场疫情将关系到在未来,1945 年之后的英国历史是否会划分为疫情前和疫情后两个时期,这种看法是否正确? 随着现代国际运输系统在人员、货物以及全球致命病毒方面的实效和关联性显著提升,社会生活是否要因为受到限制的流动而重新规划?

我们的周围正在发生意想不到的变化。英国《金融时报》的一位评论员最近指出,某些形式的需求快速下降,并且正以惊人的方式使英国部分资本存量过早地退行,尽管它们仍是“百足之虫,死而不僵”。他谈到了某些方面,比如“所有这些长途飞机,距离它们物理寿命结束还有好几年,但不太可能再次执行飞行任务……而游轮、会议中心和高层办公楼现在空无一人”(Llewellyn,2020)。在探讨这些问题时,我的论点将考虑新冠病毒以各种各样的方式出现,它既放大了许多先前存在的不平等形式,又有力地解决了城市化和全球化这两种主流话语中未经检验的假设。我将从微观层面来阐述我的观点,特别集中在新冠病毒对高层建筑未来可能产生的影响,这些建筑对于现代城市的功能和想象都至关重要。我的分析受到最近一段时间看到的一系列标志的启发,得出了一个可行的方法,这些标志出现在各个机构所在大楼的电梯入口处,它们告知人们禁止或者严格限制日常使用的电梯。最后,我将回到这些建筑物与游轮之间的物理/设计联系,回到象征世界的不稳定状态。在象征世界中,它们的内涵被污名化,并且失去了原本积极的(如果不是乌托邦式的)方面,成为人人都要规避的风险。

---

① [英]戴维·莫利:《后疫情时代的全球化:封锁中的流动性》,2021 年。——译者注

一、现代城市：摇摇欲坠的地基？

新冠疫情无疑在揭露当代西方资本主义所立足的根深蒂固但又站不住脚的假设方面发挥了重要作用（Harford，2020）。这些假设是布莱恩·拉金（Brian Larkin，2006）在研究欧美分析范式时的批判对象，这种范式只有在伦敦或纽约这样的大城市才有意义，但并不适于在世界上大部分人口居住的南方贫困地区。关于现代性历史的传统讨论往往集中在这个问题上：在不同的历史时期，哪个城市最有资格被称为"流动中心"。在这种背景下，人们经常提到布罗代尔（Braudel，1985）的"大都市"清单，它通常被认为是从雅典到罗马，及至君士坦丁堡、威尼斯、阿姆斯特丹、巴黎和伦敦，再到纽约，含蓄地"承载"美国大学长期以来所讲授的一路向西的历史。显然，如今众多东方城市的名字也应该出现在这个清单上，如东京、北京或上海。然而，这一现象其实不仅仅是表面看起来的那样。除了将"第三世界"、非洲或东方典范添加到西方名单之外，我们需要的是对城市的概念、它的组织形式以及公民行为习惯的传统观念进行根本性的质询。

我们倾向于从城市的规模和经济发展程度等角度来看待一个城市，从城市必备的一套特定的属性、城市配套和基础设施来看——例如公共交通、电力供应和废物处理的运作系统——后者似乎是前者的必要前提。然而，从经验上来讲，世界上大多数增长最快的城市都没有这些特征：事实上，东京很快就会成为世界十大城市中唯一的富裕城市。而孟买和拉各斯等城市的增长是在没有大规模工业化、基础设施供给或正规就业机会提供的情况下进行的。在那些城市里，曾经被认为是有计划的城市发展的必要前提条件，已经为非正式的、无计划的、自助式的网络所取代。这些地方"覆盖了所谓现代城市的所有基本特征"（Koolhaas et al，2000）。它们不是传统意义上的"现代化"，也不是"追赶"西方：相反，它们向西方展示了自身的潜力，以一种新的城市化形式向我们提出挑战，要求我们重新思考"现代"城市的定义与内涵。

二、顺理成章：基础设施的假设

拉金的基本观点在一个简单的例子中得到了很好的阐述。在这个例子中，他解释了在纽约和卡诺（尼日利亚的一座城市）停电所具有的截然不同的意义。前者就像经历了一场可怕的灾难，而后者则像一个日常的烦恼，经历这种烦恼的人埋怨了几句之后，就切换到私人发电机上，而私人发电机正是为了应对这些意外的状况。主流分析模型认为运行良好的技术基础设施具有普遍可获得性，但这只不过是以程式化的方式做出的构想罢了，而关键在于这些构想在不同地区的具体使用情况。当然，在现实中，除了发达国家的富裕城市，世界上大多数人生活在基础设施缺乏的环境中。正如大卫·埃杰顿（David Edgerton）所指出的，我们对技术的描述往往存在根本性的不平衡，因为我们倾向于把重点放在发明而非使用上，放在获取而非维护和修理上。但如果我们的目标是实现全球性关联，就需要将注意力从西方资产阶级世界的大规模、壮观的、男性化、享有声望的技术上转移开来，更多地关注世界上贫民窟棚户区的小规模、世俗化、女性化，尤其是"克里奥尔化"（被殖民地化）的技术——这些技术是数百万未受过教育但富有创造力的业余建筑师、工程师和建筑商创造的产物。（Edgerton，2006）当地建筑系统往往是从其他地方引进的旧技术，现在被赋予了新的生命，并适应了当地的使用。"大贫民窟"的人民生活在技术缺乏的完全私有化的世界，在这个世界里，基于脆弱（但灵活）的地方网络的生存战略是必要的，这是由于所有结构形式的供给都被视为理所当然地不可靠。

三、高层建筑和游轮：乌托邦堕落的象征？

我们再考虑一下高层建筑象征意义新出现的一些矛盾和复杂性——特别是"二战"后欧洲和北美为造福低收入人群而建造的作为公共住房的高层公寓楼。如果我们还要将正在兴起的后疫情时代定性为一个新时代或新时期，那么这也可能有助于我们理解可能存在的利害关系。

几年前,建筑历史学家查尔斯·詹克斯(Charles Jencks,1986)认为,1973年7月被西方认为是二战后传统现代性的终结,以及后现代性的开端。当时美国圣路易斯政府炸毁了普鲁伊特·伊戈(Pruitt-Igoe)住宅区的公寓楼。这些街区被拆除的理由是,随着时间的推移,它们大都已经老化到无法重新整修的地步。此外,居住在这所房子里的(大部分失业的)客户本身已经变得越来越贫穷,并且受到酒精和毒品的蹂躏(如《火线》[The Wire])后面描述的巴尔的摩市中心的视觉废墟)。因此政府认为,有效地维持该地区的治安已不再可行,唯一的办法就是拆除住房重新开始。

近年来,在低收入人群的高层住宅建造方面,英国出现了与美国类似的幻灭。同样,这是基于建筑物的实体构造和居民生活方式的"堕落"的观点而进行的。然而,在某些情况下,解决方案并不是拆除相关的住宅区,而是将它们改造成年轻的雅皮士、上班族或经济富足的学生的理想公寓。在许多案例中,为这些"理想"的居民所进行的住房改造,对大部分英国市中心城区的复兴起到了关键作用——特别是在利物浦、考文垂和谢菲尔德。英国最典型的例子是谢菲尔德的帕克希尔住宅区,该住宅区是20世纪50年代末贫民窟清理计划的一部分,灵感来自勒·柯布西耶(Le Corbusier)在马赛建造公共住房的乌托邦式"联合居住"项目,该项目以干净、设计精良的"空中街道"的形式建造。帕克希尔庄园最初被誉为英国当时最雄心勃勃的市中心开发项目,后来随着撒切尔政府及其继任者逐渐从公共住房项目中撤资,该庄园陷入了年久失修的境地。然而,被搁置了几年之后,一家名叫Urban Splash的私人公司对其进行彻底的(抑或只是部分的)改造,翻新的住所现在作为一种令人向往的(并且价格昂贵的)时尚的"中世纪现代"住房,供这座城市富裕的年轻学生和上班族使用(Brunsdon,2019)。

当然,对于房地产开发商来说进展并不总是顺利的。在一些拉丁美洲城市,高层建筑经历了一次截然不同且意想不到的变化,一部分楼房在经济繁荣时期开始建造,但在房地产市场崩盘时仍未完工。在空置了一段时间后,他们被低收入人群占据,没有可用的电梯,这些新居住者不得不搭建临时梯子,以方便他们在不同楼层之间移动。在这种情况下,没有人下令拆除,出人意料的是,居住者利用中世纪的手工技术发明了一种全新的高层生活形式,对建筑进行了意想不到的重新利用。

2020 年 7 月，挤满了低收入人群的高层建筑以戏剧性的方式再次成为新闻焦点。在墨尔本病毒爆发期间，弗莱明顿和墨尔本港口地区的一栋居住着低收入人群、少数族裔和难民的高层公寓楼被封锁。这些公寓最初是作为城市贫民窟清理计划的一部分建造的——就像谢菲尔德的那些建筑一样，但现在已破败不堪，还被认为是感染的热源。因此，警察对公寓实施了严格的隔离制度，防止他们的居住者离开他们现在的位置（住所），把病毒传播到其他地方。在这种情况下，高层公寓（以及它们的居住者）成为一种不同寻常的潜在传染源的象征——将它们有效地隔离起来，就像早期低收入人群同样被限制在贫民区一样。

在讨论这一案例时，澳大利亚代理首席医疗官用一个令人印象深刻的比喻来描述这种情况，他将这些高层建筑比作"空中的游轮"。显然，他指的是当病毒危机刚刚爆发时，大量游客被困在游轮上。令他们恐惧的是，他们的豪华假期变成了一种短期（甚至可能致命）的监禁。现在，整个豪华游轮行业似乎突然陷入停顿，它们象征着一种在危险环境中受到监禁的威胁形式——因此，在公众心目中，它们与（可能受到感染的）低收入人群的贫民窟联系在一起。

我们在这里看到了一些围绕着建筑符号的不稳定的内涵意义的复杂问题。到目前为止，这艘游轮一直象征着高收入退休人员理想的奢华度假方式，他们因此可以享受终极（浮动）形式的封闭式社区生活，在这个圈子里，他们交往的都是与自己经济实力相当的富人们（Mieville，2007）。正是在这个基础上，游轮行业取得了巨大的成功，成为那些高收入者的理想生活方式。然而，正如我们在病毒爆发开始时看到的那样，事实证明，船只的物理结构——许多人近距离居住在狭小的空间——也意味着，当病毒来袭时，它们就像是所谓的"培养皿"——细菌交流的成熟场所，在这个环境中人们被感染的概率更大。因此，游轮行业陷入危机，由于占用港口空间要付出高昂的成本，因此游轮被困在近海，且空无一人，无法停靠。更离谱的是，墨尔本卫生部发言人将这些船只比作该市受感染的低收入人群居住的高层建筑，英国政府现在正在考虑租用游轮作为英国饱和的监狱人口的潜在场地。这一举动复制了 19 世纪的监狱政策，当时"监狱船"就漂浮在英国许多沿海城市的码头外——但如果推行这一政策,将进一步增加这些船只的负面意义,而这些船只以前是奢侈生活的终极象征。

四、疫情后的技术和结构新关联

　　现在回头看来,21 世纪初期,那些支持者们对全球化的乐观看法似乎过于天真。(Friedman,2000 & 2007)然而在当时,人们仍然有可能误以为,这些不受监管的超级全球流动性的形式代表着一个历史时期的开始,并以同样的方式驶向遥远的未来。即使到现在,仍有人偶尔为了适应新时代而试图改变它的形象。(Khana,2017)目前,我们确实也看到,硅谷的科技巨头正打算重新进行 20 世纪 90 年代初的网络营销,当时人们轻视身体接触的"实体空间",而偏向于技术介导的体验。正如娜奥米·克莱恩(Naomi Klein)在近期采访中所说到的,疫情过后,任何形式的人群接触都被重新定义为潜在的"生物危害",早期的网络营销方法现在被重新定义为未来生活(医疗、教育等)唯一的安全方式,正是因为它提供了一种无病毒形式的"无接触技术"。(Klein,2020)当然,这里隐含的前提是,这种技术将取代的是(易受感染的)低收入群体的"劳动"——因此,与其雇佣这些(具有风险的)劳动力来为他们烹饪食物、清扫屋子以及照顾他们的日常起居,高收入者们(可能)更倾向使用智能自动化设备来处理日常事务。

　　在相互关联的因素之间,一个看似是在发达西方地区的商业高层写字楼的电梯运行障碍这样一个小的困难,可能对整体系统产生一系列更广泛的影响。当然,许多金融机构已经适应了新的线上交流模式,以便在应对疫情的同时开展的日常业务。然而,事实证明,除非一个人对人工智能和线上交易持完全相信的态度,否则在关键战略决策过程中——尤其是在处理迅速升级的危机方面,特别是当信任和判断等细节受到威胁时,没有什么比实际的(而不是虚拟的)"在场"更重要了。考虑到支配我们生活的日益复杂的系统性质,我们必须认识到,这些事物的关联程度越高,当其中任何一部分,哪怕是很小的破坏所造成的后果就会越大,影响也更广泛。现在我们要重新看待这个一般问题,在某种程度上,(之前不可预见的)电梯中存在的潜在威胁不仅仅来自流动的人群,也来自致命病毒传播的相互传染形式。

　　显然,在短时期内我们不知道这场病毒将发展到何种程度以及其传播方式的变化——特别是随着疫苗抗体以及病毒变异的出现。在各个阶段,各政府采取不同的策略,即使没有"解决"我们面临的问题,但有时似乎占据了优势。但这些潜在的解决方案和明显的"优势"往往会被一些其他不可预见的事物迅速破坏。在这种情况下,比起牢记最初被嘲笑的唐纳德·拉姆斯菲尔德(Donald Rumsfeld)的警告,更糟糕的是在这个不断演变的生态和流行病学困境中,我们真正需要担心的正是这种未知性。

注释[Notes]

　　本文部分内容来自 *Inter Asia Cultural Studies* 的一篇文章,感谢该杂志的编辑们给予我的支持和合作。

——戴维·莫利

参考文献[References]

　　[英]戴维·莫利著,王鑫译:《后疫情时代的全球化:封锁中的流动性》,《国际新闻界》2021 年第 3 期。

　　Braudel, F. (1985). *La Dinamica del Capitalismo*. Madrid: Alianza Editorial.

　　Brunsdon, C. (2019)."*Council House Art*". *History Workshop Journal* No. 88.

　　Edgerton, D (2006). *The Shock of the Old London*. Profile Books.

　　Diamond, J. (1997). *Guns, Germs and Steel*. New York: W. W. Norton.

　　Ehrlich, P. and Ehrlich, A (2013). "*Can a collapse of Global Civilization be Avoided?*" *Philosophical Transactions of the Royal Society B 280 (1754)*, 2013; 20122845

　　Friedman, T (2000). *The Lexus and the Olive Tree: Understanding globalization*. London, UK: Harper Collins.

　　Friedman, T. (2000). *The world is flat: A brief history of the twenty-first century(Release 3.0)*. New York, NY: Picador.

　　Harford, T (2020). "Can the Pandemic end the Great Innovation Slowdown?". *Financial Times Magazine*, pp.13-14.

　　Hoete, A (2013). *Reader on the Aesthetics of Mobility*. London: Black Dog Publishing.

Jencks, C (1986). *What is Postmodernism?* NY: St Martins Press.

Khana, P (2017). *Connectography: Mapping the Global Network Revolution.* London: W and N/Orion Publishing.

Klein, N (2020). The Lessons of Lockdown. *The Guardian* 13/7/20.

Koolhaas, R., Boeri, S. and Kwinter, S. (2000). *Mutations.* Barcelona: ACTAR Publishing.

Larkin, B (2006). *Signal and Noise: Media Infrastructure and Urban Culture in Nigeria Durham.* NC: Duke University Press.

Llewellyn, J. (2020). Why the UK Economy Stands Out. *Financial Times,* p.9.

Massey, D. (1994). *Space, Place and Gender.* Cambridge: Polity Press.

Mieville, C (2007). "Floating Utopias". in M. David and D. Monk eds *Evil Paradises: Dreamworlds of Neoliberalism.*

Morley, D. (forthcoming) "In a Viral Conjuncture: Locking Down Mobilities". *Cultural Politics.*

Seijdel, J ed. (2011). *(Im)mobility: Exploring the Limits of Hypermobility.* Rotterdam: NAi Publishers/SKOR.

Servigne, P and Stevens, R (2020). *How Everything Can Collapse.* Cambridge: Polity Press.

(作者戴维·莫利,英国伦敦金匠学院媒体与传播系名誉教授;译者王鑫,同济大学艺术与传媒学院传播系主任、长聘教授、博士生导师;辽宁大学 2020 级研究生高源、崔思雨对本文校译亦有帮助)

The Architecture of Vertical Communications in the Post-Pandemic City

David Morley

Abstract: This article addresses certain key features of the conventional idea of a modern city and addresses how the Covid 19 crisis may well have a long -lasting effects on the architectural design of certain key features of such cities. In particular, the article addresses the ways in which concerns about hygiene and space-sharing now raise difficult questions concerning the viability of the lifts and elevators which have always been fundamental to the design of the high-rise building. These forms of architecture have long been seen as central to the symbolism of the modern city, as well as being central to its practical functionality.

Keywords: Modern City; High-rise Architectures; Lifts; Structure

"新主流"影像叙事的显隐策略及其待解问题

梁振华

摘要:当文娱日益市场化、产业化、全球化,其受众与消费者已近乎同一,多元化、分众化的趋向也应运而生。中国的主流影视,为实现以主旋律话语为大众文化赋能的时代责任与历史使命,势必进行影像叙事的策略拓新,并在与观众的交互中不断迭代。就目前而言,这系列策略的显性表征,是表现对象进一步丰富,由集中的典型化主人公刻写转向综合性叙事群表达,在多声部、多元化呈现中强化意义输出;而其深层逻辑暨隐形策略,则是将对个体深切的人文主义关怀与集体的理想主义追求相缝合,将个人价值追求与家国情怀在公共性事件中统一。近年来,一批转型的佳作取得大众的良好反馈,形成"新主流"影视冲击波,为讲好中国故事提供了可供参考的新范式,也留下若干待解问题。

关键词:影像叙事;显隐策略;"新主流"影视冲击波

作为更直观的叙事形式,影像有超强的表意效果与传播效能,并且往往与对社会历史的集体性印象保持微妙的同源与同构。而影视剧所构筑的空间,是摆荡在现实与虚构之间的，是由诸多价值观念、意义谱系所碰撞而生成的场域。其中诸般历史呈现，都在覆写中沾染了当代的意念；在此演练的种种社会议题，也都在对机理的梳爬与对困境的求解历程中蕴藏着当下的思维模式与价值取向。换言之，影视剧具有显而易见的当下性，是集体潜意识的汇聚，不仅与具体历史语境中的大众美学趣味和普遍行事逻辑有较强的相关性，更在对种种实在的阐析中包藏了参与乃至驱动现实之变的期待。

就中国的主旋律影视而言，各时期都不曾对求真与求新懈怠，孜孜以求在分众市场中突围，提炼、凝聚与进一步形塑主流审美，并借此询唤主体身份、巩固主流价值。近年来，主流意识形态和精神文明建设的诉求、文化产业和文化事业的高速发展、精英文化与大众文化的融通与对话、观众审美意识与消费诉求的提升……种种语境相交汇，使主旋律影视处于创作机遇期，一批佳作呈集束状态涌现，形成了"新主流"影视冲击波，为讲好中国故事提供了可供参考的新范式。

一、新英雄：彰显的主体与个体

在相当一段时期内，主旋律影视聚焦于重大事件、重要节点的复现与重要理论观念的输出，其中的人物，甚至包括主人公，常常失于功能性和符号化。而"新主流"影视，试图进行平民化转向，塑造有烟火气与人情味的新型英雄，丰富其主体性并凸显人物的个体化、个性化立场，以"及物"的叙事增进公众对人物的理解与亲近。

既有主旋律影视中的经典表现对象，在"新主流"影视中被丰富。他们不再先天就是形象高大、胸怀宽广、全心全意为人民服务、尽善尽美但千人一面的无产阶级斗士，而是参与其所处时代、对话其周边人群，在经验中生成与生长的活生生的人，有完整的心路历程和饱满复杂的个人性格，从符号化的布道者蜕化为可知可感的人。

《觉醒年代》梳理了陈延年、陈乔年兄弟二人坚定共产主义信仰的历程，拒绝以"一门三委员"的总体述评抹消兄弟二人与父亲陈独秀迥异的心灵史。陈独秀留学日本既使他较早接触到马克思主义，也使两兄弟早早饱尝生活疾苦，促发了其对底层普遍境遇之生成机制的反思。二人早先笃信无政府主义，就在北大进行小范围集体协作实验，终在加身体验中完成了思想的转变。具体的事件生发自然的感受，成为个人思想转向的内驱力；先觉者不是先知者，而是具有先锋性的抉择者。比起理念的宣讲，"及物"的事件本身更具有说服力，使观众与人物保持同视角，感受人物、理解人物，也经由此理解其所处之时代，领会其抉择的因由。这些更人性化的新英雄，因此更具感染力与说服力。

新英雄，也可以是可爱的。相当一批主流影视作品，在历史素材中挖掘人物性格，在严肃叙事的总基调中酌量增添生活细节，以更生动鲜活的英雄人物丰富了作品的层次感。《我们的法兰西岁月》不仅描绘各主人公革命理念的生成，也关注留法学生群体的衣食住行，在主线脉络中以考究的笔墨呈现人物的更多维度。聂荣臻的时髦、赵世炎的幽默、李富春的致富有道、周恩来吃蘑菇汤时展现出的协调能力、年龄最小的留法学生邓小平的调皮与不服输……这些鲜活的人物的调性，既增强了作品的趣味性，也与这些非凡人物往后的生命轨迹息息相关。

新英雄，甚至未必是成功者。《走向共和》中的孙文与梁启超，都以向李鸿章谏言出场，前者引来嘲谑，后者遭到拒绝，虽胸怀宏伟理想，却仍旧人微言轻。剧集以绝大部分篇幅梳爬清廷与袁世凯的决策机理，孙中山则几乎都在流亡，饱尝失败之苦。清廷抗阻、起义失败、哥哥孙眉倾囊相助亦难负担革命开销、建立民国而民智未开、袁世凯复辟……共和之路异常崎岖，全剧收尾于张勋复辟，孙中山仍旧矢志不渝，诉说共和的理想。该剧截取历史段落，将重点放在走向共和的历程，不仅仅计较成败，而是直面英雄的精神锋芒，向纯粹的理想主义致意。新英雄，可能力挽狂澜、大功毕成，也可能只是求索复求索，甚至是知其不可为而为之的西西弗斯式英雄，使其伟岸的不仅是功绩，而是闪耀的人格品质与深邃的思想理念。

英雄的意涵，也在"新主流"影视中得以扩容。战争年代的铁血英雄令人肃然起敬，和平年代的平民英雄同样不容轻慢。近年来，涌现出大量单元式影视剧，如电影《我和我的祖国》《我和我的家乡》《我和我的父辈》，电视剧《在一起》《理想照耀中国》《功勋》，都试图用凝练的叙事呈现样态各异的英雄，在具体的时代、具体的境遇之中描绘具体的人，并在海量新元素中共时性阐析中国式英雄的常与变。《我和我的祖国》中建国典礼上竭力克服升旗设备风险的工程师、北京奥运会时将难得的门票赠给汶川地震幸存儿的北京的哥；《在一起》中罹患渐冻症但驻守前线阻击疫情的医院院长、被恐惧与无力感折磨到崩溃却依然坚守岗位的护士、直面公众情绪与疫情风险完成工作的网格员；《理想照耀中国》中的乌兰牧骑、战地记者、扫盲工作者、《共产党宣言》翻译者；《功勋》中能文能武的李延年、扎根基层推动男女同工同酬的申纪兰、历经重重阻碍的多位科研工作者……"新主流"影视作品认同并尊重各时期各行各业的劳动者所创造的价值，并通过英雄叙事的类仿结构将其汇入主流话语，在复调表达中以多样的主体性涵养共同体之生命力。

气象万千的新英雄，也为荧幕上"中国人"的形象注入了蓬勃的生机，构成对刻板印象的抵抗。只见集体罕见个人的叙述方式，不仅存在于从前的中国主流影视中，也成为海外影视中的中国符码。灾难电影《后天》中，中国人以超多的数量、超高的执行能力近乎奇迹地完成了逃生飞船的制作，却仍旧不曾有过发言，只作为故事中面目模糊的背景。好莱坞电影往往将中国"他者"化①，连偶尔的称赞都是刻板的。而《流浪地球》则提供了另一种想象中国的方法。当末日来临，中国人绝不仅是机械的执行者。永不放弃的饱和式救援、"春节十二响"程序的妙用、对月亮的留恋、在放弃之声不绝于耳时的坚守、不肯苟且的自我牺牲……中国人的机敏、坚韧、温情、善良、勇敢、人道主义、浪漫等品质，在影像叙事中浮现，新的中国形象便在跃动的影像世界呼之欲出。

综言之，新英雄，是个体化、个性化、具有主体性的，当多样的新式英雄在"新主流"影视中汇流，便塑造了更丰富、灵动与包容的中国形象，对多层次的当下现实完成了综合的艺术性演映，并对程式化的英雄叙事方式与刻板的中国印象形成了强有力的消解力量。

---

①　"好莱坞电影中的他者几乎没有权利出现在特写镜头中……这是为了不让他拥有个性，不赋予他面孔，也就是说，不让他拥有灵魂。"参见［法］雷吉斯·迪布瓦著，李丹丹、李昕晖译《好莱坞：电影与意识形态》，商务印书馆 2014 年，第 130 页。

二、新"人文"：人文主义的驳杂景观

"新主流"影视作品中,普罗大众也不再是简单的程式化背景,其各自的生命历程也得到深度体察与分析,并得以呈现。在多声部的鸣奏中,"新主流"影视从说理转向思辨,统合人文主义之驳杂景观,以种种个性化的人物对话观众,进而完成对其主体性的询唤。

这种转向,基于对诸多主体的深度理解与共情,尽可能避免后见之明带来的观念评判弥散,从而遮蔽其在具体时代迸发的光芒。《无问西东》中的角色都谈不上全知全能,吴岭澜在战乱中吟诵泰戈尔诗篇的效用远不及其最初实业救国的理想直接,飞行员沈光耀向荒村投递食物极可能暴露军队行踪亦无法根除饥饿,王敏佳和陈鹏的感情在动荡年代里无法抵挡虚荣招徕的命运波折,张果果在救助过程中对人性保有警惕而频频陷入犹疑。然而,有瑕疵、有弱点的人,纵使无法克服自身局限,也尽己所能向理想与永恒进发,这正是理想与理想者最为动人之处。

角色是人性化的,而叙事的姿态是同情的。当展现人物崇高理想之时,并没有对其人性展开苛刻的批评,而是着重描绘理想如何成为一种强韧的增殖能量,伴随诸角色度过苦痛或迷茫的岁月。在躲避日军飞机扫射之时,吴岭澜的淡然咏唱曾冲散防空洞内的焦灼氛围,在没有普遍宗教信仰的中国大地带来了与圣歌近乎同等效能的心灵抚慰;沈光耀家满门忠烈,在父母的劝阻之下,明知凶多吉少,知其不可为,仍旧坚持为所当为;纯粹的爱情给落难的王敏佳新生,她又将这份爱意反哺孕育陈鹏的乡村;张果果听从内心的指引,即使麻烦缠身也在所不惜。《无问西东》里的主人公,都表现出强烈的理想主义与人文精神,自知己身的局限,却在种种境地中保持人性的尊严,在实然的世界以应然为标准要求自身的言行。

《无问西东》不讳言这种理想主义照进现实时解决力有限,行动发出者自身亦往往不知其善行结下的善果,而这正证明其价值体系的非功利化:坚守理想本身就是价值,成为有尊严的理想主义者亦即人性之辉光,无问西东的姿态便可视为人在极端情形下至真、至美的一种生命可能。该电影叙事的总调性,

也是理想主义的，与其表现的内容可谓耦合。

沉浸式的体察与共情，是进入故事的一重向度。"新主流"影视叙事的另一向度，是思辨。对于创作者而言，笔下的任何人物都不是先定的权威，其观点都具有时代性，值得嵌入当下加以反思。《理想照耀中国》之《真理的味道》开场，众声喧哗共商救国之道，中学为体、实业救国、君主立宪、民主共和、无政府主义、马克思主义等颇有影响力的观念快节奏、高密度呈现，各自有理的高声论争召唤对话与谛思。《觉醒年代》中林纾、辜鸿铭、黄侃等"保皇派"的主张与新文化运动旗手们的呼吁相伴相生，其儒生风骨甚至是共通的、迷人的。许多"新主流"影视作品浸润着饱满的人文精神，拒绝以唯一的强势话语倾轧思考的空间，创作者尽可能复原思想领域的驳杂景观，多元的文化要素在作品内部发生撕扯，构成强大的张力，再以理性为准绳披沙拣金，让主流话语在种种历史性事件的淘洗中自然显形。

创作者以自身的理性对话其作品中人物的理性，聚焦其中有价值的议题并推动其对话当下，固然使话题更为集中与深入，却也毕竟浸染了自觉或不自觉的表意目的。在现实性与历史性、思辨性与艺术性的博弈中，影像叙事所呈现的自然不可能是完全的历史真实。即使全部采用真实元素，在广袤的素材中有策略地选择这一必然行为本身也会引发作品指意的偏差。这也就使得不同影视剧对同一历史人物或历史事件有不同解读，影视剧彼此之间对话乃至对峙，也在作品外部搭建敞开了一方对话空间，容纳观众的加入，让讨论与反思得以进一步深入。

《觉醒年代》与《大浪淘沙》截取不同的时间段落，演映陈独秀的形象。《觉醒年代》的叙事到中国共产党建党为止，着力表现陈独秀坚定的马克思主义信仰，遮蔽乃至搁置其自身面对复杂局势的犹豫与困惑；剧中，陈独秀一方面信仰坚定，百折不挠，有九死不悔的革命气魄，另一方面又独断专行，狂傲不羁，甚至不乏封建大家长习气，这两者在影像叙事的调和下相互依附，让观众信服且记忆异常深刻。《大浪淘沙》则将时间线拉长，在演化的革命形势中展现其对马克思主义理解与运用的恰如其分或不合时宜，并描绘陈独秀离开革命领导队伍后抱病久居山林编写教本的暮年生活。前者偏理想化的叙事，浓郁的浪漫主义色彩濡润其表达，以仿佛不会老去的陈独秀象征革命事业的意气风发；后者侧重现实主义叙事，依托历史真实，复现建设历程之复杂，以老去陈独秀的追忆、反思与坚守指事类情，描摹抽象理论与具体现实之间错综难解的关系。前者塑造偶像，散播昂扬的理想主义；后者复归历史，着重于整体性的思辨。不同的着眼点，使得同一人物的形象气质，在不同的剧集中产生了相当的距离。

"新主流"影视作品内部的综合呈现与彼此之间的互文，为观众提供了多维的解读视角，也预留了可供探讨的空间。路径不一但都具有真实感与表达力的人物形象，迫使观众免于"沉浸在一种心满意足的麻木态度中"[①]，无法充分认知和接受历史人物，更可能在强烈的困惑感中生发出对其饱含求索欲念的探讨冲动；在影视的外部空间中深化此类辨析，有助于观众以自身的理性精神使剧集内外的驳杂人文主义景观实现再增殖。同情引起共情，思考导向思辨，评议不断发生，又唤起一波又一波新的讨论，"新主流"影视冲击波的辐射范围自然地随之扩展开来。

三、新美学：符号、隐喻与象征诗学

科学技术的发展，使得视听语言表现力的提升成为可能。在动画电影与科幻电影领域，这种跃升尤为明显。当技术使"真实感"常态化，差异化的独特风格势必成为影视美学的必然增长点。"新主流"影视自觉尝试构建中式影像美学，努力将对人物的塑造、对情节与精神内核的考究，统摄于一套不断迭代更新的美学体式。这套美学体式汇聚符号、隐喻与象征诗学，构筑整体性的中式腔调，既连接了各人物、诸情节，也以自身的气韵强化叙事，达成融汇审美与表意的综合效能。

"新主流"影视中的中式文化符码，"既是能指，又是所指"[②]，具备复合的表意效果。诸多影视剧都试图将凝结现代中国精神气质的文本符号化。《恰同学少年》中的毛泽东诗词、《雄狮少年》中舞狮队所呐喊的梁启超《少年中国说》

---

① ［法］雷吉斯·迪布瓦著，李丹丹、李昕晖译：《好莱坞：电影与意识形态》，商务印书馆2014年，第9页。

② ［法］克里斯蒂安·麦茨著，崔君衍译：《电影符号学的若干问题》，见杨远婴主编《电影理论读本》，北京联合出版公司2017年，第112页。

与《流浪地球》中韩朵朵班级所朗诵的朱自清散文《春》,这些经典文篇在历史沉淀中完成自身经典化,成为具有超强表意效能的符号,传达了中式的美学品位与精神意蕴。前两者以诵读经典召唤主人公与观众的热血,后者则以共同的文化记忆在遥远的未来完成有效的身份确认——这些文化符号,有力推动剧情,也参与了整体美学风格的构筑。

充满隐喻感与象征性的诗化表达,丰富了"新主流"影视的美学结构。其中最为常见的,是将象征和隐喻与现实主义风格叙事缝合,达成复合的表意效能,同时服务于多层次观众,带来有梯度的审美体验。《觉醒年代》中,毛泽东持马克思主义书籍在雨中奔跑,沛然的诗意中,也寄寓了高擎思想火炬、勇渡时代困厄的隐喻意味;鲁迅受邀写《狂人日记》,完稿后在满地书稿中含笑,有完成中国第一篇白话文小说的欣喜,确也指涉着"漫卷诗书喜欲狂"的家国意识与启蒙情怀之心绪。现实与隐喻相同一,实质是务实的具体作为与满含家国情怀的理想期待的统一。

不仅仅是主要人物,"新主流"影视中的其他人物,也可能具有复合的表意效果。《理想照耀中国》之《真理的味道》中的江流,是对既往经典文学作品的梳理与总结,是经典人物形象的叠合。作为陈望道的童年玩伴,他驻守乡间,也敏锐地感知到封建社会"人吃人"的本质,希望通过教圣贤书改变这一切,却被挤压得更加落魄。这个人物,就集合了鲁迅笔下闰土、《狂人日记》之狂人与孔乙己的核心要素,具有相当的象征性与丰富性。这样具有高度集成性与广泛发散性的象征安排,使其"既不是一种无人称神话,也不是一种个人化虚构:它是一种行动中的言说,一种言说行动,人物通过它能不断跨过私人事务与政治事务的边界,并自行制造出集体陈述来"①,让诠释空间在能指与所指的双向交互中不断生成。

日常生活所常见的元素,在具体的故事中同样可以具有较为明确的隐喻指向。《理想照耀中国》的《纽扣》篇章,改革初期严禁投机倒把的政令与民众的实际诉求之间产生矛盾,在片头滚动的纽扣既是主人公章华妹的实际售卖

---

① [法]吉尔·德勒兹著,李洋、唐卓译:《电影、思维与政治》,见杨远婴主编《电影理论读本》,北京联合出版公司 2017 年,第 623 页。

货物,又以其飞速运动象征时代之沧桑巨变,而纽扣自身的生活属性又将其隐喻功能由抽象推向了弥合与亲近。诸如此类的巧妙喻体选择,使"新主流"影视作品的历史真实性与艺术表现力相辅相成。

不仅是人物、情节、符号元素,在影像叙事中,色彩同样具有表达力,并且可以在整体精神气质上实现诗化表达。《理想照耀中国》中《雪国的篝火》即用灰白色与红色表意。整体的灰白色渲染压抑与茫然,所有士兵的灰白色衣着近乎对磐石的拟态,坚毅行走,直至成为无名丰碑。苍茫大地上,唯一鲜红的是党旗,唯一炽烈的是炊事班的炉火,唯一点亮战士们面庞的是帽檐上的红星章。有感召力与生命力的红色,指明希望之所在,昭示前进的方向。极致的色彩选择呈现强烈的美学效果,以美学震撼力调动情绪,强化对于具体境遇的感知。

新美学浸润于影像叙事之中,与内容相辅相成,扩充了镜头语言的层次,使得高密度、多层次意涵表达成为可能,也制造出视觉冲击与情感冲击相叠加的效果——笔者以为,这便是"新主流"影像叙事的一大突出美学追求,提升了表述效率。

四、新质感:内容与形式

新质感的生成,是影像叙事自我革新的必然结果,也是一种产生积极传播效能的叙事策略。以差异化的内容培植新认知与新体验,并以去悬浮化与去空心化的要求把控形式的独特质地,是"新主流"影视的普遍选择;其具体表征,就是以整体的氛围真实、深层的逻辑真实与细部的环境真实、独特的情感真实营造颇具说服力与感染力的陌生化体验。

《恰同学少年》《走向共和》《我们的法兰西岁月》《人民的名义》《外交风云》《跨过鸭绿江》《山海情》《觉醒年代》《理想照耀中国》《大浪淘沙》《扫黑风暴》《功勋》等影视剧,均着力提供进入社会历史语境的新切口。这些剧集试图将时空具身化,使宏观的历史地理差异转化为生动的个体性格与行事逻辑,并通过对个体境遇生成机制的阐析、对个人抉择及其操演语境的呈现,将高蹈的精神与思想以形象的方式熔铸入可接受、可理解的普遍经验之中。

《恰同学少年》《走向共和》《我们的法兰西岁月》《觉醒年代》均着力表现清

末民初知识分子在爱国热情下发起的救亡图存运动,海量信而有征的情节展现了时代大潮中各有性格的革命先驱如何秉志求索,如何百折不回。历史记述中的春秋笔法难免以后见之明预先对历史人物与事件做出判断,如上"新主流"影视作品则着力于对其进行有益补充,烛照复杂、多面、有深度的人性,让人物自然发声,在人与人、人与时代的关系中综合展现其可亲可近可感可爱可敬或可悲的人格底色。

《人民的名义》《外交风云》《跨过鸭绿江》《扫黑风暴》《功勋》聚焦的是反腐、外交、战争、扫黑除恶或尖端科研等领域内的重大任务或命题。这些难题颇具"抗解性"①,甚至时至今日仍是待解;对事件复杂性的充分阐释,并以此挖掘颇具深度的反思性内容,有助于抵抗市场中部分影视剧肤浅的反智倾向。在反腐与扫黑的历程中,有罪者往往足够狡猾,清醒犯罪时便已预备后路或得到强有力庇护,非有足够决心、耐心与智慧不能将其根除。对这些贪腐或黑恶角色生命历程的展演,一方面颇具教育意义与震慑性,另一方面又调动公共情绪并引向对于底线与防微杜渐之举措的探究。经由影视的强效表达与超能感召,待解的问题在公共领域成为热点话题,在一定程度上凝聚了民众与社会的共识和期待。《外交风云》与《跨过鸭绿江》都着力复原宏大叙事中重要决策的生成理路,在世界局势、地缘政治与本国诉求的共同涌现中描绘运筹的艰难性与复杂性,与《是,首相》《是,大臣》等海外幽默政治剧在切入角度与表现的风格形式上迥然不同,以宏观层面的理性推演摹写独具一格的中国形象。《功勋》以大量篇幅叙述尖端科研领域遇到的具体难题与克服机制,在科研者内敛的情绪表达与笃定的艰难求索中,让坚韧的民族性格得到极致迸发。如此种种,均为公众提供了前所罕有的新视角,通过观影体验补充自身的有限经验,

---

① 公共管理和政策研究界,已觉察到相当部分问题的"抗解性"。它们"是无法清晰界定、没有根本原因、依政治判断而非科学论证的问题。由于具有界定的模糊性、解决的棘手性和影响的复杂性等属性,抗解问题在本质上抗拒解决,对传统的线性思维、技术—理性路径、科层制和新公共管理模式形成严峻挑战,亟待创新应对机制"。"(1)问题没有确定的形式;(2)问题没有终止规则;(3)解决方式只分好坏,难辨对错;(4)解决方式不可直接或最终检验;(5)每个问题都必须一次性解决,没有试错机会;(6)不具有可列或清晰界定的潜在解决方案集;(7)每个问题从根本上都是独一无二的;(8)每个问题都能被看成另一问题的表征;(9)问题表现出的纷争有多种解释,而解释方式的选择决定解决方式的性质;(10)规划者没有犯错的权利"则是其广受认可的十大特征。参见吴淼、邵欣《国外公共管理抗解问题研究综述》,《国外社会科学》2016 年第 6 期。

得以从更多的精神与情感维度理解与亲近生长于斯的热土。

独特艺术质量的形塑,需达成形式与内容的高度适配。讲述扶贫的《山海情》便摒除概念化,将素朴主义进行到底。极强的画面颗粒感与人物外貌的粗糙感指向西北地区的大漠风沙,营构的整体氛围不仅使扶贫工作的必要性与艰难性不言自明,也为而今光鲜悬浮的影视浮华之风气补充了沾满泥土气的新奇审美样式。以多层面的内容呈现丰富的现实景观,以兼具陌生感与亲近感的形式吸引观众的参与,从而造就了《山海情》非同寻常的思想穿透力和情绪感染力。

实际上,在一个日益丰富与多样化的世界,在影视市场日益细分的总体情境之中,主旋律作品想要在纷繁复杂的文化语境中实现突围,在众声喧哗中发出最强声,同样需要进行一场传播竞赛:追求内容与形式统一的新质感,是"新主流"影视完成自我命名与风格确认的必然趋向,也成为公众对"新主流"影视冲击波的整体印象。

五、待解的问题

近年来,"新主流"叙事不断自我革新,取得了良好反馈。各时期的中国主流影视在寻求突破的路途中所沉淀下的代表性新质,或许就是时代精神的具体表征。与之同构,对新质与蕴藏其中待解问题的再反思,既是时代审美风貌的体现,也是基于审视当下、探求未来的一种对主流影视创作的拓新。

受惠于产业化与技术迭代,在物理意义上搭建无限逼近真实的场景已经成为普遍可能,当这份空间真实感带来的感官刺激常态化,人们势必对作品的真实感提出更高维度的要求。"新主流"影视的现有探路模式或将面临挑战:道具置景细节的"真实"与质感呈现,是否意味着整体艺术氛境的真实? 渐臻完美的美学形式,是否掩盖了思想质地和精神内涵的瘠薄?

近两年,聚焦于新冠疫情题材的影视剧层出不穷,核心故事大多取材于真实的乃至广为人知的新闻事件,呈现效果上却有巨大的偏差,口碑亦显著分化。颇受好评的《在一起》的成功正在于其对整体精神气质的迥异把握。《在一起》深入思考疫情中的个人命运,职业身份特征与环境中生成的个人情绪同样昭彰,在系统把控下高密度排布情节与细节,对危难与有局限性的人之交互关系的表现,与当下对疫情的思考同频。同题材的其他一些作品则着重于渲染紧张气氛,以相对刻板的起承转合探讨家庭责任与社会责任不能两全的传统命题,对既有主旋律范式进行复制与再生产,虽也营造了一定的情绪感染力,却不同程度与时代的精神气质产生了一定的脱节,甚至与广为人知的实际情况有所偏差。当抗疫一线三分之二的医护人员为女性①时,《最美逆行者》中镶嵌"医疗团队中怎么都是男性"的抱怨似乎有些不合时宜;当大量医院领导在疫情中表现出极强的专业性,《中国医生》中院长满口口号,几乎没有临床镜头,不禁令人感到费解。在共同的题材选择或美学追求之外,"新主流"影视的思想深度与精神层次却参差不齐,要么缺乏足够的审慎与严肃,要么失之单薄浮泛,这样的问题应引起业界足够的重视与省思。

另一方面,当行之有效的节奏范本在影视市场中取得丰硕收益,创作者是否仍能有所坚守,将叙事的机巧与深沉辽阔的思想情怀缝合?好莱坞式的叙事模式或可借鉴取经,但创作者理应对其善恶二元论的思维模式以及高浓度、快节奏、强刺激的叙事模式保持警惕,才能避免其中对现实的过度戏剧化"粉饰"和对社会、人性、时代的单向度理解。

战争题材的影视剧中,潦草简单化叙事与多向度复原叙事所输出的潜在观念尤为不同,这在《长津湖》与《跨过鸭绿江》中即有体现。前者开篇即是兵士远赴战场,后者则以大量篇幅呈现中国视角下抗美援朝的不得已与必然性。虽然保有对核心人物的一些心灵刻写,但《长津湖》的绝对篇幅尽在表现刺激性的战争场面,以近乎 MOBA 游戏的格式复现战争战术,中美双方的战争高潮迭起,血肉横飞,你死我活。高密度的战争场景带来强烈的震惊感,但是否会引起对战争本身残酷性的脱敏?《跨过鸭绿江》则以大量笔墨呈现中国方面为避免战争或削弱战争影响、缩短战线做出的斡旋,并将中美关系放置到世界舞台进行分析,也酌量体现了中美之外其他主权国家对此的态度及其举动。从效果上来说,两部影视剧各有侧重与精彩之处,但仅从结构而言,两者的底

---

① 数据来自中华人民共和国国家卫生健康委员会 2020 年 3 月 8 日新闻发布会文字实录,详见中华人民共和国国家卫生健康委员会网站 www.nhc.gov.cn。

层逻辑已产生巨大分野。在《长津湖》的简单二元对立化处理下,这一战争大片的表现模式中已潜藏着零和博弈①的思想;而《跨过鸭绿江》在数次对于非此不可的推演与广泛的国际对话中,强化和平精神与国际主义。或许受限于电影与电视剧不同的篇幅体量,而今,电影重震撼性视听效果,电视剧倾向于多面历史梳理。这一抉择无可厚非,但创作者不仅有必要对事件真实性保持敏感,更要对具有潜在表达力与意识形态效果的总体结构进行反思,对其中的观念倾向保持怵惕。

而今的"新主流"影视冲击波,反映了国民日益增强的主体意识,这种沸腾的情绪在相对高密度的重大纪念日与重要历史节点中达到了小高潮。但以发展的眼光看,我们不免要问,当情绪回落,这些作品本身又给时代和观众带来了什么?瞬时性的冲击与感官刺激之外,是否有更深沉的精神沉淀和文化内涵?

主流影视并非现阶段所特有,也并非中国所特有。在影视诞生之初,就因为其超强的传播效能而在相当程度上为政府所器重,这当然不是说影视只是宣传语与教化的附庸工具,而是充分承认这一文艺样式的社会影响力,并致力于发现其伴随社会发展流变、在不断丰赡自身的同时,亦展现出时代精神气质的侧面。

从这一角度来看,探究"新主流"之新意究竟落点何处,正出于一种对当下集体身份的认知渴望。求"新",源自在历史维度标识自身的盼望;而不断确认"主流",则彰显了民众的共同期待——以中国话语,在世界文化舞台校正刻板印象,塑造新主流的中国形象。时至今日,"新主流"影视虽形成强有力的冲击波并取得广泛反响,其实质却仍未有定论,但这或许意味着,目前仍是一个共时性处境与历时性举措交汇碰撞、蕴育了无限可能与创造力的时期。回眸与反思,又让我们有所确信:"新主流"影视走向成熟,绝不意味着在文明互鉴中失去独特性,而是要在对话中呈现与成就自我,最终实现审美的拓新与精神意蕴的不断深化。

(梁振华,北京师范大学文学院教授、博士生导师)

---

① 零和博弈,指博弈中"总收益之和等于零",各方处于此消彼长的对抗性斗争关系中,在双方零和博弈中,不存在合作。参见[美]冯·诺伊曼、[美]摩根斯顿著,王文玉、王宇译:《博弈论与经济行为》,生活·读书·新知三联书店 2004 年,第 71 页。

Explicit and Implicit Strategies of "New Mainstream"
Image Narrative and Its Problems to Be Solved

Liang Zhenhua

Abstract: With the increasing marketization, industrialization and globalization of entertainment, its audience and consumers are almost the same, which results in the trend of diversification and demassification. In order to realize the era responsibility and historical mission of empowering mass culture with the theme discourse, mainstream film and television dramas are bound to optimize its narration policy and iterate in the interaction with the audience in China. At present, the overt representation of this series of strategies is the further enrichment of the performance objects, from centralized and typical protagonist engraving to comprehensive narrative group expression, so that the outputs of meaning can be strengthened by multi-voice and diversified presentation; Its covert policy and deep logic is to suture the deep humanistic care for individuals with the pursuit of collective idealism, and unify the pursuit of personal value and the feelings of family and country in public events. In recent years, a number of excellent works of transformation have received good feedback from the public and formed a blast of mainstream film and television dramas, which provides a new paradigm for telling Chinese stories and leaves problems to be solved as well.

Keywords: Visual Narration; Overt and Covert Narration Policy; the Blast of Recent Mainstream Films and TV Dramas in China

韩国电影的南北想象:
在民族-国家与世界史的框架中[①]

郝延斌

摘要:南北故事在韩国电影中的一再重述形成了理解民族—国家问题的三种不同的方法。第一种是通过寻找一种介于南北之间的调停的空间或作为他者的第三方,想象性地治愈历史的创伤并重建民族共同体。第二种是在国家意识形态的支配之下重述南北之间的历史与彼此僵持的现实,民族的分离被转译为国家之间的较量。这两种叙事都在民族—国家的框架之内展开,不同于此的另一种方法则是通过将南北关系置于20世纪后半期的冷战背景,从而将半岛的状况视为世界史的后果。

关键词:韩国电影;南北关系;民族-国家;历史创伤

21世纪的前两个十年见证了关于南北关系的故事如何在韩国的银幕上一

---

① 本文系教育部人文社科研究规划基金项目"亚洲电影的跨国生产与传播研究"(项目编号:17YJA760016)的研究成果。

再地重复。早在新千年到来的前夜,因其票房刷新了《泰坦尼克号》(*Titanic*,1997)创造的纪录而被视为韩国电影复兴之标志的《生死谍变》(*Shiri*,1999)①,即在后冷战时代的地缘政治气氛中套用情节剧的模式,讲述了一段北方的女特工与南方的情报人员之间彼此相爱但又不得不举枪相向的遭遇。既是票房新纪录的创造者提供了启发,也是金大中(Dae-jung Kim)时期缓和对峙的"阳光政策"(Sunshine Policy)铺展了背景,休战后的半岛第一次举行双边会谈并发表了《韩朝共同宣言》(*North-South Joint Declaration*)。新千年以降,越来越多的同主题海报层层叠加在电影院的橱窗里。甚至是在那些无意于开掘南北题材的韩国电影中,分断状况也像徘徊在半岛的幽灵一样隐现在其间。

李沧东(Chang-dong Lee)的《燃烧》(*Burning*,2018)讲到一半的时候,回到了乡下的青年李钟秀迎来了他所爱的姑娘申惠美,以及驾着保时捷载来惠美的富豪"本"。引擎的轰鸣未能完全掩盖田野对面的扩音器里传来的声响。"本"问钟秀那是什么,主人公比划着解释道——朝鲜的对南广播。影片没有续接任何一个人物的视点镜头来呈现声源的方位与模样,简短的对话也就此结束。在钟秀的生活里,那些声音不仅是一种背景,它也成为生活的一部分,夜以继日地萦绕在周围。然而对于年轻的富豪来说,它不过是一些既遥远又陌生的信号,只能引起短暂的兴趣。伴随着斩钉截铁的广播声,申惠美开始断断续续地讲述童年的经历,一种由于难辨真假而无法概括出意义的关于过去的叙事。几乎是复制了扩音器里的词和语气,奉俊昊(Joon-ho Bong)将意识形态国家机器对抗的恢宏修辞置于《寄生虫》(*Parasite*,2019)里最具戏剧性的那一刻。先前被替代和被驱离的管家重返雇主的豪宅照看她隐匿于地下室的老公时,意外地发现了致使自己沦落街头的后来者一家精心谋划的骗局。她用手机录下证据并威胁着将要发送给雇主,胜负瞬时逆转。这位前管家从她老公把发送键说成核弹按钮的比喻中得到了灵感,开始模仿北方广播的话语对行骗的一家进行宣判。惩罚的裁定充满了政治色彩,然而对于罪行本身的

---

① Brian Yecies& Aegyung Shim. *The Changing Face of Korean Cinema*,1960－2015. New York:Routledge,2016,p.2.

描述却是经济的依据。借由这种扭曲的戏仿，奉俊昊把分断状况作为历史后遗症的病历报告张贴到了社会阶层区隔与斗争的现场，并因之而反过来赋予前者以民族和国家之外的另一种微妙含义。

不同于李沧东和奉俊昊把南北元素嵌入社会阶层议题的思考，大多数韩国电影，特别是那些在票房数据上让《生死谍变》也相形失色的"韩国式大片"，仍然倾向于把它们的南北故事置于民族－国家或民族－国家卷入其间的世界史框架之中。尽管这些框架看起来既稳固又整齐，而且更容易帮助制作者找到政治正确的立场，但是它们也意味着韩国电影将不得不面对"－"这个既代表了联结也象征着分隔的书写符号提出的另一些难题。正如伊文珍（We-jung Yi）所说的那样，这些电影娴熟地召唤出了由于无法埋葬于过去而依然游荡于现在的幽灵主体（apparitional subjects），它们在民族分离的阈限空间（liminal space）里投映这些鬼魂的时候，也表达了韩朝关系在变幻的世界地缘政治气氛中进入一个新阶段之后对于历史连续性的渴望，然而伴随着渴望的还有矛盾（ambivalence），以及紧张和困惑。①

一

矛盾当然不等于失败。事实上，对于民族历史连续性的渴望只能以矛盾的形式展开，因为刺激了这些渴望的因素正是已然发生且依然持续的断裂，一种既已被承认但又始终要被否决的状况。渴望也不仅指向寻找在未来结束断裂的可能性，而且包含着试图借由重新讲述过去的故事来想象性地修复断裂的期待。唯其如此，韩国电影必须首先发明一种用以安置民族历史连续性的空间，一种既不属于南方也不属于北方，因而能使民族的分离在被承认和被否决之间得以悬置的空间。朴赞郁（Chan-wook Park）为他的《共同警备区》（*Joint Security Area*，2000）找到了恰当的"非武装地带"（Demilitarized Zone）。仅止于找到当然不够，它还需要想象的转译。尽管沿着"三八线"划出

① Wejung Yi."The Pleasure of Mourning：Korean War Blockbusters in Post-Cold War South Korea，1998－2008". *JCMS*：*Journal of Cinema and Media Studies*，Fall，2018.

的停火区真实地横亘于半岛，但它却不可能成为电影拍摄的场地。据称制作者花费了总预算的三分之一用于人工搭建"板门店"。这些幕后信息生动地转喻了电影生产的制作性（artificiality）——既是景观的制作，也是意义的制作。假使"非武装地带"真的就像崔英珉（Youngmin Choe）所说的那样，已在韩国的银幕上凝定为一种"无时间性的等待的形象"①，那么，《共同警备区》的意图显然是要将时间性重新激活，要将僵持的空间重新制作为联结的空间，从而完成民族历史连续性的再建构。

　　不那么严肃地说，作为第一部超越了《生死谍变》的"韩国式大片"，《共同警备区》不仅在票房上更新了纪录，而且在叙事的复杂性上完成了南北故事在21世纪的第一次"迭代"。影片的情节以板门店分界地带发生的一次交火事件为起点，沿着两种时序交替展开。第一种是事发后各执一词的南北双方同意中立国调查组进驻后以工作日程为线索的正叙，瑞士籍朝鲜裔执行代表苏菲试图通过分析证据和交叉传唤等手段还原事件。第二种是用以追溯被还原事件的倒叙，三位当事人的供述大致勾勒了一部分——韩国士兵李秀赫与南成植私自跨过分界线与朝鲜士兵吴敬必和郑于真聚会时，一名朝鲜军官突然来到哨所查岗，于是有人在恐慌中开枪，结果导致郑于真身亡，军官也被击毙。然而调查并不顺利，正叙中的当事人不仅隐瞒了倒叙中最关键的信息——谁的枪和谁开的枪，韩国士兵还不惜自残以回避讯问——这又构成了正叙中用以解开谜底的谜面之谜。直至苏菲卸任的前一天，事件的全部经过才得以复原。其中致命的一枪来自吴敬必，为了保护南方兄弟，他还示意李秀赫将其打伤。韩国士兵的隐瞒与回避也是为了吴敬必能在制裁中活下来。这种不惜付出生命来维护的兄弟情谊成为《共同警备区》最沉重的主题。

　　在两种时序的交替中，影片用具体到分钟的时间标识展示了困难的还原过程，进而暗示着这是苏菲——实际上也是这部影片，要在后冷战时代承担"精确地重建过去发生了何事的痛苦工作"②。因此，重要的问题就不仅在于还

---

　　①　Youngmin Choe. "Postmemory DMZ in South Korean Cinema，1999－2003". *Journal of Korean Studies*，Fall，2013.

　　②　Youngmin Choe. "Postmemory DMZ in South Korean Cinema，1999－2003". in *Journal of Korean Studies*，Fall，2013.

原事件的经过，更在于事件的经过本身如何在叙述中"经过"。为此提供了基础的正是《共同警备区》在它找到的另一种空间里复又想象的另一种空间。自从李秀赫来到北方哨所的那一刻起，影片就拒绝再使用正反打镜头，双方的士兵始终处于同一个画框，只用变焦的方法来强调人物。真正的聚会场景始于哨所中的地下室。这一场所的发现使得对峙的空间得以转换为交流的空间。士兵们进入地下之后，镜头亦变为基于中间点的持续横移，直至反复环绕成同心圆。视听语言和场面调度同时隐喻了兄弟情谊在地下的暗中结成，但也只能是暗中。事发当夜，士兵们回到了哨所房间里，结果未及告别就迎来了象征着权威的闯入者进场。地面上的政治——后冷战时代依然残存于半岛的冷战结构，阻断了南北之间的兄弟情谊。为了不使其彻底被摧毁，活下来的士兵必须付出更多的代价。"过去发生了何事"——历史和真相的定义因而得以"精确地重建"，然而关于它的叙述，正如苏菲最后准备了两个版本的调查报告暗示的那样，只能在官方的档案之外保存于个体的记忆之中。①

　　通过想象另一种空间，张勋（Hun Jang）的《高地战》（*The Front Line*，2011）甚至在纷飞的炮火中找到了讲述南北兄弟情的路径。故事发生的地点是双方进行拉锯战的前沿，时间则从 1952 年的冬天持续到 1953 年夏天休战协议生效前的十二个小时。影片的主人公姜恩彪前往高地查证驻军"鳄鱼中队"的通敌嫌疑，其起因是情报部门在南方的军事邮件系统中分拣出了一封北方士兵的家书。跟随着姜恩彪的视角展开的情节表明，还有更多的物品在双方对峙的地带流通。高地上有一处隐蔽的山洞，它成为另类的历史想象得以容身之处。洞中埋藏着一只被清空的军火箱，士兵们会在停火的间歇到那里留下或取走物品，除了委托邮寄的书信，还有作为馈赠的烟酒，以及表征了男性欲望的色情图画。借由这只被移置出战场且被填充以其他内容的军火箱，《高地战》在武装冲突的历史背景中制造了一个秘密的"非武装地带"，南北双方的士兵因而可以短暂地恢复其作为普通人和民族共同体成员的身份。更加明显的象征出现在结尾处，为了在协议生效前推进分界线而展开的最后一次

---

① Youngmin Choe. "Postmemory DMZ in South Korean Cinema，1999－2003". *Journal of Korean Studies*，Fall，2013.

争夺中。弥漫的大雾迫使战事临时悬停，南方的士兵突然听到北方的阵地上响起了他们曾传唱的思乡歌，随后也加入了合唱。共同的语言交汇成了一种超越战争与隔阂的民族认同的表达。

宽泛地说，朴光铉（Kwang-hyun Park）执导的影片《欢迎来到东莫村》（*Welcome to Dongmakgol*，2005）也是通过暂时摆脱战争的紧张状态而为缝合分离的民族主义叙事找到了途径，只不过更加直率，它虚构了一个隔绝于现实世界的村庄，一块既要在叙述中嵌入历史却又不受其约束的飞地。村庄里的居民从未见过杀伤性武器，甚至在走散的几名士兵携带着枪支误入此地后依然天真如故。小规模的遭遇战因而在村民的围观与哄笑中变成了一场闹剧。一方抛出的手雷被另一方捡起后转身扔进了谷仓，爆米花满天飞的奇幻场景不仅消解了战争的意义，它也暗中将战后的重建责任分配给了双方，他们必须为重新给村民们储备粮食而共同劳动。南北双方的士兵都换上了农民的服装，国家意识形态分歧的标志为民族的传统所取代。返归共同体的谱系也被看成是一种民族的创伤自愈的方法。在简短的闪回和模糊的对白中，影片暗示了南北双方的指挥者都曾奉命战术性地清除了被视为障碍和负担的难民与伤兵，现在，天真的村庄和自然的时序给他们提供了弥补的机会。开始以兄弟相称的南北士兵不仅在美军搜查时为了保护平民而临时结成象征性的家庭，他们还在空袭到来之前组成了一支"韩—朝联军"，成功地转移了村庄即将临罹的战火。无怪乎看过这部影片的观察者会说，"根据它所描述的另一种过去，韩—朝之间从不曾分裂"①。

二

相较前两部影片而言，《欢迎来到东莫村》的一个不同之处在于它除了构想出一个可以容纳替代性历史叙述的中介空间之外，还为自己的故事引入了作为双重他者的美国。借用《新关键词》的解释，这种双重性是指异己的力量

---

① WeJung Yi."The Pleasure of Mourning：Korean War Blockbusters in Post-Cold War South Korea，1998－2008". *JCMS：Journal of Cinema and Media Studies*，Fall，2018.

既可能带来危险也可能促成文化与社会的更新①，只不过第二种作用在此应更确切地修订为见证。通过在美国人和美国之间进行区分，影片让飞机失事后幸存的大尉史密斯扮演了后一种角色。这名先于南北双方的士兵跌落的美军也换上了农民的服装，成为村庄的成员。为了让这种转化能够在象征的层面上成立，影片还设计了一个"重命名"的场景——村民们用当地的语言把"史密斯"（Smith）音译成了本土化的"喜小姐"（Sue Miss）。美国人"喜小姐"见证了南北双方如何从起初的剑拔弩张到最后作为"韩—朝联军"集体丧生的过程，美国则扮演了前一种带来危险的角色。冷酷的指挥官在没有充分的情报确认目标的情况下就派兵攻击了村庄，一无所获之后仍然下达了摧毁整个区域的空袭令，正如在《高地战》里，美国也为了实现自己的政治野心而在南北双方的士兵已然交织在一起的前沿地带实施了无差别轰炸。美国扮演的他者角色表明《欢迎来到东莫村》在它的民族主义叙事中还表达了浓重的后殖民情绪。对于那些并不承担后一任务的影片来说，他者的形象往往更简单，其意义也只在于配合中介性的空间完成塑造民族认同的功能。文贤盛（Hyeon-seong Moon）执导的《韩朝梦之队》（*As One*，2012）和柳昇完（Seung-wan Ryoo）执导的《摩加迪沙》（*Escape from Mogadishu*，2021）皆是如此。

尽管难以确定是不是因为半岛的现实能够支持的空间想象相当有限，实际的情况都是这两部影片把故事的地理背景放到了本土之外——在《韩朝梦之队》里是举办世界乒乓球锦标赛的日本千叶，在《摩加迪沙》里是发生了军事政变的索马里首都。两部影片所讲的故事也都发生在 20 世纪 90 年代初期，南北双方的国会会谈已经终止，一波三折的总理会谈刚刚开始启动。在此背景中，"韩朝梦之队"以一个团体的身份在海外赛场的亮相就具有格外重要的象征意义，然而仅有借来的第三方空间并不足以回应本土正在经历的波折，正如省去"SOUTH"和"NORTH"后只印着"KOREA"的队服并不能保证其成员不发生冲突一样。影片于是以漫画式的风格为这种欠缺补充了中国队的形象——傲慢的卫冕者，狂妄的解说员，以及野蛮暴躁的教练，统统用以激发"韩

---

① Kevin Robins. "Other". in *New Keywords：A Revised Vocabulary of Culture and Society*. eds. Tony Bennett，Lawrence Grossberg and Meaghan Morris. Malden：Blackwell，2005，pp.249-250.

朝梦之队"的集体认同和斗争意志。《摩加迪沙》则展示了这个暧昧时期的另一面,当然它也通过想象一场更大的灾难而克服了这个另一面。两国的外交使节为了建立各自的国际影响而在摇摆的非洲展开较量,一边互相拆台,一边拼命拉拢腐败的索马里政客,然而突如其来的战乱迫使明里暗里的外交手段都瞬间失效。竞争的舞台坍塌之后,对抗也不再有价值,南北之间的国家意识形态壁垒完全无助于阻挡索马里叛军的攻击,逃出摩加迪沙成为唯一必要的行动。为了增加安全性,他们用裹满车身的书本制作了一层保护壳。这种纸铠甲在枪林弹雨中的实际功效几乎等于零,影片想要的只是共同的语言和文字作为民族身份之象征的坚固性。它看到了民族一国家在冷战时代最后的年月里面临的风险,而且其自身亦是这种风险的组成部分,但在另一方面,却又将联字符前一侧的民族共同体建构为后一侧的国家用以抵御风险的最后的工事。

在另一些电影里,他异性的力量滋生于分断体制下的民族一国家内部,它在权力结构更迭的过程中把南北分离的状况当作刺激自身无限膨胀的条件,不仅背叛了其中的一方,同时也给另一方带来了灾难性的危险。它的暴力性无视一切规则与秩序,从不追求缓和与均衡,更遑论民族的历史与情感。这些力量近乎伊格尔顿(Terry Eagleton)所说的那种扬言颠覆一切道德价值的"绝对的邪恶"(pure perversity)。[①] 当然,它也绝对会在叙述进程闭合的时候被彻底清除,看起来就好像这些电影的故事构想出了一种医治民族创伤的自反性疗法。元新渊(Shin-yeon Won)执导的《嫌疑人》(The Suspect,2013)在韩国的对北接触系统中挖出了病灶。情报局室长金石浩数年前就开始挟持"脱北者",成立了一个受其私人控制的秘密组织,该组织和他领导的官方队伍一起参与了追杀主人公池东哲的行动,目的是夺走这名朝鲜前特工接受另一位受害人的委托准备送往平壤的礼物,一张记录着新型化学武器制作法的缩微胶片。为了这张军火商出价数百亿韩元的胶片,金石浩不惜枪杀所有妨碍他的人,不分南北,然而最后被曝光的内容却是可以帮助北方解决粮食危机的种子改良方案。错误地判断了分子式,当然也错误地判断了民族情感的金石浩最

---

① Terry Eagleton. *On Evil*. New Haven: Yale University Press, 2010, p.94.

终死在池东哲的枪下，影片也以相似的荃环可以做出不同的解读和施于不同的用途为隐喻，暗示了南北之间超越分界线的关联才是这些符号真正的所指。

《嫌疑人》中的"嫌疑人"，其实既是指被北方视为叛徒的池东哲，也是指被南方以间谍罪恐吓的特工闵世勋，前者曾在多年前的交锋中因为看到了后者的家庭照而将其放走，后者也在押送前者的途中故意让他逃脱以寻找被贩卖的女儿。借用学院派的术语，这个模棱两可的片名包含着一种不可分离的镜像关系，通俗地说，它用对应的经历和价值在南北之间描绘了一种源于一母同胞的相似性。稍晚一些出现的两部影片，金成勋（Seong-hoon Kim）执导的《共助》（*Confidential Assignment*，2017）和杨宇硕（Woo-seok Yang）执导的《铁雨》（*Steel Rain*，2017）也沿用了相似的策略，只不过这两个从朝鲜开始的故事都多了一层得到韩国官方力量支持的背景。

《共助》的第一幕是平壤特殊部队的军人林哲令在奉命搜查伪造美钞的工厂时发现上司车奇成早已变节，他在抢夺印钞母版时枪杀了包括林哲令的妻子在内的所有下属，随后潜伏于首尔等待交易。为了避免引起激烈的国际争端，朝鲜向韩国发出了协助追查的请求。北方的执行者即林哲令，韩国的对接者则是既正直又窝囊的刑警姜振泰。几乎是复写了林哲令的经历——车奇成也绑架了姜振泰的妻子，影片的结尾就像兄弟情故事驾轻就熟的套路显示的那样，两个人在最危险的时刻选择了信任对方并一起赢得了胜利。《铁雨》的故事更为"激进"。退役的侦察员严铁雨接到局长亲自下达的秘密指令，前往朝鲜实验改革的工业园区阻止高层军官筹划的政变，然而事态远超其预料，他只能在混乱中将身负重伤的"一号人物"秘密带到韩国。青瓦台安保首席郭哲宇获悉后与各方力量周旋，不仅帮助侦察员救治了他们的首脑，而且证实了试图发动核武器攻击的局长才是政变的主谋。故事的结局当然是两人联手阻止了核战的爆发，严铁雨牺牲之后，郭哲宇作为特使出访恢复平静的北方。相较《共助》而言，《铁雨》对两位主人公的相似性有更多的强调，不只是影片中布满了诸如用同一只手铐将两人锁在一起的同命运隐喻，事实上，严铁雨（Chul-woo Eom）和郭哲宇（Chul-woo Kwak）的名字在母语中的发音也一模一样。

三

　　如果说上文讨论的片目可以概括为韩国电影通过发明另一种空间和第三者而找到了想象性地超越分断的可能，在民族—国家的框架中更偏重于联字符的前一侧，那么，同样可以确认的是在《共助》和《铁雨》中也隐含着倾向分隔符后一侧的张力。这种张力不仅表现在情节结构上，问题往往都在北方出现，但其解决的方案却在南方，而且在看似对等的人物功能上也有微妙的分配，北方的角色扮演的通常都是需要搭上性命的动作英雄，南方的角色则可以通过调用国家力量的强大支持而实现他与前者的均衡，即便是一个未开一枪的文弱书生。这种隐约的冲动在另一组影片里变成了主导性的力量，促使其叙事在民族—国家的框架内重新选择重心。那些以 20 世纪中叶的战争为题材的影片，包括《向着炮火》(71：Into the Fire，2010)，《仁川登陆作战》(Battle for Incheon：Operation Chromite，2016) 和《长沙里：被遗忘的英雄们》(The Battle of Jangsari，2019)，还有以 2002 年世界杯期间爆发的军事冲突为题材的《延坪海战》(Northern Limit Line，2015)，都像当年讲述朝鲜战争的好莱坞电影一样将北方的军队描绘成了"冷血和无理性的他者"——好莱坞电影中甚至还弥散着一股"厌战的情绪"[①]，这些韩国电影里的气氛却显得更加悲壮或亢奋。

　　即便民族主义还是一个未被叙事者放弃的概念，它也已在这些电影里变成了从属于国家主义的民族主义。姜帝圭(Je-gyu Kang)执导的那部颂扬了兄弟情的《太极旗飘扬》(Tae Guk Gi：The Brotherhood of War，2004)也为此提供了辩护，尽管它看起来不仅没有像前一组影片那样急切地渲染英雄主义的牺牲，还透露出一种对于国家意志的疏远和冷漠。借用流行的措辞来说，这部从头到尾都只聚焦于李镇泰和李镇硕两兄弟的影片打算把历史所囚禁的个体解放出来，然而正是这种有限的聚焦重新将个体质押在了南方的大叙事之中。实际上，从一开始，哥哥镇泰就把国家当成一个交易的对象，当他听说弟

---

　　① 王炎：《美国往事：好莱坞镜像与历史记忆》，生活·读书·新知三联书店 2010 年，第 55—60 页。

弟镇硕被征兵队拉走时，立即转身攀上火车要将其赎回。在战场上，镇泰也处处冲在队伍的前头代替镇硕执行危险的任务，特别是上级给了他若能获得"武功勋章"即可让弟弟回家的暗示之后。这种交易的逻辑中性化了国家在战争时期的绝对支配力量，进而豁免了李承晚（Syng-man Rhee）政权的责任，因为无论把李镇泰在战场上的行为说成是勇敢还是疯狂，这些行为都已在弥漫着感伤气氛的叙事中被解释成了兄弟间令人动容的牺牲。至于这种牺牲为何要付出如此惨烈的代价，也因此被归于残忍的北方士兵而非南方的国家机器。

　　一方面是把国家挪出责任者名单，另一方面，《太极旗飘扬》却又把它的兄弟情严格地控制在国家的范畴之内，正如倒叙结构开头的挖掘现场所展示的那样，它是国土之内的情感考古学。影片拒绝了对镇泰与镇硕的兄弟关系进行任何引申的可能性。在一次交火中，镇硕遇到了一名比他的年龄还小的北方士兵哀求放过自己，然而他一翻身就卡住了镇硕的脖子要将其置于死地。正如道格拉斯·凯尔纳（Douglas Kellner）所说的那样，占据主导地位的信息与娱乐媒介总是作为一种教育学的资源在告诉人们如何行事。[①] 同情在此被看成是一种不成熟的心理反应，南北之间只能是敌我关系。《太极旗飘扬》始终不曾像《共同警备区》那样尝试着在保留国家认同的同时寻找民族情感表达的空间，甚至是民族的范围缩小到邻里的时候也是如此。镇泰所率的部队俘虏了被迫加入北方军的阿勇，尽管他从小就跟着"镇泰哥"在街头擦皮鞋，然而最后还是被当作"赤色分子"一枪打死。

　　叙事中的战争虽然已经停止了，叙事的战争却远没有结束。《生死谍变》的"票房炸弹"轰开了另一片以战后的韩国为背景的阵地。这部影片往往被放到历史修正的意义上讨论，比如迈克尔·罗宾逊（Michael Robinson）的文章《当代韩国的文化生产：民族元叙事的消隐》就认为，曾被冷战时期的韩国电影反复妖魔化的朝鲜人在《生死谍变》里第一次被赋予了人性。[②] 看起来确实如

　　① 　Douglas Kellner. *Media Culture：Cultural Studies，Identity and Politics between the Modern and the Postmodern*. London：Routledge，1995，p.2.

　　② 　Michael Robinson. "Contemporary Cultural Production in South Korea：Vanishing Meta-Narratives of Nation". in *New Korean Cinema*. eds. Chi-yun Shin and Julian Stringer. Edinburgh：Edinburgh University Press，2005，p.28.

此，这些"人性"的元素体现为化名林美玉潜伏在南方的间谍金明姬不再是一架暗杀机器，她爱上了敌人，一直以抓捕"金明姬"为目标的韩国特工崔相焕，因而迟疑于执行国家意志的指令，并且悲哀地意识到了自己无可挽回的宿命，不得不承受身份撕裂的痛苦。问题倒不在于当冷酷与软弱或善良与邪恶都可以用"人性"来概括时，这个术语基本上是一个无效的批评概念。值得讨论的是《生死谍变》及其后的韩国间谍片以何种方法赋予了朝鲜特工以"人性"，除了"人性"之外，这些方法本身是否还有其他的意味。

后来的很多电影也因袭了《生死谍变》的某些讲故事的技巧，诸如叙述总是从朝鲜开始或者插入一个简短的闪回片段，用以展示朝鲜特工制造的事件或者主人公接受残酷训练和奉命出发的段落，如果是后者，那么在场的人物除了上下级之外再不会有任何其他的社会关系。主人公以伪装的身份进入韩国之后就不得不隐藏起特殊的技能，而且要被迫面对社会化的人际关系，陷入无边的日常生活。《隐秘而伟大》(Secretly Greatly, 2013)里为社区杂货店帮工的元柳焕，《同窗》(Commitment, 2013)里不忍同桌被霸凌的插班生李明勋，以及《间谍》(The Spies, 2012)里做亏了小生意的"金社长"和他的伙伴们，无一不是如此。这种成规意味着在《生死谍变》里赋予金明姬以"人性"的并非一个男人与一个女人相遇并相爱的偶然性，而是来自同时也滋养了《同窗》里的朝鲜上司称之为"多余情感"的韩国社会的日常生活，间谍们未曾经验的一种必然性。正是这些琐屑的日常生活素材将韩国建构成了一种区别于北方的正常社会，并且完成了对间谍的无害化处理。这些电影也确实把它们的故事分成了两个部分，最曲折的情节和最残酷的斗争往往都不在近乎"异次元"的南北之间，而是发生在北方的内部，由于权力关系的变动与更迭而导致的自相残杀。

间谍类型里通常还都有一个另类的韩国情报人员，甘愿对抗强硬的上级甚至牺牲自己来营救被北方抛弃的间谍，这些角色的功能仅在于用浅薄的人道主义来强化南北的对比，根本不曾尝试同情地理解。在过去的这些年里，大概只有尹钟彬(Jong-bin Yoon)执导的《特工》(The Spy Gone North, 2018)是一个例外，尽管这部影片所描绘的北方仍是一个幽暗和腐败的形象，但是它也揭示了南方的权力体系如何根据自身的需要而制造了这个形象。片中的韩国特工为了窃取朝鲜的核开发信息而伪装成生意人朴晢英，通过大手笔的资金往来获得了主管经济的朝鲜官员李明云的信任，后者很快就察觉了实情，但是出于推进改革和促成南北恢复交往的目的而继续假戏真做。《特工》逆转了主流作品的类型成规，它不只是把充满了挫败感的间谍角色分配给了韩国人，而且让他为李明云的忍辱负重所"同化"，其情节也与那些基于南北"异次元"世界观的故事相反。虽然影片的叙事从始至终都以朴晢英的第一人称展开，但是他在朝鲜的行动基本上处于半公开的状态，最意外的情报反倒来自韩国的最高权力即将转移时出现的种种密谋——安企部担忧新总统当选后会进行清算，因此中止了朴晢英的计划，转而指使其煽动北方在关键时刻挑起武装冲突以干预大选。北方的好斗形象只是南方的政治戏剧所需要的角色，始终未知其真假的核武装也在此被用作一种道具。极具讽刺意味的是这些真相来自朴晢英仅有的一次完整的窃听，针对的恰是坐在朝鲜人房间里的韩国人。

四

《特工》看起来与本文所概括的第一组影片有颇多类似，朴晢英最后真的成了一名致力于促进韩朝经济合作的企业家，李明云则是对方的商务代表。正如某篇评论文章所说的那样，《特工》看起来也像《共同警备区》或《嫌疑人》那样，表明了"如果个体能在政府之外行动（operate），那么，兄弟情谊的结成就会成为可能"，但是并不能就此得出结论，认为这些"电影表明，并不一定非要南北统一，因为尽管南北双方的个体都生活在各自的政治空间中，但是他们仍然可以成为伙伴和兄弟"。[①] 若非政治空间的欲望使然，个体又如何得以在叙事空间中行动，更不用说在当代世界，"各自的政治空间"从来都不能独善其身。当另一些韩国电影把它们的南北故事置于世界史的框架之中时，这些复杂的关系也变得更为明显。特别是冷战结构在 20 世纪后半期的建立和维系，不仅在两个超级大国之间形成持续紧张的态势，而且也将其力量扩散到亚洲

---

① Elaine H. Kim and Hannah Michell, "Other as Brother or Lover: North Koreans in South Korean Visual Media", in *South Korean Popular Culture and North Korea*, ed. Youna Kim, London: Routledge, 2019, pp.139-140.

并影响至今。借用白永瑞（Young-seo Baik）的话说，"直到冷战尚在持续的 19世纪 80 年代，韩国仍在冷战秩序的磁场之中，在分裂体制的半边为建立国民国家而努力"。① 金铉贞（Hyeon-jeong Kim）执导的《双重间谍》（*Double Agent*，2003）所讲的故事就发生在白永瑞所说的年代。

　　如其片名所示，故事的主人公，朝鲜保安部前特工林炳虎叛逃到南方后又被安企部招募，但他的真实身份却依然是北方安插的间谍。主要的情节与大多数同类型影片一样，无外乎在险象环生的处境中窃取和输送情报，彼此怀疑，互相算计，虽然一时瞒天过海但最终仍水落石出。不同之处在于这部主要情节都发生在韩国本土的影片将它的开头放在了欧洲，1980 年的某个深夜，东西柏林分界线上的检查站，林炳虎携带着机密文件匆忙越境。这个开头的背景显然不只是背景，作为冷战史最经典的象征之一，柏林也是南北故事的起点。情节的演进行至中途，安企部为了试探林炳虎而交由其审讯的嫌疑人又一次将柏林带到了南北交锋的意识形态战场，只不过这个留学生走了一条相反的从西柏林到东柏林的道路，这个精确对应的细节也再度暗示了南北关系自我认知的镜中之像仍在历史不远处的柏林。只不过两极对立并不足以解释南北关系的全部，无论是故事里的还是现实中的。不同于那些在其假面之下仍然可以确认身份的间谍，影片中还有一个被刻意模糊了来历的角色肖恩·霍华德。这个既会说俄语，也会说英语的人物神秘地掌握了林炳虎的所有行踪，并且与他达成了买卖情报的约定。同样也被刻意模糊的是林炳虎送给霍华德的情报既有可能事关南方，也有可能事关北方。这些语焉不详的叙述因而不仅将它的南北故事放到了冷战的磁场中寻找其历史的定位，实际上也让位于磁场同一极的关系变得疑窦丛生。

　　《出国》（*Unfinished*，2017）的故事也从入境柏林的口岸开始。这个故事的起点也是主人公吴永明颠沛流离的转折点。这位经济学博士先是离开西德投奔朝鲜，发现北方只是利用他在韩裔社群中招募间谍之后，又试图在辗转丹麦重返西德时暗中求助，然而意外出现的变故却让他的妻子和小女儿被朝鲜特

---

① ［韩］白永瑞：《思想东亚：韩半岛视角的历史与实践》，台湾社会研究杂志社 2009 年，第 13—14 页。

工扣押在了东德。这些迂回的经历不仅与双方的争夺缠绕在一起,它也把南北关系卷进了冷战时期的国际政治旋涡里。吴永明被羁押后,审讯者并非既无情又无能的韩国特工机构,而是驻扎在西德的美国中央情报局的官员。这种强行进入和被迫依附的权力关系解释了他们眼看着朝鲜特工将吴永明的妻女带走而不肯伸出援手的原因,根本就在于要把分断维系为霸权视野中永远悬而不决的均势。尽管在《出国》的故事临近结尾的时候,柏林墙已经轰然倒塌,但是冷战的阴云仍然弥漫在半岛的上空,间或愈为浓重。在柳昇完将背景推移到后冷战时代的《柏林》(*The Berlin File*,2013)里,这座城市仍是各种政治力量明争暗斗的场地。朝鲜特工表宗盛一出场就同时处于南北双方的监视之中。他要约见的军火商来自俄罗斯和"阿拉伯联盟",观察到交易的韩国情报部门刚刚发出阻止的指令,早前和朝鲜达成协议的以色列特工组织摩萨德就已抢先进入现场,美国中央情报局的人员则还在等着韩国方面来交换信息。加入这些力量的功能固然在于它们能使这部贴着动作类型标签的电影"更好看",但是在另一面也提前解释了南北之间的关系不仅取决于双方及其内部的政局,亦同时受制于一点都不比冷战时代更简单的世界政治因素。

　　如果说上述影片借由在冷战史的背景中展开南北故事而形成了一种从世界看韩国的视角,那么,尹济均(Je-gyun Yun)的《国际市场》(*International Market*,2014)则试图完成一种从韩国看世界的叙述。这部影片像大多数传记故事一样,采用了倒叙的结构来回顾主人公的一生,确切的起点是战争爆发的1950年,主人公一家在逃难的途中被迫分离。这是当时还年幼的尹德秀最早的创伤记忆,既是家庭的不幸遭遇,当然也是以其为象征的民族的历史。其时还年幼的德秀自此铭记了父亲让他扛起责任的嘱托,则是这部电影英译片名的来由。紧接着第一段悲伤的回忆出现的下一组场景展示了母亲带着德秀和其他孩子投奔到南方姑妈家之后的生活,尽管也描述了战时生活的艰难,但是叙事很快就以李承晚的休战广播结束了这一段落,气氛开始变得乐观起来。据称这部影片因为上述情节不曾表达对于战争的批判性思考而招致评论的不满,为其辩护的金璟铉(Kyung-hyun Kim)也认为《国际市场》既没有探索民族历史的别样叙述,也没有回应韩国的保守政治议程,转而为了情节剧的商业化目标挖掘了在韩国社会中根深蒂固的儒教价值观。不仅是南北双方的战争和半岛被卷入的冷战,而且包括成年后的主人公作为贫贱的西德移民工和越战雇佣兵的经历,也都在叙述中被去政治化了。[①] 不过这种看似去政治化的处理也蕴含着另一种政治化的潜能。

影片中的闪回从兴南港(Hungnam)失散开始之后,使用确切的时间点在尹德秀的人生经历中划出了四个部分,1951 年到 1953 年,1964 年到 1966 年,1973 年到 1975 年,以及 1983 年。这些详略不一的段落固然可以用"有事话长,无事话短"的叙述原则来解释,但是话中之事却暗示了另一些更微妙的缘由。在第一个部分里,主人公经历了家人离散和南北分裂的战争。尹德秀远赴海外成为一名矿工的第二个部分,则是西德在战后创造了所谓"经济奇迹"的最后两年。在第三个部分里,主人公以雇佣兵的身份见证了越南战争的最后阶段。最后一部分仅有一年的原因则是韩国广播公司(KBS)在其时发起了失散亲人重聚的活动,分离于南北的家庭在荧幕上团聚,尹德秀也通过电视台找到了兴南港失散后被美国人收养的妹妹。完美的叙事闭环不仅连缀了个人的经历,它也通过将情节带往欧洲和亚洲以及连线美国,表明了在 20 世纪后半叶的世界历史中,韩国始终在场。段落间前后呼应的细节,诸如在故事重新回到韩国之前的越南部分里,尹德秀安抚受到欺负的小男孩,带着村民逃难时跳下船救起落水的小女孩,无一不是他在此前的段落里经历的遭遇,则暗示着韩国不只是在场,过去半个世纪的历史可以并且需要用韩国的经验来理解。

白永瑞曾把半岛看成是"世界层次的霸权支配体制的重要现场"[②],看起来正如尹德秀坚守的那间小店在影片里被称为"国际市场"一样。然而当韩国的视角与世界史的视野在叙述中联结起的只是西德与南越,个人的记忆与南北的历史既以美国的在场开始也以其结束的时候,《国际市场》可能只是用它兜售的一部分"国际"定义了世界,重返 20 世纪后半期的历史现场可能只是在某种意义上委婉地陈述了自身在霸权支配体制内的在场。孙歌所说的"南北分

① Kyunghyun Kim."Ode to My Father (2014):Korean War through Cinema". in *Rediscovering Korean Cinema*. ed. Sangjoon Lee. Ann Arbor:University of Michigan Press,2019,pp.503-509.

② [韩]白永瑞:《思想东亚:韩半岛视角的历史与实践》,台湾社会研究杂志社 2009 年,第 VII 页。

断,岂止是韩国和朝鲜的'内部问题',它不仅是亚洲的问题,也是世界的问题"①,可能很难在韩国电影中被真正地引申,至少在过去的二十年里是这样。

（郝延斌,江南大学人文学院副教授）

Imagination of South-North in Korean Films:
Located in Frames of Nation-State and World History

Hao Yanbin

Abstract:The repeated retelling of the North-South story in Korean films has formed three different approaches to understand the issue of nation-state. The first is to imaginatively heal the historical trauma and rebuild the national community by looking for a mediating space between the North and the South or the other as the third part. The second is to retell the history of the North and the South and the reality of mutual stalemate under the domination of state ideology, therefore, the separation of nations can be translated into a contest between states. An alternative to both narratives, which be located in frame of nation-state, takes the situation of the Korean peninsula as a consequence of world history by placing North-South interrelations in the context of the Cold War in the second half of the twentieth century.

Keywords: South Korean Films; Interrelationship of South-North; Nation-State; Historical Trauma

---

① 孙歌:《序二:直视分断》,载苑英奕、王浩银编译《想象东亚:方法与实践——聚焦韩国"东亚论"二十年》,生活·读书·新知三联书店 2020 年,第 8 页。

结构的隐喻：从故园情结到传承忧思

——《掬水月在手》叙事结构的意义内嵌机制论略①②

李勇　郭倩琳

摘要：在通常的理解中，(叙事)结构不过是形式问题，即功能层面用来串联叙事各元素的链条与"聚集"机制，或价值层面"中性化"的行文"框架"问题，而非"意义"层面借助结构"媒介"实现价值传输的内嵌化机制，或叙事张力与意蕴空间生成的"容器"问题。换言之，叙事结构内嵌的隐性达意机制或隐喻问题尚未引发应有关注，其阐释学空间未得到相应开采。传记电影《掬水月在手》为思考该问题提供了样本。影片以故居建筑导览为结构框架，表层以"空间"维度结构叙事线性，深层指向主人公多向度的故园"情结"和对传统文化、

---

① 本文系国家社科基金规划项目(项目号：19BXW042)阶段性成果，获河南省宣传思想文化战线"四个一批"人才政策支持。
② 《掬水月在手》是由陈传兴执导的文学纪录片，于 2020 年 10 月 16 日全国艺联专线上映，曾获第 33 届中国电影金鸡奖最佳纪录/科教片，入围第 23 届上海国际金爵奖最佳纪录片竞赛单元。该片记录了叶嘉莹的传奇人生，以北京四合院的结构模式展现她"坎坷坚韧仍不渝追寻初心的一生"。(参见南开大学新闻网：《〈掬水月在手〉获第 33 届中国电影金鸡奖"最佳纪录－科教片"奖》，2020 年 11 月 29 日，http://news.nankai.edu.cn/ywsd/system/2020/11/29/030042964.shtml)

诗学传承忧思的隐性暗述。叙事结构所内嵌的这一隐性达意也即隐喻叙事问题，成为体味影片叙事智慧，开掘文本阐释学空间的"妙得"入口。

关键词：叙事结构；电影叙事；隐喻叙事；《掬水月在手》；媒介

传记电影通常都有明确的主人公，比如，《掬水月在手》的主人公是古典诗学大师叶嘉莹先生，导演陈传兴以电影为媒"传记性"地讲述叶的诗学人生。然而，这或许只是表层或经验层面的认知，若深层开掘，会发现影片的落脚点及内在指向不只是个体人生轨迹的描述与人格精神的彰显，而是以写人为契机，反思诗学传承与传统文化的结构性转型问题。① 作为影片深层叙事，该问题的设计和表述方式决定了影片的深度、品位与美学价值，隐藏着文本的深层意义诉求，成为理解影片的关键所在。

比较而言，借助访谈、对话等方式对此问题的呈现是直接的、显性的，影片同时采用隐性化暗述方式，特别是借"结构"这一看似"中性化"的媒介，利用其意义内嵌机制和巧妙的修辞学设计，以隐喻的方式，在不经意间缓缓道出，使其自我生发，自我展示。叙事结构这种对意义和深层所指的内嵌和隐性化传达成为体会影片魅力与意蕴空间的重要切口，"结构"也因此成为特别的阐释学话题，成为理解文本深层价值表述的重要机制问题。

---

① 这一问题可从"主人公"叶嘉莹及导演言语间见出，也可从叶弟子们的陈述中侧面窥得。就前者而言，叶嘉莹自我定位即认为电影主角不应该是自己，这也难怪她在看样片时提出"把她在电影里面出现的所有画面全部拿掉"的"吓人"要求。作为"诗词的女儿"，叶嘉莹看淡了"人世间所有的求生欲或占有欲"，始终关心"诗词以及诗词的吟诵可不可以源源不绝地流传下去……如果好的东西没有传递下去，她就对不起前人"。（参见豆瓣电影《和这位 68 岁台湾学者导演一起直视这个分裂无解的世界》，2020 年 11 月 26 日，https://movie.douban.com/review/13010450/）当导演在向访谈者介绍叶嘉莹这一心态时，流露出拍摄者与拍摄对象间某种可贵的灵犀相通。这种相通基于某种共通的文化理解与传承情怀，并以电影形式获得传达。在此意义上，不难理解电影叙事深层关心的不单是个体问题，而是"中华古典诗词的传承"和传统文化在当代的结构性转型这一相对宏大的文化与历史问题。关于这一问题，也可从叶弟子们的目光和陈述中的侧面窥得，比如，白先勇说："叶先生……对传统文化的没落很焦虑，想尽其所能去推动……希望我们的传统文化中能够重新注入新的生命。"施淑说道："她要做的是赶快再把古典文学的根，再把传统接续上去，她有这个使命感。"叶嘉莹在 UBC 大学带的第一个博士生施吉瑞直言："传承诗词是她毕生的使命。"（参见行人文化、活字文化编著《掬水月在手：镜中的叶嘉莹》，四川人民出版社 2020 年，第 41、166、172 页。）这里，弟子们用"焦急""赶快""使命"等表述形象地道出了叶嘉莹的传承情怀及传统文化在当下面临的结构性转型问题。

一、"空间"化叙事结构

理解电影叙事"结构"的意义内嵌机制和隐喻问题，需由表及里，逐层深入。就《掬水月在手》而言，叙事结构很清晰，总分六章，分别以"大门""脉房""内院""庭院""西厢房"等空间术语为题，合在一起，构成叶嘉莹回忆中老宅四合院的鸟瞰框架图。

四合院是中国北方传统合院式建筑，在结构上有着独特的呈现。电影创作与之相仿，亦如盖房，也重谋篇布局。对导演和制作团队来说，要盖好这座"房屋"，就需在效法建筑结构的同时，完成跨域的相似性转换和隐喻性关联。显然，陈传兴的构思是巧妙的，六章布局独特，以明写隐，寄喻所述。从大门缓步至西厢房，四合院的结构渐趋完整，叶嘉莹的人生轨迹也"同步"清晰。

第一章（"大门"）与叶嘉莹少年时期契合，介绍其诗学人生的缘起与入门。第二章（"脉房"）与青年时期呼应，讲述她痛失母亲、婚姻不幸，绝望之际借诗词寻求寄托、"把脉"苦痛。第三章（"内院"）通过叶嘉莹回忆与老师顾随先生学诗、和诗的往事，逐步呈现诗人形象"成熟"的过程。第四章（"庭院"）借学生、同事的目光，侧面展示其作为教师、研究者、诗学大师、传承人的学术声望、地位与影响。第五章（"西厢房"）聚焦其推动中华古典诗词文化连接世界，又回馈故里，传承诗学精神。第六章未设题目，一则故事还在持续，以无蓄有；另则隐喻"入室"，室内本空，故"空"题，室空以纳身体，孕育精神价值与境界，无声胜有声。

显然，这是一种典型的"空间"化结构叙事，以空间写时间，以建筑空间的门堂之序写人生历程。陈传兴在访谈中也曾明确述及，以叶先生老家的空间作为章节，旨在"呼应叶先生那诗词相伴的生命历程"[①]，从而以空间化维度营造出"人物经历的层次感"[②]——"文学启蒙的大门；体会苦痛的脉房；师从顾

---

① 搜狐网：《〈掬水月在手〉导演十问：我想用空镜抵达诗的本质》，2020 年 11 月 8 日，https://www.sohu.com/a/430353328_394924

② 刘汉文、冯晓洁：《掬古典诗词之水，捧中国精神之月——〈掬水月在手〉观后》，《电影新作》2020 年第 5 期，第 74 页。

随、窥见文学堂奥的内院;文学研究成果盛放的庭院;鹏飞美加、复而归国奉献教育的西厢房;终章无标题,灭而后空"①。这段清晰的对于空间的阐释表明,结构的"合院式"设计显然被导演团队安装了叙事密码,寄寓了价值诉求。

影片结构这一"建筑"型设计颇引发关注,许多学者就此展开讨论。这些关注大致集中在时空互文、故园情结、终章无题等层面。时空互文之隐喻意义在影片中的呈现是显的。2020 年 9 月 11 日在南开大学举行的"叶嘉莹文学纪录电影《掬水月在手》学术研讨会"上,周志强、张静、刘忠波等学者曾述及此问题。② 后亦有学者撰文,谈到影片"基于地理变换的叙事脉络"承担"划分影片不同阶段的功能"③等问题。就故园情结而言,尹鸿指出影片贯穿叶先生与故乡、故土的关系,并将话题转移上升至对爱国主义的理解。④ 白杨谈到影片以"原乡情结"和"离散体验"为线索设计叙事结构。第六章题目的缺席产生出特别的召唤阐释效果,陈传兴、陈洪、周志强等均做了解释。⑤ 这些问题也引发了网友广泛的兴趣,如豆瓣网友"影志"认为"缺失标题的第六章节,化解了一切困惑苦难。""有舟"认为影片中还存在乡愁线索⑥……总体来说,这些研究注意到电影叙事结构的巧妙之处,不乏精彩见解,但关于叙事结构意义的内嵌设计与隐性表述,如"故园情结"和"传承忧思"等问题,并未充分展开,其与影片核心诉求间的关联亦未被明确言说,从而留下延展空间。

结构"隐性"化叙事机制的提出,使我们不自觉走向对"结构"这一"老"问题的新审视。在通常的理解视域中,"结构"问题不过是形式问题,一个价值层面的中性化框架问题,或功能层面用来串联叙事元素的链条与显性化"聚集"

① 搜狐网:《〈掬水月在手〉导演十问:我想用空镜抵达诗的本质》,2020 年 11 月 8 日,https://www.sohu.com/a/430353328_394924

② 马春靓:《远天凝仁,弱德之美——纪录片〈掬水月在手〉学术研讨会综述》,《文学与文化》2020年第 4 期,第 139 页。

③ 张金栓:《从〈掬水月在手〉看传记纪录片的创新叙事》,《电影文学》2021 年第 2 期,第 118—119 页。

④ 马春靓:《远天凝仁,弱德之美——纪录片〈掬水月在手〉学术研讨会综述》,《文学与文化》2020年第 4 期,第 137 页。

⑤ 南开大学新闻网:《叶嘉莹文学纪录电影〈掬水月在手〉学术研讨会南开举行》,2020 年 9 月 13日,http://news.nankai.edu.cn/ywsd/system/2020/09/12/030040773.shtml

⑥ 豆瓣电影:《掬水月在手的影评(347)》,2020 年 7 月 26 日,https://movie.douban.com/subject/34914949/reviews? start=40

机制问题，很少被视为意义问题，即实现价值隐性传输的媒介问题，或叙事张力与意蕴空间生成的"容器"问题。换言之，叙事结构的隐喻性问题始终处于"常态化"理解视域之外，其阐释学空间未引发应有关注。《掬水月在手》恰为思考该问题提供了契机与典型案例。从文本细读中发现，结构之用不只在"中性化"的"聚集"，更在隐性化的传达——传达故事、情节之外的价值诉求，传达结构中内嵌的与存在、传承等问题的深层隐喻关联。以下围绕"故园情结"和"传承忧思"这两重隐喻问题予以析理。

二、叙事结构与故园情结

影片叙事结构内嵌的隐性表述首先可在对"故居"结构的借喻中见出。

对"故居"结构框架的叙事借用，是一种"建筑式的记忆隐喻"[①]书写，隐藏着故居、故园与人物似乎本体性的情感关联，即所谓"故园情结"。故园情结是复杂的诗学、文化问题，也是与存在相关的哲学问题。故园情结不是单一的思乡情绪，而是有着多维度的情感向度与内涵，具体可从四个层面见出。

第一层即字面含义：回到故乡。叶嘉莹说自己在 UBC 大学（即加拿大不列颠哥伦比亚大学）教书不到半年，即被聘为终身教授。温哥华环境优雅，适合居住，但她"从来没有忘记过自己的乡国"，每次课上讲到老杜"夔府孤城落日斜，每依北斗望京华"时，就会潸然泪下。[②] 1974 年，"文革"尚未结束，在国际关系稍趋缓和、国内仍动荡不安的复杂政治语境下，叶嘉莹仍坚持回国教书，别无所求，并写下长诗《祖国行》，"卅年离家几万里，思乡情在无时已……"，故园情结可谓纯粹晶莹。她有一种归国、回乡执念，"他年若遂还乡愿，骥老犹存万里心"（《再吟二绝》）。这是一种对故土的深爱，一种生发于"离

---

① ［德］阿莱达·阿斯曼著，潘璐译：《回忆空间：文化记忆的形式和变迁》，北京大学出版社 2016 年，第 174 页。

② 行人文化、活字文化编著：《掬水月在手：镜中的叶嘉莹》，四川人民出版社 2020 年，第 145 页。

散体验"的"原乡情结"①,即所谓"乡根散木,只今仍是,当年心志"②。正因为此,她不断地在做"回乡的努力"③。即使年事已高,也要回到叶赫水旁寻找原乡;纵得知其不复存在,仍要登高远瞻,感受故园遗留的诗学余韵与文化典藏。其母其父之"落叶归根"亦是此情结执念的关联叙事。这一层含义较易阐释和理解。

　就中国古典诗学而言,回乡通常不只是现实回乡,更是"精神"归乡,这是本片故园情结意蕴的第二层体现:找寻精神故乡、找寻存在发生的场域。这里,问题之关键在于"存在"问题,这与陈传兴对该片(作为"诗人三部曲"之三)主题"诗与存在"④的独特定位相契合。故园何以指向存在?先看"故"字,《说文解字》释曰:"故,使为之也",故园因此是"使你成为这样"的地方,是海德格尔所谓的"本源""万乐之源"。换言之,故园是人生之"根"。人生就像一棵树,有根才能汲取水分、营养,正常生长,才能作为树而存在。就叶嘉莹而言,其出生并成长于其中的宅院内蕴含着"一种中国诗词的美好意境"⑤,是一座典型的中国古典诗词"庭院",庭院深深,宁静安详,诗意盎然。叶嘉莹诗情、诗感、诗学思想正是在这片"庭院"故土的滋养中孕育得成。⑥ 故土之"根",既是生命之

---

① 白杨:《〈掬水月在手〉:"写给未来时代的备忘录"》,《当代电影》2021年第1期,第17页。

② 这是叶嘉莹先生为第六届恭王府海棠雅集所赋诗作《水龙吟》中的诗句,感念2015年秋南开大学迦陵学舍落成时北京恭王府友人移植海棠相赠。"乡根"一语源于叶嘉莹《赠故都师友绝句十二首》之十二:"构厦多材岂待论,谁知散木有乡根。书生报国成何计,难忘诗骚李杜魂。"《中国社会科学报》发文评论:"诗人谦逊地把自己比作一棵散木(不才之木),她的根须却深深扎在祖国的大地上。"(参见刘勇刚《"谁知散木有乡根"——叶嘉莹的文学生命之源》,《中国社会科学报》2016年4月8日。)

③ 豆瓣电影:《和这位68岁台湾学者导演一起直视这个分裂无解的世界》,2020年11月26日,https://movie.douban.com/review/13010450/

④ 山丘、陈传兴《专访〈掬水月在手〉导演陈传兴:诗就像庇护所,诗人就像冒险者》,2020年9月30日,https://baijiahao.baidu.com/s? id=16792065074227895568&wfr=spider&for=pc

⑤ 行人文化、活字文化编著:《掬水月在手:镜中的叶嘉莹》,四川人民出版社2020年,第10页。

⑥ 行人文化、活字文化编著:《掬水月在手:镜中的叶嘉莹》,四川人民出版社2020年,第10页。

"根"，是"记忆储藏之地"①，回忆定格之所②，更是诗人诗学精神"根须"的"集结"③。基于此，不妨将对其故园情结的理解上升至存在论层面。上文豆瓣网友"有舟"提及影片中存在诗与乡愁的线索，这种乡愁即为"存在"之愁。自然万物的存在会与人的存在发生各种关联往来，少年叶嘉莹在四合院里听风吹树叶的声音，感受春夏秋冬的气息，他们在交流中彼此灌注，自然万物之精、气、神深深融入其躯体和精神之内，感发其情感，激荡其心灵。个人生命的存在因此成为人与万物（中国古人所讲天地人三才合一，或海德格尔所谓"天、地、神、人'四方'归于一体"④）交融互动的结果，而非孤立的莱布尼兹式的单子化"独在"（singularity）。诗歌正体现出人与万物这种互动、对话及在此基础上的生发、生长与生命确证。在此意义上，叶嘉莹对故乡的眷恋，那种经验层面段义孚所谓的家园"依附""恋地情结"（topophilia）和"对故土的热爱"与"忠

---

① ［美］段义孚著，志丞、刘苏译：《恋地情结》，商务印书馆2018年，第136页。

② ［德］阿莱达·阿斯曼著，潘璐译：《回忆空间：文化记忆的形式和变迁》，北京大学出版社2016年，第344页。

③ 陈传兴曾谈及老宅空间作为章节标题的问题，说"这个宅子就是叶先生的记忆宫殿"，并联系利玛窦的"记忆术"理论，"记忆其实就像一种空间，一种集结"（参见行人文化、活字文化编著《掬水月在手：镜中的叶嘉莹》，四川人民出版社2020年，第297页），"集结"，或称"聚集"（versammeln）是海德格尔的术语，这一表述有明显的存在主义意味。

④ 海德格尔天、地、神、人"四方"（或"四元"）归于一体的思考，主要体现在其20世纪50年代关于"物"（1950）和"筑·居·思"（1951）的演讲或论著中，四元一体主要指的是"物"，他以建筑为例，认为建筑保护着四元，"通过把场所安排在空间中，使地、天、人、神的单一整体进入场所"。比如，桥就是这样一物，"它提供了一个把大地和天空、神圣者和短暂者容于其中的空间"。建筑本质是物，所以，他论证四元，四化（"四元的统一乃是四化"），旨在论述"物的物性"，"物居于（聚集和统一）四元。物物化世界。每一物使四元进入世界纯然一元的居留者中"，并以陶壶为例作了精彩详尽的阐释。那么，我们如何认识人，能否把人也视为"四元聚集"？海德格尔接着讲了"四元的反射游戏"，"由于游戏，四者的纯然一元达到联合"，"世界"出现了，"四者柔和地组合成世界，世界顺从地世界化"。在四者之组合也即世界的产生中，"四者中的每一位都以自己的方式反射其他的现身"，四者形成"相互转让""相互游戏""相互依赖"，"每一位在它们相互的转让之内，为了进入自身的存在脱离自身"。这就是说，在海氏看来，天、地、神、人"四元聚集"为理解"物作为物"提供了一种视域。这一视域也可以联系人来思考其存在之状况。作为"短暂者"（彭富春译），或"终有一死者"（die Sterblichen，孙周兴译），当我们说他时，"我们就出于四方之纯一性而一起想到其他三者"。所以，本文联系海德格尔四元一体说阐释个体生命与"人与万物交融互动"这一问题有其学理依据，特此说明。（中文译文参见［德］海德格尔著，彭富春译《诗·语言·思》，文化艺术出版社1991年；［德］海德格尔著，孙周兴选编《海德格尔选集》（下），上海三联书店1996年。英文译文参见 Heidegger, M.. *Poetry*, *Language*, *Thought*. trans. Albert Hofstadter. New York：Harper& Row, 1975.）

诚"①，或海德格尔所谓诗人的"还乡"冲动（"诗人的天职是还乡"），乃出于其对自身存在发生场域、诗感缘起之"本源"的"亲近"与"返回"②。

从更大范围看，故园情结第三层内涵是眷恋诗词故乡、文化故乡。四合院是叶嘉莹成长的地方，是其诗学精神发生之地，也是中华古典诗词精神场域的微观呈现与个案表述。无数类似的"故园"孕育出无数"故园"诗意，从而汇聚为壮观的中华诗词"故园"，凝练为中华认同的"文化基因"。这一认同在后来反复离散飘零的动荡体验中得以强化和升华。叶嘉莹对诗词的兴趣、热爱既与故园作为起点的个人经历和个体游子般的文化体验相关，更与宏观古典诗学家园的滋养密不可分，陶潜、老杜、李义山、朱彝尊、王静安等诗人、学者莫不亦师亦友……在此意义上，不难理解叶嘉莹何以于 81 岁高龄长途跋涉找寻"故家"源头（隐喻诗的源头），不难理解她何以细研老杜、义山、静安等诗人及其理论……原乡情结是来自文化基因最为重要的情感之一③，刘元珠说叶嘉莹最近这二三十年选择回国是"理所当然的"，不只是回老家那么简单，因为这片土地上有古典诗词，"一个她可以发挥作用的事业，她就一定会回去"，所以她的爱国是"真的很爱"，这个国就是她的根，"是中华的文化，中华的传统文化"。④ 显然，在中国古典诗词中叶嘉莹找到了"民族认同和精神信念"⑤，其故园情结在较为宏观的层面上因此是对（中华）传统文化的认同情结，是深植于中华文化认同之上的民族文化情结。

以上三层总体上意指个体生发于故园，受"根"之滋养，怀恋故土。接下来可从"反馈"环节，也即从对"根"和故园的回馈角度分析，即所谓"第四层"内涵。所谓回馈，即把故园当初之所"惠"重"馈"故园，换言之，是把自身关于诗词之所乐、所感、所悟告诉故土的人们，从而让故土诗词之精华得以留存与传承。片中南开大学陈洪教授谈及叶嘉莹对其"传承人"身份的认同，"叶嘉莹先生尤为看重'教师'这一身份……她身体力行，用诗一样的语言，播撒薪火"。

---

①　[美]段义孚著，志丞、刘苏译：《恋地情结》，商务印书馆 2018 年，第 147 页。

②　[德]海德格尔著，郜元宝编译：《人，诗意地栖居：超译海德格尔》，北京时代华文书局 2017 年，第 101 页。

③　白杨：《〈掬水月在手〉："写给未来时代的备忘录"》，《当代电影》2021 年第 1 期，第 17 页。

④　行人文化、活字文化编著：《掬水月在手：镜中的叶嘉莹》，四川人民出版社 2020 年，第 135 页。

⑤　白杨：《〈掬水月在手〉："写给未来时代的备忘录"》，《当代电影》2021 年第 1 期，第 17 页。

叶嘉莹之所以有如此身份认同,如此重视"传承",正是出于其回报故土的炽烈情感。华夏故土滋养了古典诗词,古典诗词育其诗学精神,作为回馈,她有着强烈的使命感与责任感传承文化,回报故土(当然不只是捐款报国,如某些媒体的"事件"化描述那般简单①)。"我之所以要回国教书,是因为诗歌对于中华民族的文化传承,是非常重要的,是带着生命的力量的,给后来的读者甚至听讲者都会有很大的启发和感动……"②"我之所以九十多岁了还在讲授诗词,就因为我觉得我既然认识了我们中国传统文化里边有这么多美好的、有价值的东西,我就应该让下一代人也能领会和接受它们。如果我不能传给下一代,在下对不起年轻人,在上对不起我的师长和那些伟大的诗人。我虽然平生经历了离乱和苦难,但个人的遭遇是微不足道的,而古代伟大的诗人,他们表现在作品中的人格品行和理想志意,是黑暗尘世中的一点光明。我希望能把这一点光明代代不绝地传下去。"③叶嘉莹的话通俗明了,这是一种对中华诗教传承使命的表达。正因为有故园的滋养和热爱,才有传承的责任与担当,"莲实有心应不死""要见天孙织锦成",一方面,诗歌是传承中华民族精神的重要方式,另一方面,诗歌通过吟诵等方式,"让诗人的生命在你的声音里复活",从而使个体在收获生命力量的同时,亦让诗学内在的生命精神恒久传扬。这是她个人独特的诗学体悟,也是想告诉后人的蕴含着传承密码的"海上传音"。

三、空间"无"化与传承忧思

比较而言,叙事结构中寄托的故园"情结"较易理解和阐释,故居的"建筑"型叙事架构与家园情结之间似乎存在天然的隐喻关联,而影片第六章"无题"化(未设题目,或阐释为以"无"为叙事空间)的结构设计则颇让人费解。这到底在传达什么,内嵌何种隐喻诉求呢?

---

① 搜狐网:《叶嘉莹 一个中国女人的百年史:时代该敬畏她》,2020 年 8 月 15 日,https://www.sohu.com/a/413490089_100191010

② 搜狐网:《叶嘉莹,又向南开大学捐赠 1711 万元》,2019 年 5 月 13 日,https://m.sohu.com/a/313730741_232611/

③ 行人文化、活字文化编著:《掬水月在手:镜中的叶嘉莹》,四川人民出版社 2020 年,第 241 页。

　　陈传兴解释说,无名字意味着超越性,"隐喻了叶先生已经不再被世俗所羁绊"[①],"回到了一种更为纯粹的状态"[②]。这是从对象个体精神人格层面所做的理解。周志强将此阐释为叶嘉莹"以'妙有'抵抗'真空'",[③]这是形而上层面的内涵挖掘。王霞认为这一"缺席的存在"构成了"文化记忆"的空间,"一个需要在不断的追忆中确立的对象"。[④] 这些思考均展示出思辨性和趣味性。但对此理解也可跳脱个体层面而从空间的物质性维度切入。除前文"入室"隐喻外,"无"意味着大院消失,即四合院的物理空间已经不在场。影片将不在场作为在场,以"无"为媒,用消逝的空间旨在表达"有"所难以传达的叶嘉莹历劫之后的"超越感"。与借有形之物的表述比较,借精神性、想象性方式可获得更宏大的"境界"空间。换言之,超越有形之依附有助于上升到形而上之"无形"。这与影片欲展示的关于叶嘉莹诗学人生之超越性境界的主题相合。这种超越性大抵只有通过"无"之媒介方能传达。所以,第六章标题的空白化处理绝非故弄玄虚,而是在"结构"的阐释学层面更进一层。

　　然而,"超越性"并非阐释的终点,"无题化"之妙正在其通过"翻转",将此"终点"重启为新的思考起点。新的问题即传承的接续问题。承前所述,对"空间""无"化的阐释可落脚在现实层面,指向现代化语境下的空间重组问题,隐喻古典诗学在现代性空间结构性转换中的尴尬处境及叶嘉莹对(曾赋予自身超越性精神的)诗学传承走向的忧思。2003 年 8 月,察院老宅被拆,随后落成的新建筑则表述了过往空间现代化转换与重组的完成,时代已然转型。当她回到故园,庭院已经不在,昔日石砖也不见了踪影,曾经孕育过无数诗意的物理空间悄然离场,只留下记忆在符号学的回响中不断地拼合与追寻。时代变迁是难以阻逆的历史必然,很多东西随之消散,但精神(特别是超越性精神)如何重获"居所",则成为空间之"无"化开启我们的新思考与亟待直面的新问题。

----

　　① 搜狐网:《96 岁叶嘉莹传记片问世:命运把我放在哪里,我就落在哪里,就在哪里开花》,2020年 8 月 17 日,https://www.sohu.com/a/413584705_157906

　　② 行人文化、活字文化编著:《掬水月在手:镜中的叶嘉莹》,四川人民出版社 2020 年,第 298 页。

　　③ 南开大学新闻网:《叶嘉莹文学纪录电影〈掬水月在手〉学术研讨会南开举行》,2020 年 9 月 13日,http://news.nankai.edu.cn/ywsd/system/2020/09/12/030040773.shtml

　　④ 王霞:《〈掬水月在手〉:媒介相生与水月相托下的古典诗词之魂》,《中国电影报》2020 年 10 月21 日。

不妨打个比喻，花需要以花盆为栖身载体，若花盆断裂，美丽的花儿该如何生长？这正是空间断裂或场域消逝/转型带来的问题。对叶来说，古诗词是她心中最美的花，是赋予其"超越性"精神的源泉，现实空间则如"花盆"，而今，空间转换，曾经酝酿发生过诗感和诗学的传统场域消逝、"断裂"，古典诗学将如何转型、传承、继续生长？这正是她最为关心的问题。换句话说，叶嘉莹始终忧心的是：诗歌如何跳脱其在当代消费社会、媒介化社会、数字化社会、全球化社会、加速度社会中"无家可归"[①]的尴尬处境？诗学如何在诗学之道"沦丧"境况下于艰难中破壁并重建"居所"？或许，叶所言"弱德之美"的超越性思索可作为坚守方式，但如名所隐，"德"即使美，毕竟柔"弱"，如何让诗学精神之树苗壮生长，傲立时代风寒，乃至重绽生命之绚烂，则成为让叶嘉莹与当代诗学界产生绵绵忧思心之所"系"。

这一"忧思"在发人感动的同时，亦将注意力拉回对第六章"无题化"结构设计的关注。从上述分析中不难见出，结构精妙之原因，一则目标所指在深层（宏观）文化转型，而非表层（微观）个体精神；另则表述形式在曲言，而非直陈。这是叙事"结构"意义内嵌机制与隐喻功能的一次生动演示，也是其阐释学空间的一种无言表达。正是借这种隐喻方式，结构不再只是简单的线性连接链条，更是叙事张力和意蕴空间生成的特殊"容器"、通道与媒介。

结语

叙事结构的意义内嵌与隐喻寄托是电影叙事（当然也是文学、艺术叙事）中最富韵味、智慧，也最能体现其匠心别具之所在。回首前文，故园情结与传承忧思二者表露的层次略有深浅之别，但其内在精神通联，前者涉及对诗人精神"根须"的存在论理解，后者思虑深隐于终章标题之空白化设计。个体生发于故园，受惠于故园，故有感念之情（结），回馈之意，传承之思；因时代转型造成古典诗学结构断裂，诗学世界面临重获"居所"之传承尴尬，故而忧思绵绵。

---

① 海德格尔在《诗·语言·思》中说，"人类的无家可归"是"居住的真正困境"，在《存在与在者》（*Existence and Being*）中说，还乡是"返回与本源的亲近"，现代人由于遗忘存在而导致无家可归的状态则构成无法还乡，远离存在本源的"真正困境"。

而这一“情结”与“忧思”在以“故居”为结构线索的空间叙事中又前后贯穿，自然交融，连理映照，从而构建出影片叙事结构特别的魅力与哲思阐发空间。

影片结构设计之所以能如此精妙且暗传隐喻深意，乃因为结构本身实为特殊的“媒介”，发挥着独特的表意功能。借用麦克卢汉媒介理论逻辑，结构绝非简单的空壳，也非经验层面所理解的中性化摆设，不同的结构设计会携带不同的“媒介”性，传达出不同的媒介“讯息”与价值指向。所以，就通常层面而言，电影创作要想作出精品，就要善御结构，妙于设计，以生成更富包孕性与张力的文本空间，产生更佳的叙事效果。就本片而言，这一别出心裁的“空间化”结构设计，不仅立体呈现了叶嘉莹丰富而具超越性的诗学人生，更隐在地传达出其悠悠“故园”情结与中华文化认同，以及对诗与存在及其背后文化、历史、文明断裂与传承问题的深切关怀，揭示出文本的深层寄托。当然，进一步讲，在影视艺术的创作实践及理论分析中，不能仅囿于传统“形式”视域，由“媒介”这个替代性新视域取道，或许能见出之前未被重视的关联。也正是在此意义上隐喻问题与结构设计的“潜伏性”勾连问题被拉上岸来。当然，结构与隐喻间的关联是一个复杂的学理问题，有待更进一步的研讨开掘。

（李勇，南开大学文学院教授，博士生导师；郭倩琳，河南大学新闻与传播学院 2020 级传播学硕士研究生）

Metaphor of Structure: From Hometown Complex to Inheritance Anxiety
—A Brief Discussion on the Meaning-embedded Mechanism of the Narrative Structure of Like the Dyer's Hand

Li Yong　Guo Qianlin

Abstract: In the usual understandings, narrative structure is just a matter of form, that is, the chain used to connect and "gather" narrative elements at the functional level, or the "neutralized" writing "framework" at the value level, rather than the embedded mechanism of value transmission through the use of structural "media", or the question of the "container" generated by narrative tension and meaning space at the "meaning" level. In other words, the implicit expression mechanism or metaphor embedded in the narrative structure has not yet attracted due attention, and its hermeneutic space has not been exploited accordingly. The biographical film "Like the Dyer's Hand" provides a sample for thinking about this question. The film uses the architectural guide of the former residence as the structural frame. The surface layer uses the "space" dimension to construct the narrative linearity. It is deeply directed to the protagonist's multi — dimensional "complexes" of homeland and the implicit statements of traditional culture and poetic inheritance. The problem of the implicit meaning embedded in the narrative structure, that is, the problem of metaphorical narrative, has become an important entrance to appreciate film narrative wisdom and explore the space of textual hermeneutics.

Keywords: Narrative Structure; Film Narrative; Metaphorical Narrative; Like the Dyer's Hand; Media

金庸小说与二十世纪五十年代香港报业

区肇龙

摘要： 香港二十世纪五十年代的报业媒介与金庸小说的发生有莫大关系。报业媒介与社会环境息息相关，互相紧扣。大众心理、文坛状况、政府政策、人口结构等等都属于社会环境的因素。因缘际会，香港五十年代各社会环境因素共冶一炉，遂令金庸小说在香港发生与流播，瞬即风行全港，一时洛阳纸贵。

关键词： 金庸小说；报业；文坛状况；香港；五十年代

前言

香港五十年代的报业状况十分特殊，在其他地区罕见。例如报纸数量多、副刊受大众欢迎、"左右"阵营的作品和出版物丰富、不同的作家有各种不同的写作实践道路等。金庸小说原先在《新晚报》连载，《新晚报》并非当时最受欢迎的报纸，因此总编辑罗孚想到用梁羽生和金庸撰写迎合大众口味的武侠小说来增加报纸销量，结果相当成功。撇除金庸小说的价值，当时香港报业文坛的状况和它的创造发生与流行，有莫大关系。大众养成了每天阅读副刊的习惯,加之当时出版业和文学作品多是宣传政治相关的意识形态,金庸小说的出现令文坛注入新的力量。

报纸副刊的意义

副刊虽名为"副",但实乃报纸的灵魂。副刊中的专栏文字更能表现报纸的立场或风格。副刊所载的专栏文字或连载小说,是吸引读者追捧的重要因素,直接影响报纸每日的销量。研究香港报纸副刊的李蕾说:"香港专栏小品,是最能迎合香港读者口味而又具开拓性的产品。"①这说明副刊与大众的关系,某程度上,副刊的风格和取向,都是迎合读者需求的。当时社会需要什么,就有怎么样的副刊。

正如张柠分析城市文化研究一样,我们可把这种阅读模式或习惯称为阅读成瘾的行为。在城市的消费模式底下,阅读很自然成为一种消费模式,而这种模式很容易受到作家作品的情节等的影响,而成为大众的一种集体阅读瘾,因为读者从这些作品中得到满足和快慰,很快地变得盲目地追看下去,纵使同一作家的小说内容情节模式都千篇一律。② 这段话可以解释坊间流行文学的产生与持续的原因,读者对固有的小说情节习以为常,拒绝接受新的刺激,不愿花脑筋和时间思考新的小说内容。金庸小说受欢迎的程度,除了可透过《新晚报》读者的增加而反映,更重要的是 1959 年金庸与沈宝新合资创办《明报》,并开始连载《神雕侠侣》而得到印证。《明报》创办初期主要以金庸小说的连载吸引读者,当时的《明报》每天连载约一千字的《神雕侠侣》,它是《明报》创办初期艰难岁月的续命丹。曾有论者对当时的武侠小说作出评论:"梁羽生一发不可收,前后写了 30 年。当年他写完《草莽龙蛇传》之后,便由金庸的第一部武侠小说《书剑恩仇录》接上。再后便由百剑堂主(陈凡笔名)接写。梁、金、陈三人皆《大公报》中人,1956 年曾在报上撰写"三剑楼随笔"专栏。其时,《新晚报》(《大公报》的晚报)开了先河,报纸销路激增,其他报纸竞相效仿,于是金庸在

---

① 李蕾:《专栏小品与香港报业文化的关系》,《考功集》二辑(岭南大学中文系毕业论文集),1998年,第 408 页。

② 张柠:《中国当代文学与文化研究》,北京师范大学出版社 2008 年,第 386—391 页。

《商报》写《射雕英雄传》，梁羽生在《大公报》写《七剑下天山》，江一明在《晶报》写《珠海腾飞》，牟松庭在《文汇报》写《关西刀客传》等，热闹非凡。"①可见报纸副刊以至连载的武侠小说的受欢迎程度，绝对可以用洛阳纸贵来形容当时的情况，多份报纸都以连载武侠小说作卖点，先享盛名的梁羽生更是各大报章争相邀稿的对象，以至1955年无暇在《新晚报》写稿，促使罗孚要求金庸开始撰写武侠小说。五十年代大众的读报习惯，把焦点都落在副刊上，报纸每日的报道内容反而属其次，因此副刊所载小说需极富娱乐性，吸引读者每日掏钱追捧。

香港文坛百花齐放　香港报业百家争鸣

五十年代的香港文坛是百花齐放的时期，因为大量有质素的文人南下，他们又大多只有单独的写作谋生技能，遂使当时的文坛呈现出五光十色的景象。当时的文人主要有两种谋生出路，一是作家，二是编辑。前者如李辉英、张爱玲、曹聚仁、徐速、思果等，后者如罗孚、刘以鬯、马朗等，不过纵使加上五十年代之前的王韬、茅盾、戴望舒等，从事编辑行业的文人的数量都是较少的。究其原因，当作家自由度较大，没有上班时间的限制，虽然很多作家为了稿费而写自己不喜欢的通俗文学或是为左右阵营宣传的政治文学，但作品的人物、情节、故事等，都可自行控制，此其一。南来文人数量惊人，以当时香港的报纸和杂志的数量来看，绝对出现人手供过于求的情况，因此作家纵使想找编务的工作，也不是一件容易的事情，此其二。

实际上，二十世纪五十年代这一时期，对香港报业来说，可谓转入新的一页。因为1951年当局制订了全新的一系列有关出版业的法律条文，以实行全面的规管。据《香港年鉴》所载，条文的首段是："1951年15号制立法案对新闻纸及其他印刷品印刷，出版、发售、发行、输入、统制、登记与颁营业等有关法律之修正及充实印刷机与新闻通讯社之管制条例，是年5月17日通过候总督公

---

① 汪亚暾、汪义生：《香港文学史》，鹭江出版社1997年，第259页。

布施行。"①此反映自此以后的出版刊物注册资料变得更详细和具体，而有关刊物在内容上的监管也变得明朗，如内容跟法律有所抵触的时候，注册人需为此负上责任。可以说，自五十年代起，报刊的成立和注册变得更为认真和严肃，筹办者并非抱着短暂的热情而经营，而是经过深思熟虑的。五十年代在港创办的报刊有如《晶报》（1956 年）、《新晚报》（1950 年）、《大公报》（1951 年）、《文汇报》（1951 年）、《成报》（1951 年）、《香港商报》（1951 年）、《星岛日报》（1951 年）、《明报》（1959 年）等。值得注意的是，1951 年是创办报刊的黄金年，不止一份报纸于该年创办，除了因为回应同年的新法例而按规矩申请办报外，主要原因是 1949 年中华人民共和国成立后，大批文人南下。他们大多借办报或写稿来谋生，并顺带表达政见，借报刊等媒体来攻击敌对阵营。当时的出版业可谓相当鼎盛，兼且几乎每份报纸都有副刊的部分，供文人发表写作。

　　另外，有不少作家对当时文艺为政治服务的状况发表了不少见解，譬如深知文艺是为政治服务而觉得无不可，并认为文艺不单纯是文艺，因为文艺反映人的生活，兼而反映社会的意识形态。这反映出作者对当时文艺境况的认识，以及倾向支援文艺为政治发声的立场。② 依此生态发展，直至六十年代，据 1962 年《华侨日报》出版的《香港年鉴》所载，香港足足有报社 192 间，每日出版的有 38 间，销量是 50 万份。③ 可见报刊在当时社会的重要性和影响力。而报刊专栏小说属当时大众主要的阅读材料，有不少家境状况比较差的人，只能借阅报刊来学语文。年已古稀的著名散文家刘绍铭就经常说：小时候家境不好，自学读物都多取材自报纸副刊，五十年代每天的报纸副刊专栏可以说是一个大宝库，有各式各样的专家专论，要每天在五百字的小空间里抒发己见，除了有一定的"独门绝学"，还得有一手清丽的中文才行。专栏文字的知识和语文，都对读者产生了很大的影响。五十至六十年代，香港教育水平低下，读者大多只有小学程度，直到七十年代，香港的教育才开始普及，大众知识水平开始提高，"七十年代则是加强小学、普及中学教育的时期。中学学位在 20 年里翻了

---

　　① 《1951 年充实出版物管制条例》（中译本），载《香港年鉴》（第 5 回中卷），华侨日报 1952 年，第 34—40 页。

　　② 劳夫：《文艺的认识》，《星岛日报·文艺》1950 年 7 月 3 日。

　　③ 《香港年鉴》，华侨日报 1962 年，第 91 页。

约 7 倍。"①可见香港知识分子以及读者群对香港报业的要求,都随着社会的进步而有所提升。回看五十至七十年代的报纸受众,大都是只有小学程度的,他们的阅读兴趣注重于市井文化,以及感官刺激的轻松内容。五十至七十年代(1955 年至 1972 年)是金庸武侠小说的创作时期,小说之所以能够盛行,原因可以联系至社会大众的阅读水平和兴趣。我们可以进一步从当时报纸的风格和取向得到印证。当时的左派报纸如《大公报》《新晚报》《晶报》《香港商报》等,都走通俗路线,吸引了不少年轻而知识水平不高的读者阅读,当中的《新晚报》(《书剑恩仇录》)和《香港商报》(《射雕英雄传》)都是金庸小说的重要平台。五十年代开始,报业可谓进入百花齐放的局面,"据统计,1945—1950 年,香港有 155 家报刊注册。1950—1959 年,香港新办报纸 85 家;1960—1969 年,香港新办报纸 108 家。据记载,1946 年报纸只有 18 家(14 份中文,4 份英文),到了 1957 年报纸总数达到 42 份(包括几份周报、双周报),1960 年报社家数增至64 份,其中每日出版的报纸有 38 份(34 份中文,4 份英文)。六十年代香港中文报纸发展很快,家数和销量均不断上升,1965 年报社达 52 家,1970 年中英文日、晚报数更达 70 家之多。"②由此可见,五十至七十年代香港报业的发展可谓一日千里,造就金庸小说以至其他武侠小说,能在多方平台刊载。同时,读者知识水平提高,对阅读兴趣的增加,都有助武侠小说的传播,亦间接令香港报业进入蓬勃期。

　　胡适被公认为是文学革命的重要倡导者,他主张文学与社会进步的关系,每一时代皆有不同的文学作品,包括形式、体裁、表现手法等。所以我们去看文学作品的得失,很难撇开历史背景不论,他所提出的"历史的文学进化观"是指:"文学者,随时代而变迁者也。一时代有一时代之文学。"③胡适所言,说明进化的必要,不论是文学还是社会生活,皆如是观。在中华人民共和国刚成立的五十年代,社会可谓进入新纪元,不单中国内地,连带位处边沿的香港,也受到不同形式,不同程度的影响,纵使香港当时仍处于英国实行殖民统治的时代,由于五十年代中国内地有不少作家因不同的原因南移香港,又有为数不少

---

① 陈昌凤:《香港报业纵横》,法律出版社 1997 年,第 98—99 页。

② 同上,第 64 页。

③ 胡适:《胡适文集》(第 2 卷),北京大学出版社 1998 年,第 7 页。

的香港市民北上内地，加上抗战后的社会大众产生不同的心理面向，港英政府在文艺圈中形成"绿背文化"，所谓"绿背文化"是指崇尚英美势力，宣扬右派思想。由于美元纸币以绿色为背景，故有此称谓，又可称作"美元文化"。

图 1　1954 年 1 月 17 日的《星岛晚报》第四版

　　这种"文化"试图以文艺来与左派文学作出抗衡，因此五十年代的香港文艺圈，以至整个社会环境皆是十分复杂的，在文化、社会、政治、文学等角度来看，五十年代对香港来说，属一个明显的分水岭。当时社会话题大都围绕在国与国之间的问题和争端之上。例如 1954 年 1 月 17 日的《星岛日报》第一版（图 1），整个版面都是谈论国际大事，社会很自然弥漫一片紧张的气氛。有学者对胡适的文学进化观作出阐述："显然，胡适这里主要是说明不同的社会和时代就会产生不同的文学作品。也就是说，人类生活随时代而变化，人类的情感也在不断地丰富、发展、变化，这就要求随着时代的变迁产生不同的文学作品，以满足社会生活的精神需求，文学就必须反映人类的现实生活。在此基础上，他以文学史进化的名义号召建设现代的新文学，以反映变革的时代精神和社会生活。"①我们需要特别注意的是"不同时期的文学作品满足社会生活的精神需求"这一点，五十年代香港社会大众正是急切需要具武侠元素的消闲娱乐的时候，除了文坛出现武侠小说的风行现象，五十至六十年代影坛也流行功夫电影，如关德兴系列，甚至推展至七十年代，例如出现李小龙的抗日抗欧美的大中华主义的一系列电影，受当时社会大众的热烈欢迎。六十年代邵氏电影发展一日千里，对手国泰已非可匹敌，究其原因，是懂得迎合市场口味。从张彻的血腥味浓的武侠型电影，到李小龙一夫当关的抗外敌武打电影，都很受大众支持，原因是弥补了市民心理的需要。从辛亥革命、抗日战争、国共内战，民间一直压抑着一股不满情绪，这种情绪需要借阅读武侠小说来得以释放。因为武侠小说大多以英雄主义和民族主义作为基调，跟大众的国家忧患意识很容易产生关联效应。自二十世纪初起，民族情绪积压良久，正好在五十年代得以释放，一直延续数十年。

　　早在西方文学批评中，已指明文学与社会的关系是相当密切的。童庆炳说："社会学批评强调文学与社会生活的关系，认为文学创作并不是一种纯粹个人的活动，而是一种社会和文化的活动。"②香港在二十世纪中叶，在经济、政治、民生等方面，都发生了巨大而重要的改变。这些方方面面跟文学的风格、主题、叙事方式等，都扯上了一定的互动关系。五十年代香港社会物质匮乏，在没有其他娱乐消遣的时候，阅报就是社会大众最基本、最廉价的娱乐。因此，社会经济还未起步，是促使报业在发展和销量上出现大跃进的重要因素。在作家方面，他们为生活所迫，只有"煮字疗饥"，不论是否自身喜欢的题材的作品，为了稿费，只有被迫撰写。当时的报纸副刊都是有稿酬的，而坊间的文艺杂志则无。读者方面，既因社会娱乐供应有限，又因财政问题，眼见报纸副刊每天有大量作品可读，自然支援。谢常青在《香港新文学简史》中说："香港开埠不久，香港文学就依附在华文报纸而诞生。"③可见报纸副刊对香港文坛的影响程度。五十年代的香港文坛，主要是透过报刊和文艺杂志作为平台，刊载

① 顾庆：《胡适与现代文学新观念》，《陕西师范大学学报(哲学社会科学版)》2000 年 9 月，第 144 页。
② 童庆炳：《文学创作与文学评论》，中央广播电视大学出版社 1995 年，第 304 页。
③ 谢常青：《香港新文学简史》，暨南大学出版社 1990 年，第 2 页。

文学作品。在报纸副刊上的主要是通俗文学；在文艺杂志上的主要是严肃文学。报纸副刊上的大多是连载小说或涉及生活化情节的每日小说。在文艺杂志上的大多是鲜有追捧者的严肃文学，读者人数不多，甚至没有稿费可言。而被左右阵营资助的文艺杂志如《中国学生周报》《青年乐园》《小朋友》等，都得到了较多作家的支援，可是当中作品的文学价值不高，都是各自为左右阵营发声宣传的作品。而没有稿费可言的文艺杂志，更是发表严肃文学的重要平台，因为娱乐性不高，读者人数则更少了。五十年代较为著名的文艺杂志有《幸福》《西点》《文坛》以及《星岛周报》，可是因销量欠佳而被迫先后停刊。可见，为大众服务同时受到欢迎的，就只有报纸副刊了。报纸副刊的受欢迎程度，可以透过每日的出字量见之一斑，例如刘以鬯就曾表明自己在 1957—1985 年间，平均每日写 13,000 字。[①] 而当中大量都是年轻时，即五十年代书写的。作家每天大量写作的情况在五十年代十分普遍。

香港五十年代的尚武风气

　　二十世纪五十年代的香港，流行崇尚武打的风气。当时不少报纸，经常提及"英雄"，间接鼓吹武力与侠义，因为成为"英雄"必须具备侠义之心和一定的能力（一般指武力），例如 1954 年 1 月 8 日的《星岛晚报》第八版（图 2），便有关于《英雄剿匪战》的电影通讯，简介当时该电影的故事内容，内容主题围绕警匪冲突之上。又如 1954 年 1 月 17 日的《星岛日报》第十一版（图 3），有一栏目，名叫"英雄与美人"，作者为"座客"，文字借几则社会热话来解释何谓"英雄"与"美人"，热话包括"吴公仪对陈克夫"的武斗事件、当时十分流行的"香车美人"比赛、石硖尾白田村火灾的救人者与被救者。可见大众对"英雄"与"武"的关注。另外，大众于街头巷里时常围绕讨论有关武打的话题。他们不单对中国传统功夫感兴趣，对于西洋、东洋武术也感到好奇，对武打产生浓厚的兴趣。因此，不论是太极拳、咏春、蔡李佛、虎鹤双形拳，还是西洋拳击、空手道、跆拳

---

①　也斯：《〈改编〉的文化身份：以五〇年代香港文学为例》，载黄淑娴、沈海燕、宋子江、郑政恒编《也斯的五〇年代：香港文学与文化论集》，中华书局 2013 年，第 81—82 页。

道等,都深深吸引大众关注。如1953年11月24日的《大公报》(图4)便有《中西拳手好手,修顿球场较技》为题的报道。他们娱乐消遣的途径不多,很多时候只有借助学拳来发泄精力。大众到拳馆学习是一种当时的文化,几乎每个男性都曾学拳,只差在时间的长短而已。那时候,"踢馆"的风气相当流行,不同派别的"师父",都互不相让。他们很多时候会派出自己的弟子,到其他拳馆作出挑战,希望以自家派别的功夫取胜,以震声威。这种做法会吸引更多学生跟随自己学拳,增加收入。这种派别间的传统,承袭自广东佛山。佛山功夫风气流行已久,从晚清至民初,都秉承这种文化。及至二十世纪三十年代,因战乱的关系,很多广东佛山的武馆纷纷移至香港,在弥敦道一带,继续设馆授徒。

图2　1954年1月8日的《星岛晚报》第八版

当时香港的传播媒介,不仅反映大众的尚武倾向,同时有助金庸小说的出现。香港广播业以1949年丽的呼声开台为起始点,分银色台和蓝色台,前者以粤语广播,后者以英语广播。主要广播天空小说和广播剧,主要广播员有李

图3　1954年1月17日的《星岛晚报》第十一版

我、钟伟明、邓寄尘等。广播剧的出现，对金庸武侠小说产生了推动的作用。而五十年代的电影业，同样与小说息息相关，特别是武侠小说，因为五十年代武侠电影发展得相当蓬勃。当时富有"武侠"元素的电影作品可以大体分成两类：神怪类和英雄类。据蒲锋的研究，前者发展得比较早，代表作有《蜀山剑侠》《七剑十三侠》《原子飞剑侠》等；后者是后继的，跟前者相距不远，都勃兴于五十年代，代表作有《黄飞鸿传（上集）》《黄飞鸿鞭风灭烛》等。① 这反映受众对"武侠"的喜好，还体现当时香港娱乐媒介的共通点，就是都以"武侠"为主导。金庸自己曾在文章《"香港文艺"的民主性》中说："香港大多数读者只喜欢两种小说：一、爱情故事为主的现代小说，二、采用中国传统形式和古代背景的武侠

---

① 蒲锋：《五〇年代武侠片及其小说渊源》，载梁秉钧、黄淑娴编《痛苦中有欢乐的时代：五〇年代香港文化》，中华书局2013年，第15—35页。

图 4　1953 年 11 月 24 日的《大公报》第六版

小说。"①这如实反映香港读者的阅读喜好跟民族意识和中国传统文化的关联。六十年代,即金庸小说连载期间,《明报》很多时候在头版有关于功夫的报道,如 1961 年 11 月 2 日、3 日、5 日的《明报》头版(图 5、图 6、图 7),以"讲手""咏春""少林"等字眼来吸引读者,这除了反映大众尚武的风气,也说明《明报》借相关报道来刺激读者,吸引他们追看金庸小说。

金庸小说的缘起实乃 1954 年 1 月 17 日的一场武斗。这场武斗属当时香港和澳门的热话,多份报纸在比赛前后,皆有大篇幅的报道。笔者现存的 1954 年 1 月 16 日的《星岛日报》第十版(图 8),已事先为武斗事件作出宣传,以"打擂台与水上擂台"为题,介绍是次在澳门举行武斗的擂台,是在泳池中间搭建的,旋即引起关注和热话。文章也顺带叙述方世玉打擂台的故事,以及西洋拳打擂台的方式。武斗当天,即 1954 年 1 月 17 日,多份报纸都有相关报道,如

---

① 转引自汪亚暾、汪义生:《香港文学史》,鹭江出版社 1997 年版,第 258 页。

图 5　1961 年 11 月 2 日的《明报》头版

《文汇报》《大公报》,《星岛日报》(图 9)更以头版来报道事件,图文并茂,并以大篇幅报道。其后 1954 年 1 月 18 日的《星岛晚报》《文汇报》,19 日的《星岛日报》仍有不少赛后报道、批评、检讨,甚至有人作《拳师比武赋》来纪念事件。而早在事件发生前的 1954 年 1 月 10 日的《星岛日报》第九版、16 日的《大公报》(图 10)第四版已对事件作详细介绍,原来"吴陈比武"原先举行的目的,是为石峡尾白田村火灾的居民筹款,可见当时中国人团结之心,亦可见事件已在社会酝酿了一段颇长的时间,并成为当时一大热话。故此武斗过后,《新晚报》总编罗孚建议陈文统(梁羽生)响应广大读者的需要,开始每天撰写武侠小说,因此在 1954 年 1 月 20 日开始撰写《龙虎斗京华》。后来由于梁羽生无暇分身,罗孚遂邀查良镛(金庸)加入,于 1955 年开始撰写《书剑恩仇录》。当事人梁羽生的散文中,对此事有更详细的说明:"当年是一九五四年(舒文误记为一九五二年),'某报主编'是香港《新晚报》当时的总编辑罗孚。'吴陈比武事件'发生于香港,比武的地点则在澳门。"[①]看过当事人以上清楚的叙述,我们很容易弄清楚梁羽生开始撰写武侠小说的原因。这同时解释了新派武侠小说的诞生与民

①　梁羽生:《与武侠小说的不解缘》,载《梁羽生散文》,远流出版事业股份有限公司 2008 年,第 258—259 页。

图 6　1961 年 11 月 3 日的《明报》头版

间社会武斗事件的关联,武斗事件其实反映大众对武打的兴趣,这亦是武侠小说可以流行的重大因素。

　　太极和白鹤两派都属于功夫国粹,源远流长。五十年代的香港,街上有不少武馆,有不少市民习武,都热忱于中国功夫,而又以南方的蔡李佛和咏春最受欢迎。有关香港五十年代武馆状况的资料不多,所谓"文人不武,武人不文",有关武术史的记载少之又少,我们只能找到零星的片段。其实,香港开埠初期在民间已有不少武术活动,例如醒狮。清末民初更有大量广东拳师南移香港设馆授徒,他们开的是医馆,主要是看病为主,授掌为副。广东拳师南下来港开馆授徒,是五十年代的风尚,比较著名的有黄飞鸿徒弟林世荣于中环设馆,主要教授"虎鹤双形"拳。另外就是霍元甲徒弟陈公哲等,于 1919 年在港

图 7　1961 年 11 月 5 日的《明报》头版

开设的"香港精武会"。① 可见，在战前的香港，武术的氛围是十分浓厚的，直至二次世界大战后的五十年代，北上的广东武师纷纷回流南下，继续设馆授徒。原因之一，是香港治安恶劣，盗贼横行，市民都得习武以自卫。加上黑社会横行，光靠警察维持治安，对当时的香港来说，简直是天方夜谭。当时的警察实际上跟黑社会没有多大分别，贪污、赌博、嫖娼都是警察给予市民印象。因此，直到七十年代，香港警察的气焰才得以慢慢收敛。1974 年，当局设立廉政公署，并派遣曾当过英军的姬达掌管，所有事务直接向港督汇报。自此，香港警察的内部风气和外在形象渐渐扭转，香港的治安环境，也随着八十年代的经济起飞、生活质量变好，而得以大大改善。

---

① 鲁言:《香港掌故》（第 11 集），广角镜出版社有限公司 1987 年，第 11—16 页。

图 8　1954 年 1 月 16 日的《星岛日报》第十版

其实在清末民初，已有大量拳馆武师从北南移，先扎根广东佛山，再转入香港。因此，历年间，佛山和香港都是中国南派武术的重要发展地。比较有名的门派例如蔡李佛、咏春，都是透过拳师从佛山南移至香港，而得以在香港把本身武学发扬光大。蔡李佛拳创始人陈亨，本是清末林则徐的拳师，创此拳的目的乃"反清复明"，因此传至徒分张炎（又名张鸿胜）便开设"鸿胜馆"，取明朝年号"洪武得胜"之谐音。后来张炎开设的"鸿胜馆"在 1900 年遭人告密、查封。张炎和陈盛秘密逃至香港，发扬蔡李佛。另外，咏春拳由叶问于五十年代从佛山带入香港，发扬光大，至 1971 年徒弟李小龙主演电影《唐山大兄》，把中国武术推向高峰，全世界无人不识。而广东佛山著名拳师黄飞鸿的得力徒弟林世荣，早于二十年代初已在香港设馆授徒。这是当时在广东佛山被清政府通缉所致。林世荣在 1933 年跟徒分朱愚斋出版小说书籍《黄飞鸿别传》。这间接促使后来 1944 年唐涤生以黄飞鸿人物事迹来编撰粤剧《黄飞鸿传》，1949

图 9　1954 年 1 月 17 日的《星岛日报》第九版

年关德兴主演了一系列以黄飞鸿为主题的电视剧,甚至五十年代发展为电台空中小说中的重要人物。[①] 由此种种,从清末民初至五十年代,香港人普遍对中国武术产生浓厚的兴趣,甚至有不少香港人皆有习武的习惯。香港人习武普遍的原因实跟以前广东佛山相似,都是自卫,因清末佛山没驻兵,居民都以习武自保。从不少谈及香港掌故的书籍中可见,香港自 1842 年开埠以来,其治安至二十世纪中才有改善的迹象。鲁言等著的《生活纵览——反贪、时装、食住行》就提道:"其实,当时(按:十九世纪中叶)的治安,依赖警察的力量实在微乎其微,主要维持治安的责任,仍然落在居民身上。当时稍具规模的商行,都雇用大批懂得武术的看更人负责防盗。有些坊众,则联合雇用看更人,以打

---

① 《根踪香港》(武术篇),上、中、下)(亚洲电视本港台制作,2002 年 3 月 2、9、16 日。

图 10　1954 年 1 月 16 日的《大公报》第四版

更巡夜的方式，维持一定范围内的治安。"①可见当时大众习武防身的实际需要。更夸张的是，当时的警察只有 28 人，更不肯当夜班，怕遭报复，②当时治安之劣可见一斑。发展到二十世纪中，社会情况已有改善，但治安仍恶劣。笔者现存的香港五十年代报纸中，时有关于治安恶劣的报道，如 1961 年 7 月 4 日的《明报》头版（图 11），标题是《龙华酒店凶杀案，母子被乱刀重伤》，又如 1954 年 1 月 20 日的《星岛日报》第六版（图 12），在本港新闻的版页内，有《现役华警贪污》和《两的士司机被劫，劫贼是洋兵》两则报道，后者更反映外国人对社会治安的破坏，间接令中国人对之仇视。

　　五十年代的一场武斗所引起的武侠小说热潮，可追溯至清末民初的香港，当时的大众已有习武的意识，也对武术产生兴趣。平江不肖生在 1922 年开始

---

① 鲁言等：《生活纵览：反贪·时装·食住行》，海天出版社 1996 年，第 28 页。

② 鲁言等：《生活纵览：反贪·时装·食住行》，海天出版社 1996 年，第 27 页。

图 11　1961 年 7 月 4 日的《明报》头版

撰写的《近代侠义英雄传》等以真实历史人物（如霍元甲）作为重要角色的武侠小说，也为民间的武术热潮推波助澜。回看 1954 年的武斗事件，太极和白鹤两派虽是名门大派，但在当时香港社会中，绝对被咏春、洪拳、蔡李佛等比下去。武斗的吸引力和反响之大，相信与当时社会热潮关联较大，跟太极和白鹤两派或吴公仪和陈克夫的名声无关。武斗的出现，间接令香港武侠小说大放异彩数十年，实功不可没。可以说，武斗是一个触发点，触发《新晚报》主编罗孚有连载武侠小说的念头，当然，其他林林总总的因素也属令金庸武侠小说风靡海外的原因，但我们不能抹杀 1954 年的武斗对香港武侠小说发展的意义。

治安风气恶劣，令人想到习武傍身，亦叫人因武侠情结产生无限幻想。大众心目中，都渴望有可以锄强扶弱的英雄人物出现，救他们于水深火热之中，为不平的社会作出一点儿的调整。因此，金庸小说的出现，立刻迎合了他们对

图 12　1954 年 1 月 12 日的《星岛日报》第六版

英雄的索求。他们也相信，"武"可以主持公道，保家卫国。金庸小说的出现，使他们无限憧憬。

香港五十年代出版业的境况

　　香港的出版业步伐算是起步较迟，自 1842 年开埠以来，香港没有一间正式的出版机构，由于市场的需要，出版机构直到五十年代才渐渐出现。因此五十年代以前的中文及英文教科书都分别由内地及英国传入，可见大众对出版业在五十年代以前是不甚渴求的。五十年代可以说是出版业的转折点，当时大量文人南下，当中包括本身在内地经营出版社或在出版社任职的人士。一时间，香港人才济济，出版业得以迅速发展。在五十年代以前，香港的书局兼营出版事务,如民生书局、开明书局等,规模小。直到五十年代,在内地已具一定历史和规模的出版社在香港扎根,如三联书店、商务印书馆、中华书局等,一直营运至今。据《世界出版业:港澳卷》的分析,香港自五十年代以前,出版业十分零落,只有数家小型书局,出版一些武术类、医卜星相类的所谓闲书而已。原因是大众生活困苦,要花费金钱在生活必需品以外的书籍之上是不合理的。[①] 可见出版业与社会民生是不可分离的,如果大众民生境况陷入困境,出版业同时会受到影响。有趣的是,五十年代中期武侠小说的兴起,使缺少生气的出版业得到了发展的契机。《世界出版业:港澳卷》中说:"至五十年代中期,新派武侠小说兴起,著名作家梁羽生、金庸相继在报章刊出新武侠长篇,风靡一时。1955 年,伟青书店首先出版新武侠小说(也出其他读物),三育图书公司、环球出版社跟着大量出版武侠小说,并出版《武侠世界》月刊。新武侠书不仅畅销香港,且远及世界五大洲有华侨的地区,其中以泰国为销量之冠。特别是金庸的武侠小说,历数十年不衰。"[②] 此说明香港新派武侠小说的兴起与出版业的蓬勃产生了关系,新派武侠小说的出现,间接令香港的出版业变得兴旺起来。由于读者人数众多,不单是书籍类,报刊类同样受到新派武侠小说的影响而蓬勃起来。五十年代初期的出版社主要有南移的商务、三联、中华等,其次是带有政治意向的友联、人人、亚洲等,再而就是专出版武侠书籍的伟青、三育、环球了。大众生活水平不高亦是出版业纷呈的原因之一。上茶楼、看报纸是当时香港这个富有广东文化之地的大众最喜欢做的事,大众消费力不高,但对于报纸及书本这些花费不多的阅读对象,是完完全全应付得来的。爱好通俗读物是大众一贯的习惯,因此纷呈的通俗传播载体在五十至六十年代如雨后春笋般涌现。自五十年代始,至八十年代,香港的出版业都一直蓬勃地发展着。如陈才俊所言:"七十年代中叶,香港经济、科技的革命性振兴,更使香港的出版业具有了划时代发展。香港一跃而成为全球性的三大中文出版基地之一。八十年代以来,香港出版业更加繁荣,图书市场更加活跃,图书经营范围已扩展到港版、内地版、中国台湾版及世界各国出版的图书。香港的图书市场

---

① 沈本瑛、马汉生主编:《世界出版业(港澳卷)》,世界图书出版公司 1998 年,第 3 页。
② 沈本瑛、马汉生主编:《世界出版业(港澳卷)》,世界图书出版公司 1998 年,第 3 页。

除满足本地读者需求外,也面向海外。"①由于香港属极重视商业生态的地区,出版业的最大宗旨是谋利。因此,通俗出版物得到空前的重视,不单内容需要吸引大多数大众读者,印刷也需讲究,如此才能吸纳大众选购。

文坛中的异数

有人说:"谈论香港'文学'的外缘因素,一是当地居民的结构,一是当地政府的政策。"②当地居民的结构或背景,以及当地政府的政策,固然是影响香港文学发展的重要因素,香港政府对文艺圈的姿态却不应极端地被形容为不干预。虽然香港政府在文艺发展方面,给予很大的空间,然而我们不能忽视五十年代以来,"绿背文化"对文艺圈的影响和企图。五十年代的"左右"阵营对垒,将文艺当成一种角力的手段或工具,是一种政治或文化上的意识形态措施。在当时的文艺圈,并未清晰划分流行文学与严肃文学,两者之间存在互涉的关系,"左右"阵营每多利用稿费多吸引作家写作,书写为自身阵营摇旗呐喊的作品,甚至为了稿费而违反自身意愿的也大有人在。而当时左派重要阵营,除了文艺杂志如《小朋友》《青年乐园》应对美国"亚洲基金会"出资支持的《儿童乐园》《中国学生周报》外,报刊有《文汇报》《大公报》,还有较后期,在1950年才创办的《新晚报》,都是对应着《香港时报》《快后》的文艺副刊。有趣的是,金庸先后连载武侠小说的报刊,都是左派阵营的,如《新晚报》和《香港商报》。③这或许同金庸曾于《新晚报》工作和起家有关。姑不论动机如何,我们可以看见的客观事实是,武侠小说作为一种流行读物,其政治意识是薄弱的,因为大多读者都不会认真思索和考究当中的意识形态,加上武侠小说的焦点都投放在情节新奇、武功吸引等之上,当然我们不能忽视的是当中的民族意识,此跟中

① 陈才俊:《20世纪的香港出版业》,《东南亚研究》2001年第1期,第43—44页。
② 黄继持:《香港文学主体性的发展》,载张宝琴、邵玉铭、痖弦主编《四十年来中国文学》,联合文学出版社有限公司1995年,第412—413页。
③ 金庸起家之作《书剑恩仇录》于1956年起连载于《新晚报》,其后《碧血剑》于1956年起连载于《香港商报》,《射雕英雄传》于1957年起同样连载于《香港商报》,《雪山飞狐》于1959年起连载于《新晚报》,《飞狐外传》于1960年起连载于《武侠与历史》。其余小说陆续发表于1959年创办的《明报》。(陈镇辉:《金庸小说版本追昔》,汇智出版社2003年,第52—53页。)

国传统文化一脉相承。可以假设的是，如果金庸小说发表于当时的"右派"阵营报章，其阅读人数不会改变。因为大众读者关心的只是武侠小说的娱乐功能，以及其实在的中国文化味道。何况，金庸小说的政治味道薄弱，我们可以视之为五十年代香港文学的一种特殊现象，在"左右"两大文学主流意识中，幸得以保存下来，而其受众人数以至文学价值都是在最高位的。历来众多伟大的小说无非对人性的揭露，《笑傲江湖》是一显例，它放诸任何年代皆能解读，这是金庸小说中唯一没有注明年代的一部小说。简单来说，金庸在五十年代找到比较风行的报章来连载其小说，没有卷入"左右"文学对垒的阵营之中，为五十年代香港文学作了简单而明确的注脚，反映当时受众的喜好，以及对当时社会氛围作了很好的纪录。

在"左右"两大股洪流的主导下，像金庸小说这样的"脱离"政治的文体，仍然可以在两者的夹缝中得以生存，实属不易。黄继持曾提出一个很重要的概念，他说："香港的报章副刊与通俗读物，至少在'量'上极为可观；严肃文学虽在缝隙生存，其实也绵延不绝，文学杂志此蹶彼起，同人刊物随时冒生，副刊编辑中之有心有识者也能善用机缘，扶掖后进，提升素质，在政治化与商品化的两极偏向之外，开辟文学的'艺术性'与'人文性'。"①这说明香港文学过去的生存状况，虽缤纷但偏重于通俗，影响后人对香港文学的观感与评价。在如此艰难的生存环境下，仍能有多元化的平台实属难得。当时，报纸是最重要的传播媒介，其中一个例子，就是金庸的办报过程。金庸于1959年创办《明报》，在当时来说，的确不易，但相比今天的香港，要筹办一份报纸，必然比当年艰难百倍。现时在香港办报，除了有足够的资金之外，还要通过繁复的法律条文。五十年代前，香港报纸的主要销售对象是内地读者；五十年代后，当局政府修订入境条例，不容许香港和内地居民自由进出。内地政治风云变色，令香港的媒体气候产生了变化，当时坊间报纸大多以发扬政治立场为目的，政治立场清晰明显，报纸主事人的政治立场正是报纸的政治立场。《明报》当时采取中立偏右的立场，得到一些香港读者的认同，连载的武侠小说又似乎远离政治氛围，

---

① 黄继持：《香港文学主体性的发展》，载张宝琴、邵玉铭、痖弦主编《四十年来中国文学》，联合文学出版社有限公司1994年，第418—419页。

因此销售成绩良好。

结论

　　研究香港文学的专家学者卢玮銮说:"他们(五十年代南来的人)对香港社会,除了贫穷,其他所知不多。况且,暂时还有写不尽的乡愁,他们还没有必要接触香港社会素材。五十年代中叶以后,他们已开始熟习香港生活,也为了谋生,执笔时还得迎合读者或报刊老板的口味。"①可以说,"本土作家"与"南来作家"在当时不期然扮演着不同的角色,前者写香港,尽显香港特色和味道;后者写内地或香港或其他主题,但写香港时不怎么得心应手,甚至不尽不实,如黄谷柳的《虾球传》,背景是香港,但取材倾向内地,故事结尾主角投身内地共产党游击队,更可说明作者和小说的内地色彩。金庸小说同样不以香港为故事的重点,甚至看似完全与香港无关。过去研究者如马国明在《金庸的武侠小说与香港》则探析金庸小说情节内容与五十年代香港被英国实行殖民式统治的现状的关系,还举了《书剑恩仇录》《碧血剑》等小说以说明民族主义与西方文化入侵的冲突与矛盾。② 可见金庸小说虽不以香港为故事背景或表面不涉香港物事,然而从隐喻或关联的角度展开探索的话,置金庸小说于五十年代香港的生活环境来看,马国明之研究仍有可取之处。因为从宏观的角度来看,金庸的写作动机和历程,都与五十年代香港生活节奏息息相关,不可分割,更何况当时发表于每日连载的《新晚报》《明报》之上,读者的期望与反应,都对小说情节产生着重要影响。要不是这样,金庸和梁羽生都不用在同期的《三剑楼随笔》交代故事人物身世,与读者互动交流,可见他们的写作并非闭门造车,何况他们写的是以读者为主的通俗小说。

（区肇龙,香港都会大学人文社会科学院)

---

　　① 卢玮銮:《"南来作家"浅说》,载张宝琴、邵玉铭、痖弦主编《四十年来中国文学》,联合文学出版社有限公司 1994 年,第 403 页。

　　② 马国明:《金庸的武侠小说与香港》,载张美君、朱耀伟编《香港文学@文化研究》,牛津大学出版社 2001 年,第 476—482 页。

Jin Yong's Novel under the Social Impacts on
the Press Media in Hong Kong in 1950's

Ou Zhaolong

The innovation of Jin Yong's Novel was related to the popularity of press media in Hong Kong in 1950's. The social environment in terms of the popular mind, the literature circumstance, the government policy as well as the population structure was tightly bonded with press media. The coincidence of social complexity in Hong Kong in 1950's made the innovation and popularity of Jin Yong's Novel.

Keywords: Jin Yong's Novel; Press Media; Hong Kong Literary Arena; Hong Kong; 1950's

疾病书写中的身体与家国伦理变迁：
论晚清《申报》的疾病报道

林丹菁　何扬鸣

摘要：晚清《申报》当中有大量与疾病相关的报道。维新之前，《申报》围绕着忠孝节烈价值观书写疾病，并在身国通一的观念影响下，将身体、宗族与君主国家紧密相连，呈现"身—家—国"一体的伦理身体观，赋予了身体疾病家国同治的政治理想。维新之后，此类言说渐渐减少，且在 1905 年《申报》改版后，报刊更侧重卫生与疾病防治的报道，建构了身体疾病与卫生管理、隔离控制的关系，原先的伦理身体逐渐变成现代西医视野中的生物身体，背后隐含了国家理念的变化轨迹。研究晚清《申报》对疾病的报道，有助于我们了解晚清报刊对疾病文化观念的建构，也能够借此管窥社会文化观念流变。

关键词：晚清；《申报》；疾病书写；身体；家国伦理

疾病不仅是一种生理现象，更是一种社会文化现象，它的"某些症状与异常在不同社会和时代会被烙上文化特征的印记,带有强烈文化涵义"①,这种印记也凝聚在新闻媒介对疾病的书写中。晚清《申报》就是这样一家报纸,早期《申报》将身体病痛的报道置于特定的家庭和社会情境中,富有浓郁的人文性与社会性②,并通过身体书写赋予疾病特殊的文化意义。维新变法之后,《申报》的疾病报道逐渐出现了变化,为我们了解特定时代的疾病文化观念及其演变提供了丰富材料。本文将从身体视角出发,考察报刊对于疾病的叙事方式,即思考意义的语言形式,以及内容是如何表达的③,以此了解晚清《申报》如何建构疾病的文化意义,并试图回答身体在晚清报刊的疾病叙事中被赋予了什么样的意义,晚清《申报》疾病报道的变化反映了怎样的观念变迁。

一、维新之前:《申报》疾病报道的表现

《申报》自创办以来,包括社会新闻在内的各种新闻在报纸中占有越来越大的版面,在报纸上的地位也越来越高,对疾病的报道便是其中的一个重要方面。早期《申报》对疾病的报道具有十分深厚的中国特色,大量报道围绕着割股疗亲、烈女节妇和士人积劳展开,倡导孝敬父母、宣扬事夫主义、强调忠君报国,将病痛置于家庭伦理和忠君报国背景中,体现传统儒家意识形态。

(一)倡导孝敬父母

早期《申报》上有大量割股疗亲的报道,割股疗亲是指当家族中父母等家庭成员罹患疾病时,子女后辈通过割取身体的某一部分作为药引以求病愈。早期《申报》上割股疗亲的报道不仅数量众多而且有着高度雷同的情节,都是父母长辈病重,子女晚辈割肉入药喂养父母,长辈因子女诚孝而病愈,子女因孝顺而获得旌表,以此倡导孝敬父母,如《论孝子剜臂奉母》中记述母亲生病欲饮肉汤,孝子又囊中羞涩,便决定割肉奉母:"一日母忽病,杨延医诊视,奈服药

---

　　①　[美]阿瑟·克莱曼著,方筱丽译:《疾痛的故事:苦难、治愈与人的境况》,上海译文出版社2010年,第19页。

　　②　刘希洋,余新忠:《新文化史视野下家族的病因认识、疾病应对与病患叙事——以福建螺江陈氏家族为例》,《安徽史学》2014年第3期,第84页。

　　③　[美]玛丽·E.费塞尔:《从边际制造意义——新文化医学史》,载余新忠、杜丽红主编《医疗、社会与文化读本》,北京大学出版社2013年,第4页。

罔效,其母喉渴思饮肉汤。杨思延医买药已用尽平日之余积,今囊空如洗,又耻与人借贷,欲不买肉又拂母意,计惟有剜臂肉以代之耳。于是自往厨下持菜刀割臂肉一块,将欲投入锅中煮作清汤。其母在房中闻其长吁短叹,闻其在厨中有呼痛之声,心颇疑之,于是强起窃往观焉,见杨满手流血……其母亦渐愈矣,后其母言于人前,闻者莫不叹其孝也,又悯其愚也。"①类似的事情在《割股奉亲》当中也有记录:"即觅利刃掀袖出臂,割肉寸许……父亦疑之,及服其臂肉煎汤顿觉稍瘥,再投以补脾和胃之剂,病遂霍然。"②

但是割股并不一定都能疗病,如1882年的一则《割肝疗病》便报道了两则结果截然不同的案例,其中廖孝子诚心侍母,甚合养志之道,煎肝奉母之后不仅母亲病愈,孝子伤口也愈合了。而另一位王姓子,素来不孝,因为贪图孝子的美名,便仿效孝子割肝疗母,结果"不数日母毙命而不孝子竟创溃先毙"。③由此可见,疗病的关键不在于人肉,而在于诚孝,孝成为治病的良方,而不孝不仅无法愈病,甚至可能成为获病的缘由,所以所谓的"股"并非表面意义的药,而是一种话语建构,是一种孝行的表达。④

(二)宣扬事夫主义

疾病还经常出现在对烈女节妇的报道中,并借此宣扬节妇对夫家的奉献,早期《申报》类似的报道通常围绕两种情况展开。

其一是丈夫获病,妻子侍奉汤药乃至割股,丈夫疗病无果,妻子肝肠寸断,或自尽殉夫,或忧伤成疾,如《丁帘香篆》中的杜氏女:"秋季夫忽遘染沉疴,缠绵不愈,女躬奉汤药,昼夜焦心拜佛祈神,愿以身代。孰料定数难移,延至前日竟尔不起。女肝肠寸断,痛不欲生,经翁姑及邻里再三劝慰,始勉强收涕,勷理丧务。殡殓成礼后,家人稍就安息忽不见女,众以为疑惑,叩其寝门,亦不应,乃破门而入,则见女已服阿芙蓉膏倒卧床上,颜色惨变,不能出言。急为延医救治,以中毒已深,不能奏效。"⑤

---

① 云龙道人:《论孝子剜臂奉母》,《申报》1872年12月17日,第1版。

② 《割股奉亲》,《申报》1876年2月22日,第2版。

③ 《割肝疗病》,《申报》1882年12月9日,第3版。

④ 吴佩林、钟莉:《传统中国"割股疗亲"语境中的观念与信仰》,《史学理论研究》2013第4期,第82页。

⑤ 《丁簾香篆》,《申报》1897年1月22日,第2版。

其二便是姑舅罹病，节妇代夫尽孝子之义，当姑舅病逝，节妇以身殉葬，有的节妇则因节孝获报，病愈延寿。《孝能延寿》中报道一女子在头晕气绝后死而复生，究其原因发现是该女子的丈夫平日在外经商，女子代夫尽孝侍奉婆婆，遇到盗匪面临危险也不愿意弃之而逃，于是主笔人"辛服其孝之诚而信夫报之神也，特广其传以告夫世之为子为妇者"①。

此时，疾病成为女子节烈孝顺的一种表达，与因节烈而愈病相反，不守妇道则会获病。《记张某诱据亡友之室》记述了吴中的张某与亡友的妻子生下一子后，不久"其子忽殇，未几妇亦病"。②《论医馆验妓事》一文便提及医馆验妓一事，"其治（按原文）法用于妓女不用于嫖客，盖嫖客之有是疾皆由妓女之毒片致，妓女之毒净则嫖客自无所染"，③其言语背后的意思是不守妇道的女性是疾病的根源，男性则是受害的对象，性病成为不节女性的象征，是对其破坏伦理道德行为的惩罚。

（三）强调忠君报国

晚清士人们的疾病也是早期《申报》报道的重要方面。与节妇烈女因照顾夫家患病不同，晚清士人的疾病通常是因公务繁忙所致，以此凸显士人忠君报国之心。

1874年一则《粤都瑞中堂事述》讲述瑞中堂潜心公务而后积劳成疾："凡有关于国计民生兵防吏治者，靡不周详区画，次第举行，昼夜辛勤，不自顾惜。近因筹办海防，心力交瘁，加以在粤十余年，积受南方湿热之气，间患腰痛腹泻等症，时发时愈。今岁自春徂夏，屡患腹泻，服药多剂犹未就痊而先严自觉精神尚健，搜阅公牍，接见属僚，力疾支持，不肯少自安逸。"④同样在《勿药有喜》中记录了一官员"近更力筹山西振务，心力交瘁，政体因之违和，目前请假调理"，⑤《皇都近事》当中报道顺天府尹潘文勤公"筹款赈抚，心力交瘁，全活何止数万，致积劳以终"。⑥

① 《孝能延寿》，《申报》1877年1月5日，第3版。
② 《记张某诱据亡友之室》，《申报》1873年1月3日，第3版。
③ 《论医馆验妓事》，《申报》1873年5月27日，第1版。
④ 《粤都瑞中堂事述》，《申报》1874年12月14日，第3版。
⑤ 《勿药有喜》，《申报》1893年5月6日，第2版。
⑥ 《皇都近事》，《申报》1891年4月18日，第1版。

这种积劳成疾但仍心念公务以显示报国之心的言说,在《申报》转录的《京报》或奏章中更为多见,士大夫们往往因公疲病在身,依旧心系朝廷与公务,强调效忠。

二、维新之前:《申报》疾病报道的伦理观念

新闻报道具有价值取向,早期《申报》对疾病的报道也同样留下了价值取向的烙印,这种价值取向通过对身体的描绘流露出来。早期《申报》的疾病报道对身体的书写是十分刻意的,身体不仅是生物意义上的存在,还承载着社会、政治与文化意义。报道处处以身体烘托忠孝节烈之情,宣扬"身—家—国"一体的身体观念,这种身体书写受到了身国通一的国家理念影响,认为治身之道可以与治国之理相通,进而将身体与家国联系起来,借身体承载家国同治的政治理想。

(一)"身—家—国"一体的身体观念

早期《申报》围绕忠孝节烈报道疾病时牵涉到大量身体描写,如男子因"心力交瘁"而患病,患病后"气血两伤",节妇孝子照顾病人都是"焚香祷告""鞠奉汤药""衣不解带"或"目不交睫"等,家属为病人祷告祈福时都强调"愿以身代",有一篇报道还描写了孝女割股时的身体之痛:"孝女割股心凄,切肝肠寸寸痛俱裂,衣襟但见血痕流,三寸钢刀光似雪,刀头累累血凄凉,尔肉调羹奉父尝,和以汤药疗沉疾,但愿父体能康强。"①

类似的报道侧重身体描绘,一方面是因为患病和照顾病人本身就是一种身体经验,另一方面是通过对病体的书写,对照顾病患的身体活动和割肉的身体感知的刻画强调忠孝节烈之心,这种书写呈现出一种"身—家—国"一体的身体观,即身体不仅是道德伦理的践行载体,同时是家族血脉的延续,归属于家国。这里的"身"是一种富有亲属关系的家化之身,身体是家族祖先的具象,反映了宗族血脉的连续性。② 报道描绘孝子"于夜静时割碗大股肉一片,和药

---

① 九峰山人未是草:《徐孝女歌》,《申报》1881 年 2 月 28 日,第 5 版。
② 林素娟:《疾病的隐喻:先秦及汉代礼教论述中的身体思维与伦理课题》,《成大中文学报》2013 年第 41 期,第 32 页。

煎进,母疾旋瘳"①,说明子女的血肉是疗愈父母疾病时不可或缺的药引,因为子女血肉作为父母血气的延续,具有滋补作用,是一种亲族性的民俗医疗行为。《申报》曾有一篇论述淫嫖之害的文章也谈到了身体的问题,它说嫖患疾会导致"四体之不仁,五官之不正,以父母之遗体致不能全受,全归不孝"②,四体五官受损是对父母给予的身体的伤害,从反面说明了身体的宗族延续性。

身体发肤来自父母,所以不能受损,这是早期《申报》在报道疾病时一贯宣扬的观点,但节妇为了夫家以身殉葬却值得褒奖,二者并不矛盾,因为女子归属夫家,为夫家献身亦符合家庭伦理道德,比如一旦丈夫获病,妻子需要"随时服侍……勤奉汤药,饮泣吁天,愿以身代,概自起病以来衣不解带,目不交睫,非一朝夕矣"③,由此肯定了出嫁的妇女应该以公婆与夫婿三人并尊的观念④,"臣不事二主,女不嫁二夫,杀身以成仁,讵可谓其愚守;贞以劝节,讵可嗤其迂"⑤,女子身体被编码进入家庭道德规范之中,身体是属于家庭的。与此相对的是,士大夫身体则属于君主国家,总是因操持国家公务患病,即便已是带病之躯,也不敢苟安,以身体疾病衬托忠君爱国之情。

（二）身国通一的国家理念

中国的国家观念是建立在身体思维基础之上且以之为支撑的⑥,早期《申报》疾病报道,呈现"身—家—国"一体的价值取向,是受到了传统身国通一的国家理念影响。身国通一指将个体的身体与国家秩序联为一组相互隐喻的结构模式⑦,国家是身体的放大,身体是国家的缩影,国家形制可与身体相比附,二者异名同指,⑧身国通一的理念除了将国家形制与身体进行比附外,还有更

---

①　《旗丁割股》,《申报》1879 年 10 月 28 日,第 7 版。

②　《论嫖害》,《申报》1897 年 7 月 8 日,第 1 版。

③　太仓砚锄陆:《王烈妇传畧》,《申报》1880 年 11 月 8 日,第 3 版。

④　徐鹏:《谁之身体,谁之孝?——对明清浙江方志记载女性"割股疗亲"现象的考察》,《妇女研究论丛》2015 年第 5 期,第 75 页。

⑤　古盐官耕石农人:《贞女行》,《申报》1872 年 7 月 10 日,第 3 版。

⑥　郭敬东:《身体思维与中国早期国家观的形成》,《天府新论》2013 年第 6 期,第 17 页。

⑦　安家琪:《境遇体验与国家隐喻:唐诗中的疾病书写》,《贵州社会科学》2018 年第 5 期,第 49 页。

⑧　将国家形制和身体相比的例子可见于:"心之在体,君之位也;九窍之有职,官之分也。心处其道,九窍循理",出自玄龄注《管子》明吴郡赵氏本,卷 13,《心术上第三十六》;又如"天下譬犹一身:两京,心腹也;州县,四支也;四夷,身外之物也",出自《资治通鉴》,卷 197,《唐纪十三》。

深一层意思:既然身国同构,治国之道与修身之道相通,便可借助身体疾病阐述国家问题。如果这层意思在早期《申报》疾病报道中因角度不同尚没有明确地表露出来的话,那么《申报》上其他诸多以病体喻国体的政论则明白地将其显露出来:

"譬之于医,行钞犹滋补之药也,滋补之药宜进于调养之时,不宜施于危笃之症,行钞宜于治世而不宜于乱世。有人于此体虽弱而病未见滋补之当矣。苟有外邪则未有不致祸者。窃观行钞之善莫若西人,今当悉探其法,以便民而裕国第。"①

"今夫国之有百官,犹身之有五官也。君犹元首,民犹四体。人身未有五官邪者而首体不为所牵累者。人国即未有百官邪而君臣不受其祸殃者……曰邪者,正之敌也,遏邪以扶正,亦即邪之药也。如治病然,必正气胜而后邪气祛。"②

"语曰头痛医头,脚痛医脚。今日我中国之病亦孔多矣,然其所以医之者,果属何如?东省有警报则召集诸臣以求医之之方,西疆有急变,则互调大吏以谋医之之策,推之于滇事也亦然,推之于藏事也,亦无不然。"③

此类政论以疾病话语讨论政治议题,身体与国家互设比喻,将身体疾病与国家公务紧密挂钩,将疾病疗愈之法转为经世治国之道,个人身体因此转化为政治、社会的宏大叙说,出现身体思维下的政治运作。④ 身体成为践行家国理念的基础,早期《申报》的疾病报道为何通过身体书写来展现忠孝节烈,也就不难理解了。

(三)家国同治的政治理想

早期《申报》的疾病报道将身体、家庭进一步与国家联系起来,治身与治理家国相同,指向了家国同治的政治理想。家国同治是指家庭、家族组织和国家之间具有同构性,治家如同治国,所以家庭领域的节孝可以泛化为治国之道。

① 《宜仿西法以裨时事论三》,《申报》1892 年 8 月 24 日,第 1 版。
② 《官邪论》,《申报》1907 年 2 月 17 日,第 2 版。
③ 《吾不解夫今日之医国者》,《申报》1911 年 2 月 26 日,第 12 版。
④ 李刚:《杜光庭〈道德真经广圣义〉"身国同治"的生命政学》,见张炳玉主编《老子与当代社会》,甘肃人民出版社 2008 年,第 158 页。

　　早期《申报》在报道割股疗亲之时，展现了家庭伦理与政治道德之间的相互渗透。在割股疗亲的报道中，可以窥见晚清时人对这种行为持有一种既禁又旌的态度。孝子割肉疗母虽被称为愚孝，但是社会上绅耆仍愿意"加胙肉一份以嘉其孝"，[①]一方面认为"男固不敢毁伤身体发肤，女亦岂能毁伤身体发肤，故虽父母疾病，于女遑急，常有刲肝割股以疗亲疾之事，而儒者不以为是"[②]，但同时又认为这是一种值得旌表的孝行，感叹"真诚感格，实属孝行可风，合无吁恳天恩俯准旌表"[③]。早期《申报》的这种态度看似矛盾，实则统一，因为其反对的理由是身体发肤来自父母，本质也是出于孝行目的，即便不认可割股这一自残行为，还是认为其值得国家旌表，实质是从国家政治与社会文化的层面肯定了这种疗亲行为背后的儒家家庭伦理，意味着家庭领域的孝顺亦可成为治国的政治手段。

　　在节妇的报道中，《申报》也展现出家庭伦理向政治道德的延伸。报纸曾记录了绅民为因公职积劳病故的良吏设立碑匾，认为良吏"勤于尽职也，戴月披星，不辞劳瘁，其俭于奉身也"[④]，值得颂扬。同样的态度也体现在诸多节妇侍奉病夫的报道中，如在《贞孝可风》当中，记录了女子为病逝的丈夫守贞，并侍奉翁姑以尽孝道，报刊认为"此淑女虽出自天性，然非国家礼教涵濡焉能化及哉，谨志以备采风者请旌焉"[⑤]，表明属于家庭领域的女子贞孝和德政领域的忠臣一样值得请旌表彰。反之，如前文提及，若不安守妇道的女子，则将成为疾病的惩罚对象。这其实是儒家男性精英们基于传统家族伦理对女性进行建构的结果，宣扬事夫主义的儒家观念，目的是维护家庭稳定以实现"平天下"的治国理想，正如《申报》中一则论说文所言："使天下之士皆能以烈妇事夫之义以自待，则天下何患无人才，使天下之官皆以烈妇事夫之义以事君，则天下何患不平治，是则烈妇之事不特可以为妇女劝抑，亦可以为士夫风也。"[⑥]通过移节作忠，家庭语境下的节烈与政治领域的国家治理紧密相连。

---

①　云龙道人：《论孝子剜臂奉母》，《申报》1872 年 12 月 17 日，第 1 版。

②　《阅本报纪毁体脩容专系之以论》，《申报》1897 年 5 月 26 日，第 1 版。

③　《光绪六年十月念六日京报全录》，《申报》1880 年 12 月 11 日，第 4 版。

④　《循良名吏》，《申报》1883 年 10 月 25 日，第 4 版。

⑤　镇江客：《贞孝可风》，《申报》1883 年 10 月 2 日，第 2 版。

⑥　《阅报纪邵烈妇董氏殉夫事略感而书此》，《申报》1897 年 3 月 2 日，第 1 版。

三、维新之后:《申报》疾病报道变化与观念转变

维新之后,《申报》中原先带有家国同治色彩的疾病书写逐渐减少,尤其在报刊改版之后,与疾病相关的报道整体减少,内容也有了明显转型。

(一)《申报》疾病报道变化的表现

维新之后,晚清《申报》的疾病报道出现明显的变化:其一,带有忠孝节烈色彩的报道日渐减少,尤其是 1905 年《申报》改版之后,这种情况更为明显,公众人物积劳成疾的报道保留较多,而割股疗疾与节妇侍夫的报道则淡出读者视野。其二,1905 年之后,《申报》的疾病报道整体数量减少,议题也出现转变,报刊更加倾向于宣传现代卫生知识或者对重大疫病的防范进行报道,凸显报道的客观性和时事性,如一则关于万国卫生博览会的报道详细介绍了会议章程,从天气、房屋、食物、工作职业、医护人员设施等角度论述致病因素和防范措施,强调用现代卫生之法防止生病,"小孩及岁,须入学堂读书,此时极为紧要,身体宜好,饮食起居最当留意,学舍总宜洁净通风寒暖合度,功课尤宜多寡适宜"①。在 1910 年鼠疫爆发后,《申报》充斥着大量介绍鼠疫和疫病防治的报道,科普鼠疫知识,报道鼠疫传播情况和各国联合防疫的手段等。这些报道从西医视角对疾病进行解释,引用来自政府的官方公告及医院报告,并重视对患疫和死亡人数进行数字统计,疾病报道的政治说教性减弱,更加凸显新闻客观性、时效性和科普性,如《满洲鼠疫记》中对疫情的报道:"哈尔滨初二日检验所原有二百五十九人,特别验检所七十五人,鼠疫棚七人。自是日三点钟至初三日三点钟,共病华人十五人……"②又如《百斯笃预防说略》《鼠疫说》《论百斯笃》等报道以西医细菌学说解释鼠疫:"百斯笃菌入于体内,则自血液淋巴蔓延于内脏及各组织,产出有毒之物,发热四十度以上。精神朦胧,十人死其八九。"③

---

① 《万国卫生博览会章程(续)》,《申报》1910 年 4 月 2 日,第 26 版。
② 《满洲鼠疫记》,《申报》1911 年 1 月 24 日,第 10 版。
③ 丁福保:《论百斯笃》,《申报》1910 年 11 月 15 日,第 3 版。

(二)《申报》疾病报道变化背后的观念转变

《申报》疾病报道的变化体现了身体观、疫病观和国家理念的转变。第一，在身体观上，这些侧重卫生和疾病防治的报道，不再借助身体烘托忠孝节烈之情，而是基于现代西医的防病知识，强调身体的管理。在 1906 年一则《论家庭卫生宜注意》的论说文中，便引用日本西医名家的家庭卫生著述，从空气、衣物、饮食和作息等方面强调身体的卫生管理，如"起卧有一定时限，大约成人者需卧六时，小儿需卧八时。过多过少均有碍卫生；唾涕不宜随意，亦恐其传染疾病也"①，医学研究所卫生处的通告报道亦指出身体清洁与疾病的关系："有汗之衣亟宜洗濯，慎勿汗出之后再穿身上，致滋疾病。"②关于疫病防治，尤其是鼠疫的一系列报道中更重视对身体的查验、隔离和管控，如"有工部局卫生处西医严密查察患疫病人，强迫入病院医治，且代华人消毒"③，又如"此项病毒全系华工等在北方传染，由火车南下，拟设一大检疫所，以期由根本上杜塞病毒之侵略南，满铁路会社亦开会磋议办法约有两端，（一）暂停北方华工之搭车，（二）在各车站修设大检疫所收容华工，检验有无病毒，俟确认无毒后始行开放"④。在这些疾病书写中，原先身体承载的忠孝节烈价值观逐渐消淡，伦理身体淡化，取而代之的是为了防范疾病传染而被要求进行清洁、管理、隔离和检验的生物医学上的身体，成为福柯所言的在现代医学卫生知识和国家管控检疫制度下被规训和控制的对象。

第二，疫病观念的变化。以往的《申报》当中也有诸多关于清洁卫生的论述，指出清洁与疾病防范的关系，如地方官和租界工部局要求居民不准随意倾倒垃圾，挑夫及时清理坑厕、沟渠和街道等，其原因是垃圾和坑厕容易产生污浊之气，秽气熏蒸导致生病："夫地方秽恶气味熏蒸，每易渐染成疫。"⑤传统避疫观认为秽气为疫病之源，因而强调清洁，这与基于现代西医微生物防护而建立的清洁防疫观有所不同。1894 年港粤鼠疫发现了鼠疫杆菌之后，报刊开始

---

① 《论家庭卫生宜注意》，《申报》1906 年 6 月 20 日，第 2 版。
② 《上海医学研究所卫生章程》，《申报》1906 年 7 月 21 日，第 17 版。
③ 云间伯廉姚昶绪：《鼠疫说》，《申报》1910 年 11 月 16 日，第 12 版。
④ 《满洲鼠疫记》，《申报》1911 年 1 月 24 日，第 10 版。
⑤ 《洋场问答》，《申报》1890 年 12 月 18 日，第 1 版。

基于西医"疫虫"的知识,提醒读者注意清洁卫生,如《泰西防疫说》中便介绍"疫虫"的特点,并基于此要求读者对房屋和食物进行清洁,"去秽洁饮食,居民如有疫者,房屋器具均用硫磺灼烟熏之"。① 如果说"疫虫"还是在传统医病框架下对西医细菌知识进行解读,改版之后的《申报》则开始脱离"疫虫"的解释,更加直接地用"细菌"和"微生物"等概念提倡清洁以防生病,如在《医学研究所布告卫生规则》中强调"各种生冷之物俱有微生物含其中,故食物必须煮透煮熟"②,《乳儿之卫生》中介绍牛奶应该加热以"欲灭牛乳所含为害之细菌"③。

　　第三,国家理念的转变。维新之后的报刊更多地将卫生与疫病防治放在华洋比较的视野中讨论,以往疫病报道中也会介绍中西不同的防治办法,并指出国人不如西人重视清洁,所以更容易生病,但未与国族主权联系。维新后的报道则有所不同,不仅认为"西人之卫生可谓至周且密,华人不求其本,仅以医药为恃"④,且在鼠疫等重大疫病报道中掺杂着强烈的华洋冲突和主权话语,如1910 年上海鼠疫防治过程中,英美工部局西医的防疫之法要求对华人身体进行强制检查与隔离,引发了华洋之间的一系列冲突:"英美工部局卫生西员对于查验鼠疫一事甚为认真,奈无知愚民大起疑惧,且有好事者捏造谣言,耸人听闻……捕房派中西包探至西藏路会乐里查勘窃案,该处居民误为查验鼠疫,群起反对。"⑤这种冲突进而上升到对民族国家主权的讨论,强调"防疫为警察卫生要政,尤为地方主权所在,关系甚大。应由我设法自办,以免外人借口干涉"⑥,甚至发出"卫生重欤主权重欤"⑦的疑问。此刻疾病与卫生同国族优劣、国家主权相关,如罗芙云指出,随着武装帝国主义的到来,卫生的含义偏离中国传统养生及其宇宙观,转而同国家种族与民族联系在一起,卫生开始成为中国主权的基础,成为中国积弱的中外话语中的一个基本核心。⑧ 早期《申报》疾

① 苏楚生:《泰西防疫说》,《申报》1902 年 7 月 26 日,第 1 版。
② 《医学研究所布告卫生规则》,《申报》1907 年 7 月 29 日,第 18 版。
③ 丁福保:《乳儿之卫生》,《申报》1909 年 1 月 11 日,第 12 版。
④ 《卫生肤说》,《申报》1902 年 7 月 29 日,第 1 版。
⑤ 《租界查验鼠疫之大风潮》,《申报》1910 年 11 月 12 日,第 18 版。
⑥ 《华界防疫尚堪稍懈乎》,《申报》1910 年 11 月 25 日,第 18 版。
⑦ 《卫生重欤主权重欤》,《申报》1910 年 11 月 11 日,第 18 版。
⑧ [美]罗芙芸著,向磊译:《卫生的现代性:中国通商口岸卫生与疾病的含义》,江苏人民出版社2007 年,第 22 页。

病书写赋予了身体疾病家国同治的理想,这里的"国"作为伦理身体的放大,是忠孝节烈道德情感所指向的君主国家,而此时,随着身体伦理意味的消失,身体背后隐藏的国家意涵亦从传统天下观中的君主国家渐渐转向立于"万国"之间和"华洋"对立之中的民族国家,并与主权息息相关。

(三)《申报》疾病报道变化的原因

《申报》疾病报道变化是维新改良、报刊改革和西学思潮变化综合影响的结果,也映射了社会文化观念的变迁。首先,维新以后,传统君主政体和宗族观念式微,如《申报》一则报道所言,"若夫国家与人民之间,有一阶级焉,阻其直接之线路,使人民之心思材力,其作用为此阶级所圈限,而无复余力,以事政治之生涯,则其国家终无由发达。故欲导其国之政治,使日进于文明,则此位于国家与人民间之家族制度,虽前此尝收其利,而以有碍于国家之进步,实当甯从割爱"①。此时,家族成为国家进步的阻碍,传统家国同治思想受到了挑战,承载忠孝仁义价值的疾病报道有所减少也就不足为奇。

再者,《申报》风格和宗旨的变化亦影响了疾病报道的内容选择。改版后的《申报》版式和内容风格都更加接近现代意义上的报刊,政治说教性减弱而新闻时事性增强,也更加青睐于具有时事性的疫病报道和客观性的卫生宣传。这也是士人积劳成疾报道在家国同治思想受到挑战后仍得以保留的原因,精英男子因公致病开缺本身具有公共性和政治性,符合新闻价值的选择标准,从而占据政务新闻版面,而属于家庭领域的孝子节妇报道则日渐被淘汰。

最后,西学思潮变化影响了疾病报道的书写方式。维新变法之后,对于西学的态度已经从洋务运动时期"中体西用"的道器观转向了对制度乃至思想层面的汲取,这也影响了医学思潮,人们对西医的态度从对器具的惊叹转变为对西医制度和理念的接纳,流露于对疾病的书写。例如早期《申报》的疾病书写流露出传统修身疗疾思想,强调疾病的疗愈在于内心调理,体现修身养性的治病思维,培养道德修养也有延年益寿的作用,所以面对瘟疫下民可以通过"修德以求免"②,孝子节妇们割肉"和药煎进",病人"病遂霍然",真正治愈病人的

---

① 《论中国家族制度为政治上之阻力及未来改良之方法》,《申报》1911 年 1 月 11 日,第 2 版。
② 《人定胜天救瘟方》,《申报》1887 年 10 月 3 日,第 3 版。

不是割股,而是孝子节妇的言行符合礼教道德,所以可以达到治病目的,这与《黄帝内经》强调"道德衰微,邪气时至"相对应。与之相反,基于细菌病毒学说的现代西医学对疾病的隐喻是一种"生物军事主义"[①],认为疾病是由外来病毒细菌侵入导致,因此强调身体的隔离监控,重视清洁卫生,改版后的《申报》对疫病救治的书写也从早期的"修德"转向了清洁消毒与控制,体现的则是一种现代西医思维。

四、结语

早期《申报》围绕忠孝节烈价值观,将疾病这一生理现象融入儒家政治价值中,建构了疾病治疗、家国同治的思想,这种疾病书写是传统封建伦理观念在 19 世纪的延续。维新之后,随着医学思潮变化和报刊改革,《申报》的疾病书写主要围绕卫生宣传与疫病防治展开,新的疾病书写日渐伴随着国族和中西比较的话语修辞,也凸显现代西医的防病思维。正是基于西医思维,报道无形中建构了疾病与清洁管理、隔离管控的关系,身体日渐从家国伦理中抽离而转为医疗视阈中被规训的生物身体,伦理身体背后寄托的君主国家意涵也向现代民族国家改变。

晚清时期,随着西医东渐的深入,报刊媒介日渐成为宣传现代西医等新知识的主要途径[②],许多不同以往的医病内容也大量出现在报刊之上,但媒介具有建构性,报刊的报道并不是对现实进行镜子式地再现,其对医病内容的建构乃至议题的选择变化都受到社会文化观念的影响,隐藏着观念变迁的轨迹。通过对这些医病报道的叙事与话语进行剖析,我们或许能更好地理解晚清医疗文化观念及社会伦理的变迁。

　　(林丹菁,浙江大学传媒与国际文化学院博士生;何扬鸣,浙江大学传媒与社会发展研究所,浙大宁波理工学院传媒与设计学院,教授,博士生导师)

---

　　①　徐美苓、胡绍嘉:《疾病的隐喻与新闻再现》,《传播研究简讯》1998 年第 14 期,第 10 页。
　　②　潘荣华、杨芳:《晚清医学传教的空间转换与现代传播工具的崛起》,《自然辩证法研究》2011 年第 10 期,第 98 页。

Body and the Changes of National Ethics in Illness Narrative:
The Analysis of Illness Reports of *Shen Daily* in the Late Qing Dynasty

Lin Danjing   He Yangming

Abstract: There are a large number of illness-related contents in *Shen Daily* in the late Qing Dynasty. Before the Reform Movement of 1898, illness are reported based on the Chinese traditional values of loyalty and filial piety, and under the influence of the concept of body and state, the body, the clan and the state are closely connected, presenting the body concept of "body-family-state", which bring the political ideal of family and state into illness. After the Reform Movement of 1898, such reports were reduced gradually and after the revision of *Shen Daily* in 1905, the newspaper focused more on reports about health and disease prevention, which established a relationship among physical diseases, health management and isolation control. In these new reports, an ethical body is gradually replaced with a biological body in the perspective of modern Western medicine, which implies the ideological transformation of state. Exploring illness reports of *Shen Daily* can help us understand how the newspaper in the in the late Qing constructed cultural concepts of illness, and can also allow us to gain a glimpse of changes of social and cultural concepts.

Keywords: the Late Qing Dynasty; *Shen Daily*; Illness Narrative; Body, Family and State

晚清新女性的现代重构

——以女报《女子世界》传记栏为中心的考察

罗琪翔

摘要:在晚清救亡图存与西学东渐的风潮下,中国思想界开始以报刊、书籍为媒介,以西方女杰的事迹为资源,重塑中国的"新女性"典范。其中,清末女报《女子世界》不仅率先将"史传"设为固定栏目,还格外注重"中外对比"的逻辑,在引介西方女杰的同时改写和重塑中国古代女杰,对梁启超改造"新民"的思路形成一种呼应。本文以两种人物类型为中心,探讨"新女性"想象的现代重构:以"爱国女杰"为对象,阐释《女子世界》如何将中国传统的"华夷之辨"与西方的"民族主义"相嫁接,强调女性保家卫国、为国献身的现代公民义务与责任意识,并揭示其中民族解放话语对女性启蒙话语的某种遮蔽;以"女侠"为中心,展现"侠义文化"从"以武犯禁"到反抗儒家文化的转化过程,以及其所蕴含的发掘传统文化的现代性潜能的自觉意识。

关键词:晚清;新女性;现代重构;《女子世界》

戊戌变法受挫后,中国思想界更加关注文化启蒙,致力于形塑符合现代民族国家想象的"新国民"，以促进国家的现代转化。其中，"传记"这一书写形式曾在构建"新国民"话语的过程中发挥了重要作用。而伴随着晚清西学东渐的风潮，外国女杰的姓名、事迹也相继传入中国，形成一种独特的文化景观。① 在救亡图存的强烈需求与外来新价值观的猛烈冲击下，借助报刊、书籍等手段重构"新女性"典范，成为一种普遍的趋势。

1898 年，中国女学会在上海创办的中国第一份女性报刊《女学报》，在创刊号上便拟登载绘图版《中外古今列女传》。1902 年，以《新民丛报》和《选刊》刊载的《近世第一女杰罗兰夫人传》和《批茶女士传》为开端，女性传记犹如雨后春笋般在单行本和报刊上竞相涌现。陈撷芬于同年创办的《女报》（后改名《女学报》），分别在"论说""附件""译件"栏，发表过美国批茶女士、英国维多利亚女皇、法国罗兰夫人、德国俾斯麦夫人与英国涅几柯儿（南丁格尔）等人的传记。1903 年，具有标志性意义的《世界十二女杰》《世界十女杰》等西方女性传记单行本相继出版；金天翮在同年发表的近代中国第一部论述妇女问题的专著《女界钟》中，也开出一份中外女杰兼容并包的名单以供女界效仿。

在这重塑"新女性"典范的过程中，清末女报《女子世界》发挥了重要的作用。1904 年 1 月 17 日，《女子世界》第一期由"常熟女子世界社"在上海出版。1904 至 1906 年陆续出版 17 期后停刊，1907 年又续出了第二年第六期（第 18 期）《新女子世界》②。作为清末办报时间最久、册数最多的女报③，《女子世界》陆续刊登了 18 篇女性传记，涉及古今中外诸多领域的女杰，提供了一幅较为全面的女性典范图景。刊物不仅率先将"史传"设为固定栏目，还格外注重"中外对比"的逻辑，在引介西方女杰的同时改写和重塑中国古代女杰，对梁启超改造"新民"的思路形成一种呼应，提供了重构新女性的另一种可能图景。

---

① 夏晓虹：《晚清女性典范的多元景观——从中外女杰传到女报传记栏》，《中国现代文学研究丛刊》2006 年第 3 期，第 17—45 页。

② 《新女子世界》由新任主编陈志群负责，他曾邀请秋瑾与之合办，因此续刊卷首页有秋瑾手书的《女子世界》四字，内页还刊登有秋瑾的《致〈陈志群书〉》。秋瑾在 1907 年 7 月 13 日因策划起义失败被捕，两日后遇难，合办的《新女子世界》受此牵连，仅出一期便夭折。

③ 根据《中国近代报刊名录》的统计，在当时近三十种清末女报中，除校刊与日报，《女子世界》历时最久、册数最多。

一、重构"新女性"的必要与可能

在《论女学》(1897)中,梁启超率先提出"欲强国必由女学"的观点,把改变中国女性的落后状态作为改造民族国家的重要一步,认为"新女性"与"国力"之间存在着必然的关联——"是故女学最盛者,其国最强"[①]。

而深受梁启超影响、被誉为"中国女界的卢梭"的金天翮(笔名金一),应好友丁初我之邀在《女子世界》创刊号上发表的《女子世界发刊词》中,便以"女子者,国民之母也。欲新中国,必新女子;欲强中国,必强女子;欲文明中国,必先文明我女子"[②],建立起女性解放与民族国家解放之间的关联。女学不兴,将"害于个人、家族、社会、国家"[③],已是不争的事实,问题的关键变成如何寻求破局之路。丁初我在创刊号的《女子世界颂词》中,便热切地呼唤对女性典范的改造:"欲造国家,荷非招复女魂,改铸人格,合无量数之杂驳分子,开洪炉而大冶之,女子其终死,国家其终亡。"[④]其中,"招复女魂,改铸人格"的前提,是先设计出可供"改造"的"新女性"蓝图。

早在《记江西康女士》(1897)中,梁启超就已介绍美国医生康爱德女士的事迹,将她的成功归结于美国对女性教育的重视,认为倘若她生长在中国这种严酷的环境中,只能"与常女无异"[⑤]。可见,女性个体的成败是由国家在教育、文化、经济等制度层面的差距,即整体环境的现代化程度所决定的。因而,"新女性"想象与"建构文化、种族以及国家身份的焦虑,也即所谓现代性焦虑紧密联系在一起"[⑥]。人们对"新女性"的想象实际上成为对"现代性"想象的一种投射:赋予新女性以何种特质,同时意味着赋予这些特质以符合"现代国民"资格的价值判断。在这个意义上,新女性成为具有现代特质的"新民"的一种隐喻。

在《新民说·释新民之义》(1902)中,梁启超曾设想改造"新民"的两条路

---

①　梁启超著,何光宇评注:《变法通议》,华夏出版社 2002 年,第 97 页。

②　金一:《女子世界发刊词》,《女子世界》1904 年第 1 期,第 1 页。

③　竹庄:《论中国女学不兴之害》,《女子世界》1904 年第 3 期,第 1 页。

④　初我:《女子世界颂词》,《女子世界》1904 年第 1 期,第 6 页。

⑤　梁启超:《记江西康女士》,《时务报》1897 年第 21 期,第 3 页。

⑥　胡缨:《翻译的传说——中国新女性的形成(1898—1918)》,江苏人民出版社 2009 年,第 5 页。

径："新民云者，非欲吾民尽弃其旧以从人也。新之义有二：一曰淬砺其所本有而新之，二曰采补其所本无而新之，二者缺一，时乃无功。"[①]早在 1903 年发表的《女界钟》中，金天翮就在阐发"新女性"想象时呼应了梁启超改造"新民"的思路，作为重塑新女性典范的两种路径，"淬砺其所本有而新之"，即对中国古代女杰的重塑；而"采补其所本无而新之"，即对西方女杰的引介和改写：

> 善女子，誓为缇萦，誓为木兰，誓为聂姊、庞娥，誓为海曲吕母，誓为冯嫽，誓为荀瓘、虞母、梁夫人、秦良玉，誓为越女、红线、聂隐娘。善女子，誓为批茶，誓为娜丁格尔，誓为傅萼纱德夫人、苏泰流夫人，誓为马尼他、玛利侬、贞德、韦露、苏菲亚。此皆我女子之师也。善女子，汝之眼慧眼也，汝之腕敏腕也，汝之情热情也；妆之心肠，悲悯之心肠也；汝之舌，粲花之舌也；汝之身，天赋人权、完全高尚、神圣不可侵犯之身也；汝之价值，千金之价值也；汝之地位，国民之母之地位也。[②]

既然以"制造新国民"为手段，以"组织新政府"为目标，女性想要参与国家的现代化进程，就应立志成为具有"天赋人权、完全高尚、神圣不可侵犯"等现代公民气质的"国民之母"，以中外女杰为榜样不断进行自我改造。有趣的是，在"此皆我女子之师也"的判断之下，缇萦、木兰、聂姊、庞娥、秦良玉、红线、聂隐娘等中国古代女杰，与批茶、马尼他、娜丁格尔、苏泰流夫人、玛利侬、贞德、韦露、苏菲亚等西方女杰被模糊并置，两类人物之间的差别被巧妙取消，从中提取出"慧眼、敏腕、热情""悲悯之心肠""天赋人权、完全高尚、神圣不可侵犯之身"等共性。

这也是所谓"淬砺其所本有"和"采补其所本无"的两重路径交汇而成的最终结果，并在《女子世界》的整体框架中得到了淋漓尽致的展现。相比于此前《女学报》(1902)、《岭南女子新报》(1903)等将大量笔墨用于介绍翻译外国女杰，《女子世界》对中国古代女杰的"重构"表现出前所未有的兴趣：在 18 篇传

---

① 梁启超：《新民说》，中华书局 1936 年，第 5 页。
② 金天翮著，陈雁编校：《女界钟》，上海古籍出版社 2003 年，第 82—83 页。

记中,外国女杰以 9 篇占据半壁江山①;另 9 篇均为中国古代女杰的"再解读"②。通过选材、删改、转喻和比附,《女子世界》传记栏不仅重构了中国古代女杰的"现代性",也改写了西方女杰自身的特质——"新女性"的概念被不断地转喻、置换和延展,与"新国民""现代性"等话语相缠绕,共同呈现出晚清女性启蒙驳杂而繁复的历史面貌。

《女子世界》传记栏中出现过的中国古代女杰,可大致划分为两种类型:一类是为国献身的爱国女杰,另一类是"重然诺、轻生死"、义薄云天的女侠。下文将从爱国女杰和女侠两种人物类型探究《女子世界》究竟以何种手段重释了中国古代女杰的现代性涵义。

二、爱国女杰:从"华夷之辨"到"民族主义"

《女子世界》极力突出中国古代女杰的爱国主义精神,通过将中国传统的"华夷之辨"与西方的"民族主义"相嫁接,强调女性保家卫国、为国献身的现代公民义务与责任意识。

柳亚子在《中国民族主义女军人梁红玉传》中,便引入了"民族主义"的概念,作为重新阐释中国女杰的支点:"有所谓'男降女不降'之说,吾未尝不奉之以为中国女界之魂,而决民族思想必起点于是也。"③这里的"男降女不降",据夏晓虹考证可追溯到晚清流传的关于晚明"十不从"④的叙述,其所拒绝服从与投降的对象,均指向满人所建立的清朝政权。因此,这一生发自古代"华夷之辨"思想的种族观念,便自然地与推翻满族统治的晚清革命相结合,共同被阐释为一种现代意义上的"民族主义"思想。

---

① 分别为《军阵看护妇南的鹊尔传》《英国大慈善家美利加阿宾他传》《记日本娼妓妇安藤夭史事》《记俄女恰勒吞事》《妇人界之双璧:刑场之白堇;黑夜之明星》《女文豪海丽爱德斐曲士传》《女刺客沙鲁士·格尔轻传》《革命妇人》《女祸传》。

② 分别为《女军人传·沈云英》《女军人传·秦良玉》《中国第一女豪杰女军人家花木兰传》《中国女剑侠红线聂隐娘传》《中国民族主义女军人梁红玉传》《女雄谈屑》《为民族流血无名之女杰传》《女魂》《女魂·赵雪华、宋蕙湘》。

③ 松陵女子潘小璜:《中国民族主义女军人梁红玉传》,《女子世界》1904 年第 7 期,第 20 页。

④ 夏晓虹:《晚清女性与近代中国》,北京大学出版社 2004 年,第 115 页。

因此，《女子世界》传记栏选取了大量中国古代女子参军抗击异族或在异族侵袭之际以身殉国的事迹加以阐发：从南北朝期间代父出征、抗击柔然的花木兰，到南宋抗击金兵、平定苗傅叛乱的名将梁红玉，再到明末拒绝降清的大批爱国女性。其中，明季女子抗清、以身殉国的形象，最为符合晚清民族革命推翻清朝统治的需求，因此在篇幅比重上显得尤为突出：明末女将如"宁为沙场之鬼雄，勿使祖国之尺土，为犬羊所践踏"①的沈云英，丈夫死后代领其职、"尽散家财助军饷"②的秦良玉，以死劝谏丈夫李成栋"反清复明"的无名女杰"松江女子"③，更有《女雄谈屑》《女魂》篇中大量慨然赴死、以身殉国的明代女子群像④。

首先，气节高尚、大义凛然的中国古代爱国女杰具有与西方革命女杰"合节同符"的共通性。在《女军人传·秦良玉》的开头，作者便以西方的红十字会与女子救世军为参照，"读赤十字会之历史，则知女子有军人之资格也；披救世军之缘起，则知女子有爱国之义务也"⑤，将"军人之资格""爱国之义务"视作罗兰、若安、批茶等女杰"不绝踵于欧洲"之原因。在"女学不兴、女权不振之中国"，也不乏上述"足为女界吐气者"，可见中国女性自身便有民族主义精神的潜质。在《中国民族主义女军人梁红玉传》中，柳亚子更化名为"松陵女子潘小璜"，在文章末尾仿照中国古代的传记书写传统，以"女史氏曰"的方式对前篇所叙加以评议。他将梁红玉与意大利女杰玛尼他相比附，认为两人在抗击异族、保卫国家的丰功伟绩上"合节同符，无轩轾之可言"，在出师未捷的结果上也"同病相怜"，成功将梁红玉替南宋政权抗金的行为上升到"为民族独立革命之佳话"的高度，并鼓励二万万女同胞，继续梁红玉"杀异种、保同种之遗志"，改变中国"一厄于女真，再厄于蒙古，三厄于满洲"的命运，使梁红玉也能如玛尼他般"含笑于地下"⑥。其中，梁红玉维护封建王朝统治的抗金之举，与玛尼他为争取民主共和、结束封建割据而投身意大利国家统一运动的选择，在性质

---

① 职公：《女军人传·沈云英》，《女子世界》1904 年第 1 期，第 21 页。
② 职公：《女军人传·秦良玉》，《女子世界》1904 年第 2 期，第 27 页。
③ 亚卢：《女雄谈屑》，《女子世界》1904 年第 9 期，第 17 页。
④ 大我：《女魂》，《女子世界》1906 年第二卷第 4—5 期。
⑤ 职公：《女军人传·秦良玉》，《女子世界》1904 年第 2 期，第 19 页。
⑥ 松陵女子潘小璜：《中国民族主义女军人梁红玉传》，《女子世界》1904 年第 7 期，第 25—26 页。

上的差异是被忽略和消解的。柳亚子的核心目的显然是证明"夫孰谓吾汉种之女豪杰,不及白皙人也",以论证中国女性已有践行爱国主义和民族主义的先例,更应将献身国家作为争取成为"现代公民"的应尽之义务。

其次,通过比附西方女杰,《女子世界》传记栏论证了女性投身民族国家建设的可行性。但保家卫国为什么会成为现代女性的义务? 女性解放和民族国家解放之间究竟是什么关系? 这就成为必须回应的问题。《女军人传·沈云英》的绪言部分,就展现了一种论述"女性话语"与"民族国家话语"关系的逻辑:

> 女子既占有民族之半,而必受保护于男子。吾知女子虽弱,必不甘逡巡退避,放弃其权利也。况乎世界学者每谓男女平等,为民法上之公例。平等云者,必有同一之功能,与承担同一之义务。军人者,正国民唯一之功能,而对国家唯一之义务也。女子不能分其劳,坐使男子独任其艰苦,而国民之半部分遂纤弱柔巽、瘴臁麻木,无所短长于世界。①

女性要成为现代公民并享受"男女平等"的权利,则"必有同一之功能,与承担同一之义务",既不甘心"逡巡退避,放弃其权利",就应当履行作为公民的军事义务。通过引入"权利/义务"关系,作者揭示了女性获得"男女平等"的一种途径,这也正是以梁启超为代表的晚清知识分子为新女性争取"国民资格"的一种常见话语策略。

然而,《女子世界》的特殊之处在于传记栏文本内部的另一重叙述潜流,正不断地对女性解放/民族解放话语的理想化图景产生着冲击,显现出两者在过渡时期所隐含的裂隙——与女性在"报国"后获得地位跃升、改变男女不平等现状的设想不同,她们在展现自身非凡能力以履行义务的过程中遭遇了重重阻碍。如《女军人传·秦良玉》中,当秦良玉以战功"压倒一时骳骳亢弱之将相"后,"同事之间,遂若冰炭"。她的声望愈高,"谗妒之口益众",获胜的消息

---

① 职公:《女军人传·沈云英》,《女子世界》1904 年第 1 期,第 15 页。

传来,"朝士大夫,咸相咋舌,排抵之潮流,遂如飘风急雨之骤至"①。《女雄谈屑》中,年十八而寡的庐陵女子刘淑英,为抵抗清军而毁家纾难,"捐赀招募成一旅",投奔湖南将领张先璧。然而"先璧艳其貌,欲娶之,淑英不可。先璧惭且怒,分遣其部众。淑英愤恨得疾,临终犹大呼杀贼云"②。可见在光鲜亮丽的女杰报国传记书写中,依旧暗流涌动着女性的困窘和尴尬。日本的女性史学者小野和子批评梁启超是用"彻头彻尾的富国强兵论点来紧紧联系妇女解放问题",这种妇女解放"绝不是生根于妇女作为人原来所具有的本来权利,也不是基于她们自身的目的"③。刘淑英和秦良玉所分别暗示的女性参与民族革命"前""后"的困窘,似乎可以看作民国成立初年唐群英等女权运动者因政府拒绝将男女平等写入宪法而怒闯临时参议院④的一种预言。在《女子世界》传记栏的文本裂隙处,我们恰好可窥见历史过渡时期的实况:女性解放并不是伴随着民族解放就自然而然完成的,它依然有巨大的、待解决的制度和文化困境。

三、女侠:"侠义文化"的现代转化

在《女子世界》传记栏第四、五、七期的连载《中国女剑侠红线聂隐娘传》中,柳亚子选取了红线(出自袁郊《甘泽谣》)与聂隐娘(出自裴铏《传奇》)这两位颇具神秘色彩的女侠,作为重塑"新女性"的参考典范。

唐传奇《甘泽谣》中,红线是潞州节度使薛嵩的侍婢,善弹阮、通经史,身怀绝技。唐末藩镇割据之际,魏博节度使田承嗣飞扬跋扈,意在入侵薛嵩的领地。红线为解主忧,主动请缨,以神术夜行百里,潜入戒备森严的田府,取回田承嗣枕旁的供神金盒,让薛嵩遣人送回。这一威慑行动使田承嗣惊诧不已,打消进攻念头,维系了两地之间的和平。随后,红线便功成身退、飘然远逝。《传奇》中的聂隐娘是魏博大将聂锋之女,少时被一女尼用法术偷去,授以剑术。

---

① 职公:《女军人传·秦良玉》,《女子世界》1904 年第 2 期,第 24 页。

② 亚卢:《女雄谈屑》,《女子世界》1904 年第 10 期,第 10 页。

③ [日]小野和子著,高大伦、范勇编译:《中国女性史:1851—1958》,四川大学出版社 1987 年,第 32 页。

④ 刘慧英编著:《遭遇解放:1890—1930 年代的中国女性》,中央编译出版社 2005 年,第 285 页。

五年后送其归家,剑术已出神入化,能白日刺人于市而不被察觉。聂父死后,魏博主帅与陈许节度使刘昌裔不和,欲令聂隐娘杀之,隐娘却被刘昌裔的能力气度折服,转而投靠。主帅继而派精精儿与妙手空空儿前往暗杀,又被隐娘以法术破之。后刘昌裔入觐,聂隐娘不愿相从,向刘辞行后归隐山林。

"侠"最早见于韩非子的《五蠹》:"儒以文乱法,侠以武犯禁。"①司马迁在《史记》《游侠列传》中,勾勒了"侠"的基本特征:"今游侠,其行虽不轨于正义,然其言必信,其行必果,已诺必诚,不爱其躯,赴士之厄困。"②东汉以后,史家不再为游侠列传,"侠"多活跃于文人墨客的诗词歌咏中,但侠文化作为一种集体无意识却被深刻积淀于民族的文化心理结构之中。在晚清国运衰微之际,"游侠儿在被正统士大夫天地弃近两千年后,再次浮出历史地表,迎接欧风美雨的严峻挑战"③。

然而,与其说"侠"是一种客观历史存在,毋宁说它是一种"想象性建构"④的产物。陈平原在探讨晚清志士的游侠心态时,提出侠是"历史记载与文学想象、社会规定与心理需求、当代视界与文类特征的融合"⑤——真正重要的并非"古侠"的面目是否被扭曲,而是"这代人如何在自己特有的期待视野中重新诠释'游侠',以及由此体现出来的价值取向"⑥。因此,作为被建构的一种想象,"侠文化"折射的是阐释者自身的价值取向与文化改造思路。

(一)从"以武犯禁"到"儒之反也"

柳亚子的再阐释正体现着他迥异于传统形式改编、以西学来激活传统的野心。在《中国女剑侠红线聂隐娘传》开篇,柳亚子就以"潘小璜曰"的评议方式引入了自身的价值判断:

---

① 张觉等撰:《韩非子译注》,上海古籍出版社 2007 年,第 685 页。
② (汉)司马迁:《史记》,中华书局 1982 年,第 3181 页。
③ 陈平原:《中国现代学术之建立——以章太炎、胡适之为中心》,北京大学出版社 1998 年,第 288 页。
④ 陈夫龙:《侠文化视野下的中国现代新文学作家》,人民出版社 2019 年,第 39 页。
⑤ 陈平原:《中国现代学术之建立——以章太炎、胡适之为中心》,北京大学出版社 1998 年,第 279 页。
⑥ 陈平原:《中国现代学术之建立——以章太炎、胡适之为中心》,北京大学出版社 1998 年,第 279 页。

越女何人哉？庞娥、聂姊、海曲吕母何人哉？若安、美世儿、韦露、苏菲娅举何人哉？探头于囊，杀人于市，神奇变化，不可思议，疑鬼疑佛，疑神疑仙，非神非仙，是名曰侠。潘小璜曰：吾二千年前之中国，侠国也，吾二千年前中国之民，侠民也。侠者，圣之亚也，儒之反也，王公卿相之敌也。重然诺，轻生死，挥金结客，履汤蹈火，慨然以身许知己，而一往不返，一瞑不视，卒至演出轰霆掣电、惊天动地之大活剧，皆侠之效也……法兰西何以有革命也？俄罗斯何以有虚无党也？欧洲各国何以有无政府主义也？其女侠之赐哉！①

其中最醒目的便是"中西对比"的论证逻辑：无论是将越女、庞娥、聂姊、海曲吕母等古代女杰，与十五世纪法国的民族英雄若安（今译圣女贞德）、巴黎公社女英雄美世儿（今译路易斯·米歇尔）、俄国无政府主义女杰韦露、刺杀沙皇亚历山大二世的俄国无政府主义女杰苏菲娅（今译索菲亚·比罗夫斯卡娅）并置，还是将法兰西革命、俄国虚无党、欧洲无政府主义的发轫视作"女侠之赐"的结果，均体现了柳亚子引入西方女杰形象来重构古代女侠特质，使侠文化与西方现代思想接轨的意图。因此，在《女子世界》对女侠事迹的再阐释中，两种面向始终紧密交织。

其一是对驳杂的传统侠义文化进行提纯。传记削弱了原文本中的佛、道色彩，对其中与现代科学精神相龃龉的部分进行了删改。晚唐社会动荡，求仙方术盛行，佛道信徒颇多，同时期唐传奇中侠义题材的作品亦受时代影响，呈现出与儒释道文化的互动交融关系。聂隐娘传中与道教文化相关的炼丹服食（"尼予我药一粒"）和奇异方术（"以药水化之""开脑后藏匕首"）等描写均被删除，神奇变幻的能力被简化为现实中可习得的"剑术"。如《传奇》中聂隐娘与精精儿在交手时分别化作一红一白的幡子，"飘飘然如相击于床四隅"②，随后精精儿便"自空而踣，身首异处"③，柳亚子却将这一场面改写为聂隐娘"拔剑与

① 松陵女子潘小璜：《中国女剑侠红线聂隐娘传》，《女子世界》1904年第4期，第21—22页。
② （宋）李昉等编：《太平广记》，中华书局出版社1961年，第1458页。
③ （宋）李昉等编：《太平广记》，中华书局出版社1961年，第1458页。

斗,卒胜而杀之"①;在描述与空空儿的对决时,更将聂隐娘"化为蠛蠓,潜入仆射肠中听伺"②后从刘昌裔口中跃出的奇异场面,改为"伏其床下"③后一跃而出的常态逻辑。红线传中夜行百里的"飞行术"作为关键情节得以保留,但结尾处红线自叙前世本为男子,因医死了一个孕妇而转世为女子的段落,不仅夹杂了佛教转世投胎、因果报应的思想,更隐含了"降为女子"的"男尊女卑"性别观,自然被倡导现代性别平等意识、以"吾女同胞其闻而兴起乎"④为期待视野的柳亚子尽数删去。

其二是在与西方女杰的对比中重新赋予"侠"以某些现代特质。在柳亚子"侠者,圣之亚也,儒之反也,王公卿相之敌也"的论断中,"侠"被视作"儒"的对立面和打破"王公卿相"的儒家等级秩序的关键。这与丁初我在《女子世界》第六期上发表的《哀女种》形成了一种互文关系:

> 苏菲亚,玛利侬,若安达克,侠也;庞娥,聂姊,海曲吕母,亦侠也。十八九世纪之欧洲,侠国也;我二千年前之中国,亦侠国也。儒者之风盛,而侠者之气衰。沁沁伣伣、靡靡淫淫之习惯,浸入于家庭社会来,遂造成一种病体奄奄不可思议之侠魂反比例。侠种之传,一变而为儒,而足以弱国;再变而为奴,而足以亡国。儒者,奴之邻;侠者,霸之帜也。不侠即奴,谥曰劣种。⑤

此处,"侠"已从"重然诺,轻生死"的个体价值选择,转换为一种强调救亡图存的集体价值判断。在这一意识支配下,"侠魂"作为"兴国之利器",承担了起死救亡的重任。一方面,"侠魂"的兴盛被视作"十八九世纪之欧洲"文明进步之原因,另一方面,"侠魂"的匮乏被视作近代中国成为"东亚病夫"的根源。"侠"不仅从"武艺高强、神奇变化"演变为肉身层面的强健体魄的象征,更从

---

① 松陵女子潘小璜:《中国女剑侠红线聂隐娘传》,《女子世界》1904 年第 5 期,第 17 页。
② (宋)李昉等编:《太平广记》,中华书局出版社 1961 年,第 1458 页。
③ 松陵女子潘小璜:《中国女剑侠红线聂隐娘传》,《女子世界》1904 年第 5 期,第 18 页。
④ 松陵女子潘小璜:《中国女剑侠红线聂隐娘传》,《女子世界》1904 年第 4 期,第 22 页。
⑤ 初我:《哀女种》,《女子世界》1904 年第 6 期,第 2—3 页。

"以武犯禁"转为一种反抗儒教文化、提倡西方现代精神的隐喻。

那么，对儒学思想的价值重估与重构，如何落实到传记文本层面？

首先，传记将女侠"神奇变化"的高超武艺，作为推进现代"体育"教育的合理依据，致力于将中国女性遭到儒家贬抑和戕害的"肉身"解救出来，形塑体格强健、精神活泼的新女性。《女子世界》多次刊登反对缠足的文章，如蒋维乔在《论中国女学不兴之害》中，就痛斥"缠足"等伦理规范不仅戕害了女性的身体，更是中国流传"弱种"之病因①；丁初我在《女子世界颂词》中，也将"游侠之意气"视作"实施治框怯病之良药"②。因此，女侠事迹中的红线、聂隐娘不仅一反古代女性"病体奄奄"、体骨柔弱的刻板印象，反有刺虎豹鹰隼的矫健、夜行七百里的耐力、拔剑与斗的锋芒；还破除了萎靡气衰、驯良懦弱的精神面貌，展现出"佩龙文剑，神光奕奕，眉彩英英"③的蓬勃生命力和"侠骨森森，红颜凛凛"④的潇洒气质。柳亚子认为侠女力证了女性学习剑术、强健体魄的可能性（"剑诀与柔术，盖可学而能也"），可扩大晚清"全国男女学校汲汲焉习体育者"⑤的风气。

其次，传记将女侠"以武犯禁"的侠义精神与西方"尚武精神"相联系，涤除儒家重文轻武的思想，以达到振民气、招国魂的效果。柳亚子认为侠义文化被儒家视作"江湖技师之流，为上流社会所深耻"⑥，是中国落后于日本、欧美乃至面临亡国灭种危机的核心原因之一。这种批判是对晚清"尚武任侠"思潮的一种呼应：早在戊戌变法前，谭嗣同就对古往今来"儒者之轻诋游侠，比之匪人"不以为然，认为"莫若为任侠，亦足以伸民气，倡勇敢之风，是亦拨乱之具也"⑦；梁启超在《论尚武》中也痛感"中国以文弱闻于天下，柔懦之病，深入膏肓"⑧，提倡"尚武精神"。因此，柳亚子巧妙地将红线聂隐娘"以武犯禁"的刺杀行为转

---

① 竹庄：《论中国女学不兴之害》，《女子世界》1904 年第 3 期，第 1 页。

② 初我：《女子世界颂词》，《女子世界》1904 年第 1 期，第 7 页。

③ 松陵女子潘小璜：《中国女剑侠红线聂隐娘传》，《女子世界》1904 年第 4 期，第 23 页。

④ 松陵女子潘小璜：《中国女剑侠红线聂隐娘传》，《女子世界》1904 年第 5 期，第 15 页。

⑤ 松陵女子潘小璜：《中国女剑侠红线聂隐娘传》，《女子世界》1904 年第 7 期，第 18 页。

⑥ 松陵女子潘小璜：《中国女剑侠红线聂隐娘传》，《女子世界》1904 年第 7 期，第 17—18 页。

⑦ 谭嗣同著，吴海兰评注：《仁学》，华夏出版社 2002 年，第 114 页。

⑧ 梁启超：《新民说》，中华书局 1936 年，第 111 页。

喻为现代意义上不惧流血牺牲的暴力革命精神,将带有儒家"士为知己者死"色彩的"报恩"归因于"报国"的主观意志。红线"解主忧"的个人行为,被阐释为"一剑功成而使两地保其城池,万人全其性命"①的国家大义;聂隐娘"感知己之恩"的行迹,被比拟为"斯巴达女子之魂"②般的报国热情。

由此,女侠形象混合着朴素正义观、个体叛逆意志、放荡不羁精神的生命面貌,经过重构与现代转换,再造为新女性强健体魄、尚武精神的形象典范。丁初我等人注意到了"形形色色的非儒学派为启蒙文化提供了内在的逻辑生长点"③,从为儒学所挤压的侠义文化传统中找到了与现代性对接的可能。

(二)传统文化的现代潜能

更值得深思的问题是,为什么《女子世界》传记栏的作者们选择以"侠"这一中国传统文化的既有质素作为向西方学习的"中介",而不是直接提倡西方文明? 这种呼应了梁启超"淬砺其所本有而新之"的本土化改造逻辑,是否与近代中国知识分子将"中国/西方"与"落后/先进"相绑定的二元对立逻辑相龃龉? 在"中西比较的修辞框架"中,认为晚清的知识分子总是"把所谓现代文明的西方跟落后愚昧的古老中国作一个对照"④,展现出一种"崇洋思想、被殖民心态"⑤的简化逻辑,能否完整地阐释当时知识分子的改造思路?

在《女子世界》第一期《女子世界颂词》中,丁初我就呼吁:"吾勿表欧风,吾且扬国粹"⑥,并"披吾国三千年之历史",赞美冯嫽、木兰、梁夫人、秦良玉、缇萦、聂姊、庞娥、红线等女杰的光辉事迹。金天翮在《女子世界发刊词》中,谴责"顾日言罗兰、若安、苏菲亚"等西方女杰而不知中国女杰的行为,乃是妄自菲薄,"国有颜子而不知""目见千里而不自见其睫"⑦也。更将中国女性比作"文明之花",足以让其他国家的女子"望之而心折"。如果想让其"欧风吹之而不落,美雨袭之而不零",则须保存中国传统文化自身"婵媛其姿,芬芳其味"的优

---

① 松陵女子潘小璜:《中国女剑侠红线聂隐娘传》,《女子世界》1904 年第 4 期,第 25 页。
② 松陵女子潘小璜:《中国女剑侠红线聂隐娘传》,《女子世界》1904 年第 7 期,第 18 页。
③ 张光芒:《启蒙论》,上海三联书店 2002 年,第 4 页。
④ 王政、陈雁主编:《百年中国女权思潮研究》,复旦大学出版社 2005 年,第 7 页。
⑤ 王政、陈雁主编:《百年中国女权思潮研究》,复旦大学出版社 2005 年,第 31 页。
⑥ 金一:《女子世界发刊词》,《女子世界》1904 年第 1 期,第 1 页。
⑦ 金一:《女子世界发刊词》,《女子世界》1904 年第 1 期,第 1 页。

美特质,同时改变中国历史上"不自知其美,乃闭其彩,幽其芬,摧折其蓓蕾"的局面,从儒学所强化的等级秩序、所培养的"奴性"中觉醒过来,剔除诸如重男轻女、封建迷信等毒素对中国女性人格的影响。

因此,在丁初我等人的论述下,无论是"侠魂",还是中国的女性启蒙,在中国经历的都是一个"既有—被破坏—恢复"的"修正逻辑",而非"从无到有"的"生成逻辑"。从根本上说,他们强调中国作为接受的"基底"所具备的独特性条件——虽然否定儒家为代表的中国传统文化主流,却并不否定中国传统文化中存在的现代性潜能。借用沟口雄三①的说法,他们并没有受到"欧洲一元论"的遮蔽,把近代中国看作是所谓"西方冲击"的承受者,而是将中国的近代理解为以自身的前近代为母胎的产物,因而在此内部继承了中国前近代的历史特性。丁初我等人所强调的,并非"中体"的全盘"西体"化,而是"旧中国"的蜕变更新。

而这种态度的代表,也并非只有《女子世界》这一孤例。1904年8月,杨千里曾在《女子世界》第八期上刊登他同年7月刚刚发行的《女子新读本》的广告《女子新读本导言》,将古代女杰称作中国新女国民"已去之导师",将西方女杰称作"未来之摄影"。② 读本通过上编中国女杰18人、下编外国女杰10人的方式,把中西女杰都拔擢到"完全之道德、高尚之智识、非常之气力"的女性典范高度。而炼石在《中国新女界杂志》(创办于1907年)第二期《本报五大主义演说》中也同样肯定了中国既有之基础,并提倡有选择地向欧美学习,不仅强调生硬抄袭的无用、"本土化"的必须,还提出中国女界"天生的脑质,遗传来的种性"③等先天基础的优越,认为充分发展以后的中国女界,不仅能匹敌欧美,还能为世界文明作出贡献。这种清醒的文化借鉴意识和自我创造意识,是不应为简单化的二元对立逻辑所埋没的。

颇有意味的是,即便是杨千里的《女子新读本》与《中国新女界杂志》,也未选择以红线、聂隐娘等女侠作为中国古代女杰的代表。辛亥革命后,"游侠精

---

① ［日］沟口雄三:《作为方法的中国》,生活·读书·新知三联书店2011年。
② 杨千里:《女子新读本》,上海文明书局1906年,第2页。
③ 炼石:《本报五大主义演说》,《中国新女界杂志》1907年第2期,第17—18页。

神再度失落"①,曾被指认为"提振侠风"的暗杀行为与秘密会党组织等行径,或被谴责,或被取缔。有关新女性的想象,也为历史震荡所冲击。如果说此前的引介多局限于西方女性的介绍,并未与中国古代女性对接,此后新女性的想象则随着历史进程的发展而渐次被"五四"知识女性、革命女性等新概念统摄,那么如何理解《女子世界》独独在 1904—1907 年进行新女性想象时对"女侠"另辟蹊径的征用?

此时,红线和聂隐娘的结局,或许成为一种精妙的隐喻:在以法术或剑术顺利完成任务以后,无论是红线的"遂亡其所在",还是聂隐娘的归隐山林、"自此无复有人见隐娘矣",都意味着与新生秩序的告别——传统侠义文化的核心之一,是对集体的"拒绝"。它有强烈的无法为秩序所收编的独立性和反抗性,因而在"破旧"的时刻,能汇聚起极为强大的僭越冲动和反抗潜能,甚至与西方的个体意识与革命精神形成了某种微妙的错位呼应。当然,这种"侠义文化"与"西方现代精神"之间的关联并未得到充分的论证,在类似于"法兰西何以有革命也? 俄罗斯何以有虚无党也? 欧洲各国何以有无政府主义也? 其女侠之赐哉"的表述中,法兰西革命、俄国虚无党、各国的无政府主义之间的差异均被消解,"侠"实质上成为一切西方现代文明的泛指。然而,在破旧立新的明暗时刻,关于"古代女杰"的想象恰恰揭示了某种曾经发生过的古代文化与西方文化的转化尝试,从中国传统的质素中挖掘改造新生的可能性。这不仅反映了新女性想象在生长期的暧昧性,更揭示了驳杂的力量如何被共同收编至"现代性"更新的进程之中。

综上,清末女报《女子世界》另辟蹊径的新女性想象,不仅表现在率先将"史传"设为固定栏目,更在于对"中外对比"框架的重视,及其背后所体现的对梁启超"新民"改造思路的贯彻。一方面,以"爱国女杰"为对象,《女子世界》传记栏通过比附西方女杰和男女对比的方式,将中国传统的"华夷之辨"与西方的"民族主义"相嫁接,强调女性保家卫国、为国献身的现代公民义务与责任意识,在此过程中民族解放话语对女性启蒙话语的某种遮蔽却值得警惕。另一方面,以"女侠"为中心,将"侠义精神"的内核从"以武犯禁"演变为反抗儒教文化的过程,将从"无"到"有"的变革逻辑,替换为"既有—被破坏—恢复之"的修

---

①　陈平原:《中国现代学术之建立——以章太炎、胡适之为中心》,北京大学出版社 1998 年,第312 页。

正逻辑,突破"中国/西方"与"落后/先进"相绑定的二元对立论,同时证明了从非儒思想资源中为启蒙文化寻找内在的逻辑生长点的可能性。

（罗琪翔,南京大学文学院现当代文学专业博士研究生）

The Modern Reconstruction of the New Womenin the Late Qing Dynasty
—A Study Focusing on the Biography Column of *Women's World*

Luo Qixiang

Abstract: Under the trend of saving the nation and the eastward spread of western culture in the Late Qing Dynasty, Chinese intellectuals began to use newspapers and books as resources to reconstruct the paradigm of the "new woman" in China. Among them, *Women's World* was not only the first to set up 'historical biographies' as a regular column, but also paid special attention to the logic of 'Chinese and foreign comparison', rewriting and reshaping ancient Chinese female figures while introducing Western female figures, echoing Liang Qichao's idea of transforming the 'new people'. This article examines the twofold path of imagining the new woman: On the one hand, through the group of the patriotic women, it explains how *Women's World* bridges the traditional "Chinese and foreign distinction" with the Western nationalism, emphasizing the modern civic duty and responsibility of women to defend their country, and revealing that the discourse of national liberation has somewhat obscured the discourse of female enlightenment. On the other hand, through the images of the "female chivalrous warrior", it shows the transformation process of chivalrous culture from "violating the ban with martial arts" to the antithesis of Confucianism, and the consciousness of *Women's World* to explore the modernity potential of traditional culture.

Keywords: Late Qing Dynasty; New Woman; Modern Reconstruction; *Woman's World*

走向展厅：中国民间年画的"可参观性"意义生产

王敏芝　杨家宁

摘要："过新年、贴年画"是我国民间传统的视觉现象和文化行为，但随着社会生活全面现代化以及现代人文化实践的形态变迁，民间年画从最初家庭场域内的文化用品逐渐演化为在博物馆、展览馆等展厅内的文化展品。展览空间内的民间年画已经从私人领域的"生活媒介"转变为带有"可参观性意义"的文化样本，从而实现了民间艺术的现代公共价值，其文化意义的再生产也在当下数字化网络空间中拥有更多可能性。

关键词：民间年画；可参观性；意义生产；数字展厅

在西安地铁 4 号线和平门站的通道处，展示着一幅名为《数字门神》的作品，该作品以线路板的形式勾勒出民间年画中的门神形象，迎接每天川流不息的人群。人们很容易感受到这幅门神的特别之处：它是中国传统年画的典型形象，但却脱离张贴传统年画的家庭空间而被展示于地铁站这样的现代性公共空间内，其艺术表现形式也进行了现代化改造。

门神所在空间的转移表征了一种文化现实,即民间年画逐渐淡出人们的生活场域尤其是现代城市生活,其传统制作工艺也濒临失传,作为普通民众曾经最喜闻乐见的文化用品已渐渐从中国家庭中退场。从家庭空间撤离的同时,则是年画不断进驻展览馆、博物馆等公共空间,抛却其既有礼仪性价值转而凸显其展示性价值,其中所体现的,不仅仅是空间场域的具体转换,更是文化语境的整体转型。可以说,当一种家庭礼节性的视觉媒介进入现代空间后,具有"生活意义"的年画在文化功能和空间实践层面都发生了巨大的变化。从私人领域到公共空间、从传统家庭秩序建构与世俗祈愿到作为现代展品展示,同一种视觉媒介体现出了迥然不同的文化意义。

一、民间年画的空间实践

在中国,年画如同诗歌一样为广大劳动者所创造,不仅是中国农耕文明的社会缩影,更带有人民群众对于未来的想象与期待。年画作为社会文化的产物,它的存在必定与这一地区的经济基础、地理环境,人们的生活习惯、思维方式息息相关。年画生产者会根据不同地区的地理情况、风俗习惯和居民偏好创作种类多样的年画。另一方面,年画生产者亦会根据使用方式差异制作适用于不同空间位置和媒介物功能的年画,例如有贴在大门的门神画,贴在厨房的灶台画,贴在炕头的横批,贴在供门内影壁墙上的斗方(月光),贴在置物柜的历画,贴在牲畜棚、粮囤、石磨上的年画,以及农民用于玩耍的游艺棋纸、游艺画等,人们在购买年画时会考虑到它的空间功能、表达内容以及审美样式等。

从应用方式的标准来看,年画则有了更加细致的分工。譬如,一般的家庭会将最典雅庄重的年画置于一个高悬的位置,由此产生了观者与年画之间的仰视型视觉关系,这是一种被赋予的崇高地位和视觉膜拜。所谓"仰视",是一种视觉性范式,即观看者与被观看对象保持某种距离,观者敬畏和仰慕地观看。[①] 这种仰视视觉从文化心理的角度让对象物的形象放大,容易使对象物形成一种潜移默化的权威与威严感。还有门画,门画不仅包括常见的司门守卫

---

① 祁林:《当代中国家庭空间视觉性的转型》,《文艺研究》2015 年第 6 期,第 113—122 页。

之神秦叔宝、尉迟恭,还包括祈福门画、求财门画等,张贴于院落大门或卧室房门上的年画均可视为门画,而这些年画都代表着"守护"。从大门进入厅堂后,也就是现代社会的客厅便张贴着人们较为熟悉的客厅画。在中国传统民居建筑中,厅堂是家庭布局与活动功能的核心空间,不仅是人们日常起居活动的场所,更是一个象征民间习俗、文化信仰和家族传统的多重空间。应该说,传统年画在家庭场域内部的不同位置实践,体现出了年画朴素而多重的文化意义。

中华人民共和国成立后,年画行业在政府扶持下逐渐形成了生产、出版、保护的新格局。20 世纪 50 年代,各地先后成立了年画生产互助组和画业合作社,20 世纪 80 年代后期,各画社在内容上不断推陈出新并结合当时最新的胶印技术,生产出一批带有车间工艺特征的胶印年画与挂历,例如武强画业合作工厂生产的带有丝网印刷、书画装裱工艺的年画多达 1000 万册。这些年画,纷纷以不同的途径"飞入寻常百姓家",成为几乎每一个中国家庭的必备文化用品。1985 年,全国第一家年画专题博物馆——武强年画博物馆建立,依托于博物馆的年画展览、宣传、教育活动由此产生,并衍生出"年画节""非遗购物节"等一系列文化活动。此时的年画也开始从家庭走向展厅。

上述提到的有关民间年画的位置变迁却较少体现在民间年画的相关研究中。在泛媒介认识的基础上,我们尝试从空间视角观察民间年画,聚焦的问题是:民间年画在从家庭空间转场至博物馆、展厅等空间内时,其媒介表达和文化意义到底发生了什么改变?

文化总是发生在特定时空内,有其自身的空间边界并维持着相对稳定的空间互动。这意味着,无论稻禾青青的田野抑或是光怪陆离的城市,都会以某种方式形成一个带有边界特征的文化空间。以往媒介技术总是在不断追求时间的优先性,但人们也越来越意识到,空间视角下的媒介与文化研究是另一个非常重要的维度:"我们必须批判好几个世代以来对空间的低估,这种情形是源于伯格森,还是更早?空间被当成死寂的、固着的、非辩证的、僵滞的;相反的,时间则被认为是富饶的、多产的、有生命的、辩证的。"[1]20 世纪 60 年代后,

---

① [法]福柯著:《地理学问题》,载夏铸九、王志弘编译:《空间的文化形式与社会理论读本》,明文书局 2002 年,第 392 页。

社会空间批判理论成为继都市社会学、人文地理学与社会批判理论后的一个新的理论视野，强调从空间维度剖析资本主义政治、经济和社会过程，或者按照爱德华·苏贾的话说，它试图在空间、时间和社会存在三者之间寻找一种恰当的阐释平衡①，这是将空间作为理解社会结构的一种方式。

在上述理论视角下讨论年画尤其是年画空间实践的变化，意味着可以将传统年画进驻博物馆的现象看作是一种新型空间媒介关系来理解。当悬挂于展厅的民间年画具有参观性意义和价值的时候，年画与它所置身的展览性空间共同构成一个具有参观、欣赏与学习功能的空间媒介，发挥文化表达与文化传播的整体性作用。在不同文化空间的切换中，"可参观意义"代替"生活意义"成为年画的根本特性，年画媒介所代表的文化身份不再是个人或家庭，而是公众或大众。

"可参观性"取决于文化产品的展示，年画因为被视为某一场所的文化身份从而具备吸引游客（观赏者）的价值，于是不断通过标签、分类、包装、场景营造等途径，使作为展示对象的年画体现了高度的地域性和特定性，包括它的生产过程，最终形成具有地域文化价值的代表物。甚至在随后的文化宣传与群众互动中，将年画开发成一种智力活动，比如滩头木版年画博物馆举办的研学游活动。从市井生活到民族舞台，从私人领域到公共空间，从世俗祈愿到成为中国非物质文化遗产中的重要组成部分，年画开始承担起代表和传播中华民族文化的独特作用。这时，那一张张被张贴在或客厅、或房门的年画已然因为可参观性的文化意义而具备了一种全新的文化功能，走出家庭并与博物馆等场所共同构建起一个意义整体，形成一种空间媒介。

二、年画展品的"可参观性"意义

作为展品的年画媒介离不开"展示"。展示时代的开端可以追溯至 18 世纪，到了 19 世纪晚期，公共博物馆和展览的迅速发展，才使得游客得以便利地接触到异质文化。整个 20 世纪，博物馆和美术馆与其他吸引游客的形式日益

---

① 冯雷著：《理解空间：20 世纪空间观念的激变》，中央编译出版社 2017 年，第 19 页。

结合起来,实现了将别处带到此地。

在列斐伏尔看来,诸如博物馆展厅和城市规划建筑中的专业话语空间与日常话语空间之间存在着明确界限,甚至被描述为一种"紧张关系"①,讲述或者展示能否真正使人们正确使用和理解空间? 因此就需要思考,如何把年画打造为一个具有可参观性意义的展品,既要把年画作为有组织的、专业的展品放置在一个可供参观和欣赏的高度,又必须时刻俯身拉近与参观者的距离,让人感受到这是日常使用空间中曾经发生或拥有的客体。在这一过程中,努力制造差异性价值的博物馆、主动寻求文化身份的参观者以及整个参观仪式的个体化实践缺一不可。

(一)身份赋予:参观主体的主动性

在所有关于博物馆工具性的表述中,通常是上帝视角的知识赐予或者仰视角度的教育服务,这在空间秩序中与观赏者位置是不对等的。博物馆作为一种大众启蒙工具,是否积极担任公共标签、提供公共信息的角色还有待确认,在贝拉·迪克斯看来,"他们的所有意图不过是充当迎合少数受过良好教育的阶层和机构"②。在许多方面,贝内特定义的文化展示原则没有改变,展示所营造的知识氛围使得参观者认为自己是知识渊博且有教养的,人们在进入环境中会倾听、学习,并若有所思地对展品进行评价和拍照。

20 世纪博物馆再生产的文化知识形式逐渐变得无所不包、品味等级模糊,关于高雅、大众的文化等级定义被学者、青年、文艺工作者渐渐抛弃,文化差异更多集中在生活方式上。随着 21 世纪人工智能领域的创新与发展,文化在此过程中变得更加具体可感,已经突破传统空间感知模式。反观民间年画进博物馆,是一个民间转向官方的、仪式性的形式,将以往的房前屋后的琐事搬向公开的可参观可欣赏的空间环境中,本身便意味着一种"赋魅"。如果说某种文化或展品从博物馆走向大众是一个消除等级、去阶级化的合理途径,那么从家庭非正式走向博物馆的文化又是一种新的"驯化",一个是降维接触、一个是

　①　[英]贝拉·迪克斯著,冯悦译:《被展示的文化:当代"可参观性"的生产》,北京大学出版社2012 年,第 3 页。
　②　[英]贝拉·迪克斯著,冯悦译:《被展示的文化:当代"可参观性"的生产》,北京大学出版社2012 年,第 170 页。

升级观摩，都是让普通人感受和参与高级的方式。

当然，这种博物馆秩序建构观点的出现主要是因为忽视了主体选择性，招揽与驯化的前提是游客愿意，这一点在疫情期间变得更加明显。武强年画博物馆是全国第一家年画专题博物馆，位于河北省衡水市武强县镇的街道上，疫情使得这个 4 万多人口的小镇显得更加清冷，比起空荡安静的街道，早早守候在大门外等待开馆的游客显得有些突兀。在同一个时间段的天津杨柳青年画博物馆，那是一个艳阳高照的周六，笔者成为那天上午杨柳青年画博物馆唯一的参观游客，门票已经由 20 元一张降低至扫码免费观览。

由此可见，博物馆尽可能地对消费者友好，变得易接近可互动，甚至采用各种方式和途径进行宣传，恰恰是因为参观性意义产生的基础一定是观众。只有具备"观众"的身份，才会有"观看"的行动，展示的意义才可能在主体观看的过程中衍生。

（二）差异制造：可参观性意义的秩序构建

"这是目前最完整的一套武强年画木版""都说天津人马厚，不如武强一南关。一天能唱千台戏，不知戏台在哪边""六子争头是武强年画的代表作"……从这些表述中，能够发现一些有意思的现象，来回答为什么民间节庆用品可以进驻博物馆并登上非遗的舞台，而不是锅碗瓢盆等其他物什。

比如市场的稀缺性以及消逝的他者。仍然以武强年画为例，武强历来是以农耕为主业。据文献记载，历史上的武强水患不断，年画的出现源于"以画补农"，到了清代康熙—嘉庆年间达到极盛地步。民国初年，在武强南关上有字号可考的画店有 144 家。而随后出现的印刷制品带着物美价廉的优势轰轰烈烈而来，防掉色、抗氧化、不易磨损的油印年画迅速抢占市场，他们以更加丰富多样且高产的内容形式，冲击着手工制品的木版年画，曾经以画补农的产业缩水，真正流传下来的手工艺人也屈指可数，更多以"坊""斋"为主的家族式传承模式存活着，但他们仍然具有市场价值。这时，博物馆充当起收藏、贮存这些珍贵手稿、模具的场所，"最完整、最早、某某画师的作品"作为标签附在这些被展示的年画作品下方，以凸显其与众不同的价值。除此之外，那些广为传颂的歌谣里，年画被冠以地域之名成为一方水土一方文化的见证，它们不再是口传中的民间年画，而被归属到四川绵竹、天津杨柳青、河北武强、山东杨家埠、苏州桃花坞。它们似乎有一个共通的名字——中国年画,但又相互极力展现与其他地域年画的不同之处,博物馆讲解员会刻意强调与其他地域年画在绘画、创作上的差异——"天津杨柳青的代表作是'莲年有余',武强年画的代表作是'六子争头'。"包括在地方性展览场所,这种代表作一定会悬置在 C 位(中心位),这样圈地占山头的行为也确实开发出新的参观性价值,镇馆之宝决定了空间秩序中最重要的一环。

以上分类排序的好处在于,这些年画有了归属和线索。它们不再是市场里杂乱无章、任人挑选的产品,而被赋予了更专业美好的名字。游客可以按照类型参观它们——字画类、经史类、花鸟动物类、小说戏曲类、田园农耕类、仕女娃娃类、幽默讽刺类;也可以按照时间顺序——古代、近代、现当代,甚至可以细化到革命战争时期、中华人民共和国成立后等;按照功能——客厅画、门神、条屏、糊灯笼的灯方、卧室炕头的横批,人们常去的农贸市场里的年画远不如这么齐全。至今为止,博物馆仍然以其严格、专业的展示理念成为一个"为公共利益而收集、记录、保留、展览,并阐释实物证明和相关信息的机构"①,在贝拉看来,博物馆的功能属性使其不得不集中精力解决与群众的接近性问题,因为展示意味着向非专业参观者描述专业知识,如何将知识变得易于传播和接受是博物馆的终极使命。②

(三)情境互动:可参观性仪式中的个体实践

张贴在家里客厅中的年画与玻璃罩中的年画都是仰视视觉中的客体,为什么游客感受会不相同?接下来将提到展厅空间秩序当中的包装环节,除了对作品本身的秩序建构以外,博物馆的其他装置也在影响着年画可参观性意义的生产。

在家庭空间中,作为年节习俗的年画往往伴随某种仪式呈现:它由居于家庭核心地位或在家庭事务中具有权威身份的成员从年货市场中选择和购买,其中蕴含着这个家庭面向未来时的具体期许是"风调雨顺"还是"多子多孙",

① [英]贝拉·迪克斯著,冯悦译:《被展示的文化:当代"可参观性"的生产》,北京大学出版社2012 年,第 151 页。

② [英]贝拉·迪克斯著,冯悦译:《被展示的文化:当代"可参观性"的生产》,北京大学出版社2012 年,第 152 页。

随后其他家庭成员会在特殊节日时刻共同完成张贴环节,使年画完整的意义生成,达到一种全员精神从有到无的上升转换。而在展厅空间中,隔绝本身暗示着一种高贵、不可触摸,它将这种等级秩序强加在年画媒介与游客身上,就犹如"可远观而不可亵玩焉",它不需要张贴互动的仪式,或者说年画博物馆的仪式就是"你在玻璃内我在玻璃外的注视"。当然,博物馆也在试图打破这一种严肃的表现形式,努力消除与游客之间的视觉差距。正如许多场所突破传统意义上的物质环境,与周围装置或是建筑实体相得益彰,以达到超越摄像机镜头的仿真形式,就像当初"流动的虚拟注视"代替了博物馆传统的玻璃箱式的展览,那种把脱离环境的物件分类摆放在粗布上的形式,显得乏味而没有意义。所以近年来,博物馆展厅尝试一种方式,把虚拟环境的三维特点和多媒体的电子技术相结合,制造出能够以各种感官体验过去的幻影,比如活态历史展示就体现了三维浸入式幻觉体验带来的满足感,博物馆以此来努力克服现实感知的不足。但是,游客真的幻想自己已经在真实场景中了吗?其实也未必,柯申布拉特·金布利特把这种暂时抛开的信任体验,称作为"博物馆效应",即通过展示普通物件令其特殊化,并让展示成为"体验围墙外生活的模式",创造出取自他人生活的景观,然后我们将自己的生活与他人进行比较,"勾起我们对自己日常生活的怀念,在刹那间成为自己生活的观众"①。因此,现在的展览都是有意识地建构的,用以向公众展现"作品本身无法揭示的东西",装置和阐释成为展览魅力的关键。

比如武强年画博物馆二楼的情景式体验区就为游客还原了传统院落形态。木质大门上张贴着"神荼和郁垒"的门神画,门梁两侧挂着灯方。游客穿过大门和大福字影壁后,右手边就是贴有老虎与狮子年画的耳房。紧挨着耳房的,是用以居住的正房,纸糊的窗户上贴满了斗方和月光,可以看到卧室暖黄色的灯光微微透出,正房两侧内置墙洞里供奉着"灶王爷"和"财神爷"像。推开正房门,映入眼帘的是"连年有余"的客厅画,右侧灶台上的灶王爷画像保佑着这家人吃喝不愁,里屋的门上不再是神荼郁垒的武门神像,而是"五子献

---

① ［英］贝拉·迪克斯著,冯悦译:《被展示的文化:当代"可参观性"的生产》,北京大学出版社2012年,169—173页。

寿"图，表达着中国百善孝为先的传统。卧室炕头的横批大都是传统典故和戏曲故事，比如"三人结拜二虎庄""焦孟拜见伯母"等。而偏房一般是子女入主，其年画装饰稍显活泼，门上张贴的是多子多孙、功名富贵的门童画，炕头的条屏也大都为花鸟鱼虫，尽显年轻态。

在这个展厅中，年画不再被锁入玻璃罩中，游览者可以近距离欣赏甚至是触摸，连纸的脆度、上色是否均匀都可以俯身一探究竟。此时的游客不再是空间场所的参观者，而是成为这个院落的主人，甚至可能会想要拿着扫帚，扫扫柜子上的灰尘，抑或是拿起炕上的针线继续绣手帕。这样的情景式体验仿佛还不够，到了博物馆第三层，工作人员会邀请游客加入年画的制作当中，参观者可以亲自选一个模子、刷一遍印版，也可以拍照合影、录制视频。它恰好利用了游客对年画的实践性回忆或者现在依旧发生着的行为活动，再辅以专业性有组织的空间话语，引导游客理解和使用这个空间场所，并且游客极有可能带着新理解回到日常使用空间中，这种勾连来源于民间年画的存在特质，因为年画还依旧鲜活地保持着它的实用功能，使得家庭生活场景与博物馆展厅这两个空间在转换时并不太会脱节。

传统的博物馆展览趋向于展示文化产品，到了现在，博物馆把游客看作积极的消费者，而不是权威知识的被动接受者。这就要求博物馆对展览进行筹划，也就是向更有互动性、"浸入"程度更深的展示模式过渡①，从参观、入景到参与，这意味着游客应该不断接触被展览的文化，是一种视觉互动外的身体互动补充，而不是将两者隔离开。与此同时，空间意义生产的终点并不仅是参与，展示的最后目的是拥有。于是，配套于博物馆的商品购物店成为除了照片以外的，能够代表曾经拥有或已有文化身份的记录和证明，那就是吸引游客买一幅年画，毕竟文化展示还应该带来直接和可观的经济收益，没有什么比在欣赏、体验、参与过后消费一个年画商品更让游客感到满意，在消费剩余记忆之后一切都是顺理成章。

对于年画来说，它们存在的基础是家庭空间，空间个体为它们提供资源和

---

① 贝拉·迪克斯著，冯悦译：《被展示的文化：当代"可参观性"的生产》，北京大学出版社2012年，第175页。

象征意义，所以现在的年画博物馆更关注的是一种生活方式，而不是恍如隔世的物件。现象学意义上的理想场所意味着，场所需要突出自身可供参观的体验，通过改造和重建后的阐释技巧，赋予场所文化意义，营造一个"会说话的环境"①，同时，博物馆场景的浸入式情境打造就是缩小距离感、唤醒记忆，帮助阐释和理解文化意义的有效方式，它告诉游客，何种年画应该被张贴在何种位置，会有何种作用，只有被位置捆绑了的年画才能发生它本身的意义，所以意义的理解从来都是一个动态过程，主体、客体和空间缺一不可。

三、数字展厅里的文化体验

年画的可参观性是其"现代化"的延续，各种空间被生产或被转化，积极召唤或吸引参观者。年画媒介与博物馆空间共同发挥着休闲体验和公共教育的功能，"博物馆应该是以技能为导向的，而不是物件的庇护所"②，所以现代博物馆展厅更多举办互动性强的活动，并通过其他装置互动进行非正式的知识学习实践，使得参观者同时具备了知识的使用权。

文化展示承诺的首先是对丰富意义的体验，在多大程度上这种对意义的追求能够用对真实性的渴望来解释？答案是并没有。观察发现，博物馆极力营造一种民主互动，通过情景式浸染唤起游客对于民间年画的亲切感，努力为场所中的观赏者赋予一个集体身份，帮助其重回那个年代，就像伯格森所认为的，记忆是人超越空间性、获得时间性和自由人格的媒介③。现代性在消灭又不时重构着实际生活，年画依旧以它独有的特质存在于中国年货市场大街，那些色彩浓艳的印刷品没有复杂的构图规则和深厚的艺术底蕴，在传统年画艺人眼中"娃娃的脸蛋要上三层颜料叠加才能体现白里透着健康粉"，而在年货市场里随处可见直接机械复制娃娃的照片。如果用活灵活现形容传统年画作

---

① ［英］贝拉·迪克斯著，冯悦译：《被展示的文化：当代"可参观性"的生产》，北京大学出版社2012年，第18—43页。

② ［英］贝拉·迪克斯著，冯悦译：《被展示的文化：当代"可参观性"的生产》，北京大学出版社2012年，第167页。

③ 冯雷著：《理解空间：20世纪空间观念的激变》，中央编译出版社2017年，第27页。

品,现代市场里的那些年画则是"高仿的真实"。这些现代市场里的年画无法进驻展厅空间,因此对比而言,无论如何怀旧,博物馆所营造的都只是"过去真实"而已,是一种"真实感"的想象投射,带来的是时间穿越而非空间。

随着互联网时代的发展,年画开始进入一种新型的人类生产生活空间,民间年画面临着从传统走向现代、从日常走向审美、从现实走向超现实、从单一空间走向复合空间的新型空间关系之中。在理解数字时代的年画媒介空间关系时,既要把它放置在一个实质的空间当中,如之前着重分析博物馆的包装与营造,把它割裂为主体作用于客体的活动,又不得不把年画从"空间盒子"中解放出来。此时年画不再是直观的、复合的、不可入的物体,而变成可干预操控的、能动的空间,一个意义结合体,人作为文化的动物,在数字网络时代以无限可能创造新的参观符号与参观意义。人类需要对这种空间扩张有更加现代性的认知,远不能把展厅空间媒介局限于一个物质的、有形的"一亩三分地",因为移动和植入式数据代替了原本的砖瓦作用,网络节点构筑着新的横梁。

在数字时代,展厅空间参观时序实现重组,基于跨屏互动的参观仪式与视觉崇拜正在消解。正如前文所提到的,家庭空间中的年画作为视觉焦点往往以仰视型视觉范式出现,在展厅空间中则是一种博物馆精心打造的新的注视仪式——观赏橱窗里的文物。而在数字网络时代,这种视觉崇拜将被小屏视野打破。这意味着游客参观注意力被分解,人们可以一边用手机观看博物馆的介绍视频,一边用其他设备查询年画展品的文物故事,甚至可以用多台设备同时观看多个展品视频。此时又回到了传播的传递观与仪式观的讨论,一个相对稳定的文化空间维持着信仰的基本秩序,无论是家庭还是展厅,这种秩序相对虔诚和稳固,而在数字网络空间中这种传播还处在一个"强调在最广阔的范围内影响到多点的人的传递与扩散"的基础阶段,实现传送、散播与年画展品相关的知识与信息。

同时,对于年画展品的即兴特征创造正在进行。在数字网络环境中,个人的物化已经到了这样的程度:个人不得不为自己更好地参与数字环境或者响应数字化速度而重新认识自我,连带年画媒介的"潘多拉的盒子"也带着新奇诡异的面貌实验性地出现在大众面前。媒介技术手段让年画中的人物"动起来"——财神爷推着购物车逛商场、钟馗骑着摩托车穿梭在街道中,仕女和娃娃坐着高铁回老家……又如"文物变戏精"话题中的兵马俑文物特效，AI智能换成使用者的眉眼和嘴，说着方言唱着现代歌曲，这种作为城市精神生命力源泉的玩乐精神与公众参与过程在超工业化逻辑支配下如火如荼地开展着，脱离展厅空间的展品在个性化再生产行为中失去了参观意义。另一种思路是，这种现代主义对空间的干预就像海德格尔所说的那样："筑造不只是获得栖居的手段和途径，筑造本身就已经是一种栖居。我们栖居，并不是因为我们已经筑造了；相反，我们筑造并且已经筑造了，是因为我们栖居，也即作为栖居者而存在。筑造从不构成'这个'空间，既不直接地构成，也不间接地构成。"[①]我们也不能把参观性意义捆绑在展示空间的匣子里，把所有个体化行为视为对参观性意义的消解，既然数字化时代正在一种"全真"样态发展着，那么彼时对于"参观"定义中实地观察的必要性又需重新理解。

四、结语

年画是中国一种寓意吉祥的生活实用品、必需品，其历史上可追溯到远古时期的自然崇拜，下至宗教伦理的价值期许、生活情境的视觉美化，驱凶辟邪、祈福迎祥且逐渐风俗习俗化，随俗而进。这种特有的民族文化特质使其从厅堂居所一跃迈进国际舞台。但如果只把年画作为一种静态的艺术作品进行分析，便是对这种中国独有的视觉资源的浪费。而从空间文化的角度，恰好能够将年画媒介置于一个流动的环境之中。年画媒介是一个可以被人体验的空间，其表征的空间是活生生的，具有流动性和动态性，它对空间建构的影响是象征性的，无论是空间的表征，还是表征性空间，都在空间实践中参与维持、塑造或改变空间，反过来它们也受到空间实践活动本身的影响。因此，不应该简单地把年画媒介的空间互动限制在一个实体空间中，在数字网络时代，可参观性的现代化延续还存在多种可能性，这些可能性将有助于诸如年画的传统视觉媒介重新焕发生机。

---

① ［德］马丁·海德格尔著，孙周兴译：《海德格尔文集：演讲与论文集》，商务印书馆2018年，157—176页。

（王敏芝,陕西师范大学新闻与传播学院教授;杨家宁,陕西省西安市新城区文化馆）

Towards the Exhibition Hall: The Production of Visitability on Chinese Folk New Year Paintings

Wang Minzhi　Yang Jianing

Abstract:"Celebrating the New Year and pasting New Year pictures" is a traditional visual phenomenon and cultural behavior of China's folk. However, with the comprehensive modernization of social life and the transformation of modern cultural practice, folk New Year pictures have gradually evolved from cultural articles in the original family field to cultural exhibits in museums, exhibition halls and other exhibition halls. The folk New Year paintings in the exhibition space have been transformed from "life media" in the private domain into cultural samples with "visitable significance", thus realizing the modern public value of folk art. The reproduction of its cultural significance also has more possibilities in the current digital cyberspace.

Keywords: The Folk New Year Pictures; Visitablity; Meaning Production; Digital Exhibition Hall

图 1　年货市场与文化商店中的年画

图 2 武强年画博物馆情景式体验区

流金的"延安岁月":延安电影团的 摄影作品及其影像意蕴[①]

张聪

摘要:延安时期,延安电影团的摄影师们拍摄了大量的珍贵的历史图片,其精炼的选材,生动的构图,独特的角度,精准的光线运用,强烈的概括力与表现力,不仅真实地记录了抗战领袖的风采和延安抗日根据地的生活,而且作为一种以影像为方式的知识生产影响了广大民众对延安以及中国历史走向的想象。延安摄影师以民族解放思想和现代家国情怀提升了现代摄影的思想艺术境界,并通过其作品创作所探索并形成的政治美学,建构了当代摄影美学意义上的"国家话语"模式,引导了中华人民共和国成立以后摄影创作的现实主义方向,时至今日仍是一笔最宝贵的精神财富。

---

① 本文系陕西省社会科学基金项目"延安时期吴印咸的摄影风格及其影像意蕴研究"(项目编号:2021J014);陕西省社会科学基金项目"'延安 1938':文化街区及其媒介意义"(项目编号:2021M007);陕西省教育厅科研计划项目"延安时期的摄影图片对延安形象的建构与传播研究"(项目编号:21JK0310);陕西省艺术科学规划项目"传播学视域下的延安时期摄影文化研究"(项目编号:SY2021011)的阶段研究成果。

关键词：延安电影团；摄影作品；影像；意蕴

有史以来，文字和图像便是人类社会中两种最基本的表意符号。从古代的象形文字到当下时代的图像阅读，都说明人类文明与图像等符号表征紧密相连。美国文化学家 W.J.T. 米歇尔在《图像理论》中认为图像不是对摹仿和再现理论的简单延续，而是对图像的一种后语言学的、后符号学的重新发现。英国史学家彼得·伯克在《图像证史》中，也论述了图像无疑正在成为最为主要的语言形式，以及图像作为历史证据的不可或缺性，并预言当今史学界已经开始了"图像学转向"。从图像发展的角度来看，人类的图像历史由于传播工具的变革而被分为两类：一类是手工制造的图画的历史，一类是摄影技术所带来的拟真图像的历史。与手工制造的图画相比，摄影图片在真实面前不仅仅记录现实，它还提供了一种比现实本身更为真实的图像参照。苏珊·桑塔格在其代表作《论摄影》中写道："事件结束后，照片将继续存在，赋予事件在别的情况下无法享受到的某种不朽性。"①她将摄影的意义提高到现代生活中的一个新的高度。

20 世纪 30 至 40 年代，摄影图片在延安作为一种新的媒介，为人们呈现出一个崭新的空间和世界，它建构起边区民众乃至全国人民新的生活理想和信念，宣传了党中央的方针政策，传播了延安和中国共产党的政治形象。当前学界对延安时期（1937—1949）摄影文化的研究主要集中在两个方面：第一，对延安摄影文献的整理。这项工作早在 20 世纪三四十年代就已开始，从 1942 年八路军军政杂志社编辑出版的摄影画册《抗战中的八路军》，到新华书店编辑出版的"大众小丛书"（1943—1944 年），其中都收录了吴印咸、徐肖冰、郑景康、吴本立等人拍摄的多幅摄影作品。20 世纪八九十年代，由湖南文艺出版社推出的《延安文艺丛书》、中国摄影出版社发行的《中国摄影史（1937—1949）》、山西人民出版社出版的《中国解放区摄影史略》《中国红色摄影史录》《崇高美的历史再现》等较全面地介绍了延安时期新闻摄影的成就。进入 21 世纪后，由人民出版社出版、延安新闻纪念馆馆长刘妮主编的《亲历延安岁月——延安电

---

① ［美］苏珊·桑塔格著，黄灿然译：《论摄影》，上海译文出版社 2010 年，第 18 页。

影团摄影纪实》，太白文艺出版社出版的《延安文艺档案》之《延安影像档案》，陕西人民出版社出版的《红色档案——延安时期文献档案汇编》等，以独特的地缘优势梳理与整理了 1935—1948 年期间的延安影像档案史料，内容丰富全面；山西人民出版社于 2015 年推出的《国家记忆：海外稀见抗战影像集》，收录了海外随军摄影记者拍摄的抗战期间的摄影图片 1800 余幅，几乎网罗了可以发掘到的海外抗战期间的全部影像资料。以上著作基本上是以文献整理或"档案"的形式介绍延安时期新闻摄影的成就，具有"真切而详尽的资料辑览、原生而活态的历史再现"的特色。第二，延安摄影文化研究。李晓洁的《"十三年"时期延安摄影文化的历史意义》，王春泉、李晓洁的《延安时期根据地摄影教育的实践信念及其智慧——以摄影训练班为例》，分别从延安影像的生产和延安摄影文化建设的特点等方面展开了论述；李继凯的《镜头中的延安》从艺术的角度探讨了延安影像的审美价值；王珂的《1945—1949：中国摄影影像产制的技艺环境研究》、姬勇刚的《战争时期解放区摄影艺术研究》等，较深入地研究了抗战时期解放区摄影图片的传播特点和历史价值。从现有的红色摄影研究成果来看，学界关于沙飞和《晋察冀画报》的建树和风格的论著已成体系，并具有一定的深度，而对"十三年"时期延安摄影的研究尚处于起步状态，如何更全面系统地研究延安的摄影文化，客观评价"十三年"时期延安摄影所取得的伟大成就，是一项亟需开展的工作。

延安时期，摄影不只是当时的文化实践活动和文化建设的重要组成部分，更是与毛泽东文艺思想的确立、党对文艺工作的领导以及新民主主义文化建设都有着密切联系。它作为延安抗日根据地的重要文化活动之一，其活动范围早已超越了地理区域性界限，逐步发展成为一种整体性的国家文化形态的实验样本。本文通过对延安电影团等文化组织和机构成员摄影图片中具有代表性的作品的解读，把这些产生巨大影响力且具备大众化、民族化和经典化特征的摄影作品，还原到延安革命的"现场"当中去，放置于 20 世纪 40 年代中国革命和现代文化的广阔背景下进行研究，阐释"延安摄影"的符号化特征及文化表征，挖掘延安摄影丰富的历史内涵和政治美学品格，将延安摄影文化研究转换到另一个认识维度。

一、领袖人物肖像摄影的政治美学意蕴

　　延安电影团拍摄了许多经典的人物肖像照片,"肖像"的英文用语"icon"(圣像或偶像)本身就寓意着一种精神化力量。"以肖像为代表的象似符使得能指与所指的关系更为具体,能直观地反映所指事物的特征。"①以吴印咸为代表的延安电影团肖像摄影家,鲜明地体现出时代的特点。如仰拍的角度选择、独特的光线运用、对拍摄对象精准的神态把握,共同构成了延安时期人像摄影的独特风格。

　　照片《挥手之间》是这一时期肖像摄影的代表作之一。1945 年 8 月 28 日,毛泽东来到延安机场,准备乘飞机赴重庆与国民党谈判。众多延安军民到机场欢送毛泽东。毛泽东登上飞机,在跨进舱门时转过身来,举起深灰色的盔帽在空中挥动,向人们告别致意,这一瞬间被吴印咸精准地记录下来,毛泽东微笑的神情和潇洒的挥帽姿态,充分展现了共产党人大无畏的气魄和勇气,这幅作品是摄影师高超的摄影技巧与历史某一瞬间相互碰撞的结晶。1945 年 10 月 11 日,吴印咸又拍摄了一张毛泽东在机场的照片,题为《胜利归来》。毛泽东结束重庆谈判后,乘飞机返抵延安,受到延安军民的热烈欢迎,照片中毛泽东仍戴着那顶深灰色的帽子,他精神抖擞,步伐矫健,面带微笑地向前来欢迎的延安军民亲切致意。吴印咸采用仰视的拍摄角度,选取毛泽东走在庞大的飞机羽翼前的一瞬间进行拍摄,把毛泽东的革命家风采真实生动地表现出来,稍稍扬起的头和微微露出的笑容,显示出他对延安军民的真挚情感;紧握的双拳则表现了他对国共合作、民主团结前景的坚定信念。以上人物肖像摄影作品精准地把握住了历史瞬间领袖人物的超迈气度,显示出它所具备的定格历史人物、揭示历史走向的能力,也体现出拍摄者通过实践已形成了革命现实主义的摄影风格。吴印咸在他的摄影理论专著《摄影常识》中写道:"评估摄影的标准要看它对于社会文化的任务和它的工作表现。""把摄影来服务抗战,这不

---

　　① 靖鸣:《颜文字:读图时代的表情符号与文化表征》,《西南民族大学学报》2020 年第 11 期,第149—155 页。

但是必要的，而且是抗战现阶段最迫切的要求。"①将摄影创作依托于一定的政治背景上，使时代风云、革命情怀贯穿于其中，是延安电影团影像拍摄的艺术追求，由此形成了延安影像虽以反映社会现实为己任，但其表现重点不在于延安的民俗风情和摄影师自我的个人情怀，而在于延安的现实政治制度和总体环境之特点。"影像纪录是前提，依托影像的纪录揭示现实是目的，这已超越了摄影机的纪录功能，上升到了美学的层面。"②

　　吴印咸拍摄的《前线视察》是在战场上抓拍八路军官兵人物肖像的经典作品之一。照片拍摄了八路军第 120 师将领贺龙、关向应、周士第和甘泗淇在前线视察的画面。作者仍然选取仰拍的角度，抓拍了四个人全神贯注、眺望前方的一瞬间，生动地表现了八路军将领在战场上指挥作战的情景。在这张照片中，贺龙抬手指向前方，其他三人都随着他手指的方向朝前望去，人物背后硝烟滚滚，漫起的硝烟构成了照片背景的层次感和纵深感，将战争的残酷和激烈氛围烘托出来，渲染出一种大战即将来临的气氛，照片将八路军抗日将领沉着坚定、英勇善战的精神风貌表现得淋漓尽致。摄影作品《朱德骑战马》也是一幅广为人知的经典作品，是由延安电影团的摄影师徐肖冰创作的。朱总司令骑在战马上，目光炯炯，眺望远方，徐肖冰完美地抓拍下这一瞬间，将战场气氛、人物神态生动地记录下来。以上几幅人像摄影作品在拍摄角度、光线、构图、镜头运用等方面都出神入化，经过岁月的磨砺，已成为传世佳作。它们不仅真实地记录了共产党领导广大人民群众抗日救亡的历史，表现了毛泽东、朱德等延安革命家创建现代新历史的伟大功绩和宏伟气魄，也开创了革命现实主义的摄影模式，风格大气沉稳、质朴清新、粗犷激越，呈现出崇高的格调风范。

二、战争题材摄影图片构建的深远意境

　　在特殊的战争年代，延安电影团成员拍摄了大量战争题材的摄影图片，其

---

①　中国摄影家协会理论研究部编：《中国摄影史料》1981 年第 2 辑，第 25 页。
②　陶涛林、毓佳：《创造可见的历史证据》，《现代传播》2012 年第 4 期，第 119—122 页。

中有许多经典之作。吴印咸拍摄的《如履平地》鲜明地表现出对照片构图形式的积极探索:照片以宽阔的蓝天白云为背景,用仰视的角度逆光拍摄了战士在高架上训练的剪影,充分表达了对人民战士的高度赞美。这张照片巧妙地将战士稳健行走的双腿拉长,并将其与周围环境联系起来,用一个普通的训练场景来表现我军勇往直前的精神和强劲的战斗力,诚如巴尔扎克所说:"整个环境的精神可以用一个物质细节来披露,不管表面上多么不起眼或任意。"[①]与《如履平地》大为不同,徐肖冰拍摄的《陕甘宁边区警备第3旅骑兵团在沙漠中行进》则选用了俯瞰的视角,采用小光圈、大景深,使照片清晰度的范围较大,人物和背景都非常清楚;"S"形的构图不仅仅是拉伸了画面的宽广度,还将部队行进的场面表现得规模宏大、气势磅礴。照片中,耀眼的阳光照在干裂的土地上,越发显出陕北高原黄土地的贫瘠与荒凉,显现出战争环境的艰苦,而战士们骑在马背上的身姿,在远方若隐若现的山脉的映衬下却更加矫健生动。

延安电影团的摄影师们跟随着大部队翻山越岭深入战争的第一线,拍摄了大量八路军不怕牺牲、浴血奋战的影像,见证了中国共产党领导的人民军队团结一心、英勇杀敌的伟大历史,尽显战争年代的革命本色,其中具有代表性的作品有《攻克日军碉堡》《陕甘宁边区的哨兵》等。这两幅作品,徐肖冰都采用了仰视视角和对比的手法来拍摄。在《攻克日军碉堡》中,碉堡的"大"和人身影的"小",形成鲜明的对比;碉堡的"静"和士兵的"动"也形成强烈的对照,照片不仅真实地表现出我军攻克敌人碉堡,夺取战争胜利的艰辛与不易,也生动地传递出我军取得胜利的喜悦感。《陕甘宁边区的哨兵》也是就地取材,一棵老树突兀地立在照片的中间,这棵中间劈开的老树形成天然的瞭望台,一位持枪哨兵专注地望向远方,大树粗壮的主干和上面无数的细枝形成有趣的对比,大树的"苍老"与士兵的"年轻"又形成鲜明的对照。直戳天空的坚硬树枝,在没有一丝云彩的天空的衬托下显得格外凌厉,把战争时期的紧张气氛和小战士一丝不苟、严肃认真的精神状态生动地表现出来。这两张战争题材的摄影作品构思奇特巧妙,风格简洁明快,充满了英雄主义的气息。

战斗生活间隙,战士们的生产和生活也是摄影家的关注重点。《开荒》是

---

① 周宪:《视觉文化的三个问题》,《求是学刊》2005年第3期,第90—93页。

周从初拍摄于1941年的一幅作品,表现的是王震将军率领的三五九旅在南泥湾垦田开荒的场景。照片采用仰角、逆光拍摄,战士们挥动锄头的身影在蓝天白云的衬托下显得格外矫健,右边一棵大树的枝叶伸展开来,与左边山坡上的一棵小树的枝叶相互交接,组成了一幅完整而生动的画面。战士身后的云彩层层叠叠,人物头顶上疏散的枝叶和脚下坚实的大地形成鲜明的对比,照片色彩丰富,层次分明,意味无穷。吴印咸当年也拍摄了相同题材的照片《拓垦》,同样采用仰视的拍摄角度,一队战士在山坡上锄地,从左边战士的举锄,到右边战士的落镐,组成一幅动作连贯的、类似于连环画效果的画面,而山坡自然坡度和天空云彩的走向,又进一步加强了画面的和谐完整与恢宏气势。这两张运用远景镜头拍摄的照片,将人物和环境融为一体,情景交融、寓情于景,一种生成于团结战斗集体中的昂扬气概,为照片带来了独特的审美意境。

延安电影团成员的摄影作品都选材于艰苦的斗争生活或残酷的战争中,但摄影师在创作中将自己对生活独特的观察和感受用贴切的方式表现出来,坚持以自我的艺术眼光来创作,充分显露出创作主体的主观性经验。其中吴印咸的摄影自然浑朴,气壮神逸;徐肖冰的摄影刚健潇洒,豪迈奔放;周从初的摄影沉稳朴实,细腻真切。摄影师在创作中的主观性经验愈强愈能表现出对理想未来的憧憬,体现出一种"抒情性"的美学品格,从而使得延安时期的摄影作品既具有纪实性的特征,又富于革命浪漫主义的色彩和高远的意境。

三、自然风光摄影作品的符号化意义

延安时期,延安电影团也拍摄了大量自然风光和景物照片。摄影师吴印咸运用独特的拍摄手法,将陕北连绵的山丘、荒凉的黄土地拍摄出宏伟的气势,显示出质朴雄壮的美感的同时,也赋予这些照片符号化的特征。所谓符号化是指"主体经过抽象思维将客体转化为符号,并赋予符号以意义的活动。简单地说,就是指人创造符号的活动"①。

吴印咸拍摄的《驼铃叮当》《城边延水逐山湾》等两张照片,其景物象征感

①　卢珊珊:《符号、符号化与符号异化释义》,《晋中学院学报》2008年第2期,第49—53页。

十分强烈,矗立在宝塔山上的宝塔和山下滚滚而流的延河,都被作者创构为具有高度象征性的文化符号。如果说每一座城市或每一个地方,都有代表性的景物或建筑作为自己的标志,例如:天安门之于北京,六和塔之于杭州,大雁塔之于西安。那么,延安宝塔和延河就是吴印咸摄影镜头中典型的延安空间意象,它们被赋予了强烈的意识形态色彩和独特的历史内涵,具有了符号化的意义。吴印咸镜头中从任何角度望去都巍然耸立的宝塔、奔流不息的延河,象征和标志了延安精神,隐喻了现代民族国家的诞生与发展,鲜明地表现出拍摄者对革命文化的认同和情感联系。类似这种以宝塔山和延河为中心来构图的照片,在延安电影团拍摄的自然风光照中还有许多,摄影师通过大量相似的构图,将延安宝塔和延河符号化,使革命意识形态和革命审美理想以具象化的方式固定下来并传播出去。

　　"视觉性对每一个人来说并不是一个自然而然的过程,而是一个渗透了复杂的社会文化权力的制约过程。"①中华民族历来具有山水文化的传统,诗歌、散文、绘画皆善于将大自然作为独立审美对象加以表现,中国传统山水诗善以道家文化为底蕴,追求潇洒隐逸的文人情趣,与此相关联的文人山水画,则以"丈山尺树""寸马分人"为绘画原则,崇尚天人合一的逍遥情调。相对而言,延安电影团的"山水"摄影图片,显然没有承袭传统文人的艺术趣味,而是表现出独特的现代审美情趣和艺术追求,摄影师通过对延安的地理山川、自然景色的表现,传递出一种浪漫主义和乐观主义的气息。1938年,袁牧之、吴印咸等人来到延安以后,很快地融入革命大集体中,努力实现从小资产阶级精英知识分子到无产阶级革命文艺战士的身份转变,他们树立起革命现实主义的文艺观,从中国现代革命社会动员的目的出发,通过摄影实践实现自己的政治抱负和理想。拉巴尔特曾说"政治并非仅仅是权力之争,还包括表达和展现,即担负起塑造种种形象、构筑不同身份、树立象征意义的框架结构、营造情感氛围的美学任务。"②《驼铃叮当》《城边延水逐山湾》等照片所蕴藏的诗情画意和展示

---

① 贺桂梅:《长时段视野里的中国与革命——重读毛泽东诗词》,《文艺争鸣》2019年第4期,第30—45页。
② [美]王斑著,孟祥春译:《历史的崇高形象:二十世纪中国的美学与政治》,上海三联书店2008年,第119页。

的开阔意境，充分体现了一个具有时代感和使命感的创作主体的精神世界。延安时期的自然风光照片是其拍摄者对革命事业由衷信仰的产物，是拍摄者与主流意识形态合拍而达到的创作境界。

结　语

　　延安时期，延安电影团拍摄的摄影作品不是简单地对历史人物或历史事件的记录，也不仅是让读者在欣赏的层面上接受它，而是通过这样一种在当时来说全新的媒介，使摄影师将自己对革命的真挚情感，化为一种能够表现革命雄伟力量的摄影风格，以此打动与感染读者。这种创作上的自觉，源于他们作为革命队伍中的一分子的自豪感以及革命战士的情怀，我们只有从一个大的历史维度出发，才能去充分认识和理解延安时期摄影文化的重要性。这些摄影图片记录、传达与揭示了陕甘宁边区政治生活，颂扬了延安革命家创建现代新历史的伟大功绩，它的主题向度、精神面相、表现方式鲜明地体现出民族化、大众化和经典化的特征，与以歌颂为基调的、具有史诗品格的延安文学形成了同构关系，并以鲜明的人民性立场在现代摄影史上占据了重要的地位。"进入新时代，人民对美好生活的需要已经融合了物质需要和精神文化需要并包含了更加丰富的内容。"[①]当中华民族的复兴和中国特色社会主义实践依然需要在情感和审美上召唤人民大众，为实现中国梦提供精神资源和政治凝聚力之际，延安电影团摄影图片的价值和意义就愈发凸现出来，并焕发出新的活力。

　　　　　　　　　　　　（张聪，西安外国语大学新闻与传播学院讲师，博士）

---

　　①　董慧：《城市繁荣：基于人民性的思考》，《西南民族大学学报（人文社会科学版）》，2021 年第 4 期，第 80—87 页。

The Golden "Yan'an Years": Photographic Works of Yan'an Film Troupe and Its Image Implications

Zhang Cong

Abstract: During the Yan'an period, the photos taken by Yan'an Film Troupe were refined in material selection, vivid in composition, unique in angle, accurate in light use, and has strong recapitulate and expressive force. It truly records the elegance of resistance leader and Yan'an anti-japanese base areas of life, as a kind of knowledge production and affects the public imagination of Yan'an, which makes people produce identity to Yan'an new political philosophy and ideology. The news photography pictures taken by Yan'an Film Troupe have promoted the ideological and artistic realm of modern photography with the idea of national liberation and the modern feelings of home and country, constructed the "national discourse" mode in the aesthetic sense of contemporary photography, and guided the realistic direction of photography creation after the establishment of New China.

Keywords: Yan'an Film Troupe; Photographic Works; Image; Implication

《如履平地》(1941 年,吴印咸摄)

《骑兵团在沙漠中进队》(1943 年,徐肖冰摄)

《攻克日军碉堡》(1940 年,徐肖冰摄)

《陕甘宁边区的哨兵》(1943 年,徐肖冰摄)

《开荒》(1941 年,周从初摄)

《拓垦》(1941 年,吴印咸摄)

《驼铃叮当》(1938 年,吴印咸摄)　　　《城边延水逐山湾》(1938 年,吴印咸摄)

　　注:文中摄影图片皆出自刘妮主编《亲历延安岁月——延安电影团摄影纪实》,人民出版社 2012 年版。

"剧场性"何以介入极简艺术批评

——从弗雷德到克劳斯

刘白芊

摘要:1967 年,迈克尔·弗雷德发表论文《艺术与物性》,批判极简雕塑过于凸显物性,追求剧场性,从而背叛了现代主义艺术的媒介自律性。1977 年,罗莎琳·克劳斯利用著作《现代雕塑的变迁》为极简主义艺术辩护,她将"剧场性"溯源至现代主义雕塑起始。弗雷德和克劳斯都利用"剧场性"介入极简主义艺术批评,发生互通与延伸。值得注意的是,他们的态度和立场相左,前者批判,后者辩护。本文通过文本细读,认为弗雷德和克劳斯关于极简艺术态度的根本差异,在于批评立场与范式不同,折射出极简艺术批评的哲学化倾向。

关键词:剧场性;媒介;物性;弗雷德;克劳斯

20 世纪六七十年代,冷战后的美国公众以前所未有的热情和尊重拥抱当代艺术,艺术批评作为上层建筑,为了支持这种新兴趣而蓬勃发展,此时的美国艺术批评在本土成为一个"严肃的学科"①。艺术批评的兴起是多方面因素造成的,其中不乏商业艺术杂志的发展和艺术市场的不断扩大。抽象表现主义、色彩场域绘画和波普艺术在商业上的成功培养了人们对当代艺术日益增长的兴趣。在很大程度上,杂志通过背书在建构流行艺术形式和树立权威话语体系方面发挥了积极的作用,成为批评家评判艺术价值的主战场。年轻的评论家们受到克莱门特·格林伯格(Clement Greenberg)严谨的形式主义分析风格的影响,在《艺术杂志》(纽约)、《艺术国际》(卢加诺)、《国际画室》(伦敦)和《艺术论坛》(纽约)等世界各地的杂志上雄心勃勃地发表了文章,年轻的一代中,迈尔克·弗雷德(Michael Fried)与罗莎琳·克劳斯(Rosalind Krauss)也积极参与其中。

1960 年的艺术氛围使得公众早已习惯了浪漫的、传记性的抽象表现主义艺术风格。极简艺术表现出来的缩减外观与行动绘画的视觉复杂性之间所形成的鲜明对比震撼了公众。格林伯格在《雕塑的近况》(*Recentness of Sculpture*)中指出"当一目了然的平面性……自动宣布自己是一幅画"的时候,"给艺术家和批评家带来了担忧"②。格林伯格所指的"担忧"正是 1960 年的美国艺术评论界面临的最大的困境:面对极简艺术以及这些艺术家倚重文本来陈述的主张,批评家需要立即作出回应,到底是继续支持抽象表现主义后期的一些色彩场域艺术家的风格还是新出现的极简艺术?

一、"剧场性"的介入:弗雷德对极简艺术的批判

弗雷德面对极简艺术所带来的批评困境,展开了对极简艺术的批判,初见于 1966 年的《形状之为形式:弗兰克·斯特拉的不规则多边形》(*Shape as Form: Frank Stella's Irregular Polygons*,下文简称《形状之为形式》)。在这篇文章中,弗雷德分析了"实在形状"与"所绘形状"之间的关系,并借用对这两者关系的不同处理,初步比较了 60 年代现代主义绘画与极简艺术的差别。在

---

① ［美］哈尔·福斯特著,百舜译:《设计之罪》,山东画报出版社 2013 年,第 142 页。

② Clement Greenberg." Recentness of Sculpture". in *Minimal Art: A Critical Anthology*. ed. Gregory Battcock. University of California Press，1968，p.181.

弗雷德看来,现代主义绘画要克服的是物品的根本特质的形状(支撑物的物理属性与特征)与作为绘画媒介的形状(画布的艺术性)之间的斗争。前者是现成品,是非艺术的范畴,后者才是真正的艺术。弗雷德给出了既定绘画的成败标准,即"取决于它是否有能力保持或彰显自我(stamp itself out),或迫使人们相信它的形状(指的是所绘形状——笔者注),或以某种方式避免或回避是否有这种能力的问题"。又该如何理解这句话呢?可以看看弗雷德自己给出的例子。弗雷德认为诺兰德和斯特拉1967年的创作是好作品的代表,因为他们已经意识到画上去的形状、媒介画布、画框本身厚度造成的立体这三者之间存在张力,而他们所做的就是对这种张力的巧妙处理。

弗雷德在随后1967年的《艺术与物性》(Art and Objecthood)中对极简艺术展开了全面的攻击。《艺术与物性》的刊出像一颗炸弹横空出世,激起千层浪。在这篇声讨极简艺术的雄文中,弗雷德首先界定了极简艺术的性质是一种实在主义。弗雷德并没有具体分析极简艺术雕塑本身,而是根据他过去对这些作品以及展览的体验,结合极简艺术家文本展开批评。弗雷德《艺术与物性》的写作特点之一是通过大篇幅引用艺术家唐纳德·贾德(Donald Judd)《具体物体》(Specific Object,1965)和罗伯特·莫里斯(Robert Morris)《雕塑笔记》(Note on Sculpture,1966)作为研究对象。

那么,艺术家写了什么?贾德在《具体物体》的开篇,用"非绘画或雕塑"来形容极简艺术是"过去几年来最好的新创作"①。显而易见,贾德在这里模糊甚至是否定了这些"新创作"的媒介单一性,以一种轻松的口吻直接背弃了格林伯格所倡导的现代主义艺术的媒介自律。弗雷德针对此,顺应贾德的说法,界定这种新创作的性质为"既非现代主义绘画,亦非现代主义雕塑"。但是,弗雷德又看到了极简艺术对现代绘画或者雕塑的保留,认为正是"依托对这两者的保留"才得以存在。值得注意的是,背后隐藏的逻辑是弗雷德潜意识里带有的根深蒂固的且保守的现代主义情节,他才会认为极简艺术在某种程度上是对现代绘画或者雕塑的"保留"。极简艺术与现代主义艺术关系的确定,为弗雷

---

① Donald Judd."Specific Objects". in Donald Judd,*Complete Writings 1959—1975*.Nova Scotia College of Art and Design Press,2005,p.181.

德接下来将两者进行对比提供了参照系。

　　紧接着,弗雷德引用了格林伯格《雕塑近况》(1967)中关于在场(presence)的相关论述。格林伯格明确了极简艺术所拥有在场的条件,一种是依靠作品本身的尺寸大小,另一种是凭借非艺术的外表。这两种在场的共同点都是外在于审美的。[①] 此"非艺术的外表"随后被弗雷德置换为"物性"(objecthood),成为理解"剧场性"的前提基础。简单来说,"物性"就是指"外在物的样子",即一种本质的/物理性质的属性。

　　具体到绘画,"物性"指的是基底的特征:平面性与形状。在极简艺术出现之前,现代主义绘画针对平面性,代表作品有波洛克,路易斯、纽曼加以推进;而"形状"课题在纽曼的绘画得以凸显,在斯特拉、诺兰德、奥利茨基那里得到回应。这样就产生了前后相连续的一条现代主义线索:40年代的波洛克、纽曼,50年代的路易斯,60年代的诺兰德、奥利茨基、斯特拉。

　　弗雷德通过说明现代主义绘画或者雕塑"不是一个物品",反向证明"物性"担保了极简主义作品的身份。这恰恰击中了弗雷德最大的担忧,他在极简艺术那里看到了类似杜尚现成品的危险。接下来,弗雷德指责极简艺术凸显"物性",过于呈现出"剧场性"。"物性"和"剧场性"构成了弗雷德对极简艺术的批判的两个维度。在"物性"层面,现代主义艺术通过"悬置物性"来避免成为"非艺术",而极简艺术是通过"等同物性"从而具备"非艺术"的条件。在"剧场性"层面,极简艺术追求剧场式的展示方式,这种展现新的感受力的方式,类似剧场体验。正是这种感受,改变了艺术与观众之间的关系,在审美层面混淆空间经验与时间经验,再加上"剧场性"带有艺术门类之间的跨媒介属性,破坏了现代主义艺术提倡的媒介自律,从而导致极简艺术成为现代艺术的反题。

　　弗雷德对极简主义的否定态度,相较于格林伯格而言,更加直接且犀利。弗雷德之所以认为极简艺术违背了现代主义,是因为他用现代主义艺术,准确地说,是现代主义绘画的标准去看待贾德、莫里斯、史密斯的雕塑作品。换言之,此时处于晚期现代主义的弗雷德默认极简艺术"应该"且"必须"具备现代

　　① Clement Greenberg." Recentness of Sculpture". in *Minimal Art : A Critical Anthology*. ed. Gregory Battcock. University of California Press,1968,p.181.

主义艺术时代属性与媒介特征,正是如此,才会有"背叛"一说。也正如福斯特所言"极简主义将现代主义的一种形式主义模式推向了顶点,在完成的同时又与之决裂"[①]。

二、批判? 辩护?:"剧场性"之于极简艺术的双重维度

毋庸置疑的是,"剧场性"在弗雷德极简艺术批评的语境下,是一个带有明显批判色彩的术语。弗雷德似乎为"剧场性"定了性质,那么,"剧场性"是否存在正面价值的可能性? 同时期的批评家罗莎琳·克劳斯在《现代雕塑的变迁》(Passages in Modern Sculpture)中给出了答案。《艺术与物性》发表十年后,克劳斯于1977年出版了《现代雕塑的变迁》(下文简称《变迁》)。克劳斯的主要目的是回溯雕塑在西方20世纪的发展,其中讨论到极简艺术时,克劳斯对弗雷德的"剧场性"概念做了进一步剖析,展现出"剧场性"之于极简艺术的双重维度。

在《变迁》的第六章《机械芭蕾:光,运动,剧场》(Mechanical Ballets: light, motion, theater)中与第七章《双重否定:雕塑的新语构》(The Double Negative: A New Syntax for Sculpture)中,克劳斯对弗雷德《艺术与物性》做出了直接总结与回应。不同于弗雷德,她认为"剧场性"并不是一个批判性的、带有明确贬义色彩的词语,而是一个涵盖性术语。而且,克劳斯指出剧场性作为一种雕塑特征,并非在极简艺术中才出现,早在20世纪初就有征兆。她引用了两个例子,一是莫霍利·纳吉(Laszlo Moholy-Nagy)1930年的《芭蕾演出的灯光道具》,二是毕卡比亚(Picabia)在1924年为瑞典芭蕾舞剧《喘息》所创作的布景。这两件艺术作品都试图将作品的目的和舞台的实践性与戏剧性进行融合。克劳斯总结,尽管这两件作品都具备剧场性,但是截然不同。《芭蕾演出的灯光道具》是针对戏剧中的空间和时间所做的贡献,而《喘息》则是参与了一场改变剧场与其观众关系的运动。纳吉的作品呈现了他在包豪斯所进行

---

① [美]哈尔·福斯特著,杨娟娟译:《实在的回归:世纪末的前卫艺术》,江苏凤凰美术出版社2016年,第45页。

的实验,集技术、新材料、灯光于一体,是一种现代世界在雕塑领域中技术化的体现。作品背后的意义直指作为媒介的新技术对艺术创作的介入,不仅是一种媒介认知与艺术实践之间新关系的思考,更是"剧场性"理念在动态雕塑中的初步显现。在克劳斯看来,纳吉和毕卡比亚都是现代雕塑探索"剧场性"的先驱。

根据前文分析,在弗雷德看来,不同艺术之间存在绝对清晰的分界线,"剧场性"对现代艺术的媒介纯粹性造成攻击,甚至是损害。就雕塑而言,"剧场性"会使其作为艺术的条件,也就是"雕塑性"不断瓦解。但克劳斯不同于弗雷德,她认为现代雕塑正是由于善于运用光线、运动、声音等造成了舞台在场感(presence),对重新构想雕塑事件具有重要意义。在克劳斯看来,剧场性是一个涵盖性的术语,包括了动态和灯光艺术、环境和场景雕塑,与剧场性更为直接是行为艺术,比如偶发艺术或者是为舞蹈所搭建的舞台道具。

对比弗雷德与克劳斯,不难看出,特定的概念在不同的分析视角中的差异性意义。这说明了"剧场性"具有双重性。这背后的原因在于,弗雷德的立场是现代主义艺术,准确地说是现代主义绘画,他忽视了极简艺术的雕塑性。而克劳斯,利用法国结构主义哲学的分析工具,从雕塑本身出发,给予极简艺术充分的肯定,并且认为其开启了大地艺术以及之后的艺术形式。克劳斯作为以贾德、丹·弗莱文为代表的极简艺术的支持者,她站在 20 世纪现代雕塑历史发展的角度,从正面批判了那些对极简艺术的否定,肯定了极简艺术的意义。在她的语境中,剧场性不是贬义,而是一种正面价值。

1987 年哈尔·福斯特(Hal Foster)受到 DIA 艺术基金会之邀,组织批评家研讨当代文化,在"极简主义和波普之后的艺术理论"(Theories of Art after Minimalism and Pop)主题讨论中,由于《艺术与物性》是过去 20 年被学界讨论的焦点,因此弗雷德为这次讨论做了开场。[1] 弗雷德回忆自己态度是保守的,因为他当时敏感地察觉到极简艺术对现代主义艺术的背叛。在他看来,极简主义艺术和现代主义艺术是冲突的,这是一个根本的前提。因此他建立起现

---

[1] Michael Fried, Rosalind Krauss, Benjamin H.D. Buchloh. "Theories of Art after Minimalism and Pop". in *Discussions in Contemporary Culture* (*Number One*). ed. Hal Foster. Bay Press, 1987, p.55.

代主义艺术与极简主义艺术之间矛盾的核心在于两个概念："物性"与"剧场性"。

　　可以确定的是，"剧场性"在弗雷德讨论极简艺术的"观看""在场性""体验"问题时，成为视觉艺术的中心词并且重新获得了它的具体含义。弗雷德的贡献在于他将格林伯格、卡维尔、贾德和莫里斯的对抗性模型结合到极简主义的持久分析中。其次，也是更重要的一点，他对极简作品的反感扩展成一种文化的对立观点——一种艺术与非艺术、现代主义和戏剧对立的观点。也就是说，《艺术与物性》是超越当时的极简主义主题，在艺术几乎不存在的戏剧经验的基础世界里去阐明对极简艺术的定义和认识。最后，后现代的批评家在后来的几十年里反复建构这一论点，将弗雷德著名的"艺术和剧场划分"，转变成现代主义和后现代主义的对立，并将极简主义确立为20世纪晚期艺术的重要组成部分。①

三、从现象学到结构主义：极简艺术批评范式的后现代转向

　　前文分析了弗雷德和克劳斯如何利用"剧场性"去批判和辩护极简主义艺术，那么，他们的批评背后的哲学本质是什么？早在1965年，弗雷德策划了"三位美国画家展"并且撰写了展览目录及论文。弗雷德认为"新艺术的基本特征还没有得到充分理解"②，正是基于此，他肯定了形式批评的正当性与优越性，认为从罗杰·弗莱到格林伯格所实践的形式批评，比其他方法更能说明白新艺术。弗雷德的态度鲜明又直接，即他希望通过建构阅读现代主义绘画的有效路径，凸显形式批评的重要性：相较于风格分析，形式批评不依赖内在动力和辩证法。

　　极简雕塑由于没有了传统雕塑的基座，在视觉上便不再是一般意义上的纯艺术，格林伯格意义上的艺术门类内部的媒介特殊性对其也不再适用。如

---

　　①　James Meyer."the Aesthetics of Doubt：'Art and Objechood'". in Minimalism，*Art and Polemics in the Sixties*. Yale University Press，2001，pp.229-243.

　　②　[美]迈克尔·弗雷德著，张晓剑、沈语冰译：《艺术与物性：论文与论集》，江苏凤凰美术出版社2013年，第242页。

果要定义其属性，就需要一个更大的理论语境。在这种转化中，极简雕塑对观者产生了超越形式分析的知觉现象学效果，正如福斯特在《极简艺术的关键》中所言，"观者拒绝了形式艺术向来保有的安全的、独立自主的空间，退回了此时、此地；不是要审视作品的表面，寻找其媒介属性的地形分布，而是受到刺激去探索在一个既定地点的某个特别的介入所造成的知觉效果"。① 弗雷德正是意识到了这一点，他用了大量的主体与客体、身体与姿势、感官与经验等词去描述他在观看极简艺术时所获得的感受性经验。显然，这已经不是格林伯格意义上的形式分析，而是带有梅洛－庞蒂的知觉现象学底色。弗雷德将格林伯格的现代主义和梅洛－庞蒂的现象学结合表明了对视觉更为复杂的解释：一个人如何看待现代主义雕塑，以及这种观看的哲学利害关系。通过将梅洛庞蒂纳入等式中，弗雷德改变了视觉的前提，并且超越了格林伯格。

克劳斯同样将极简艺术视为一种现象学分析的样本。她在《变迁》开篇便引莱辛，实际上是在暗示格林伯格派批评方法存在问题。格林伯格认为人类感受绘画，靠的是视觉。对于格林伯格而言，绘画是纯视觉的感知。对于绘画的欣赏，是即刻就生效的。在看的那一瞬间，就生效了，不需要延时。在格林伯格和弗雷德的观念里，时间如果作为一个样本参与到媒介自律性的讨论中，那么这个时间应该是瞬间的、即时的且不被感知到的，与之相对立的真实的、绵延的且可以被感知到的时间是不被允许的。但是，克劳斯分析雕塑的策略上，强化了空间与时间的双重维度，她认为现代主义雕塑是从稳定的、理想的媒介走向时间性的、物质性的媒介。

20世纪末艺术批评理论的发展无法回避19世纪末的一些基本思想的发展。马克思的"辩证法"、弗洛伊德的"精神分析理论"、索绪尔的"符号学和结构语言学"、胡塞尔的"现象学"。克劳斯写作《现代雕塑的变迁》时，采用的是结构主义思想，可以简单概括为针对萨特为代表的个人主义的反对和对立。在萨特看来，行动是了解自己与世界关系的方法。具体到绘画而言，与之相对应的抽象表现主义，是一种关于个人表达的艺术形式，强调自我的重要性。克

---

① ［美］哈尔·福斯特著，杨娟娟译：《实在的回归：世纪末的前卫艺术》，江苏凤凰美术出版社2015年，第48页。

劳斯的《现代雕塑的变迁》将梅洛－庞蒂的现象学、索绪尔的语言学和符号学、弗洛伊德的精神分析等非艺术领域的理论分析工具引入了现代雕塑的讨论。

四、余论

弗雷德用剧场性作为极简主义艺术标签式的解读，在某种程度上极大地催化了"极简主义"运动的发生。但事实上，弗雷德的批评并未影响极简艺术的发展。换言之，在这场批评家与艺术家的话语博弈中，极简艺术最终赢得了胜利。在美国20世纪70年代后期，极简艺术很快成为一种类型化的艺术风格，并且随后作为现代艺术与后现代艺术的分水岭，进入艺术史的叙事框架。弗雷德在《艺术与物性》之后，很少再涉猎艺术批评。无论是弗雷德后期的艺术史研究，还是后极简时代的艺术风格的定位，抑或是《艺术与物性》发表之后的关于"批评的批评"，"剧场性"都仍然是讨论的焦点，其相关的衍生概念始终在后现代艺术乃至当代艺术的实践与批评中保持着活力。

艺术批评、理论、历史是相互联系相互制约的。"什么是极简主义"这个简单的问题自20世纪60年代以来一直没有得到解决。极简艺术这个名词代表的不仅仅是一类艺术形式，而是美国抽象表现艺术之后，不同维度的媒介（艺术实践与批评文本）之间的竞争，正如艺术家索尔·勒维特（Sol Lewitt）所秉持的怀疑态度一样，"极简主义是一场辩论"[①]。是一个不断变化的能指，其意义会随时间或环境改变。[②] 现在看来，其意义更在于成为检测与区分20世纪60年代至70年代批评家判断力、理论立场、艺术观念的理想范本，为窥探彼时艺术批评理论的复杂图景提供分析路径。

（刘白芊，北京师范大学哲学学院博士后）

---

① Paul Cummings. Oral history interview with Sol LeWitt，July 15，1974. *the Archives of American Art*. Smithsonian Institution，p.46. Quote from a secondary source：James Meyer. "a minimal Field"，in *Minimalism：Art and Polemics in the Sixties*. New Haven and London：Yale University Press，2001，p3.

② James Meyer."a minimal field". in *Minimalism：Art and Polemics in the Sixties*. New Haven and London：Yale University Press，2001，p.3.

Why Does "Theatricality" Get Involved in Minimalist Art Criticism from Fried to Krauss

Liu Baiqian

Abstract: In 1967, Michael Fried published a paper *Art and Objecthood*, criticizing the Minimal sculpture for highlighting physical property too much and pursuing theatricality, thus betraying the media self-discipline of modernist art. In 1977, Rosalind E. Krauss defended the Minimal art with her book *Passages in Modern Sculpture*. She traced the "theatricality" to the beginning of modernist sculpture. Fried and Fred Krauss both used "theatricality" to intervene in Minimal art criticism, and communicated and extended. It is worth noting that their attitudes and positions are different, with the former criticizing and the latter defending. Through careful reading of the text, this paper holds that the fundamental difference between Fried and Krauss' attitude towards Minimal art lies in their different critical positions and paradigms, which reflects the philosophical tendency of Minimal art criticism.

Keywords: Theatricality; Media; Objecthood; Fried; Krauss

虚拟与仿真

——网络艺术的当代形态与价值

薛军伟

摘要:作为媒介的互联网催生了网络艺术,并赋予其不同于传统艺术的特性。网络技术决定和改变着网络艺术的形态和价值实现的可能,它又超越了媒介、技术和环境的限制,在互联网世界建构出虚拟和仿真的艺术创作、传播和体验新方式,促使重新定义艺术与人类的关系。

关键词:网络艺术;虚拟;互动;仿真

网络艺术是基于互联网环境和数字技术的一种新型艺术形态,其创作和传播方式与传统艺术完全不同,德国学者蒂尔曼 · 鲍姆卡特(Tilman Baumgärtel)认为网络艺术是基于网络媒介本身,利用 Internet 协议及其技术特性,在网络环境下实现艺术的可能性,且仅在互联网中才有意义。[①] 虽然互

---

① Tilman Baumgärtel. *Net Art 2.0: New Materials towards Net Art*. Verlag Fur Moderne Kunst Nurnberg, 2005, p.5.

联网是网络艺术家的技术来源和创作媒介,但必须借助文字、视觉图像、动态影像、声音等基本表达手法实现,只不过具体语言形式变得更为多元,如电子邮件、数字图像、流媒体、三维环境(VRML)、视频会议、图像文件(JPEG、TIFF)、音频文件(MP3、WAV)和视频文件(MPEG、WMV)以及在线社区、软硬件开发等。荷兰艺术批评家约瑟芬·博思马(Josephine Bosma)甚至将网络艺术定义为"基于互联网文化的艺术"。[①] 也就是说网络艺术的形成不仅是技术问题,同时需要相关联的文化语境。网络艺术的出现,既对传统实物艺术,如绘画、雕塑、建筑等提出挑战,同时让以现场艺术展览为主的传统美术馆和博物馆实践变得小众。鲍姆卡特循着克莱门特·格林伯格(Clement Greenberg)界定何为现代艺术的思路,提出网络艺术的"媒体特异性"包括"连通性、全球性、多媒体性、非物质性、互动性和平等性"等,每一种技术和媒介的应用和流行,必须要建构起一个与之适应的社会环境和文化场域,甚至于虚拟世界。

可以说,除了网络技术、媒介、环境和艺术创作语言的特殊性,网络艺术还引发了艺术史上的一场观念的变革运动。与传统艺术相较,甚至与摄影、电视、摄像等新近艺术媒介相比,网络艺术通过互联网和数字技术实现的虚拟创作和传播,完全打破了原有的艺术家、作品、收藏和展示机构建构起来的艺术界概念。网络艺术并非简单地将数字化艺术上传到互联网,供不同地域的人浏览、认识、欣赏,其本质上是依赖互联网技术和媒介,利用交互界面与不同社会、文化背景下的人在虚拟世界发生直接关联,创造了一个作为整体存在的艺术世界。

一、网络艺术的观念源头

网络艺术与许多现代艺术运动有观念上的相关性。从达达主义到观念艺术、激浪派、视频艺术、动态艺术、行为艺术、远程信息处理艺术等,都被认为与网络艺术有思路或技术上的联系,因此网络艺术也一直被认为是前卫艺术的

---

① Josephine Bosma. *Nettitudes*:*Let's Talk Net Art*. Nai010 Publishers,2011,p.24.

代表。马塞尔·杜尚作为观念艺术家直接导致了 20 世纪艺术与绘画的分离，1916 年杜尚向他的邻居寄出了四张毫无意义的明信片，这也许是第一次创作"邮件艺术"，此外，杜尚未完成的作品《甚至被单身汉剥光的新娘》，通过对天线和电容器的图形暗示，显示了杜尚对无线电类新技术的关注，因此作为达达派艺术家的杜尚也被认为是网络艺术的先驱。

对网络艺术产生重要影响的还包括激浪派和 EAT（技术与艺术实验小组）。激浪派由美国艺术家麦素纳斯（George Maciunas）于 1961 年开创，成员包括来自不同领域的知名艺术家阿伦·卡普罗（Allan Kaprow）、罗伯特·沃茨（Robert Watts）、乔治·布莱希特（George Brecht）和小野洋子等，通过集体行为艺术和实验艺术，实现了一种基于网络的参与范式。激浪派艺术家的特点是强调表演和过程的公开艺术实践，甚至现场执行观众发出的指令或观众直接参与，这与网络艺术有极大相似处。激浪派的行为艺术先驱阿伦·卡普罗提倡的"正在发生"艺术，即现场发生艺术事件，消除表演者与观众、参与者之间的界限，其作品《呼唤》（1965 年）选取了纽约市和新泽西农场的几个地方，三个人分别在不同地方等候，路过司机把他们拉进车里，用铝箔和细布包裹后塞入垃圾箱运到中央车站展示。第二天，以类似的方式在纽约的树林里继续这个召唤、被召唤和被俘虏的主题，表演者的开放式演出体现了一种集体参与和呼唤—反应艺术模式和互动行为。

对互联网艺术的另一个重要影响来自 EAT，这是一个由贝尔实验室工程师比利·克吕弗（Billy Kluver）、画家罗伯特·劳森伯格（Robert Rauschenberg）、戏剧家罗伯特·怀特曼（Robert Whitman）和电气工程师弗雷德·沃尔德（Fred Waldhauer）于 1966 年成立的团体。后来约翰·凯奇、安迪·沃霍尔和贾斯珀·约翰斯等艺术家也加入合作。在 20 世纪五六十年代，约翰·凯奇通过新形式电子产品实现交互性和多媒体艺术创作，如他的无声钢琴作品《4 分 33 秒》（1952 年），凯奇坐在钢琴边"静默"了 4 分 33 秒，引发激浪派艺术家对"过程、互动和表演"的热情。

计算机的引入成为网络艺术的关键，在制作、展览中使用计算机的任何艺术品都会被视为网络艺术的先行者。法国艺术家维拉·莫尔纳（Vera Molnar）、美国计算机艺术家查理斯·苏黎（Charles Csuri）、德国数字艺术家曼弗雷德·莫尔（Manfred Mohr）被认为是计算机艺术早期实践者。苏黎是最早开始使用计算机进行创作的专业艺术家之一，他的作品《正弦曲线人》使用算法编程绘制人脸。在 20 世纪 60 年代初期，罗伊·阿斯科特（Roy Ascott）等艺术家开发了融合计算机和远程信息处理的装置，通过远程信息处理技术，把分散在不同地方的人和机构连接入人类思维与人工系统编织的网络中。阿斯科特创造的第一个电信互动作品《文之褶》（La Plissure du Texte，1983 年），是一项连续 12 天通过软件 ARTEX（艺术家的电子交换网络）在线协作的作品，也是计算机和通信技术的远程信息结合，为艺术家创建一个集体创作的童话。

网络艺术也受益于视频、卫星和电视艺术的发展。在 20 世纪七八十年代，视频和有线电视被艺术家广泛地使用。这些新兴媒体将互联网、数据传输引入艺术，同时增强了艺术的交互性，尤其是早期电视艺术激发了社会对基于大众传媒的艺术作品的兴趣，大大动摇了传统绘画和雕塑等艺术品的地位，将不可预测性、随机性、互动性等带入艺术创作。著名影像艺术家白南准（Nam June Paik）的视频和电视艺术作品，如《参与电视》（1963 年）、《磁铁电视》（1965 年）、《销售纽约》（1972 年）和《电视佛像》（1974 年）等将电视从商业媒体转变为互动、参与和观念艺术形式。参与式电视使观众能够通过外部手段，如麦克风、摄影机参与创造抽象的电视画面，可以说他的作品正是利用电视失真变形这一媒介特性服务于艺术家的意图和策略。白南准利用早期的便携式视频技术实现艺术互动，将放置在桌子上的一尊 18 世纪佛像，通过闭路摄像机显现在电视屏幕上的作品《电视佛像》，使"雕像坐在那里，在既运动又凝固的时间里，凝视着自己，像观众在凝视那个凝视着的凝视一样"[①]。又如在 20 世纪 70 年代后期，拉比诺维茨（Sherrie Rabinowitz）和基特·加洛韦（Kit Galloway）创意编导的作品《卫星艺术项目》（1977 年），利用卫星和电视设计了一部舞蹈作品，让几位身处世界各地的艺术家，借助现场直播视频和卫星技术，将表演汇集于一个屏幕，创造了一件没有物理界限的远程协作表演作品。

网络信息、通信技术与后现代艺术观念在时空中的碰撞，为网络艺术开启

---

① Faye Ran. A History of Installation Art and the Development of New Art Forms. Peter Lang，2009，p.188.

了一条打破常规的不寻常之路。纳吉的电话作品、凯奇对收音机的使用和约翰逊的邮件艺术,以及媒体技术、控制系统在视频、电视艺术中的首次应用,使社会意识到新技术与前卫的艺术观念,如虚拟、互动、共享相结合正在改变着人类的艺术经验。

二、网络艺术的技术特性

　　网络艺术的可能性和多样性是利用网络协议和编程语言等数字系统来实现的,艺术家如何参与和使用互联网技术是关键。当主流艺术界意识到 20 世纪 90 年代的电信革命时,网络艺术的探索和实验的新景观已经崭露头角,并与数字技术扩展一样以惊人的速度在成长。万维网推出第一个具有图像功能的浏览器后不到 10 年,在线的网络艺术已成为全球观众的重要艺术形态。前文提到的白南准等视频艺术家花了 20 年的时间才获得了为广播电视制作艺术所需的技术,相比之下,在线艺术家在网络浏览器成为视觉媒体之前,就已经在交换基于文本的准网络艺术创作,网络艺术与互联网技术的发展几乎同步,甚至于许多网络本身就是艺术家参与建设的。

　　"二战"后,计算机和信息系统的发展为前卫艺术实践提供了环境,互联网实现了早期的虚拟电子邮件往来,无论相距多远的人们都可以即时通信,交流信息。20 世纪 80 年代后期,英国计算机科学家蒂姆·伯纳斯·李(Tim Berners-Lee)设计出万维网;20 世纪 90 年代中期,国际艺术家开始在"时间同步"(Nettime)上进行虚拟会面,探索万维网作为艺术媒介和协作机制的潜力,之后就出现了网络艺术展览"documenta X"(1997 年)和"Net Condition"(1999 年)。互联网艺术出现的主要技术因素之一是基于万维网的用户友好界面,随着网络浏览器的日益普及,结合了文本和图形的友好图形浏览器在 20 世纪 90 年代中期问世时,许多艺术家怀着激动的心情积极利用这项技术,以"网络艺术"的名义创作作品,使艺术制作和体验发生了根本性变化。在计算机互联网出现之初,法国几位著名艺术家和知识分子,包括丹尼尔·布轮、雅克·德里达和让—弗朗索瓦·利奥塔,就用计算机在各自住所进行了一场远程协作的写作计划,他们所写内容通过博物馆里的一台电脑实现了即时展示,观众现场见证了这场艺术行为。① 信息手段和社交空间变成了艺术的新媒介，网络既是艺术创作的媒介也是展览的场所。

网络艺术创作依赖的基础是计算机编程语言，蒂姆·伯纳斯·李发明超文本标记语言（HTML），使用户能够通过互联网交流和交换信息，为查看者提供虚拟文本和图像，允许创建文档之间的链接之后，才真正实现网络艺术的自由创作，加之编程语言也在增多，先后出现了 HTML、Macromedia、Javascript、Java Perl 和 PHP 等计算机编程语言和浏览器标记语言执行基本算法，以实现更复杂的过程，满足更多样的需求，使互联网艺术变得更容易，形式更多样，传播愈广泛。可以说，就技术层面而言，网络艺术的创作、接受和互动，都基于社交网络平台、应用程序、GPS（全球定位系统）软件、增强现实、虚拟空间等相关技术的成熟。

艺术和技术新方向不断在挑战创作的限度，网络艺术与新技术的持续互动，使网络艺术与其他新媒体和数字艺术之间的界限变得越来越模糊，乃至很多人认为新媒体艺术或数字艺术涵盖了网络艺术，因为网络技术已完全实现了动态影像和各种新媒体艺术的对接。艺术家也跨界创作，很难严格将其归为某一类艺术家。如约书亚·戴维斯（Joshua Davis）是一位美国设计师和数字艺术家，以使用新兴的互联网应用程序和编码新奇图像而闻名。他受到美国抽象表现主义画家杰克逊·波洛克的影响，早期创作基于 Flash 的动态影像艺术，后用计算机 HTML5 语言创建与观众协作互动的艺术网站 The Endless Mural。随着互联网技术和软件功能的发展，目前该网络艺术除了创作、展示作品，已经实现了最新数字艺术 NFT 销售、收藏的艺术作品线上传播新模式。由于虚拟和网络在创作技法和传播手法方面的便捷，网络艺术一直走在新艺术探索的前沿，为人工智能艺术提供了可能。

艺术家利用搜索引擎和其他网络互动服务来获取灵感和素材，网络资源和技术孕育出新的艺术可能性。美国跨界网络艺术家葛兰·李文（Golan Levin）创作的"数字的秘密生活"（The Secret Lives of Numbers）（2000 年）将从 1 到 100 万的数字"流行度"用可视方式展现在互联网上。艺术家首先在互

---

① Michael Rush, *New Media in Art*, Thames & Hudson Ltd., 2005, p.213.

联网上使用定制软件、搜索引擎和统计工具,对公众进行调查,以了解哪些整数最受青睐,而且针对不同地区和文化人群做了不同的数字可视化作品,由此反映不同文化的差异性。最后再以交互式可视化的形式将参与者对数字的喜好结果分析返回给公众。艺术家乔恩·拉夫曼(Jon Rafman)的名为"谷歌街景九眼"(The Nine Eyes of Google Street View)[1]的项目,通过对谷歌街景的图像进行选择、组合、创作,重新思考了摄影和图像的功能与意义。另外如迪娜·柯尔伯曼(Dina Kelberman)的作品"我是谷歌"(I'm Google)[2],将谷歌搜索的世界各地的人们拍摄的图片,根据形式、构成、颜色和主题的相似性,以网格创作形式重构,制造一种熟悉的陌生感和二次创作的新奇视觉效果。一方面利用了网络上的现成图片,原拍摄者被动参与到艺术创作中,同时又是作者的某种选择和创作意图的结果。艺术家使用来自网络的图片和作品时,虽然加入了自己的意识,但素材本身是网络上不相识者提供的"现成品"。

当然,网络艺术既不能简化为虚拟网络本身,更不能简化为搜索引擎。除了单播(点对点),更大价值在于多播(多点)互联网,互联网也不是特定用户和特定界面的代名词,而是包含编码和艺术家意图的动态结构。进入 21 世纪,社交网络平台实现了互联网艺术传播的变革,早期在线社区围绕特定的主题展开,逐渐转变为艺术家主导的创作形式,互联网上的艺术社区也经历了类似的转变,从冲浪俱乐部固定人群和成员使用交流转变为基于图像和动态影像、多维感官的艺术创作和交流网络。互联网艺术家利用社交网络平台的交互功能,实现的是自我艺术创作,但与传统艺术不同处在于艺术的意义来自网络,也终于网络。这一虚拟世界发展为与现实世界并存的真实存在,直接导致了今天流行的数字藏品和元宇宙概念的产生。

三、网络中的仿真艺术世界

古根海姆博物馆前策展人、艺术家伊波利托斯(Jon Ippolito)早在 20 年前

---

① 参见主页 https://anthology.rhizome.org/9-eyes

② 参见主页 https://dinakelberman.tumblr.com/

就指出"在线艺术社区的发展几乎完全超出了画廊、拍卖行和印刷艺术杂志的范围"①。相对网络艺术，传统艺术的局限性非常明显，实物作品需具体收藏和展示场所、欣赏唯一性艺术品的时空要求等，在很大程度上阻碍了艺术的接受与传播，即使摄影的出现，带来马尔罗所谓"无墙的博物馆"的产生，在一定程度上使更多人能通过图片形式欣赏艺术作品，但远远无法满足人们对艺术的渴求，也无法实现及时传输。艺术家希望作品有更多受众，赫伯特·里德爵士一生都在倡导艺术的民主性问题，他说"每一个伟大艺术家的发展，都有一个微妙的给予和索取、诉求和回应、尝试和实验的过程"②，即使像梵·高这样孤独的艺术家，也希望获得理解。艺术向来被视为最高的精神产物，在市场中购买艺术品成本高昂，画廊的存在天然地排除了某些观众，包括那些无法前往博物馆或支付不起入场费的观众，传统艺术的物质性和偶像物特性，意味着艺术天然指向了雕塑和绘画等实体作品，互联网大大扩展了"无墙的博物馆"，并使观众在虚拟世界的互动中成为作品的一部分，而不仅仅是被动观看与欣赏，许多优秀的互联网艺术家认为成功的不是技术创新的数量，而是参与其中的人数。

20世纪60年代，传播媒介理论研究的重要学者麦克卢汉就指出，信息和通信新技术带来巨大的社会变革，"媒介即讯息"是麦克卢汉被引用最广泛的格言，即"任何媒介（人的任何延伸）对个人和社会的任何影响，都是由于新的尺度产生的；我们的任何一种延伸（或曰任何一种新技术），都要在我们的事物中引进一种新的尺度"③。换句话说，不同形式的媒体，如电报、电话、摄影、广播、电视等新媒介的每一次发明，都在重新定义人类的体验，事实上虚拟网络改变的不仅仅是欣赏者接触和感受艺术的方式，而是改变着艺术本身。正如麦克卢汉指出的，此前媒介之所以未引起人们的注意，是因为媒介缺乏内容，但实际上"内容"本身也是另一种媒介，互联网作为媒介与艺术是交叉的，因为它颠覆了传统艺术中内容与形式之分，技术与媒介之分，创作者与欣赏者的界限，模糊了创作和欣赏、传播的过程。所以互联网和作为网络艺术的艺术形态

---

① Jon Ippolito,"Ten Myths of Internet Art". in *Leonardo*，2002，Vol. 35，No. 5，p.487.

② ［英］赫伯特·里德著，张卫东译：《艺术哲学论》，江苏人民出版社2019年，第77页。

③ ［加］马歇尔·麦克卢汉著，何道宽译：《理解媒介》，译林出版社2011年，第18页。

合二为一,我们在讨论网络艺术的同时实际也在讨论互联网。网络空间向来被视为一个平等的环境,任何人,只要有电脑网络,随时随地都可参与网络艺术的创作和欣赏,对于麦克卢汉来说"下一个媒介,不管它是什么——可能是意识的延伸——将把电视作为它的内容,而不是它的环境,并将电视转变为一种艺术形式"①,他似乎从电视技术中预测了网络艺术的出现,通过"艺术形式"引发的社会变革。互联网已经成为一种较电视设备更开放、更多可能性的交互手法。

　　除了媒介本身的无限延展性,互联网艺术是以数字虚拟形式呈现的。法国哲学家让·鲍德里亚在其开创性论著《拟像与仿真》(Simulacra and Simulation,1981)中将后现代社会定义为一个拟像的世界,没有实质的客观,各种媒介和虚拟手法将真实湮没在超现实中,他甚至认为拟像是真实的,或者说拟像本身就不能用真实或虚假来评判,它与现实没关系,是纯粹的拟像。② 以迪士尼乐园为代表的娱乐梦工厂,被鲍德里亚认为是最完美的仿真世界,那里无所谓真实与虚假,是想象的虚拟的现实化,人们在这个世界中不会产生真实与虚假的判断,因为它超越了这一评判。正如 20 年前网络兴起之时,实体博物馆和美术馆排斥网络虚拟展示,认为会破坏艺术的物性和现场感,后来主动利用网络强大的展示与传播功能,到今天已经发展为积极主动发掘虚拟博物馆的可能性。鲍德里亚认为,仿真的重要意义就在于用模型、符号和技术实现一个超现实的世界,并建构出全新的社会秩序。在这个世界中,主客体被颠倒,价值规律被破坏,原有特征会消失。我们今天看到的虚拟艺术展示,以元宇宙理念建造的艺术展示、传播、体验世界,已成为一个完全自足的世界,与现实渐行渐远。

　　犹如虚拟的游戏世界一样,依靠虚拟网络打造的艺术世界,不但打破了艺术与现实原有的关系,而且建构了一个新的艺术场域和艺术法则。这种沉浸式虚拟网络系统,让人有置身另一个世界的感觉,通过网络、计算机技术来建构一个比迪士尼乐园还虚化的世界,并在其中进行艺术创作和体验,艺术的现

---

　　① ［加］马歇尔·麦克卢汉著,何道宽译:《理解媒介》,译林出版社 2011 年,第 443 页。

　　② Jean Baudrillard. *Simulacra and Simulation*. trans. Sheila Glaser. the University of Michigan Press,1994.

实和虚拟、真实和想象都消失了。艺术家爱德华多·卡兹(Eduardo Kac)和艾德·本内特(Ed Bennett)联手创作的《伊甸园中的鸭嘴兽》(1994 年)就是通过多种媒体,包括远程机器人、固定电话和移动电话以及视频,使互联网匿名参与者通过远程物理设备来控制机器人"鸭嘴兽"的行为。卡兹这件作品提出的主要问题之一是,互联网文化成为一个共享、互动的社会、艺术空间,而不是简单的信息传递系统,不同地方的人们通过网络共同参与艺术行为,完全突破现实的限制,营造了一个虚拟的互联网世界,虽然我们仍然在原地静止不动,互联网将我们虚拟地带到某个地方,这就是今天基于互联网和虚拟技术的元宇宙的原型。

《伊甸园中的鸭嘴兽》这件作品体现的是以艺术之名互动的关系实践,是人与人、人与机器通过互联网建立的关系,而非独立的和私人的符号空间。以网络艺术为代表的当代艺术,不再是某个孤立的艺术家生产出来的作品,而是在互联网技术、数字算法和跨媒介技术的支持下,在虚拟世界,通过复杂的协作,参与艺术创作,并通过网络实现传播与再创作,是在元宇宙概念下,重新定义艺术,定义人与艺术的关系。

(薛军伟,南京师范大学美术学院副教授)

Virtuality and Simulation

—On the Contemporary Form and Value of Internet Art

Xue Junwei

Abstract: The Internet as a medium gave birth to Internet art with specific characteristics different from traditional art. Network technology determines and changes the form of Internet art and the possibility of realizing its value. It transcends the limitations of media, technology and context, and constructs new ways of creating, communicating and experiencing art in the virtual and simulated Internet world, so it prompts the redefinition of the relationship between art and humans.

Keywords: Internet Art; Virtual Reality; Interaction; Simulation

栾泓伟作品选登

　　栾泓伟,1988 年生,现任广西艺术学院美术学院水彩画系副主任、广西青年美术家协会理事。2019 年,《红楼》入选第七届世界军人运动会全国美术作品展。2020 年,《恍若去年·恍若昨天》获得第三届全国小幅水彩画展入会资格;《天空上面是天空·道路前面是道路》入选第十二届全国水彩·粉画作品展。2022 年,《走出时间》入选第四届中国粉画展;《恍若去年·恍若昨天》入选第十三届中国艺术节全国优秀美术作品展。

恍若去年·恍若昨天　54cm×33cm

起舞的日子　60cm×45cm

时代深处的余温　60cm×45cm

走出时间　130cm×100cm

天空上面是天空·道路前面是道路　110cm×55cm

赵子亮作品选登

　　赵子亮,1988 年出生于河南,2011 年毕业于广西艺术学院,获学士学位, 2017 年毕业于广西艺术学院,获硕士学位,现为广西艺术学院美术学院讲师、广西青年美术家协会理事。

侗寨新居　100cm×71cm　丝网版画

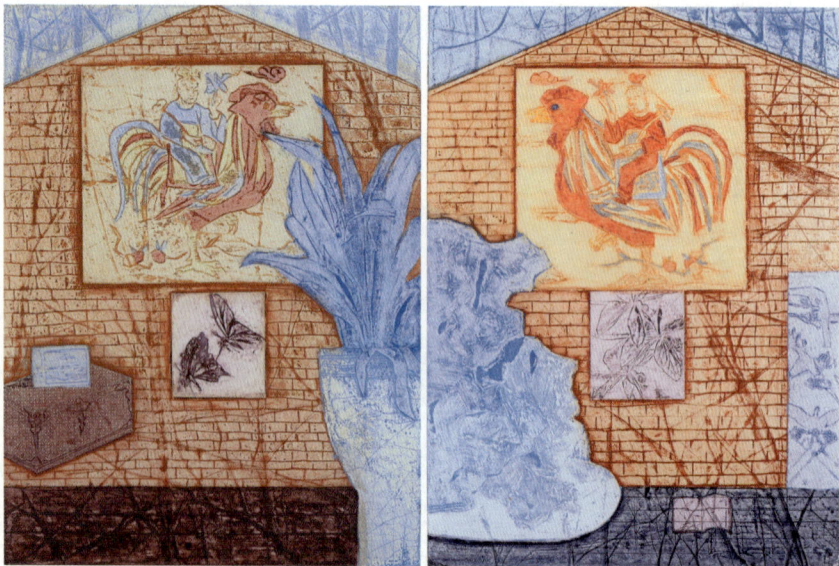

梦里花落知多少　90cm×60cm　综合版画

九天揽月　80cm×120cm　综合版画

旅途之一　66cm×78cm　丝网版画

旅途之三　66cm×78cm　丝网版画

中转之二　100cm×70cm　数码版画

旅途　76cm×98cm　丝网版画

编后记

　　2022 年上海的春天过得有点慢，人们在停滞的时间里错过了鲜花、草地甚至阳光，尚未回神之际，一脚又踏入了史上最热的夏天。在被迫禁足与热气难耐的时光里，何以解忧？玩游戏似乎是一个不错的选择。尽管对于玩游戏这件事，许多人的第一反应是不务正业、荒度人生，甚至与"成瘾""注意力缺失"这些贬义词密切相连，但一个不可否认的现实是，当今社会，除了少数人（其中大多数又是不太上网，不大使用电脑和手机的老年人），电子游戏已然成为人们，尤其是青少年日常生活中不可或缺的一部分，区别只在于大家玩不同类型的游戏，投入了不同数量的时间。无论在真切的现实环境还是虚拟的网络世界中，我们都需要游戏，我们由此也关注游戏，本期的核心话题"游戏批评"即源于此。姜宇辉《上瘾与电子游戏的精神政治》一文携带当前社会一个重要而紧迫的问题——"面对电子游戏，我们到底应该持有一种怎样的精神政治学的态度和立场"，从"游戏成瘾"的具体现象入手，分析了游戏玩家在"人—机"交互的上瘾过程中可能存在的主体性潜能以及研究者"最终得以回归作为反思者"的立场，整篇文章充满理论张力与激情，富于启迪的同时给人以酣畅淋漓之感。周志强的《游戏的自我实现——元宇宙的游戏态与虚拟现实的叙事方式》则指出元宇宙是一种终极化的"游戏人生"，它正在开拓"全托邦"的虚拟现实空间，从而颠覆了人类生命活动的内在逻辑，这种"未来已来"的思想闪耀着先锋前卫的光芒,不过目前应该还只是一种善恶未知的预言。严峰的文章也强调元宇宙与游戏有着不解之缘,而文学艺术是这两者之间的桥梁,因为早在几百年前,人类就在以文学艺术的方式玩游戏了。万成云、庞海音则指出游戏中的核心角色永远是人,因此网络游戏的文化价值是他们反思的重心,只是要让游戏承担使中国文化"走出去"的重任恐怕尚需时日。相比之下,张艳的《建构一种基于复杂系统论的游戏研究法——以沃德利普—弗鲁因与伊恩·博格斯特为中心》质朴扎实,她富有创见地将沃德利普·弗鲁因(计算机学者)与伊恩·博格斯特(媒介学者)联系起来,立足于他们提出的以操作单元为构成要素的游戏分析框架,力图深入推进对电子游戏本体的探索,同时超越对游戏的技术性和文化性二元对立的争论。这一努力是否能够成功,还有待学术界进一步的检验。

本辑推出了一个新栏目——《作为媒介的城市交通》,其核心理念是今天媒介的势力范围已经远远超出了人们的旧日规定与想象,我们无论身处何处,几乎时时刻刻,都有媒介将陌生的人群连接起来,产生各种各样的关联。因此,无论是二十世纪上海的有轨电车,拥有百年历史并历经多次改造的上海十六铺码头,还是作为武汉交通节点的"江汉关",以及快递小哥的移动日常,它们作为一种交流系统,都中介了"人与人,人与自然,人与实体、虚拟世界的多重关系"。鉴于这种关系的颠覆性与整体性价值,本刊未来还将继续在这一方向上努力,力求打开更多的媒介理论与话语空间供各位学者探讨。

《西洋经》栏目中断已有时日,这次推出了重量级媒介学者戴维·莫利的最新文章《后疫情时代的城市结构》,虽然该文讨论的是城市建筑,但其关怀的仍然是疫情之中被困在公寓楼里的弱势群体,强调疫情之后要从城市结构层面改善他们的生活处境,这样的话题既是世界性的,更是中国的。该栏目欢迎译者们多多投稿,正如中国不能脱离世界而发展一样,本刊也致力于从国际的角度来看媒介及其文化的变迁,因为只有在世界之中,我们方能看清自己,进而让自己成为世界的。本辑的看点还有很多,如梁振华的《"新主流"影像叙事的显隐策略及其待解问题》指出中国的主流影视,为实现以主旋律话语为大众文化赋能的时代责任与历史使命,势必进行影像叙事的策略创新,并在与观众的互动中不断迭代。罗琪翔《晚清新女性的现代重构——以女报〈女子世界〉

传记栏为中心的考察》一文以"爱国女杰"和"女侠"两种人物类型为重心,探讨了中国现代"新女性"的重构。王敏芝、杨家宁的论文《走向展厅:中国民间年画的"可参观性"意义生产》视角新颖,看到民间年画已经从私人领域(家庭)的"生活媒介"转变为带有"可参观性意义"的文化样本,从而实现了民间艺术的现代公共价值,其文化意义的再生产也在当下数字化网络空间中拥有了更多的可能性。限于篇幅,其他论文,本文在此不做一一介绍,相信读者自具慧眼,能够享受与他们相遇的美好过程。

　　香港歌星王杰曾唱过一首名为《一场游戏一场梦》的歌,风靡20世纪八九十年代,它的曲调与歌词深深扎在了那一代年轻人的心中。我们讨论游戏,当然不是为了游戏人生,但有时真需要把世事当作一场游戏去看待,去完成,因为游戏的过程,既是一种放松心情的悠闲过程,也是一种创新积极的变化过程。这一辑的文章,无论大家喜欢与否,我们始终如一地在这里等你。